SV

Band 907 der Bibliothek Suhrkamp

Gertrude Stein
Jedermanns Autobiographie

Aus dem Amerikanischen von
Marie-Anne Stiebel

Suhrkamp Verlag

Titel der amerikanischen Originalausgabe: *Everybody's Autobiography*

1. Auflage 1986
Suhrkamp Verlag Frankfurt am Main 1986

Druck: Nomos Verlagsgesellschaft, Baden-Baden
Printed in Germany

Jedermanns Autobiographie

Alice B. Toklas schrieb die ihre und von jetzt an schreibt jeder seine eigene.

Alice B. Toklas sagt und wenn sie nur alle ihre so schreiben wie sie die ihre.

Vor allem wollte sie nicht daß es Alice B. Toklas heiße, wenn es schon sein mußte dann sollte es Alice Toklas sein, in der französischen Übersetzung war es Alice Toklas im Französischen konnte es einfach nicht Alice B. Toklas heißen aber in Amerika und auch in England war Alice B. Toklas mehr als Alice Toklas. Alice Toklas dachte nie so und sagte das auch immer.

So muß jede Autobiographie geschrieben werden und das erinnert mich an Dashiell Hammett.

Aber bevor ich mich an Dashiell Hammett erinnern lasse möchte ich sagen daß ich gerade heute auf der Straße Miss Hennessy traf und sie trug, sie hatte ihn nicht bei sich, aber gewöhnlich trug sie einen hölzernen Regenschirm. Dieser hölzerne Regenschirm ist aus Holz geschnitzt und schaut genau so aus wie ein wirklicher bis auf das Knöpfchen und das Gummiband das ihn zusammenhält. Ganz in Ordnung nur nicht wenn es regnet. Wenn es regnet öffnet er sich nicht und dann schaut Miss Hennessy ein bißchen töricht aus aber das kümmert sie nicht denn schließlich ist er der einzige hölzerne Regenschirm in Paris. Und selbst wenn es noch viele andere gäbe würde das nichts ändern.

Was mich tatsächlich an David Edstrom erinnert aber an ihn bin ich erst erinnert worden nachdem ich mich an Dashiell Hammett erinnert hatte.

Es ist sehr nett eine Berühmtheit zu sein eine wirkliche Berühmtheit die entscheiden kann wen sie zu treffen wünscht und es auch sagen kann und sie kommen oder kommen nicht wie man es wünscht. Ich habe mir nie vorgestellt daß es mir passieren könnte solch eine Berühmtheit zu werden aber es kam und als es kam gefiel es mir aber das alles kommt erst viel später. Immerhin war ich eine Berühmtheit und als ich in Pasadena war bat uns Mrs. Ehrman die ich bei Carl Van Vechten in New York kennengelernt hatte nach Beverly Hills hinüber zu kommen und bei ihr zu essen. Wen wir zu treffen wünschten. Wen immer sie mochte, sie sagte sie würde Charlie Chaplin und die Emersons bitten und noch ein paar andere nicht mehr als zwölf im ganzen ob das recht wäre. Ja. Und Alice Toklas hängte ein.

Später am Tag, ich stehe nie früh auf ich stehe so spät wie möglich auf ich mag nicht am Morgen aufstehen und es weckt mich nie jemand jedenfalls hat man es mir gesagt und ich war erfreut, dann plötzlich am nächsten Tag sagte ich aber ich wollte doch Dashiell Hammett treffen und jemand in New York sagte der sei in Kalifornien.

Ich habe mich nie für Kreuzwort- oder andere Rätsel interessiert aber ich lese gerne Kriminalromane. Nie versuche ich zu erraten wer das Verbrechen begangen hat und wenn ich es täte würde ich sicher falsch vermuten aber es gefällt mir wenn jemand tot ist und wie es dann weitergeht und Dashiell Hammett war all das und mehr. Also rief Alice Toklas Mrs. Ehrman an und sagte wir würden gerne Dashiell Hammett treffen.

Sie sagte ja wie heißt er. Dashiell Hammett sagte Miss Toklas. Und wie schreibt er sich. Alice Toklas buchstabierte. Ja und wo wohnt er. Ach sagte Alice Toklas das wissen wir nicht, wir fragten in New York und Knopf sein Verleger sagte er könne uns seine Adresse nicht geben. Natürlich sagte Mrs. Ehrman aber wer ist das eigentlich. Dashiell Hammett Sie kennen doch The Thin Man sagte Alice Toklas. O ja sagte Mrs. Ehrman ja und beide hängten ein.

Wir gingen zum Essen an jenem Abend und Dashiell Hammett war da und wir hatten ein interessantes Gespräch über

Autobiographie, aber zuerst, wie war er nur hierher gekommen ich meine zu Mrs. Ehrman zum Essen. Beide erzählten es uns.

Mrs. Ehrman hatte ein Büro angerufen das er in Hollywood hatte und um seine Adresse gebeten, man sagte ihr er sei in San Francisco, dann rief sie den Produzenten von The Thin Man an der sagte Hammett sei in New York. Also sagte sich Mrs. Ehrman dann muß er in Hollywood sein. So rief sie den Mann an der *The Thin Man* hatte verfilmen wollen und es nicht geschafft hatte und er gab Hammetts Adresse. Mrs. Ehrman telegrafierte an Hammett ob er an diesem Abend kommen wolle und bei ihr essen um Gertrude Stein zu treffen. Es war am ersten April und er tat nichts und dann sah er unter Ehrman nach und da stand ein Kürschner und keine Mrs. Ehrman und dann fragte er jeden und erfuhr daß alles stimmte und telegrafierte und sagte er könne kommen falls er die Frau mitbringen dürfe die seine Wirtin sein sollte und Mrs. Ehrman sagte natürlich kommen Sie und sie kamen. Seine Wirtin – doch das kommt erst später beim Essen.

Alles ist eine Autobiographie aber dies war eine Unterhaltung.

Ich sagte zu Hammett etwas ist verwirrend. Im neunzehnten Jahrhundert haben die Männer beim Schreiben alle möglichen Männer und die in großer Anzahl erfunden. Die Frauen dagegen konnten niemals Frauen erfinden sie haben die Frauen immer nach sich selbst gestaltet brillant oder bekümmert oder heroisch oder schön oder verzweifelt oder sanft, und niemals konnten sie irgend eine andere Art Frau gestalten. Von Charlotte Brontë bis hin zu George Eliot und viele Jahre später noch war das so. Jetzt im zwanzigsten Jahrhundert sind es die Männer die das tun. Alle Männer schreiben über sich selbst, immer sind sie selbst so stark oder schwach oder geheimnisvoll oder leidenschaftlich oder trunken oder beherrscht aber immer sind sie es selbst wie das die Frauen im neunzehnten Jahrhundert gemacht haben. Jetzt machen Sie das auch immer warum

eigentlich. Er sagte das ist einfach. Im neunzehnten Jahrhundert waren die Männer selbstsicher, die Frauen nicht, aber im zwanzigsten Jahrhundert haben die Männer keine Selbstsicherheit und so müssen sie sich wie Sie sagen schöner machen interessanter, von allem mehr, und können keinen anderen Mann gestalten denn sie müssen sich an sich selbst festklammern weil sie keine Selbstsicherheit haben. Ich habe jetzt fuhr er fort sogar daran gedacht einen Vater und einen Sohn zu gestalten um zu sehen ob ich auf diese Weise noch eine andere Person gestalten kann. Das ist interessant sagte ich.
Jedenfalls Autobiographie ist einfach ob es einem gefällt oder nicht Autobiographie ist einfach für alle und jeden und deshalb soll dies jedermanns Autobiographie werden.
Wie ich sagte nachdem ich an Dashiell Hammett erinnert worden war wurde ich an David Edstrom erinnert. Und das geschah auch in Los Angeles.
David Edstrom war der große Schwede der ein Bildhauer war und dünn als ich ihn zum ersten Mal sah und dann enorm dick und verheiratet mit dem Oberhaupt der Pariser Kirche der Christian Science, und dann nun und dann war sie tot aber so sagt er das hat nichts mit ihm zu tun. Ich hatte ihn seit Jahren nicht gesehen und nie damit gerechnet ihn wieder zu sehen.
Als wir in Pasadena waren da war er plötzlich am Telefon. Etwas Komisches unter anderem bei meinem Aufenthalt in Amerika war daß so wenig von meiner Vergangenheit auftauchte. Ich war mit so vielen in der Schule und auf dem College in Radcliffe und beim Medizinstudium und kannte so viele in Paris, aber nicht allzu viele zeigten sich. Immerhin Edstrom. Er rief an und sagte wollen Sie kommen. Wir kamen. Er war so dick wie immer ein wenig älter und arbeitete gerade an der Statue einer Wohltäterin war es Jenny Lind, oder Grace Darling oder Florence Nightingale, nun jedenfalls wollte er daß wir gemeinsam fotografiert wurden. Gemeinsam fotografiert werden das erinnert mich wieder an etwas anderes. Nun ja. Wir wurden nicht gemeinsam fotografiert. Aber was ich von

David Edstrom in Erinnerung hatte war daß er sich immer so beschwerte weil ich jeden charakteristisch haben wollte.
In jenen relativ frühen Tagen tat ich das. Ich glaubte jeder hätte einen Charakter und ich wußte es und ich wollte sie charakteristisch haben. Nun, gut, sie sind charakteristisch so nehme ich an aber es wäre mir ebenso recht wenn sie es nicht wären jedenfalls ob sie es sind oder nicht regt mich im Augenblick nicht auf. Alles was ist ist vollkommen genug wenn es ist. Was ist denn sagt Helen, unser altes Dienstmädchen das zu uns zurückgekommen ist, es gibt zu viel von nichts oder es gibt nie genug von etwas, wie dem auch sei.
Zusammen fotografiert werden erinnert mich an etwas anderes und danach wird das erste Kapitel beginnen.
In New York wurden wir in viele Häuser eingeladen das war ganz natürlich aber wir gingen nicht, wir gingen nirgends hin und das machte es uns leicht abzusagen aber Alice Toklas meinte wenn Schriftstellerinnen uns zum Tee bäten müßten wir gehen, sie meint das von Zeit zu Zeit also sagte sie ja wir kommen. Max White und Lindley Hubbell waren bei uns zu Besuch und wir nahmen sie mit. Lindley Hubbell war viele Jahre lang ein Trost für mich gewesen, er las alles was ich schrieb und teilte mir das immer so herzlich mit. Ich hatte ihn mir als einen ziemlich großen blassen und verständnisvollen Neuengländer vorgestellt. Völlig falsch, er war klein dunkel gepflegt und steif und hat alle Landkarten in der Astor Bibliothek unter sich. Nun denn wir gingen zum Tee und es waren sehr viele Schriftsteller und andere Leute da. Ich driftete umher und dann sah ich eine untersetzte kleine Frau mit einem großen Kopf und Locken waren darauf aber die bemerkte ich nicht. Wir wurden aufgefordert uns kennenzulernen, Mary Pickford und ich. Sie sagte sie würde gerne mehr Französisch können und ich sagte ich hätte es einmal ganz gut gesprochen aber nie gelesen es gefiele mir nicht als geschriebene Sprache sie sagte sie wünschte doch mehr Französisch zu können, und dann, ich weiß nicht genau wie es geschah, sagte sie und wie wäre es wenn

wir uns zusammen fotografieren ließen. Wundervolle Idee sagte ich. Wir standen mittlerweile neben einer Couch auf der Belle Greene saß. Ich war Belle Greene nie zuvor begegnet obwohl jedermann den ich kannte sie kannte. Es ist komisch mit dem Begegnen und nicht Begegnen nicht daß es irgend etwas ändert wenn nicht dann nicht wenn ja dann ja. Nathalie Barney erzählte mir gerade ihre Mutter habe sie oft eingeladen um Whistler kennenzulernen. Selbst wenn du dir nichts aus seinen Bildern machst wirst du ihn amüsant finden, habe sie gesagt, aber Nathalie Barney war immer mit Briefschreiben beschäftigt wenn ihre Mutter sie einlud und so traf sie ihn nie. Mary Pickford sagte es sei leicht den Journal-Fotografen zum Herkommen zu überreden, ja ich werde telefonieren sagte jemand und stürzte weg, ja sagte ich es wäre wundervoll man könnte uns vielleicht händeschüttelnd aufnehmen. Das werden Sie nicht tun, sagte Belle Greene aufgeregt hinter mir, natürlich werde ich sagte ich, nichts würde mir besser gefallen natürlich werden wir sagte ich zu Mary Pickford gewandt, Mary Pickford sagte vielleicht kann ich nicht dableiben und begann sich abzuwenden, oh doch Sie müssen bleiben sagte ich es wird nicht lange dauern, nein nein sagte sie ich glaube besser nicht und verschwand. Ich wußte Sie würden das nicht tun, sagte Belle Greene hinter mir. Und dann fragte ich jeden weil es mich einfach interessierte was in Mary Pickford vorgegangen sei. Es war ihre Idee gewesen und dann als ich begeistert war verschwand sie. Alle sagten sie dachte wenn ich begeistert wäre hieße das daß ich dachte ich hätte mehr Vorteil davon als sie und deshalb verschwand sie oder andere sagten daß es vielleicht doch nicht so gut wäre für ihr Publikum wenn man uns zusammen fotografierte, jedenfalls war ich sehr interessiert zu erfahren was man hier für gute Reklame hält und was nicht. Harcourt war sehr überrascht als ich ihm bei unserer ersten Begegnung in New York sagte vergessen Sie nicht dieser außerordentliche Empfang den man mir bereitet kommt nicht von meinen Büchern die man versteht wie die Autobiographie sondern von meinen Büchern die man nicht verstanden hat und er rief seinen Partner und sagte hör zu was sie sagt und vielleicht hat sie am Ende recht.

Nun in jedem Falle gingen wir alle und als wir hinunter kamen war da ein älterer Farbiger und er kam auf mich zu und sagte Miss Gertrude Stein und ich sagte ja und er sagte ich bin (den Namen habe ich vergessen), ich war der erste Musiklehrer von Mr. Matthews der den Heiligen Ignatius gesungen hat und ich wollte Ihnen guten Tag sagen, und ich war sehr gerührt. Und dann gingen wir vier Max White Lindley Hubbell Alice Toklas und ich die Fifth Avenue zusammen hinunter und mein Buch Portraits and Prayers sollte an eben diesem Tag herauskommen und auf dem Umschlag sollte meine Fotografie von Carl Van Vechten sein und als wir die Fifth Avenue zusammen hinuntergingen, lächelte eine junge Farbige und wies langsam auf etwas und da war es ein Exemplar des Buches in einem Schaufenster und sie lächelte und ging weg. Das war New York und all das wird später kommen aber vor alledem hatten wir in Frankreich gelebt.

I. KAPITEL

Was nach der Autobiographie von Alice B. Toklas geschah

Ich denke immer daran daß Victor Hugo gesagt hat daß Europas Schicksal wenn es in der Nacht vom 17. Juni 1815 nicht geregnet hätte anders verlaufen wäre. Natürlich ist es nicht so, wenn man gewinnt verliert man nicht und wenn man verliert gewinnt man nicht, zum mindesten scheint es so wenn man gewinnt oder wenn man verliert. Nun ja, es gibt Überschwemmungen, wenn man darüber in der Zeitung liest scheinen sie schlimmer zu sein als sie sind und doch sind sie oft schlimmer als sie in der Tageszeitung zu sein scheinen nur daß die anderen beschäftigt sind und sich deshalb keine Gedanken machen und daher ist es nicht so schlimm wie es sich liest. Nun jedenfalls sandte Alice Toklas' Vater während des Krieges unter großer Schererei für ihn selbst und für uns die wir sie erhielten, Trokkenlebensmittel weil die Zeitungen schrieben wir in Frankreich seien am Verhungern aber wir waren es nicht, keineswegs und doch war der Krieg auf andere Weise schlimmer als das. Kurz, Überschwemmungen oder keine Überschwemmungen sowas ereignet sich ziemlich oft und es hieß immer in hundert Jahren spielt da alles keine Rolle mehr aber das stimmt wirklich nicht. Und deshalb sagte ich. Wäre der Oktober in Bilignin Frankreich im Jahre 1932 nicht herrlich und ungewöhnlich trocken gewesen und die folgenden ersten zwei Novemberwochen ungewöhnlich trocken und herrlich dann wäre damals Die Autobiographie von Alice B. Toklas geschrieben worden. Möglich aber wahrscheinlich nicht damals. Und doch glaubt man nicht, niemand glaubt in seinem Herzen nicht an stumme und ruhmlose Miltons. Wenn es einem gelungen ist etwas zu tun ist man überzeugt daß jeder der es wirklich in sich hat etwas wirklich zu tun es auch wirklich tun wird. Immerhin habe ich etwas getan und immerhin schrieb ich Die Autobiographie von Alice B. Toklas und seitdem hat sich sehr viel ereignet, und das

erste was sich ereignete war daß wir nach Paris zurückkehrten, das tun wir gewöhnlich fast immer.
Als wir zurückkamen und bei allem was sich seit unserem Hiersein inzwischen ereignet hatte, rief ich als erstes Pablo Picasso an und erzählte ihm was ich getan hatte. Ich möchte es hören sagte er und er kam und ich begann es für ihn zu übersetzen. Picassos Name war ursprünglich nun jedenfalls der Name seines Vaters war Ruiz und der Name seiner Mutter war Picasso. In Spanien trägt man den Namen des Vaters und den der Mutter wie Ruiz y Picasso wie Merry del Val, del Val ist spanisch und Merry ist irisch und schließlich häufen sich die Namen an und man trifft seine Wahl.
Ich dachte immer der Name eines jeden Menschen sei sehr wichtig und der Name mache einen und ich habe das oft gesagt. Vielleicht denke ich das noch immer doch es gibt so viele Namen und jeder kann heutzutage jeden bei jedem beliebigen Namen nennen. Wir haben jetzt chinesische Angestellte und manchmal hat der Name den sie angeben nichts zu tun mit dem was sie sind, sie haben vielleicht ihre Empfehlung entliehen oder verspielt und sie scheinen unter jedem Namen da zu sein oder gleichermaßen nicht da zu sein und auf jeden Fall durchdringt das Orientalische die westliche Welt und vielleicht ist ein Name dort kein Name. Es ist die friedliche Durchdringung die wichtig ist nicht Kriege. Man könnte denken das hätte nichts mit Pablo Picasso und mir zu tun aber abwarten, Sie werden schon sehen. Jeder Orientale kann warten und von jedem Orientalen wird angenommen daß er fähig ist zu sehen nun wir werden ja sehen. Friedliche Durchdringung, nette Wörter und ruhige Wörter und lange aber nicht zu lange Wörter. Ich ging spazieren, wir müssen spazierengehen was sonst können wir tun wir sitzen und stehen nicht gerne herum wenigstens nicht zu lang also müssen wir spazierengehen. Wir haben jetzt ein chinesisches Dienstmädchen weil die französischen Dienstmädchen und das was sie kochen nicht mehr das ist was es einmal war. Es ist merkwürdig sehr merkwürdig und doch

ganz und gar nicht unsinnig daß man wenn es sehr viel Arbeitslosigkeit und Elend gibt niemals jemanden findet der für einen arbeitet. Es ist seltsam aber so ist es eben.
Für friedliche Durchdringung gibt es vielleicht friedliche Verteidigung. Als ich neulich spazierenging sah ich einige Arbeiter die Straße aufgraben, das geschieht sehr oft und ich frage sie immer was sie da tun und warum sie es tun. Das ist so meine Art, und bedeutet nichts anderes als daß ich beim Spazierengehen gerne anhalte und ein paar Worte mit jemandem wechsle. Sie sagten sie bereiteten die friedliche Verteidigung von Paris vor. Friedliche Verteidigung von Paris sagte ich, was ist das. Oh sagten sie das ist die Vorbereitung einer größeren Wasserzufuhr und häufigere Anschlußstellen für große Gummischläuche. Ach so sagte ich.
Alice B. Toklas denkt immer voraus an das was für mich angenehm ist deshalb sagte sie sie wolle Kopien von all meinen noch unveröffentlichten Werken machen und sie zur sicheren Aufbewahrung an Carl Van Vechten senden. Trotz allem, und alles soll heißen eine ziemlich große Menge von Gedrucktem, gibt es immer noch einen Haufen Unveröffentlichtes.
Nun also sie arbeitete sehr hart daran und sandte es Carl zu mit der Erklärung das sei für den Fall irgendwelcher Schwierigkeiten in Paris. Carl schrieb zurück es sei alles sorgfältig weggepackt und er werde bestens darauf achtgeben, aber sagte Carl vielleicht wird es hier losgehen. Nun das kann man nie voraussagen. Neulich jetzt haben wir März neunzehnhundertsechsunddreißig hat mein Bruder in Kalifornien, das ist eine andere Geschichte eine recht hübsche Geschichte. Mein Bruder hatte fast so lange in Frankreich gelebt wie ich, er ist zehn Jahre älter als ich, ich bin die Jüngste der Familie, es ist nett am jüngsten oder am ältesten zu sein und ich bin die Jüngste und dieser Bruder war der Älteste. Jetzt macht es nicht so viel aus aber als wir jünger waren sehr viel, nun jedenfalls kabelte er – rate Bilder und Zeichnungen nach Amerika zu schicken. Und ich schrieb zurück und sagte nein es hat keinen Sinn allzu vorsorg-

lich zu sein. Wir hätten ja auch beschließen können im Connecticut Tal zu leben und jetzt ist es ganz überschwemmt oder so ähnlich sagen die Zeitungen. Jeder weiß daß man wenn man zu vorsichtig ist so beschäftigt ist mit dem Vorsichtigsein daß man bestimmt über irgend etwas stolpert. Aber all dies hat auch etwas zu tun mit dem Orientalischsein und der orientalischen friedlichen Durchdringung des Westens und warum sie vernünftig ist.

Als ich klein war war der furchtbarste Augenblick meines Lebens als ich es wirklich als Wirklichkeit erkannte daß die Sterne Welten sind und als ich es wirklich als Wirklichkeit erkannte daß es Kulturen gab die vollständig von der Erde verschwunden sind. Und jetzt geschieht das wieder. Damals hatte ich Angst schreckliche Angst, jetzt nun jetzt ist Angsthaben etwas weniger Beängstigendes als damals. Darüber gibt es allerhand zu sagen aber das kommt nach und nach in Jedermanns Autobiographie. Jetzt gehe ich noch spazieren. Ich gehe gern spazieren.

Als ich gestern spazierenging traf ich jemanden. Ich habe oft gesagt es sei ein Merkmal von Paris daß man nie einen Bekannten trifft wenn man spazierengeht. Aber jetzt ändert sich alles und man, das heißt ich, nun jetzt trifft jeder oft Leute die er kennt oder Leute die einen kennen.

Jedenfalls traf ich einen gestern und er war ein Ägypter.

Wenn ich sagte daß ich Angst hatte als ich wirklich begriff daß die Sterne Welten sind so war das noch bevor alle sicher waren daß es nur auf dieser Erde Menschen gibt und daß Menschsein deshalb etwas sehr Schwieriges ist. Aber mehr davon im Folgenden.

Der Ägypter ist ein junger Mann ich war ihm bisher nur einmal begegnet als er mit einem jungen Franzosen zusammen war der gerade ein nettes kleines Buch über Proust geschrieben hatte. Ich war ihm dem jungen Franzosen nur zweimal begegnet einmal als er sehr amüsant war und einmal als er zum Amüsantsein zu betrunken war und wollte daß jeder etwas esse und man ihn vor die Tür setzen mußte. Nun also kam der junge Franzose daher mit diesem andern das war an einem andern Tag und ich traf sie. Dann an diesem Tag der gestern war traf ich den Ägypter. Ich erkannte ihn nicht weil ich nicht gewußt hatte daß er Ägypter ist aber er sagte mir wer er sei. Und wir unterhielten uns und wir sagten beide wir gingen gern allein spazieren aber wir spazierten zusammen weiter und er redete über die ägyptische Sprache und das ist es worüber ich sprechen möchte bevor ich mit Picasso fortfahre weil es eine ganze Menge mit allem zu tun hat.

Er sagte in Ägypten gäbe es heute eine geschriebene und eine gesprochene Sprache aber viele Leute seine Mutter und sein Vater zum Beispiel sprächen besser französisch als jede der beiden anderen obwohl sie, die Familie von Anbeginn ägyptisch gewesen ist. Nach und nach machten wir uns das selbst und einander klar.

In den alten Tagen hatten die Ägypter nur eine Sprache, das heißt jeder benutzte im täglichen Leben nur wenig Sprache überhaupt aber wenn sie verliebt waren oder mit ihrem Helden redeten oder bewegt waren oder Geschichten erzählten dann redeten sie in einer exaltierten und phantasievollen Sprache die jetzt zur geschriebenen Sprache geworden ist denn heutzutage sind sie im Gespräch nicht mehr exaltiert und benutzen immer nur die gewöhnliche Sprache und deshalb haben sie die exaltierte Sprache vergessen und diese wird jetzt nur geschrieben aber nie gesprochen.

Das ist sehr interessant sagte ich, die englische Sprache dagegen sagte ich ist genau den andern Weg gegangen, man versuchte immer zu schreiben wie jedermann spricht und erst seit verhältnismäßig kurzer Zeit ist es so daß die geschriebene Sprache weiß daß es nicht von Interesse und untunlich ist nämlich so zu schreiben wie jeder redet weil jeder redet wie die Zeitungen Filme und Radios sie zu sprechen lehren und daß die gesprochene Sprache nicht mehr interessant ist weshalb die geschriebene Sprache allmählich etwas sagt und es anders sagt als die ge-

sprochene. Ich war sehr interessiert an dem was ich sagte als ich nach und nach diese Dinge sagte, und all das ist gerade jetzt sehr wichtig. Also werden wir bald dahin kommen eine geschriebene Sprache zu haben das heißt etwas vom Englischen Getrenntes. Beginnt man an einer Stelle wird man immer an einer anderen aufhören. Lassen Sie mich von meinem Bruder erzählen.
Wie ich sagte hatte er so lange wie ich in Frankreich gelebt er hatte einen Sohn er hatte einen Enkel hier, er hatte seine Frau und Freunde er schien einigermaßen zufrieden und glücklich. Und vor etwa fünf Jahren sagte er er wolle zurückgehen nach Kalifornien aber warum sagte ich was ist los du hast doch so lange hier gelebt was ist los, oh sagte er du verstehst nicht, sagte er ich möchte englisch sprechen zu dem Mann der die Briefe bringt und den Garten besorgt ich möchte den Leuten etwas sagen und es von ihnen auf Amerikanisch gesagt bekommen. Aber Mike, sagte ich, ja ja ich weiß sagte er aber ich kann nicht anders, ich muß gehen und sie diese Dinge auf Amerikanisch sagen hören. Ich muß wieder zurück und dort leben, das ist alles ich muß. Und er hat sein Haus verkauft, es war eine schlechte Zeit zum Verkaufen niemand konnte etwas verkaufen aber er lief herum bis er einen Mann fand der aussah als ob er ein Haus suchen würde und es stimmte und mein Bruder sagte warum kaufen Sie nicht meines und er tat es und in einer Woche waren sie fort, alle von dort außer dem Sohn der in Frankreich verheiratet war und gerne mit jedem französisch sprach weil er das gern tut.
Ja das ist eine wahre Geschichte.
Und Picasso kam mit seiner Frau als wir nach Paris zurückkamen nachdem Die Autobiographie von Alice B. Toklas geschrieben war.
Ich begann sie ihm auf Französisch vorzulesen, er und ich waren zusammen auf der Couch und seine Frau saß auf einem Stuhl und sprach mit Alice Toklas und dann hörten sie alle zu als ich begann.
Ich spreche Französisch schlecht und schreibe es noch schlech-

ter aber Pablo auch er sagt wir schreiben und sprechen unser Französisch aber das ist eine spätere Geschichte.
Also fing ich am Anfang an mit der Beschreibung des Zimmers wie es war und der Beschreibung unseres Hausmädchens Helen. Du hast einen Fehler gemacht sagte Pablo du hast etwas ausgelassen an der Wand waren drei Schwerter eins unter dem anderen und sagte er das war sehr aufregend. Dann fuhr ich fort und Fernande kam herein.
Ich las er hörte zu und seine Augen waren weit offen und dann stand seine Frau Olga Picasso plötzlich auf und sagte sie wolle nicht zuhören sie wolle weggehen sagte sie. Was ist los, sagten wir, ich kenne diese Frau nicht sagte sie und ging. Pablo sagte lies weiter, ich sagte nein du mußt deiner Frau nachgehen, er sagte oh ich sagte oh und er ging und bis zu diesem Jahr und dazwischen liegen zwei Jahre sahen wir einander nicht wieder aber jetzt hat er seine Frau verlassen und wir haben uns wiedergesehen.
Als ich ihn wiedersah sagte ich wie hast du nur je den Entschluß fassen und dabei bleiben können deine Frau zu verlassen. Ja sagte er du und ich wir haben einen schwachen Charakter und keine Initiative und wenn ich gestorben wäre bevor ich es getan hätte würdest du niemals geglaubt haben daß ich einen genügend starken Charakter hätte so etwas zu tun. Nein sagte ich ich habe nicht gedacht du könntest jemals wirklich dergleichen tun, bis jetzt hat dich wenn du etwas geändert hast immer jemand weggenommen und dieses Mal niemand und wie ist das gekommen. Ich vermute sagte er wenn es etwas gibt worin kein Leben mehr ist dann stirbt man entweder oder man lebt weiter, nun sagte er so war das bei mir.
Als er seine Frau los war hörte er auf zu malen und begann Gedichte zu schreiben. Alles bewirkt etwas nehme ich an und das ist es eben was dabei herauskam und was die Gedichte betrifft so ist das eine sehr seltsame Geschichte.
Er erzählte mir von diesen Gedichten ich hatte schon davon gehört, er sagte er wolle nicht mehr malen vielleicht nie mehr er wolle Gedichte schreiben ob ich eines Abends kommen würde

und zuhören. Ich sagte ja gerne und ich sagte ich würde jemanden der gerade hier war mitbringen und ich brachte Thornton Wilder mit. Ich werde später alles von Thornton Wilder erzählen aber jetzt geht es um Pablo und sein Schreiben und sein Leben.

Als ich zum ersten Mal hörte daß er Gedichte schrieb hatte ich ein komisches Gefühl. Es war Henry Kahnweiler der Kunsthändler der mir zuerst davon erzählte. Was für Gedichte sind das sagte ich, nun eben Gedichte sagte er wissen Sie Gedichte wie sie jedermann schreibt. Oh sagte ich.

Nun ich sage ja als ich zum ersten Mal hörte daß er schrieb hatte ich ein komisches Gefühl das kommt vor wie man weiß. Dinge gehören zu einem und Schreiben gehörte zu mir, darüber gibt es keinen Zweifel Schreiben gehörte zu mir. Ich weiß Schreiben gehört zu mir, ich bin ganz sicher und ganz gleich wie sicher man einer Sache ist einer zu einem gehörenden Sache wenn man jemanden sagen hört es gehöre zu ihm dann hat man ein komisches Gefühl. Man ist sicher aber es gibt einem ein komisches Gefühl. Das also war meine Art von Gefühl als ich hörte daß Picasso schrieb und das war meine Art von Gefühl als ich zum Zuhören hinüberging.

Man weiß ganz genau nie geschieht das Wunder wer etwas nicht tun kann tut es nicht aber es gibt einem ein komisches Gefühl obwohl man weiß das Wunder kann nie geschehen gibt einem alles trotzdem dieses komische Gefühl. Gerade neulich war es so.

Meraude Guiness Guevara ich erwähnte sie in Alice B. Toklas war es durch die ich eigentlich Francis Rose kennenlernte. Meraude ist nicht wie sehr viele aber einige sind wie sie. Meraude hat Technik und eine gewisse Leichtigkeit und sie muß Malerin sein. Es gibt keinen Grund dagegen und es gibt keinen Grund dafür aber sie muß Malerin sein und deshalb verliebt sie sich in einen Maler, entweder um zu malen wie er malt oder sie malt wie er weil sie verliebt ist aber jedenfalls ist sie nie verliebt in einen der kein Maler ist.

Und jetzt war sie wieder verliebt in einen Maler nur wußte niemand wirklich ob er Maler war, auch jetzt weiß keiner es wirklich. Er kam aus Aix woher Cézanne kam und so sind die Leute sie meinen wenn einer woher kommt so hat er vielleicht eine Gemeinsamkeit mit etwas was auch von daher gekommen ist.

Natürlich stimmt es daß der Blitz niemals zweimal am gleichen Ort einschlägt und das weil das besondere Zusammenspiel das den Blitz dorthin kommen läßt aus so vielen Dingen besteht daß es unwahrscheinlich ist daß sie wieder zusammentreffen, sie könnten aber sie tun es nicht. Wie Edwin Dodge immer sagte jedes Leben eines Großen gemahnt uns daß man keine Söhne hinterlassen soll. Nun jedenfalls war Meraude in einen jungen Mann aus Aix verliebt, in einen sehr gut aussehenden und sehr großen jungen Mann. Meistens sind die meisten Leute die etwas mit Malen zu tun haben nicht sehr groß und stark, es mag Ausnahmen geben aber im allgemeinen sollte man klein sein. Nun jedenfalls kam er nach Paris und er war beeindrukkend und er malte und wir fragten uns ob es interessant wäre und wir fragten uns so oft daß es so schien. Es ist nicht so, sagte Picabia aber jeder hat immer das Gefühl das Wunder kann geschehen, jemand der kein Maler ist kann vielleicht etwas malen wenn etwas an ihm dran ist aber er tut es nie sagte Picabia betrübt, man muß von jeher gemalt haben und malen wie man immer gemalt hat um etwas zu malen. Und deshalb ist die Malerei eines Malers der kein Maler ist gar nichts. Wir alle werden ihn wiedersehen, aber das ist nach alledem alles was daran ist.

Und so ging ich hin und wir alle gingen hin Alice B. Toklas und Thornton Wilder und wir ließen Basket und Pépé im Wagen aber wir alle gingen hin um uns den ganzen Abend lang Pablo Picassos Gedichte anzuhören.

Das Zimmer in dem man sitzt ist ein Eßzimmer mit einem großen Tisch, man kann das Sitzen in einem Eßzimmer mögen oder nicht aber ein großer Tisch steht immer drin. Wir unterhielten uns ein wenig und dann fragte ich ihn wo sein Geschriebenes sei, er sagte ich werde es euch gleich zeigen und dann ging er langsam weg um es zu holen. Seine Handschrift ist sehr interessant und wann immer sie zu Papier kommt macht er ein Bild daraus und ich war ein wenig nervös und ich saß neben ihm und er war nicht so nervös und er begann zu lesen.

Die Gedichte waren auf Französisch und Spanisch und zuerst las er ein französisches und dann ein spanisches das er ins Französische übersetzte und dann las er weiter und weiter und dann schaute er mich an und ich tat einen langen Atemzug und sagte es ist sehr interessant. Wir hatten beide unsere Brillen aufgesetzt für diese Lesung er um zu lesen und ich um zuzuschauen während er las. In Frankreich liest man immer alles laut man liest mehr mit den Ohren als mit den Augen aber beim Englischlesen lesen wir mehr mit den Augen als mit den Ohren. Ich frage mich oft was jetzt geschehen wird. Ich glaube dies wird geschehen eine geschriebene Sprache wird entstehen wie in den alten Kulturen die mit den Augen gelesen wird und eine andere Sprache die nur sagt was jedermann weiß und deshalb nicht wirklich interessant ist und die wird mit den Ohren gelesen. Nun ja. Pablo fuhr fort zu lesen und er schaute auf und er sagte zu Thornton Wilder konnten Sie folgen und Thornton sagte ja und ob er hineinschauen dürfe und Picasso reichte es ihm. Thornton sagte ja er war nicht nervös er sagte ja ja es ist sehr interessant und dann sprachen wir darüber wie schön Wörter aussehen wenn sie geschrieben sind und wie man eine einzige Sprache haben kann und wie spanisch Spanisch ist und dann nach kurzer Zeit sagten wir Gute Nacht und gingen. Ich hatte ein komisches Gefühl das Wunder war nicht geschehen die Gedichte waren keine Gedichte es war nun sagte Thornton wie die Schule von Jean Cocteau und ich sagte um Himmelswillen sag' ihm das nicht. Und dann sagte ich aber warum eigentlich nicht er hat niemals etwas in Worten gefühlt und er hat niemals etwas anderes gelesen als was von einem Freund geschrieben wurde und schließlich ist er in der Schule von

Apollinaire erzogen worden und später von Jean Cocteau nun natürlich da war noch Max. Max hat erst neulich gesagt warum nur bellt er mich an, ich bin ein trauriger und glücklicher kleiner alter Mann warum sollte er. Und ich sagte alles regt ihn auf, und Max sagte aber er hat doch alles ja sagte ich aber alles regt ihn auf. Nun jedenfalls sagte Max es war zwecklos zu mir zu sagen, du der du ein Dichter warst ja ich war ein Dichter was immer ich bin ich war ein Dichter und ich hatte ihn nicht zu mir gebeten.

Nun ja.

Und nach ein paar Tagen kam er vorbei und ich war allein und wir redeten, und ich sagte nichts über sein Schreiben. Dieser Amerikaner sagte er der der dabei war er schaut interessant aus was hat er gesagt über mein Schreiben. Er sagte es sei interessant. Ja aber hat er nicht sonst noch was gesagt, ja sagte ich er sagte daß gewisse Beschreibungen die du machst die gleiche Qualität hätten wie deine Malerei. So so sagte Picasso und er fand es interessant. Ja sagte ich und er fand es interessant. Und dann redeten wir weiter. Und du Gertrude sagte er du sagst nie viel über irgendetwas. Nun, weißt du Pablo sagte ich weißt du die Ichbezogenheit eines Malers ist eine vollkommen andere Ichbezogenheit als die Ichbezogenheit eines Schriftstellers. Was meinst du damit sagte er nun sagte ich ich werde dir meinen Vortrag über Malerei vorlesen und ich übersetzte ihn für ihn, das ist sehr interessant sagte er. Ich sagte gut schreib' weiter. Ja sagte er genau das tue ich. Ich werde nie wieder malen sehr wahrscheinlich nicht. Mir gefällt das Leben eines Literaten, ich gehe in Cafés und ich denke und ich mache Gedichte und das gefällt mir. Das ist höchst interessant sagte ich und dann sahen wir uns eine Zeitlang nicht mehr.

Er schaute sich die Bilder nicht genau an er sagte er verstehe daß Francis Rose zu nichts gekommen sei, ich sagte nicht gerade jetzt aber jeder war gerade jetzt dabei sozusagen aufzuhören, ich dachte immer noch er werde weitermachen und Picabia sagte er, ich hatte einige Picabias im Zimmer einen großen und

zwei kleine, der ist überhaupt der schlechteste Maler von allen sagte Picasso. Erklär' mir warum sagte ich, weil er überhaupt nicht malen kann, sagte er, nun sagte ich seine Schriftstellerei interessiert mich nicht und er gab keine Antwort.
Dann trafen wir uns eine Zeitlang nicht und dann rief er mich an und sagte er wolle Dalí mitbringen und ich sagte ja und wir verabredeten einen Abend.
Aber vorher gab es einen amüsanten Abend. Er sagte Sarbates, das ist ein Spanier den er sein Leben lang gekannt hatte und jetzt wiederkannte und jetzt waren Sarbates und seine Frau gekommen um bei ihm zu wohnen. Sarbates sagte sein Leben sei ein langes Leben gewesen ständig hätte er sich irgendwo niedergelassen aber diese ständigen Niederlassungen hätten nicht lange angehalten. Er sagte wenn er nur den Entschluß fassen könnte sich irgendwo vorübergehend niederzulassen würde er vielleicht für immer bleiben aber das hatte er nie getan er hatte immer von sich selbst gefordert oder war aufgefordert worden sich irgendwo einen ständigen Wohnsitz zu nehmen und nichts ist so unbeständig wie ein ständiger Wohnsitz, nun jedenfalls lebten sie jetzt da Picasso ganz allein lebte bei ihm.
Und Sarbates hatte an einer Berlitz Sprachschule unterrichtet und er kannte ziemlich viele verschiedenartige Menschen und ein Amerikaner war da ob er den mitbringen könne und so kamen sie alle. Niemand war eingeladen aber jeder kam so ist das immer oder so ist es manchmal und wenn es so ist dann ist es eben so. Die Picabias kamen und ich habe vergessen wer sonst noch da war oh ja Marcel Duchamp und Georges Maratier und alle wären gleichermaßen erfreut gewesen nicht alle anzutreffen aber darum kann man sich nicht kümmern. Sie waren alle da.
Picabia und Picasso sind von ungefähr der gleichen Körpergröße was nicht groß ist und sie sind von ungefähr gleichem Gewicht was beträchtlich ist. Und sie wären nicht was sie sind denn keiner von beiden ist jemals der andere. Und doch hält man manchmal Picasso für einen französischen Maler und Picabia für einen spanischen. Nun jedenfalls kommt das vor,

sie tragen ohne es zu wissen die gleiche Krawatte und diesmal hatten sie genau die gleichen Schuhe an und jedermann bemerkte es so daß sie es untereinander erwähnten und ich ließ sie aufstehen und nebeneinandertreten und sie waren von gleicher Größe und sie trugen die gleichen Schuhe aber sie sahen einander nicht ähnlich nein wirklich nicht. Nun mittlerweile wurde es schwierig deshalb brachte ich den Amerikaner dazu, ich brachte ihn dazu, er hatte mir davon erzählt, er war ein College Professor ich brachte ihn dazu davon zu erzählen wie er den ganzen Sommer über per Autostop reiste, durch ganz Amerika und er erzählte wie er es gemacht hatte. Es war höchst interessant und alle hörten zu.

Er erzählte man müsse wissen daß man nie an einer roten Verkehrsampel halten solle, in einem Auto sei jeder zu ungeduldig jemanden aufzunehmen um keine Zeit zu verlieren beim Weiterfahren wenn die Ampel umschaltet deshalb müsse man hinter einer Kreuzung anhalten weil nach dem Start jeder guter Dinge und bereit sei einen aufzunehmen, auch bei Steigungen solle man immer daran denken, man solle nie mit jemandem dastehen und vor allem nicht mit einer Frau, mancher würde vielleicht leicht eine einzelne Frau mitnehmen aber nie würde man einen jungen Mann mit was für einer Frau auch immer mitnehmen, und als er fortfuhr und die langen Straßen so wirklich machte bekam Picasso Angst, es ist komisch aber so viel zu wissen über das was Menschen in bezug auf andere tun werden ängstigt Menschen die schöpferisch tätig sind immer sie analysieren gerne und sprechen darüber was die Leute wohl tun werden, aber sie haben es nie gern daß jemand wissen kann was jemand tun wird, wirklich wissen und einwirken, erfolgreich auf das einwirken was Menschen tun werden. Während dieser Amerikaner redete und redete sah ich daß Picasso in Schrecken versetzt wurde alles war so wirklich, oh sagte er von Angst gepackt er der Armut Hunger Montmartre und alles hinter sich hatte ich würde niemals meinem Chaffeur erlauben anzuhalten niemals sagte er. Und das nicht weil er vor dem Mann der einsteigen wollte Angst hätte nur insofern als daß der Mann der einsteigen wollte zu viel darüber wußte wie man es fertig bringt. Picabia hatte bald aufgehört zuzuhören, nichts ist wirklich für ihn das nicht Malerei ist und so kann es ihn nicht ängstigen etwas zu erfahren.

Nun wie ich sagte hatte Picasso gesagt er wolle Dalí zu mir bringen. Ich sagte gewiß und wir vereinbarten einen Abend und Dalí und seine Frau kamen aber nicht Picasso brachte ihn mit und bald wird man sehen warum ich damals nicht wußte warum.

Dalí hat wie viele spanische Maler eine Russin geheiratet. Ich fragte einmal eine Russin warum Spanier Russinnen heiraten wo sie sich doch wahrscheinlich am wenigsten mögen und die Ehen immer unglücklich sind. Nun sagte sie verstehen Sie, weil sie oberflächlich einander gleichen und das anziehend ist und dann kommen sie allmählich zu dem Punkt wo sie einander nicht gleichen und dann ist es hoffnungslos weil alles was sich gleicht nur an der Oberfläche besteht. Und dann dachte ich darüber nach und es ist wahr Spanier haben kein Zeitgefühl das heißt Nacht ist für sie Tag und Tag ist Nacht, außerdem sind sie sehr brutal nein nicht brutal sondern gefühllos für menschliche Regungen und sie hören auch nie zu. Sie hören nicht was man sagt noch hören sie zu aber sie nützen für das was sie tun wollen das aus was sie nicht hören.

Und dann wurde es mir bewußt es ist ganz einfach, die Russen und die Spanier sind Orientalen und sind von der gleichen Mischung. Kratze an einem Russen und du findest einen Tartaren. Kratze an einem Spanier und du findest einen Sarazenen. Und all dies ist sehr wichtig in bezug auf das was ich über das friedliche orientalische Eindringen in die europäische Kultur gesagt habe oder vielmehr über die Tendenz dieser Generation das heißt des zwanzigsten Jahrhunderts nicht mehr europäisch zu sein weil Europa vielleicht am Ende ist.

Die Malerei im neunzehnten Jahrhundert war französisch gegen Ende des neunzehnten Jahrhunderts wurde sie spanisch

spanisch in Frankreich aber doch spanisch, und Philosophie und Literatur hatten die gleiche Tendenz. Einstein war der schöpferische philosophische Geist des Jahrhunderts und ich bin der schöpferische literarische Geist des Jahrhunderts auch mit der Mischung aus Orientalischem und Europäischem.

Jetzt aber ist Dalí im Begriff zu kommen und mit ihm seine russische Frau.

Dalí hat den allerschönsten Schnurrbart aller Europäer aber kein Zweifel auch dieser Schnurrbart ist sarazenisch und kein Zweifel es ist der allerschönste Schnurrbart.

Dalí war der Sohn eines Notars, in Europa ist die Rolle die Notarssöhne in den Künsten spielen eine sehr interessante. Sie nehmen den Platz der Pfarrerssöhne in Amerika ein. Notare sind das was man in England Solicitors nennt und bei uns in Amerika gibt es glaube ich nichts was dem völlig gleichkommt. Ein Notar ist etwas was einen immer an Balzacs Romane denken läßt weil Notare eben genau so sind.

Sie machen alles sie leiten in kleineren Städten die Auktionen sie stellen alle juristischen Papiere aus sie sind Agenten bei allen Verkäufen und bei allen Erbstreitigkeiten die nicht gerade vor Gericht kommen, sie verwalten Grundstücke sie verwahren jedermanns Schriften sie geben Ratschläge ohne Ende und sie können nur Kosten verlangen für juristische Papiere. Ich weiß sehr viel über sie weil sie äußerst gut zu mir waren als wir Schwierigkeiten hatten mit dem Pächter bei dem wir in Bilignin Untermieter waren, und ich meine ganze Zeit damit verbrachte hinunterzueilen und ihm von meinen Schwierigkeiten zu erzählen während der Hauptmann der der Pächter war im anderen Zimmer wartete um ihm von seinen Schwierigkeiten zu erzählen und schließlich brachte er alles ins reine.

Das ist wirklich eine hübsche Geschichte aus dem französischen Leben.

Ich habe in Alice B. Toklas erzählt wie wir das Haus fanden wo wir die Sommer jenseits des Tales verbrachten und es hieß wir könnten es haben sobald der jetzige Bewohner auszöge. Der jetzige Bewohner war Leutnant in der Armee und in der Garnison von Belley stationiert, dort ist ein Battalion von marokkanischen Truppen, es ist immer merkwürdig in einem französischen Bergdorf diese eingeborenen Truppen zu sehen. Es ist kurios der Gebrauch dieses Wortes, eingeboren meint immer Leute die anderswo hingehören, weil sie einmal irgendwo hingehörten. Das zeigt daß die weiße Rasse nicht wirklich glaubt irgendwo hinzugehören weil sie alle anderen für Eingeborene hält. Nun jedenfalls war der Leutnant der in dem Haus wohnte das wir jenseits des Tales gesehen hatten und das wir einfach haben mußten in der Garnison von Belley stationiert. Wir hatten das Haus nie von innen gesehen weil es noch weiter bewohnt werden sollte. Warum sagten alle lassen Sie ihn denn nicht zum Hauptmann machen, dann müßte er wegziehen da in der Garnison kein Platz für einen weiteren Hauptmann ist. Wir fanden das eine ausgezeichnete Idee.

Es ist bemerkenswert wie viel Einfluß man in Frankreich hat um etwas zu erreichen das heißt wenn man nie von einem der wichtig ist erwartet daß er etwas für einen tut. Wir fanden das während des Krieges heraus. Ein General taugt nichts er kann einem nur zuhören und Vorträge halten er hat keine Macht irgend etwas für einen zu tun weil wenn er es täte jeder davon erfahren würde und dann wäre alles vorbei, deshalb ist die Person die etwas für einen tun kann eine nette Sekretärin oder ein freundlicher Wachtmeister. Die können alles für einen erreichen vom Extra-Benzin bis zu einer Auszeichnung wenn man es wünscht. Wie ich erklärte als wir das Rote Band für Mildred Aldrich haben wollten sagten alle wichtigen Leute sie würden dafür sorgen aber nichts geschah aber eine Sekretärin in einem Büro die verschaffte es ihr.

Nun wir kennen einen Mann er ist ein netter Mann sein Name ist George, nicht von ungefähr nennt jeder jeden der etwas für einen tun soll George. Es liegt etwas drin in einem Namen. Ich sagte ich sei nicht mehr sicher daß es so sei aber in dem Namen George liegt etwas drin. Jedenfalls erzählten wir diesem von

unseren Schwierigkeiten. Als er seinen Militärdienst machte war er Schreiber im Kriegsministerium. Er erzählte immer daß alle sogar ein General zu ihm hereingekommen seien und ihn gefragt hätten ob er nicht dafür sorgen könne daß etwas für ihn ein wenig schneller getan werde. Nun manchmal tat er es und manchmal tat er es nicht, das alles heißt die Karten so zu verschieben daß eine vor die andere kommt, wie es Bibliothekare mit erneuerten Karten tun, wie es jeder mit allem tut.
George sagte lassen Sie mich sehen Sie wollen daß er Hauptmann wird erzählen Sie mir mehr von ihm. George war da gerade Geschäftsmann und hatte nichts mehr mit dem Kriegsministerium oder irgendetwas Militärischem zu tun, trotzdem sagte er sagen Sie mir was ich für Sie tun soll. Das sagt George immer und manchmal tut er wirklich manches. Er sagte wir sollten von der Bank genug Geld für einen Monat auf dem Lande abheben falls es eine Revolution gäbe, bis jetzt habe es keine gegeben aber sollte es dazu kommen würde er es erfahren. Das einzig Seltsame an ihm ist daß er an die napoleonische Dynastie glaubt. Das gehört zu den merkwürdigen Dingen in Frankreich man weiß nie wem gegenüber einer loyal ist, sie sind zwar weiterhin Republikaner aber trotzdem trägt eine beträchtliche Anzahl von ihnen dazu bei daß wieder ein König oder Kaiser oder irgendetwas kommt. George glaubt an die Bonapartisten ich weiß nicht warum es scheint sehr närrisch da die Bonapartisten niemals irgend etwas getan haben außer Unheil über Frankreich bringen und George liebt Frankreich und Unheil liebt er nicht. Jedenfalls erzählten wir ihm unseren Wunsch daß man den Leutnant zum Hauptmann machen solle.
George ging weg und nach einigen Monaten Wartezeit in denen man sorgenvoll dreinschaut aber keine Fragen stellt und er geheimnisvoll sagte abwarten kam er und sagte ich habe Neuigkeiten für Sie, im Kriegsministerium sagt man er tauge nicht viel als Leutnant, er ist ein Kriegsleutnant, und er könne keine weiteren Examen bestehen aber zum Hauptmann eigne er sich

überhaupt nicht und abgesehen davon müsse man ihm wenn er pensioniert wird die Pension für einen Hauptmann auszahlen und jetzt müsse man ihm wenn er sich in zwei drei Jahren zurückzieht nur die Leutnantspension auszahlen, aber sagte George vielleicht könne er nach Marokko gehen das wäre gut für ihn er bekäme mehr Geld im aktiven Dienst und er würde das Haus freigeben. Nein nein sagten wir als gute Amerikaner und George ging und sagte nichts. Einen Monat später schrieb der Besitzer der Leutnant gehe nach Marokko und sei bereit uns das Haus samt Möbeln für die zwei Jahre die er fort sei unterzumieten, ob wir es haben wollten ja, wir wollten und dann suchten wir zum ersten Mal den Notar auf, der auch einen Sohn hat und dabei fanden wir heraus daß ein Notarssohn in Frankreich wie ein Pfarrerssohn in Amerika ist und wir erfuhren nie ob der Wegzug des Leutnants nach Marokko Georges Verdienst oder ein Zufall war, er sprach nie darüber und so erfuhren wir es nie.
Also setzte der Notar den Vertrag auf und wir hatten das Haus und etwa sechs Monate später brach in Marokko Krieg aus und nach Belley kam die Nachricht der Leutnant sei ein Gefangener. Alice Toklas' Gewissen plagte sie das meine plagte mich nicht aber das ihre plagte sie und später kam dann die Nachricht er sei kein Gefangener und nichts sei ihm geschehen und Alice B. Toklas war seinetwegen sehr erleichtert aber später wesentlich später wäre sie nicht traurig gewesen wenn man ihn für immer behalten hätte und dies als wir alles erfuhren was ein Notar so macht.
Zwei Jahre lang hatten wir sehr friedlich in Bilignin gelebt und dann kam der Leutnant zurück und er wollte uns die nächste Laufzeit seiner Pacht verkaufen die er nicht hatte weil wir das Ende der seinen übernommen hatten und doch sagte er er wolle so viele Möbel mitnehmen wie er zur Möblierung des Hauses benötige das er irgendwo übernehmen müsse da er nicht mehr in Belley stationiert sei, und er wollte das Klavier und ich improvisiere gerne auf einem Klavier ich spiele gerne eine

Sonatine nach der anderen immer auf den weißen Tasten ich mag die schwarzen Tasten nicht und auch niemals zwei Noten die von der gleichen Hand zur gleichen Zeit angeschlagen werden weil ich keine Akkorde mag, aber meistens habe ich kein Klavier und ich lebe sehr gut ohne und ich war nicht da als der Leutnant und seine Frau das Klavier verlangten das zum Mobiliar gehörte wofür wir bezahlten, und Alice Toklas verweigerte ihnen das Klavier und alles andere wofür wir bezahlten und dann sagten sie in diesem Fall würden sie das Haus zurücknehmen. Als ich zurückkam ich war mit den Hunden spazierengegangen war alles in Verwirrung und ich sagte ich laufe rasch zum Notar, sein Büro war geschlossen aber ich erreichte daß er mich trotzdem empfing und nachdem ich ihm alles erzählt hatte sagte er der Leutnant warte auch darauf von ihm empfangen zu werden und ihm alles zu erzählen. Monsieur Saint Pierre der Notar ist ein stattlicher hübscher Mann dessen Familie wie so viele Notars-Familien in Frankreich und hauptsächlich um Lyon Unterlagen besitzt die zeigen daß sie seit dem elften Jahrhundert Notare oder dergleichen gewesen sind also alles wissen was ein Notar zu tun hat. Er beruhigte mich und er beruhigte ihn obwohl eine Wand dazwischen war und er der Leutnant im Unrecht war denn in Frankreich durfte er als Offizier in der Armee keine zwei Häuser mieten, er durfte zwei besitzen aber er durfte keine zwei mieten wenn er also ein anderes mietete konnte er nicht länger Bilignin mieten so stand es und wenn wir ihm seine Möbel früher zurückgäben würde uns unser Hausherr andere Möbel geben und uns einen Vertrag und alles machen und allmählich beruhigte sich alles und wir bekamen die Möbel aus dem Haus von Brillat-Savarin weil unser Hausherr dieses Haus von Brillat-Savarins Erben geerbt hatte und nach einer Unmenge Aufregung war alles ruhig, der Notar lieh uns seinen Sekretär damit der Leutnant und seine Frau sich hinsichtlich der Inventur friedlich verhielten und schließlich ließen sie einen Kavalleriesäbel zurück, und der ist noch da und ein anderes Klavier ist da das hinterlassen worden

war nicht von Brillat-Savarin aber doch in etwa von Brillat-Savarin und das sehr gut dazu dient Sonatinen eine nach der andern zu spielen.
Das also ist ein Notar und seine Söhne, einen gibt es immer wie bei Pfarrerssöhnen zum Beispiel Cummings ist einer, aber jedenfalls gibt es immer einen Notarssohn sie haben Macht in Freiheit aber sie sind nie frei, das heißt es ein Notarssohn zu sein. Jean Cocteau ist einer, Foch war einer, Bernard Faÿ ist einer und neulich waren eine Menge Leute hier und Marcel Duchamp und irgend jemand oder er sagte Marcel Duchamp sei ein Notarssohn oh sagte ich das erklärt alles. Alles sagte Marcel und alle brachen in Lachen aus aber es ist wahr es ist so, und Dalí ist ein Notarssohn und das ist seine Geschichte.
Dalí nun ja er ist nicht der bedeutendste Surrealist und doch ja in gewisser Hinsicht ist er es.
Er kam ganz jung aus Nordspanien nach Paris. Wie ich sage, seit dem zwanzigsten Jahrhundert ist die Malerei spanisch gewesen, wie Picasso sagt mag er Dalí weil bei Dalí, wie bei ihm selbst, und das ist spanisch alles auf seiner eigenen Unwissenheit basiert, sie werden wundervoll inspiriert und das aufgrund oh ja aufgrund der Unwissenheit ihrer eigenen Unwissenheit weil ein spanischer Notar natürlich nichts weiß und keine Mittel zum Lernen gehabt hat.
Jetzt ändert sich das leider sie könnten gehen und lernen genau wie sonst jeder aber bis jetzt war der Spanier natürlich unwissend. Es gab eine Ausnahme und das war Juan Gris er hatte keine natürliche Unwissenheit, er beklagte sich bitterlich als sein Sohn aus Spanien kam wo er erzogen worden war und die Unwissenheit hatte die für jeden der Spanier ist natürlich war, aber Juan hatte keine, und doch war er eine Ausnahme, aber ich nehme an daß es natürlich unter all den Millionen von Spaniern immer mal wieder eine Ausnahme geben muß. Die Südamerikaner haben etwas von der gleichen Art nur tendiert bei ihnen die Unwissenheit dahin weich zu werden und, wie Guevara das sagt von allen Chilenen, einen weichen Kern in ihrem Inneren

entstehen zu lassen, aber die spanische Unwissenheit mag austrocknen wie auch der Kern aber sie wird nie weich oder verdorben.
Dalí jedenfalls kam als junger Mensch aus Spanien und sehr bald regten sich alle über ihn auf, und die Surrealisten hatten ihn schon vor seiner Ankunft gekannt und vor ihm war Miró gekommen. Miró jedoch war nett und regte jeden durch seine Malerei auf aber er konnte seiner Malerei nichts weiter hinzufügen als eben den natürlichen Kern von Unwissenheit den jeder Spanier in sich hat Dalí aber hatte einen speziellen und deshalb war er auch weiterhin noch aufregender.
Man kannte ihn in Paris schon vor seiner Ankunft, Surrealisten hatten von ihm gehört. Er war der Sohn eines Notars und er hatte den Drang in sich zu malen wie Picasso und wie Surrealismus und er tat es und einige seiner frühen riesigen und großformatigen Bilder sind voller Energie, und dann kam er nach Paris und bald hörte jeder von ihm. Er malte ein Bild und schrieb darauf ich speie ins Gesicht meiner Mutter, er liebte seine Mutter sehr die seit langem tot war und deshalb war das natürlich symbolisch. Er wußte von Freud und er hatte seit seiner Kindheit dagegen revoltiert einen Notar als Vater und eine tote Mutter zu haben. Und daher war das Malen dieses Bildes mit diesem Motto etwas Natürliches und machte aus ihm den wichtigsten der Maler die Surrealisten waren. Massons wandernde Linie hatte aufgehört zu wandern und gleich darauf war er verloren. Mirò hatte herausgefunden was er malen mußte und malte unaufhörlich das gleiche, und Dalí kam also und jeder wußte von ihm. Es ist schrecklich schwierig mit dem Malen weiterzumachen. Ich denke oft darüber nach. Es ist für jeden schrecklich schwierig mit jeglicher Tätigkeit weiterzumachen weil jeder durch alles gestört wird. Hat man etwas getan so will man es natürlich wieder tun und wenn man es wieder tut dann weiß man man tut es wieder und es ist nicht interessant. Das ist es was jeden beunruhigt, daß jeder der etwas vollbracht hat es natürlich wieder tut, sei es ein Verbre-

chen ein Kunstwerk oder etwas Ähnliches wie Essen Schlafen Tanzen oder Krieg. So ist es nunmal man hat es getan man tut es wieder und weil man weiß man tut es wieder verdirbt es das einmal Gewesene ebenso wie es das noch Bevorstehende verdirbt. Ein Maler hat mehr Mühe damit als jeder andere. Die meisten Menschen sehen wenigstens nicht was sie gerade gemacht haben der Schriftsteller sieht nicht was er gerade geschrieben hat der Musiker hört nicht was er gerade gespielt hat aber der Maler hat ständig vor Augen was er gerade gemalt hat, seine Wände sind bedeckt damit, wenn er zu seinem Bild zurückkommt um weiterzumalen ist es da direkt unter seinen Augen was er gerade gemacht hat. Der Schauspieler der Koch niemand sonst hat so beständig vor sich was er gerade gemacht hat. Und deshalb hat der Maler mehr und weniger Mühe mit Weitermachen als irgend jemand sonst. Sie tun mir oft leid. Ich weiß ich bin die wichtigste Schriftstellerin die heute schreibt aber ich habe nie irgendeines meiner Bücher vor mir, natürlich nicht, aber sie haben natürlich die ganze Zeit alles vor sich was sie gerade getan haben. Und ob man es mag oder nicht so sind sie nun einmal und müssen so sein. Früher als sie so waren sagten sie beim Kopieren der Natur sei schließlich immerhin etwas da gewesen selbst wenn ihre Bilder dem nicht glichen was sie kopierten, aber seit Picasso benutzt kein Maler mehr ein Modell mindestens kein Maler dessen Gemälde jemanden interessieren und daher malen sie was in ihnen ist wie es in ihnen ist und das einzige was außen von ihnen ist ist das Gemälde das sie gerade gemalt haben und all die anderen die natürlich immer um herum sie sind. Selbst wenn sie noch so viele verkaufen sind noch so viele da und sie sehen sie. Der Schriftsteller schaut wie ich sage niemals auf sein Geschriebenes wenn es einmal beendet ist, aber der Maler nun er sieht es weil sein Raum voll davon ist, und man kann nichts wirklich nichts anderes tun als es da zu haben und es zu sehen.

Es ist komisch ich dachte gerade neulich darüber nach. Ich erinnere mich so gut daran als ich einst Picassos Zeichnungen vorzeigte und das Wichtige was darüber zu sagen war war daß sie alle ohne Modell gezeichnet worden sind. Und das rief immer das größte Erstaunen hervor. Matisse hatte immer ein Modell Picasso nie, das war der Punkt wo die französische Malerei endete und die spanische Malerei begann.

Mein Bruder war einmal beunruhigt weil Picasso niemals ein Modell zum Anschauen hatte und niemals eines gehabt hatte und das irritierte schließlich irritierte es meinen Bruder. Er mochte es aber es irritierte ihn schließlich, das war einige Jahre nachdem Picasso mein Porträt gemacht hatte damals hatte er mich als Modell gehabt warum dies eine Ausnahme war weiß ich nicht und da es nie eine Frage gab gab es auch nie eine Anwort. Jedenfalls war mein Bruder beunruhigt, er hatte angefangen selbst zu malen und er hatte ein Modell deshalb wollte er daß auch Picasso eines habe. Er bedrängte ihn darum so sehr daß Picasso schließlich eines Nachmittags mit ihm in die Modellklasse ging und zwei Zeichnungen zeichnete während er das Modell anschaute, und er sagte wozu soll ich sie anschauen ich weiß doch genau wie sie ausschauen so daß es nicht nötig ist hinzuschauen und wenn ich es nicht weiß dann sagt mir das Hinschauen nichts. Ich glaube das stimmt, wenn man ein Hausmädchen engagiert schaut man sie sehr scharf an aber sie sind nie was man von ihnen denkt wozu also hinschauen. Die beste die wir je hatten haben wir überhaupt nie gesehen bis sie alles war was wir wünschen konnten. Nun ja.

Es ist seltsam wenn man bedenkt wie wichtig Modelle bis zu Beginn des zwanzigsten Jahrhunderts waren und heute hat kaum ein Maler der einen interessiert noch eine Vorstellung davon daß alle immer ein Modell hatten. Das ist etwas Interessantes, es begann mit Picasso und jetzt tut es jeder. Aber das hat sehr viel mit allem zu tun und später wenn ich von der Seurat-Ausstellung erzähle und wie ich alles herausfand werde ich alles darüber erzählen aber jetzt weiter mit Dalí und auf welche Weise alle von ihm wußten.

Dalí begann also bekannt zu werden, zu dieser Zeit bin ich ihm nicht begegnet ich war nicht interessiert an ihm. Surrealismus hat mich nie interessiert, weil schließlich alles von Chirico kam und der war kein Surrealist er hat viel Fantasie und sein Auge wird gefesselt und er macht keinen Unterschied zwischen dem Realen und dem Irrealen weil für ihn alles gleich ist, so sagt er, aber die anderen für sie ist nichts gleich und also sagen sie es auch nicht, und das ist die Schwierigkeit mit ihnen und deshalb sind sie tot ehe sie weitermachen. Immerhin sah ich Dalí als er sein großes Wilhelm Tell-Bild malte. Er sagte es zeige den machtvollen Vater – Sohn – Komplex aber sagte da jemand Wilhelm Tell hat den Apfel nicht vom Kopf des Kindes geschossen weil er es wollte er hat das nicht als eine Form von Sadismus jeden Tag im Garten geübt, Dalí hörte nichts er hörte sich selbst zu während er über Freud sprach und über das Gefühl eines Vaters für seine Kinder. Und es war nur zu wahr Dalís Vater hatte ein Gefühl für seinen Sohn und wollte ihn nicht sehen. Aber Dalí ist sehr ernst und hört noch immer nicht zu. Nun jedenfalls kam er mit seiner Frau und Picasso kam nicht. Wir sprachen sehr viel miteinander aber keiner von uns hörte dem andern sehr genau zu. Wir sprachen über das Schreiben von Malern, Dalí hatte mir gerade ein Gedicht mitgebracht das er über Picasso geschrieben hatte, und ich sagte mich langweile die Hoffnungslosigkeit der Maler und ihrer Dichtkunst. Das war das eigentliche Übel bei den Malern daß sie nicht wußten was Dichtkunst war, Dalí sagte wenn Chiricos Bilder und seine eigenen keine Titel hätten würde niemand sie verstehen, er selbst würde die Gemälde von Chirico auch nicht verstehen wenn er nicht ihre Titel kennte und was die Gedichte von Picasso beträfe so hätten erst sie es ihm endlich ermöglicht die Gemälde von Picasso zu verstehen. Oh meine Güte sagte ich.

Nun wir fuhren fort und ich sagte ich wolle ihn besuchen was ich seitdem auch getan habe, übrigens ist manches von seiner frühen Malerei sehr groß und voller Emotion, erst neulich war hier eine Ausstellung spanischer Malerei und ein Gutteil spanischer in Spanien entstandener Malerei, sie tun wirklich mehr als getan werden kann, weshalb sie so weit fortgetragen werden, daß sie nicht da sind, aber sicherlich ist die Malerei des zwanzigsten Jahrhunderts spanisch, sie machen das aber niemals gibt es einen Anfang. Das ist es was die heutige Malerei spanisch macht.

Nun jedenfalls gingen die Dalís weg und für einige Zeit sah ich Picasso nicht und dann ging ich zufällig eines Tages in die Rosenberg-Galerie und man hängt gerade eine Ausstellung von Braque auf und Rosenberg sagte ob ich hereinkommen wolle und da waren Picasso und Braque und wir sagten einander Guten Tag.

Es war komisch mit der Autobiographie von Alice B. Toklas, Schriftsteller ich vermute es ist so weil Schriftsteller schreiben nun jedenfalls Schriftsteller nehmen nicht wirklich übel was irgendeiner über sie sagt, sie können etwas übelnehmen oder etwas mögen aber da Schreiben Schreiben ist und Schriftsteller wissen daß Schreiben Schreiben ist leiden sie nicht wirklich sehr stark unter dem was geschrieben worden ist. Abgesehen davon sind Schriftsteller unendlich neugierig über sich selbst und alles was über sie geschrieben wird hilft dazu ihnen zu helfen etwas über sich zu erfahren oder über das was irgendein anderer über sie sagt. Alles interessiert jeden der schreibt aber nicht so einen Maler oh nein durchaus nicht. Wie ich Picasso sagte ist die Egozentrik eines Schriftstellers durchaus nicht die gleiche Egozentrik wie die Egozentrik eines Malers und alle Maler hatten das gleiche Gefühl bei der Autobiographie von Alice B. Toklas, Braque und Marie Laurencin und Matisse mochten sie nicht und konnten sich nicht an sie gewöhnen.

Der erste der so empfand war entweder Braque oder Matisse oder Marie Laurencin. Matisse hatte sich Teile daraus übersetzen lassen ebenso Braque, Marie Laurence hatte sich Teile daraus übersetzen lassen aber nicht von mir. Matisse habe ich nie wieder gesehen aber Braque ja zweimal und Marie Laurencin einmal.

Henry McBride schrieb mir er habe Matisse zweimal in New York gesehen, er sagte alle Maler sollten entzückt sein weil ich sie in einem Augenblick da keiner an Malerei dachte wieder habe aufleben lassen. Henry McBride schrieb daß es Matisse schauderte als er diese Worte sagte. Später schrieben sie auf Englisch es war gleich auf Englisch geschrieben es war nie auf Französisch geschrieben worden, und Matisse sagte Picasso sei nicht der große Maler der Epoche seine Frau sehe nicht aus wie ein Pferd und er sei sicher daß das Omelett ein Omelett oder so etwas gewesen sei. Braque sagte er habe den Kubismus erfunden, er sagte es nicht so aber auf jeden Fall war es so wenn das was er sagte so war. Und Marie Laurencin, Marie Laurencin ist immer Marie Laurencin, wir hatten uns seit Jahren nicht mehr gesehen.

Das war lange danach.

In späteren Jahren hatte es vielleicht etwas mit der Autobiographie zu tun und wie sie mich beeinflußte aber jedenfalls hat es da eine Neigung gegeben mehr auszugehen und unterschiedliche Leute zu sehen. In früheren Tagen kamen sie meistens zu mir aber dann begannen wir auszugehen um sie zu besuchen. Ich hatte nie irgendwelche literarische Salons in Paris aufgesucht, und jetzt nun ging ich nicht zu vielen aber ich ging doch zu einigen.

Es ist natürlich daß man wenn man schon die Gewohnheit auszugehen angenommen hat, einmal irgendwohin geht wenn irgendeiner einen bittet irgendwohin zu gehen. Geht man wieder hin so geht man wieder hin aber wenn man ein starkes Interesse hat alles zu sehen wird man überall einmal hingehen. Jedenfalls ich.

René Crevel erzählte uns oft von Marie Louise Bousquet und ihrem Salon. Sie hatte all die alten Männer und dann zur gleichen Zeit hatte sie auch die jungen Männer. Es gefiel ihr wenn die jungen Männer die alten Männer aus der Fassung brachten und es gefiel ihr die jungen Männer aus der Fassung zu bringen um den alten Männern zu gefallen und außerdem war sie sehr lustig und sehr lebhaft und sehr freundlich zu jedem und es war ein literarischer Salon und wir waren natürlich nie dort gewesen.

Und jetzt nach der Autobiographie und nachdem Bernard Faÿ sie übersetzt hatte und alle sie gelesen hatten begannen wir natürlich mehr auszugehen um französische Literaturleute zu treffen und eines Tages gingen wir zu André Germain.

André Germain ist ein sehr merkwürdiger Mann, er ist der Sohn von Crédit Lyonnais der wichtigsten Bank in Frankreich und der Sohn eines Bankiers ist nicht das gleiche wie der Sohn eines Notars. Vor allem ist er immer reich und eben das ist der Unterschied und immer ist er achtsam und man gibt immer auf ihn acht, aber er kann Revolutionen mögen und das tut er sehr oft. André Germain mochte sie.

An diesem Nachmittag sprach ich mit einem sehr liebenswürdigen Mann und schließlich sagte er er sei Monsieur Bousquet und seine Frau sähe mich so gerne bei sich. Ich sagte ja natürlich und er ging weg und telefonierte und dann gingen wir hin. Dann gingen wir wieder hin und dort trafen wir Marie Laurencin.

Marie Laurencin war immer in Paris gewesen seit Kriegsende und manchmal ging alles gut bei ihr und manchmal ging es nicht so gut aber sie machte immer ganz hübsch weiter. Sie war nicht eine von den Malern die einen ungewöhnlich großen Haufen Geld verdienten während der Periode die man die Epoche nannte ungefähr von dreiundzwanzig bis dreiunddreißig verdiente sie weniger als irgendeiner von ihnen und schließlich begann sie zu unterrichten und alle ihre Schüler fanden sie sehr amüsant. Sie war damals dick geworden aber nicht zu dick um amüsant zu sein. Die Französinnen sagten immer die Silhouette einer Frau solle sich alle zehn Jahre ändern. Sie solle nicht weniger werden sie solle mehr werden und meistens tut sie das auch. Die von Marie Laurencin tat es aber das machte sie nur um so angenehmer. Sie spielte oft Harmonium und René Crevel und all die andern beschrieben sie dabei und es war sehr erfreulich. Ihr Schüler waren später erfreut daß sie ihnen wenn sie keinen Fuß zeichnen konnten immer erzählte daß sie selbst wenn sie etwas nicht konnte es immer im Profil machte was die einfachere Art sei für alles.

Wir waren einander während dieser Periode von Zeit zu Zeit begegnet nicht oft aber von Zeit zu Zeit, immer zufällig und wir waren immer erfreut einander zu sehen und umarmten einander und sagten Chère Gertrude und Chère Marie, und jetzt trafen wir uns wieder einmal zufällig. Ich wußte daß Marie nicht erfreut gewesen war weil ich über sie alle und über die alten Tage gesprochen hatte aber damals wußte ich Maler sind eben so also umarmten wir uns wie wir es immer getan hatten als ich sie in Marie Louises Salon traf und dann erzählte sie mir einfach was sie bei allem was ich getan hatte empfand und dies ist was sie sagte.

Sie sagte natürlich könne kein Maler erfreut sein die Vergangenheit eines Malers sei keine Vergangenheit weil ein Maler in dem lebt was er sieht und seine Vergangenheit könne er nicht sehen und wenn seine Vergangenheit nicht seine Vergangenheit ist dann sei sie niemandes Vergangenheit und deshalb könne niemand sagen was Vergangenheit ist. Und Apollinaire gehöre zu den Malern den alle geliebt hatten und da sie alle ihn geliebt hatten könne niemand ihn beschreiben niemand könne jemanden beschreiben den alle Maler geliebt hatten weil die Maler ihn nicht mehr sehen können und Picasso habe keine Vergangenheit weil er einen Sohn hat und wenn man einen Sohn hat hat man keine Vergangenheit und deshalb könne niemand wagen etwas zu beschreiben und das nun das sei es was sie dabei empfände und wir könnten einander wieder küssen aber so sei es exakt und das habe sie gesagt und das habe sie sagen müssen.

Es war interessant, sie sprach aus was sie alle fühlten, sie, die Männer konnten es nicht sagen weil es ihnen wenn sie es gesagt hätten albern vorgekommen wäre aber so empfanden sie es, ich glaube Marie Laurencin hatte recht Maler empfinden alles so und als Maler haben sie recht das ist die Art wie sie alles empfinden sollten.

Schließlich muß jeder der etwas hervorbringt es als etwas Gegenwärtiges haben, der Schriftsteller kann eine ganze Menge in dieses Gegenwärtige einbeziehen und alles gegenwärtig machen aber der Maler kann nur einbeziehen was er sieht und hat sozusagen nur eine Oberfläche und das ist eine flache Fläche die er sehen muß und deshalb muß er sie ob er will oder nicht so sehen. Sie können einbeziehen so viel sie können aber man muß es sehen können, das sagte Marie Laurencin und sie sah es und man muß es sehen können.

Braque war etwas anderes. Braque war ein Mann der die Gabe zu singen hatte und wie alle die singen konnte er das was er sang mit dem was er gesagt hatte verwechseln aber das ist nicht das gleiche. Wenn ich sage er sang meine ich sein Singen ist Malen, ich glaube nicht daß er sonst sang aber er könnte es getan haben, er hatte die Stimme und das Aussehen eines großen Baritons.

Indem er das was er sang mit dem verwechselte was er gesagt hatte lebte er sein Leben und immer hoffte er die Zeit werde kommen da er sicher sein konnte daß er derjenige sei der gesagt hatte was er nur singen konnte und sie kam nie obwohl er manchmal fühlte daß sie gekommen war. Wie alle Sänger war er sehr verführerisch, Juan Gris sagte oft er verführt mich und dann verführt er mich wieder und ich weiß daß er nur singt aber er verführt mich wieder.

Nun jedenfalls war er immer fast soweit gewesen sich selbst zu der Annahme zu verführen und Juan und Picasso und gelegentlich noch irgendeinen daß er derjenige sei der alle die Ideen hatte die den Kubismus und die moderne Malerei ausmachten. Und als die Autobiographie geschrieben war wurde beträchtliche Zeit danach geschrieben was er als etwas von ihm Geschriebenes unterzeichnete aber es war nicht auf Französisch sondern auf Englisch und er las oder schrieb natürlich nie englisch und es hieß es sei kein Sinn in der Autobiographie weil sie von jemandem geschrieben war der nichts verstand und der sagte Picasso habe alles erfunden. Nun ja. Als ich von Amerika zurückkam ging ich eines Tages zu Kahnweiler und irgendjemand war im Hintergrund versteckt. Wer ist da drin fragte ich Kahnweiler ich will immer wissen wer wo ist und ich frage immer. Braque sagte Kahnweiler, oh ich muß mit ihm sprechen. Ich ging hinein Braque sah sehr alt aus und er war sehr blaß und er saß da und schaute vor sich hin. Guten Tag sagte ich zu ihm und ich gab ihm die Hand. Er gab mir die Hand aber er stand nicht auf, Handgeben in Frankreich ist komisch, ganz gleich wie wütend man aufeinander ist man gibt sich die Hand wenn man Franzose ist ein Amerikaner oder ein Engländer kann das Handgeben verweigern aber ein Franzose nicht, wenn eine Hand da ist muß sie gegeben werden, und also gaben wir uns die Hand. Ich fragte ihn wie es seiner Frau gehe und wir sagten ein paar Worte und dann trennten wir uns und ich hatte ihn nicht wieder gesehen bis ich ihn traf als sie die Bilder aufhängten und Picasso da war. Ich sagte hallo zu jedem und gab jedem die Hand und wir schauten die Bilder von Braque nicht an aber wir begannen zu sprechen. Ich fragte Pablo was er getan habe und er sagte er male nicht er führe noch immer ein Dichterleben und hier sei er mit Braque der noch male. Nun sagte ich und Picasso sagte nun Sie haben Dalí gesehen, sicher sagte ich aber Sie sind nicht gekommen nein sagte Pablo sehen Sie ich wußte Sie würden ihm sagen was sie von meiner Dichtung halten aber Sie würden es mir nicht sagen. Sicher habe ich es getan sagte ich und das war leicht, warum sagte er, nun sagte ich weil man Sie verstehen mit dummen Leuten Dinge bespricht aber nicht mit klugen, Sie wissen das sehr gut sagte ich und wurde ein wenig zornig, man bespricht nie etwas mit jemandem der verstehen kann man bespricht Dinge mit Leuten die nicht verstehen können und das ist der Grund warum ich mit Dalí diskutierte und warum ich mit Ihnen nicht diskutiere. Was, sagte er Dalí kann überhaupt nichts verstehen, natürlich nicht sagte ich Sie wissen das so gut wie ich, er schaute ein bißchen blöde drein ja ich glaube das ist wahr, sagte er und dann regte er sich auf aber Sie sagten doch Maler können nicht dichten, nun sie können es auch nicht sagte ich, schauen Sie sich selbst an, meine Dichtung ist gut sagte er Breton sagt es, Breton sagte ich Breton bewundert alles worunter er seinen Namen setzen kann und Sie wissen so gut wie ich daß sich in hundert Jahren niemand mehr an seinen Namen erinnern wird Sie wissen das voll und ganz, nun gut murmelte er man sagt er könne schreiben, ja sagte ich Sie glauben aber doch auch nicht alles was man so sagt ob jemand malen kann, seien Sie kein Dummkopf sagte ich, Braque widersprach, ein Maler könne schreiben sagte er ich habe mein Leben lang geschrieben, nun sagte ich ich habe nur eine Sache die von Ihnen geschrieben war gesehen und das in einer Sprache die Sie nicht verstehen können und ich habe nicht viel davon gehalten das ist alles was ich sagen kann, und er sagte aber ich habe es nicht geschrieben, das sagte er, oh haben Sie nicht sagte ich nun jedenfalls haben Sie es unterzeichnet sagte ich und ich habe nie etwas anderes von Ihnen Geschriebenes gesehen also zählen Sie nicht und übrigens sprechen wir von Pablos Dichtkunst, und sogar Michelangelo hat nicht viel Erfolg damit gehabt. Rosenberg der Kunsthändler murmelte obwohl niemand ihn hörte und dann war Fromentin da. Sehen Sie fuhr ich zu Pablo gewandt fort Sie können es nicht aushalten Jean Cocteaus Zeichnungen anzuschauen, es ärgert Sie, sie sind Ihnen unangenehmer als Zeichnungen die einfach schlechte Zeichnungen sind und genau so steht es mit Ihren Gedichten sie sind unangenehmer als einfach schlechte Gedichte warum weiß ich nicht aber genau so ist es, jemand der wirklich etwas sehr gut kann bei dem ist es besonders abstoßend wenn er etwas anderes tut was er nicht kann und worin er nicht leben kann und Sie sagte ich zu ihm, Sie haben in Ihrem ganzen Leben kein Buch gelesen das nicht von einem Freund geschrieben ist und dann auch nicht und Sie haben nie ein Gefühl für Wörter gehabt, Wörter langweilen Sie mehr als irgend etwas anderes wie also können Sie schreiben Sie wissen es genau Sie selbst wissen es genau, nun sagte er und wurde wild, Sie selbst haben doch immer gesagt ich sei ein Ausnahmemensch nun also ein Ausnahmemensch kann eben alles, oh sagte ich packte ihn bei den Aufschlägen seines Rockes und schüttelte ihn, Sie sind eine Ausnahme innerhalb Ihrer Grenzen aber Ihre Grenzen sind ausgesprochen dort und ich sagte und schüttelte ihn fest, Sie wissen es, Sie wissen es so gut wie ich es weiß, schon gut Sie machen das um alles abzuschütteln was zu viel für Sie geworden ist gut gut machen Sie weiter so aber versuchen Sie nicht weiter mich dahin zu bringen daß ich Ihnen sage es sei Poesie und ich schüttelte ihn wieder, nun sagte er angenommen ich weiß es, was soll ich tun, was Sie tun sollen sagte ich und küßte ihn Sie sollen weitermachen bis Sie heiterer oder weniger niedergeschlagen sind und dann werden Sie ein sehr schönes Bild malen und dann mehrere, und ich küßte ihn wieder, ja sagte er.

Rosenberg ging mit mir hinaus, oh danke danke, sagte er, er muß wieder malen oh danke danke sagte er.

Ich sah ihn nicht oft wieder praktisch gar nicht. Er ging viel aus und blieb den ganzen Abend weg bis zum Morgen und trank Vichy Wasser und dann ging er mit seinem Hund fort nach Cannes und wir gingen für sechs Monate nach Bilignin aber vorher hatte er noch eine Ausstellung mit Bildern die er gemalt hatte ehe er aufgehört hatte zu malen und sie war ein großer Erfolg die Ausstellung und er sagte er werde nicht wieder zu malen anfangen aber er sagte nicht viel über Dichtung oder so und wie ich sagte er ging weg mit niemandem außer seinem Hund einem Airedaleterrier namens Elf den er einmal in der Schweiz gekauft hatte.

II. KAPITEL
Welche Wirkung sie auf mich hatte – die Autobiographie

Ehe man Erfolg hat das heißt ehe jemand bereit ist für etwas was man tut Geld zu zahlen ist man sicher daß jedes Wort das man geschrieben hat wichtig ist geschrieben zu werden und daß jedes Wort das man geschrieben hat ebenso wichtig ist wie jedes andere Wort und man hebt alles was man geschrieben hat mit großer Sorgfalt auf. Und dann passiert es manchmal früher manchmal später daß es einen Geldwert hat mir passierte es sehr viel später und es ist aufregend denn als noch nichts einen Handelswert hatte war alles wichtig und wenn etwas beginnt einen Handelswert zu haben wird es aufregend, ich glaube das trifft auf jeden zu.

Ehe etwas was man schreibt Handelswert hat kann man nicht ändern was man geschrieben hat aber sobald es Handelswert hat ist ändern oder nicht ändern nicht so wichtig. Das alles stimmt und jetzt werde ich erzählen wie mir das alles passierte.

Ich wurde älter als ich die Autobiographie schrieb, nicht daß es viel ausmacht wie alt man ist denn das einzige was anders ist ist die historische Tatsache daß man älter oder jünger ist. Eines ist sicher das einzige was einen jünger oder älter macht ist daß nichts geschehen kann was sich von dem unterscheidet was man erwartet hat und wenn das geschieht und meistens geschieht es unterscheidet sich alles von dem was man erwartet hat also gibt es keinen Unterschied zwischen Jünger- oder Ältersein. Erst neulich meinte man nun jedenfalls meinte Amerika daß es in Europa wieder Krieg geben werde und man rief mich telefonisch an um mich zu fragen was ich dazu meinte. Ich sagte ich glaube nicht daß gerade jetzt wieder ein europäischer Krieg ausbrechen werde aber da ich im allgemeinen immer unrecht habe vielleicht doch. Als ich sehr klein war sagten wir immer wir wollen eine Münze werfen das soll entscheiden und als sie auf den Boden fiel sagten wir immer und jetzt machen wir das Gegenteil. Das ist natürlich und wenn man so ist dann ist alles eine Überraschung und wenn alles eine Überraschung ist dann gibt es nicht viel Unterschied zwischen Älter und Jünger denn das einzige was einen älter macht ist daß man nicht mehr überrascht sein kann. Ich nehme an es gibt solche Leute die so werden daß sie nicht mehr überrascht sein können so daß die Dinge so geschehen wie sie denken daß sie geschehen werden. Es ist für mich schon immer ein Spiel gewesen mir wenn etwas geschieht alle möglichen Arten auszudenken wie es geschehen wird und dann wenn es geschieht geschieht es immer auf eine Art an die ich nie gedacht habe. Das ist der Grund warum ich Kriminalromane mag ich weiß nie was darin geschehen wird und jeder sollte das tun ja es ist mir klar jeder sollte das tun.

Nun jedenfalls war es ein schöner Herbst in Bilignin und in sechs Wochen schrieb ich Die Autobiographie von Alice B. Toklas und sie wurde veröffentlicht und wurde ein Bestseller und zuerst wurde sie im Atlantic Monthly gedruckt und es gibt eine nette Geschichte darüber aber zuerst kaufte ich mir einen neuen Achtzylinder Ford und den teuersten Mantel von Hermes Anfertigung auf Bestellung und maßgeschneidert für Basket den weißen Pudel von dem Mann der Pferdedecken für Rennpferde macht und zwei beschlagene Halsbänder für Basket. Nie zuvor in meinem Leben hatte ich Geld verdient und ich war ganz aufgeregt.

Als Kind haben mich immer die Geschichten darüber fasziniert wie jeder seinen ersten Dollar verdiente. Ich wünschte mir immer meinen ersten Dollar schon verdient zu haben aber es gelang nie. Ich weiß eine Menge über das Geld eben weil ich meinen ersten Dollar nie verdient hatte und jetzt habe ich ihn. Während des Krieges amüsierten wir uns alle über einen Amerikaner der gerade drüben war und der einmal sagte er habe soeben fünfhunderttausend Dollar verdient und hinzufügte alles ehrlich erworben. Gerade so empfand ich es jetzt war

soweit und alles ehrlich erworben. Ich habe in letzter Zeit viel über Geld geschrieben, es ist ein faszinierendes Thema, es ist wirklich der Unterschied zwischen Mensch und Tier, das meiste was Menschen fühlen fühlen auch Tiere und vice-versa, aber Tiere wissen nichts vom Geld, Geld ist ein rein menschlicher Begriff und das zu wissen ist sehr wichtig sehr sehr wichtig.
Immer wieder gibt es eine Bewegung die das Geld abschaffen will. Roosevelt versucht so viel auszugeben, daß Geld vielleicht nicht mehr existieren wird, Kommunisten versuchen ohne Geld zu leben aber das ist nie von Dauer da man wenn man ohne Geld lebt wie die Tiere von dem leben muß was man täglich zum Essen findet und das ist gerade der Unterschied sobald man das nicht tut muß man Geld haben und deshalb muß jeder sich entscheiden ob Geld Geld ist oder ob Geld kein Geld ist und früher oder später beschließt man immer daß Geld Geld ist.
Die Juden und auch hier haben wir es mit der Orientalisierung von Europa zu tun die immer sicher waren daß Geld Geld ist beschließen am Ende und das macht einen marxistischen Staat aus daß Geld nicht Geld ist. So ist es nun einmal wenn man tief genug an etwas glaubt wandelt es sich in etwas anderes und deshalb wandelt sich Geld in Nicht-Geld. Das ist Mystizismus aber darüber will ich alles sagen wenn ich über die Heilige Therese und die Vier Heiligen spreche und was sie getan haben. Später dann wandelt sich Nicht-Geld in Geld. Nun ja die Erde dreht sich und es ist fast sicher daß es nirgends Menschen gibt außer hier auf dieser Erde und so ist Menschsein keine einfache Sache und weil Menschen wie Tiere sind außer im Geldhaben müssen sie immer haben was sie nicht haben, und deshalb schrieb ich die Autobiographie.
Zu den Dingen die mich am meisten interessieren gehören all die Gespräche die ich hatte nachdem die Autobiographie geschrieben war.
Es gibt immer etwas was jeder einem über irgend jemanden erzählt und was man vorher nicht gewußt hat. Marcoussis

erzählte mir von Picasso und Guillaume Apollinaire und Max Jacob. Er erzählte mir daß er gesagt habe er hätte damals davon gewußt und doch war er sehr viel jünger jedenfalls sagte er daß sich Picasso in jenen frühen Tagen eine Serienproduktion vorgestellt hätte genau so wie man es in Amerika macht. Er sagte jeder Dichter müsse täglich ein Gedicht schreiben wie er täglich ein Bild malen müsse und wenn jeder täglich ein Gedicht schriebe und er täglich ein Bild malte gäbe es eine solche Anhäufung daß dadurch geradezu ein Markt für Gedichte und Bilder erzwungen würde und eben das würde eintreten. Täglich sagte er müßten sie ihm ihr Gedicht bringen und er hätte natürlich auch ein Bild zum Vorzeigen bereit und er machte es so und sie machten es. Bestimmt machten sie nicht so viele Gedichte aber er machte tatsächlich jeden Tag ein Bild.
All dies so sagte Marcoussis geschah kurz bevor wir sie kannten, vielleicht ja. Max Jacob erzählte mir dann alles über seine Bekanntschaft mit ihnen bevor ich sie kannte. Max Jacob entdeckt tatsächlich jeden bevor irgendein anderer ihn entdeckt das ist ganz sicher. Jeder kommt zu ihm er ist immer da und so sieht er sie immer und sie sind immer da und so sehen sie ihn immer.
Er war älter als sie und er hatte bereits einen kleinen Namen als Verfasser literarischer Kritiken gehabt und jemand erzählte ihm von einem jungen Spanier der gerade aus Barcelona gekommen war und er suchte ihn auf und ereiferte sich sofort für ihn und war der erste der ihn schriftlich erwähnte. Genau um diese Zeit fand Max Jacob zu Apollinaire, Max sagt daß er, Max, damals einen Mantel und einen hohen Hut getragen habe und ganz und gar Gentleman gewesen sei. Nun jedenfalls fand er zu Apollinaire und ereiferte sich sehr für ihn und brachte Apollinaire zu Picasso und damals und das war ungefähr zur Zeit als wir sie kennenlernten machten Apollinaire und Picasso sich nichts aus ihm. Nun das kommt immer vor, später hat Geld etwas damit zu tun aber am Anfang hat alles etwas damit zu tun und es kommt immer mal vor. Max Jacob findet weiter-

hin jeden ehe sonst jemand etwas von ihm weiß aber dadurch findet er auch nicht einen mehr als er immer findet.

Nun zu Picabia damals begann ich von Picabia viel zu sehen und er erzählte mir etwas. Er sagte auf der Ausstellung die ich beschrieben habe wo mein Bruder zum ersten Mal die Picassos sah zu denen Sagot ihn geschickt hatte und wo Picasso und ein anderer Spanier zusammen ausstellten, und jeder den Namen des anderen Spaniers vergessen hatte da waren sagte Picabia drei Spanier gewesen nicht zwei und er sei der dritte gewesen. Sie sollten wieder zusammen ausstellen und dann taten sie es doch nicht weil wir anfingen von Picasso zu kaufen. In jenen Tagen hörte ich niemals etwas von einem dritten. Es war nicht vor neunzehnhundertzehn daß ich etwas von Picabia erfuhr.

Und jetzt will ich alles über die beiden erzählen. Aber zuerst zurück zu dem was das Schreiben der Autobiographie für mich bedeutet hat.

Es scheint lange her zu sein und es ist lange her denn damals hatte ich noch nie Geld verdient und seitdem schon einiges und ich stehe jetzt allem anders gegenüber, also es ist lange her vier Jahre seit ich Die Autobiographie von Alice B. Toklas schrieb. Ich hatte damals gerade angefangen einen Agenten zu haben, ich weiß nicht daß Literatur-Agenten irgendetwas sind, das heißt ich habe sie gehabt aber sie waren niemals fähig gewesen etwas von mir zu verkaufen, sie scheinen selbst jetzt nicht dazu fähig zu sein obwohl ich hin und wieder einen habe. Ich hatte mal einen vor Jahren weit zurück zur Zeit der Drei Leben und dann versuchte ich einen anderen zu bekommen aber er wollte mich nicht haben. Janet Scudder versuchte das für mich zu arrangieren und dann etwa ein Jahr bevor ich Die Autobiographie schrieb hatte ich einen anderen William Aspinwall Bradley.

Der also war interessiert und ich mußte mir ein Telefon zulegen zuerst in Rue de Fleurus 27 und dann hier in Bilignin. Bis dahin hatte ich nie ein Telefon gehabt aber jetzt wo ich im Begriff war eine Autorin zu werden deren Agent etwas unterbringen

konnte mußte ich natürlich ein Telefon haben. Wir lassen gerade jetzt einen elektrischen Herd setzen aber nur weil es schwierig wenn nicht gar unmöglich ist Kohlen zu bekommen die brennen und außerdem weil ein Kohleherd das Rohr nicht heizt und ohnehin weil Frankreich sich allmählich so entwikkelt daß die französischen Köchinnen nicht gern auf Kohleherden kochen. Gewiß ist Kochen mit Kohlen wie Beleuchten mit Gas es ist ein Zwischenzustand der nichts taugt. Es hat den Anschein als sollte man mit Holz, Holzkohle oder Elektrizität kochen und ich vermute das ist richtig, genau wie man mit Kerzen oder Elektrizität beleuchten sollte. Kohle und Gas taugen nichts, wie Züge, es sollten Pferde oder Automobile oder Flugzeuge sein, Kohle, Gas und Züge taugen nichts und das hat vielleicht sehr viel mit Politik und Regierung und dem neunzehnten Jahrhundert und allem zu tun aber jetzt zurück zu meinem Agenten und zu meinem Erfolg.
Es ist eine komische Welt mit dem Geld.
Wenn man Geld verdient hat ist es nicht genau so wie wenn man kein Geld verdient hat. Und jetzt war die Zeit gekommen da ich begann etwas zu verdienen und das war ein Glück weil heute niemand wenn er nicht wirklich reich ist von seinem Einkommen leben kann. Selbst die Franzosen und die meisten von ihnen haben bis jetzt immer von ihren Zinsen gelebt selbst sie beginnen einzusehen daß niemand mehr wenn er nicht sehr reich ist von Zinsen leben kann, nun ich wußte nicht daß ich es nicht konnte aber so geht es eben, wenn die Zeit kommt da man Geld verdient ist die Zeit gekommen da man nicht mehr von seinen Zinsen leben kann. Das ist Politik und Aberglaube es ist ein Kuckuck der singt wenn Geld in der Tasche klingt oder sogar eine grüne Spinne die bei Sonnenuntergang zu einem kommt, Spinne am Abend erquickend und labend. Spinne am Morgen Kummer und Sorgen.
Wie dem auch sei mein Erfolg begann wirklich.
Und deshalb telefonierte Mr. Bradley jeden Morgen und allmählich traf man über alles Entscheidungen und langsam

änderte sich alles in mir. Ja natürlich so war es weil plötzlich alles anders war, was ich tat hatte einen Wert für den man bereitwillig zahlte, bis dahin hatte alles was ich tat einen Wert gehabt weil niemand bereit war dafür zu zahlen. Es ist eine komische Welt mit dem Geld und es ist komisch mit der Identität. Du bist du weil dein kleiner Hund dich kennt, aber wenn dein Publikum dich kennt und nicht für dich zahlen will und wenn dein Publikum dich kennt und doch für dich zahlen will, dann bist du nicht das gleiche Du.

Jedenfalls begann das Leben in Paris aber es war weniger Paris als vorher und deshalb war es natürlich daß ich früher oder später wieder nach Amerika gehen sollte.

Es war weniger Paris als vorher. Und auf eine Art ist das natürlich da die Welt sich immer mehr mit Menschen füllt und sie alle das gleiche tun ist es natürlich daß die Länder größer werden müssen. Aber in Europa werden sie es nicht, die Länder sind kleiner, und deshalb nützt alles nicht viel. Jedenfalls sagte ich nein als man mich gerade jetzt fragte ob es in Europa Krieg geben werde ich glaube nicht, obgleich es vielleicht einen geben wird da ich immer unrecht habe. Aber jedenfalls ist Europa nicht mehr groß genug für einen Krieg, wirklich nicht, denn für einen Krieg müßten die Länder größer sein. Nun jedenfalls ging ich tatsächlich nach Amerika aber zuvor ereignete sich einiges. Andere Dinge ändern sich in mir, aber streiten mußte ich weiterhin und so geschah es daß ich mit meinem Agenten stritt. Alles drehte sich um die Reise nach Amerika.

Wie ich sagte Paris war sehr angenehm die Krise war im Beginn die Zeit großer Ausgaben war vorüber und ich begann wieder die Straßen zu lieben. Ich konnte Leute reden hören, alle konnten mit einem reden und man konnte mit ihnen reden. Geld ausgeben paßt nicht zu Franzosen. Etwas was jedem der von Amerika nach Frankreich kam immer auffiel war die Tatsache daß die Frauengesichter keine Sorgenfalten zeigten. Das kommt daher weil Franzosen und Französinnen im allgemeinen von den letztjährigen Zinsen lebten und nicht von den

diesjährigen. So sehr daß eine Frau niemals die heutige Milch verbrauchte, sie verbrauchte immer die gestrige Milch. Eines Tages, so sagte sie, wird es keine Milch geben aber ich werde welche haben. Und so geschah es, der Krieg kam und es gab keine Milch aber sie hatte welche. Niemand in Frankreich ganz gleich wie arm oder wie reich dachte je daran vom laufenden Verdienst zu leben, sie lebten immer vom letztjährigen Verdienst und so lebten die Franzosen ihr sorgloses Leben, das einzige was sie beunruhigte war die Möglichkeit eines Krieges oder die Möglichkeit eines Regierungswechsels, das heißt einer Revolution, aber sonst gab es nichts was sie quälte außer Familienstreitigkeiten, und Familienstreitigkeiten sind aufregend aber nicht wirklich quälend weshalb die Gesichter der Französinnen niemals Sorgenfalten hatten. Und jetzt hatten sie sie weil sie das diesjährige Einkommen ausgaben. Aber auch so begannen sie zu hoffen daß sie das nicht weitertun müßten und sie begannen zu sparen.
Und deshalb begann Paris allmählich so zu sein wie es einmal gewesen war. Sie hatten ihren Krieg gehabt und waren jetzt vielleicht dabei ihre Revolution zu haben, nun jedenfalls, mir gefiel Paris aber es war nicht sehr aufregend als Paris, es war nur sehr aufregend was mich betraf da sich Die Autobiographie von Alice B. Toklas verkaufte.
Während ich daran schrieb fragte ich Alice B. Toklas manchmal ob sie glaube daß es ein Bestseller werde und sie sagte nein sie glaube es nicht weil es nicht gefühlvoll genug sei und dann später als es ein Bestseller war sagte sie nun war es also doch gefühlvoll genug.
Wie ich sagte wünschte ich mir immer daß zwei Dinge geschähen nämlich im Atlantic Monthly gedruckt zu werden und in der Saturday Evening Post und deshalb bat ich Mr. Bradley er solle es beim Atlantic Monthly versuchen.
Ich wünschte Mildred Aldrich hätte das erlebt, es hätte ihr gefallen, denn man druckte es, aber schließlich möchte ich daß man noch etwas anderes druckt um zu beweisen daß es nicht

nur dies ist was man wollte aber natürlich tut man das nicht. Ich kann öfter angenommen werden als vorher aber ich kann fast ebenso oft abgelehnt werden. Schließlich muß wenn niemand ablehnt was man anbietet irgend etwas damit los sein, ich weiß nicht genau warum aber es ist so. Im neunzehnten Jahrhundert war es nicht so aber im zwanzigsten Jahrhundert ist es so. Und das ist der Grund warum Sprechen und Schreiben sich mehr und mehr voneinander getrennt haben. Sprechen ist durchaus nicht mehr Denken oder Fühlen das war einmal aber jetzt nicht mehr aber Schreiben ist es noch, und deshalb braucht Schreiben natürlich mehr Ablehnung.

Also traf Aspinwall Bradley diese Vereinbarungen und wir alle waren sehr glücklich, und Verehrerbriefe begannen hereinzuregnen und auch Geld.

Henry McBride sagte immer daß Erfolg einen verdirbt und er sagte immer zu mir er hoffe ich werde keinen haben. Und jetzt war ich dabei ihn zu haben. Er nahm es sehr nett auf und sagte es gefalle ihm so gut wie mir und es habe mich nicht verdorben und doch hat es mich verändert.

Die Sache ist so, es ist alles eine Frage der Identität. Es ist alles eine Frage ob das Außen außen ist und das Innen innen. So lange das Außen keinen Wert auf einen legt bleibt es außen aber wenn es Wert auf einen legt dann geht es nach innen oder vielmehr wenn das Außen Wert auf einen legt dann wird alles Innen zum Außen. Ich sagte immer allen Menschen die jung erfolgreich waren wie schlecht das für sie sei und nun geschah es mit mir die ich nicht mehr jung war.

Aber da war das Geldausgeben und es gibt zweifellos kein Vergnügen das ihm gleicht dem plötzlichen herrlichen Geldausgeben und wir gaben es aus.

Wir hatten immer sehr einfach gelebt, wir hatten ein Heim auf dem Land aber wir lebten darin so einfach wie in der Stadt. Es war immer eine Überraschung für jeden wirklich zu erfahren von wie wenig wir lebten. Wir lebten sehr bequem aber wir lebten sehr einfach und wir hatten keine Ausgaben, wir hatten einen Wagen aber wir sorgten dafür daß er so wenig wie möglich kostete und seit Jahren war es oder vielmehr ist es noch immer ein kleiner alter Ford. Aber jetzt kaufte ich einen Achtzylinder und wir hatten nicht mehr nur eine Hausangestellte wir hatten ein Paar, einen Mann und eine Frau, und wir verbrachten einen sehr hektischen Sommer mit ihnen. Ich mag Kriminalromane und ich war immer nahe daran einen zu schreiben über diesen Sommer den wir mit ihnen verbrachten.

Wir trafen nicht viele neue Männer und Frauen die interessant waren.

Hier nun ist was geschah, wir kamen in diesem Herbst sehr spät nach Paris zurück und wir installierten ein Telefon und wir telefonierten jeden Morgen mit Mr. Bradley und ich und wir beschlossen wer das Buch publizieren sollte denn es gab keinen Zweifel daß alle bereit waren dieses eine zu publizieren. Wir zogen amerikanische Verleger in Betracht und Mr. Bradley sagte er glaube Harcourt Brace sei der richtige und ich sagte ich wolle Bodley Head in England haben aus sentimentalen Gründen, schließlich war John Lane der einzige wirkliche Verleger der wirklich immer daran gedacht hatte ein Buch von mir zu verlegen, und man muß loyal zu allen sein wenn man mit jemandem streitet. Und so war alles in Ordnung wir bekamen Vorschußtantièmen von jedem und alles begann.

Inzwischen darf nicht vergessen werden daß ich mich mit Virgil Thomson gestritten hatte und ich hatte nichts von ihm gehört, er war nach Amerika gegangen und die Oper mit ihm. Die Vier Heiligen in drei Akten die ich für ihn geschrieben hatte und die er geschrieben hatte. Er nahm sie mit nach Amerika und er spielte sie jedem vor der sie hören wollte und nicht wenige hörten sie. Und jetzt bestand eine Chance daß jemand sie aufführen wollte das heißt eine Sonderaufführung davon in Hartford, Connecticut machen wollte und deshalb mußten wir einen Vertrag machen. Wir stritten ein wenig darüber und schließlich war alles geregelt und ich hatte wirklich keine große Hoffnung daß etwas dabei herauskommen würde. Ich glaube

nie wirklich daß etwas Gutes geschieht, es geschieht meistens, aber ich erwarte es nie.
Nun jedenfalls war Paris wie ich sage ein friedlicher Ort aber nicht so interessant wie es einmal gewesen war, es gab sehr viele Junge dort aber sie wirkten jedenfalls reichlich alt das heißt nichts war damals wirklich inspirierend für sie oder für einen von uns. Aber damals hörte ich wie ich sage eine Menge Unterhaltungen und ich begann mich für Picabias Malerei zu interessieren und dann verloren wir Byron.
Alles ändert sich ich hatte niemals ein Leben mit Hunden geführt und jetzt lebte ich mehr mit Hunden als mit sonst jemandem.
Alles ändert sich es ist seltsam wie sich alles ändert.
Byron war ein kleiner mexikanischer Hund ein Geschenk für uns von Picabia. Vor ungefähr zehn Jahren war einmal eine Mexikanerin höchst interessiert gewesen an seinen Gemälden, sie war eine reiche Frau und sie kaufte einige davon und eines Tages sagte sie zu ihm hätten Sie nicht gern ein Pärchen mexikanischer Hunde sie haben Hunde doch gern und er sagte ja, jedermann sagt immer ja, ich nehme nicht an daß jemand dem etwas als Geschenk angeboten wird ob er es nun haben will oder nicht je nein sagt, bestimmt nicht wenn man Schriftsteller oder Maler ist also sagte er ja. Es war fast ein Jahr später und ein Kapitän eines Schiffes in Le Havre teilte ihm mit ein Mann an Bord habe einige Hunde für ihn. Er fuhr hin und es war ein mexikanischer Diener da der nur mexikanisch sprach und der einen handgemachten Käfig hatte und auf der einen Seite war ein kleiner mexikanischer Hund und auf der anderen Seite war ein anderer kleiner mexikanischer Hund und nach Ablieferung des Käfigs und der kleinen Hunde ging der Mann zurück auf das Schiff nach Mexiko.
Also nannten sie die zwei kleinen mexikanischen Hunde Monsieur und Madame und Byron war ein Sohn und ein Enkel. Wir nannten ihn Byron weil er entweder seine Schwester oder seine Mutter zur Frau haben mußte deshalb nannten wir ihn Byron.

Armer kleiner Byron sein Name gab ihm ein seltsames und fiebriges Naturell, er war sehr wild und zart und tanzte seltsame kleine Kriegstänze und verängstigte Basket. Basket hatte immer Angst vor Byron. Und dann starb Byron plötzlich eines Nachts an Typhus.

Picabia war in Paris und er sagte wir müßten sofort einen anderen haben, und Basket war glücklich daß Byron tot und weg war und dann hatten wir Pépé und so sehr Basket Byron gefürchtet und gescheut hatte so sehr liebte er Pépé. Pépé war nach Francis Picabia benannt und vielleicht machte das etwas aus jedenfalls war und ist Pépé ein netter kleiner Hund aber ganz und gar nicht wie Byron obwohl man auf einem Bild von ihm nicht unterscheiden kann wer wer ist.

Also Geldausgeben und die Vereinbarungen für die Herausgabe von Die Autobiographie von Alice B. Toklas und der Verlust Byrons waren fast alles was sich in diesem Winter ereignete und dann trafen wir Vorbereitungen um aufs Land zu gehen und es war ein lebhafter Sommer. Es gab noch etwas was sich in diesem Winter ereignet hatte. Mr. Bradley war sehr zufrieden mit allem und er hatte einen Mann der jeden Winter kam um Leute zu finden die nach Amerika gingen um Vorlesungen zu halten und er brachte ihn zu mir. Er unterschied sich von allem was ich bisher gesehen hatte. Er war ein feierlicher Mensch und er publizierte Religionsbücher und Schulbücher und wenn er geschäftlich nach Europa kam betätigte er sich auch als Agent und suchte Leute für Vorlesungen. Er hatte gerade die Prinzessin Bibesco gefunden und jetzt wurde er zu mir gebracht. Bradley sagte zu ihm ich wäre sicher eine sehr populäre Dozentin weil ein Buch von mir im Herbst herauskomme das ein Bestseller sein werde. Der Mann hörte Mr. Bradleys Enthusiasmus feierlich zu und sagte dann sehr feierlich, interessant wenn das stimmt.

Und dann sagte er was ich haben wollte falls ich hinüberginge. Nun sagte ich natürlich müsse auch Miss Toklas hinübergehen und die beiden Hunde. Oh sagte er. Ja sagte ich aber sagte ich

ich glaube nicht, daß jemand von uns wirklich hinübergehen will. Oh sagte er. Ich beschloß daß ich wenn Vorlesungsagenten so sind bestimmt nicht hinübergehen würde und deswegen riet ich ihm sich nicht zu bemühen. Und Mr. Bradley sagte daß ich drauf und dran sei einen Fehler zu machen aber ich sagte nein, Jo Davidson sagte immer man solle seine Persönlichkeit verkaufen und ich sagte immer nur insofern als die Persönlichkeit sich im Werk ausdrückt. Es ärgerte mich immer daß das amerikanische Publikum mehr an mir interessiert war als an meinem Werk. Denn schließlich ist es sinnlos da sie wenn mein Werk nicht wäre auch kein Interesse an mir hätten warum sollten sie also nicht mehr Interesse an meinem Werk haben als an mir. Das gehört zu den Dingen um die man sich in Amerika kümmern muß, und später erfuhr ich sehr viel mehr darüber.

So ging der Winter vorüber, der Winter des ersten Geldverdienens und der Sommer kam.

Ich sagte wir hatten nicht mehr nur eine Angestellte und lebten nicht mehr einfach, wir hatten jetzt ein italienisches Paar Mario und Pia. Das war höchst aufregend. Mario war ein sehr großer Mann und wir mußten ihn zur Belle Jardinière bringen um ihm Kleider zu kaufen in denen er arbeiten und in denen er uns bedienen konnte, und es war sehr aufregend.

Er brauchte die allergrößten Nummern und dann begannen die zwei zu putzen. Sie waren reinlich. Sie wuschen den kleinen Pavillon herunter von innen und von außen und sie bestanden darauf daß das Atelier eine neue Farbschicht haben müsse. Also ließen wir es machen. Und sie nahmen sogar die Türen heraus um sie zu putzen und sie machten das wie sie sagten sehr poussierlich. So war es seit neunzehnhundertvierzehn nie gewesen.

Und dann gingen wir aufs Land und dann begannen die Schwierigkeiten. Sie fanden das Haus zu groß für nur zwei Bedienstete und vielleicht stimmte es auch aber wir hatten immer mit einer darin gelebt. Sie fanden daß sie nachdem sie das eine Haus und zwar ein kleines vollständig geputzt hatten nun nicht mit einem anderen und zwar einem großen beginnen wollten.

Und dann wurden sie trauriger. Es gefiel ihnen nicht Feuer zu machen und ihm gefiel es nicht Kleinholz zum Anfeuern zu spalten und er ging herum und las auf was er finden konnte. Er regnete das tut es immer gerade dann, und tut es auch jetzt, das eben macht dieses Land lieblich und grün mit Wolken und einem blauen Himmel, und die Holzstücke die er auf dem Boden fand waren naß und er mußte sie zum Trocknen auf den Ofen legen und selbst dann waren es nicht sehr viele. Sie waren sehr traurig damals. Sie waren von allem enttäuscht.

Auch wenn man sie vor ihrem Dienstantritt nie gesehen hat, werden sie wenn sie im Hause leben wie Vertraute als wären sie Eltern oder Kinder. Es ist komisch daß sie, obwohl es natürlich dringend notwendig ist immer alle die man kennt so gut wie möglich gekannt zu haben, auf ein Inserat hin kommen und man sie nie vorher gesehen hat und nun mit ihnen in einem Hause lebt. Und dann gehen sie fort und man sieht sie nie wieder.

Er war komisch dieser Sommer so viel ereignete sich was nichts zu tun hatte mit mir oder mit dem Schreiben. Ich habe so oft eine Geschichte daraus machen wollen eine Detektivgeschichte von allen Ereignissen dieses Sommers und hier bin ich dabei es wieder zu versuchen. Ich habe nie über irgendeinen andern Sommer schreiben wollen weil jeder andere Sommer für mich ganz natürlich gelebt wurde, aber dieser Sommer dieser erste Sommer nach der Autobiographie war kein natürlicher Sommer und deswegen muß darüber geschrieben werden.

Da war das Hotel Pernollet und seine Tragödie, da war die Familie die als Nachfolger der Italiener kam und wir wußten nicht daß es eine Familie sein sollte und dann war da der Tod der Engländerin und damit war es noch nicht zu Ende, Seabrook kam und danach geschah es wieder, anders aber es geschah wieder.

Es ist komisch wie oft ich versucht habe die Geschichte dieses Sommers zu erzählen, ich habe wieder und wieder versucht sie zu erzählen.
Das Hotel Pernollet ist ein typisch französisches Hotel der Mann besorgt die Küche und die Frau leitet alles und sie gehen nie aus. Sie sind sehr reich und sie haben vier Kinder. Die Kinder gingen ein wenig öfter aus aber später wenn sie das Hotel übernehmen werden sie heiraten und nicht mehr ausgehen. Vielleicht werden sie nicht so reich sein wie ihr Vater.
Es war dieser Hotelbesitzer der das sagte wovon man sagt ich hätte es gesagt daß nämlich die Kriegsgeneration eine verlorene Generation sei. Und er sagte es auf diese Weise. Er sagte jeder Mensch werde im Alter zwischen achtzehn und fünfundzwanzig zivilisiert. Gehe er zu dieser Zeit seines Lebens nicht durch eine zivilisierende Erfahrung werde er kein zivilisierter Mensch. Und die Männer die mit achtzehn in den Krieg gingen versäumten die Periode der Zivilisierung und könnten nie zivilisiert sein. Sie seien eine verlorene Generation. Wenn sie im Krieg sind empfangen sie natürlich nicht den Einfluß von Frauen von Eltern und von Schulung.
Jeder sagt etwas, bestimmt jeder hier tut das.
Jetzt ist Revolution und diesmal wird es auch eine Revolution sein. Nach jedem großen Krieg gibt es eine Zeit der Verschwendung und der Gier alles zu haben und dann gibt es nichts und jeder spricht von Revolution und da Frankreich an Revolution gewöhnt ist wird es ziemlich sicher eine haben. Schließlich sind Revolutionen eine Sache der Gewohnheit.
Alles ist eine Gewohnheit.
Ich sagte dies alles einer alten französischen Dame Madame Pierlot, sie ist vierundachtzig und erinnert sich an alles und sie sagt, ja natürlich aber es zu wissen ist kein Trost.
Sie hätte diesen Sommer wichtig sein können als alles anders war, was sonst sagt sie, ja es ist Natur aber das macht es nicht natürlich. Sie sagt auch daß sie wenn sie bequem sitzt sich nicht bequem fühlt wenn nicht alle andern bequem sitzen, aber

schließlich sitzt sie nie bequem deshalb sitzt vielleicht ganz natürlich jeder andere nicht bequem.
Nun ja. Wir kannten Madame Pernollet und ihren Mann und sie waren interessant.
Er war Koch in der vierten Generation wie sein Vater sein Großvater und sein Urgroßvater und als der Krieg kam und man ihn als Koch haben wollte sagte er nein er wolle kämpfen und obwohl er ein sehr kleiner Mann war kämpfte er wirklich vier Jahre lang und während dieser vier Jahre gebar ihm seine Frau zwei Kinder sie hatte schon vorher zwei geboren und sie wurde mit allem fertig. Sie kam von ärmeren Leuten als er, wirklich, da sie ein sehr kleines und armseliges Eisenwarengeschäft führten, ihre Leute, für ihn konnte man das nicht als eine gute Heirat ansehen und es war auch keine aber sie war so klein wie er und sie war sehr hübsch und er heiratete sie. Sie wurde mit allem fertig während er weg war und sie hatte die Kinder und hin und wieder überwältigte sie alles.
Dann war der Krieg vorbei und er kam wieder heim und er organisierte alles und aus dem kleinen Hotel wurde ein großes nicht dem Umfang sondern dem Umsatz nach und sie gingen nie aus, sie waren nie ausgegangen, vor ihm seine Mutter auch nicht, und er kochte und organisierte sein Kochen und sie beaufsichtigte die jungen Mädchen vom Lande die sie lehrte alles zu tun und sie trieb sie immer sanft hin und her bis sie aus ihnen gute Bedienerinnen gemacht hatte und sie kümmerte sich um das Obst und die Kuchen und wählte immer das richtige für jeden aus und sie verdienten einen Haufen Geld wie jeder damals aber sie verdienten mehr als alle. Manchmal sagte sie zu uns, nun sie sagte es nicht, aber manchmal sagte sie so etwas als sei etwas, nicht die Arbeit, doch zu viel, nicht das Nichtausgehen, das war nicht zu viel auch nicht die Kinder, sie hatte drei Buben und ein kleines Mädchen. Nun jedenfalls machten sie weiter wie sie es immer getan hatten. Dann beschlossen sie und es war ein wenig spät denn die Zeit des Geldverdienens war fast vorüber, sie beschlossen ein weiteres Gebäude anzubauen und

eine neue Küche zu bauen und einen neuen Kühlraum und alles elektrisch zu haben. Das begann gerade als sie nicht mehr so viel verdienten wie vorher und es ist beängstigend aber sie machten trotzdem weiter. Dann sollte der zweite Sohn kommen und seinem Vater helfen und sein Nachfolger werden. Dann hatte dieser Junge Tuberkulose und sie mußten ihn in die Berge schicken und jetzt gingen sie zum ersten Mal aus denn sie mußten weggehen um ihn zu besuchen. Dann eines Tages, es war in diesem Sommer, wurde sie frühmorgens auf dem Zement gefunden wo sie hingefallen war, und man hob sie auf und brachte sie ins Spital und keiner der im Hotel Wohnenden wußte was ihr geschehen war und dann war sie sehr religiös sie war es immer gewesen und dann war sie tot und ich ging zur Kirche, und ich drückte auf französische Art dem Mann und dem Vater und den zwei Söhnen die Hand und der Hotelbesitzer der ein sehr dicker kleiner Mann gewesen war wurde ein sehr dünner und sein Sohn wurde geheilt und alle seine Söhne kamen zu ihm ins Hotelgeschäft und er ging von Zeit zu Zeit aus und ob sie für den neuen Hotelteil zahlen werden oder nicht geht niemanden etwas an. Immerhin ist er so mutig eine Fahne hinauszuhängen gerade jetzt da der Kommunismus begonnen hat und die Nationalfahne ganz besonders verboten ist.

Wie ich sage es war ein kurioser Sommer und unsere italienischen Hausangestellten waren weg und jemand suchte für uns ein anderes Paar um sie zu ersetzen.

Es ist zweifellos sehr seltsam daß man wenn große Arbeitslosigkeit herrscht niemanden zum Arbeiten bekommen kann. Aber das ist ganz natürlich denn wenn jeder arbeitslos ist verliert jeder die Gewohnheit zu arbeiten und Arbeit ist wie Revolutionen eine Gewohnheit was ganz natürlich ist.

Deshalb setzte Georges Maratier ein Inserat in die Zeitung und sah eine ganze Menge Paare die nichts wert waren und schließlich sagte er er habe ein ausgezeichnetes gefunden und wolle es herschicken. Er erzählte uns nicht daß sie ein Kind bei sich

hatten, aber sie hatten eins und es war ein sehr hübsches und es ging wirklich sehr hübsch die Stufen hinauf und herunter aber das war nicht überraschend da die Mutter Portugiesin und eine sehr hübsche Frau gewesen war und immer noch war. Der Mann war Elsässer und wie viele Elsässer hatte er das Gefühl er könne alles tun auch wenn er es noch nie getan hatte und meistens hatte er es noch nie getan. Auch bewunderte er wie die meisten Elsässer das Schreiben und er sagte zu mir, Madame, es macht mir große Freude Ihnen zu sagen daß meine Frau und ich und meine Tochter Ihnen unser Leben weihen wollen so lange Sie leben, alles was ich dafür von Ihnen verlange ist daß Sie falls mir etwas zustößt die Sorge für ihr künftiges Leben übernehmen. Ja ja sagte ich, und das gefiel ihm. Bald fanden wir heraus daß sie herrlich kochte aber sie hatte nur eine Niere und wenn man nur eine Niere hat und herrlich kocht und einen Ehemann hat der nichts tut so ist das sehr ermüdend. Und so war es, und sie konnte nicht schlafen und so fand der Elsässer sie sollten alle unter den Bäumen schlafen. Man kann das in den Bergen nicht sehr gut besonders wenn einem eine Niere fehlt, es ist kalt und es gibt Tau unter den Bäumen und außerdem sehen es die Landleute nicht gern, nicht hier. Das regte den Elsässer auf.
Alles regte den Elsässer auf bis die Leute im Dorf Angst vor ihm bekamen und das Fehlen einer Niere störte seine hübsche portugiesische Frau die alles kochen konnte und die er zum Protestantismus bekehrt hatte, mehr und mehr bis wir den Landarzt zu ihr holten. Er sagte sie solle besser mit der Arbeit aufhören und sie hatten nichts außer sich selbst aber schließlich gingen sie getrennt fort und der Elsässer blieb im Dorf hängen und machte ihnen sogar noch mehr Angst und so mußten wir wieder ein anderes Paar suchen da wir gerade Gäste erwarteten und schließlich verschwand der Elsässer auch.
Ich komme nie über die Tatsache hinweg daß man sehr wahrscheinlich alle lange kennt und der Unterschied zwischen

Lange-kennen und Gar-nicht-kennen ist gleich null. Jedenfalls kann niemand mehr verloren gehen weil die Erde ganz voll ist von allen und sich alle immer bewegen und man immer alle sieht und nichtsdestoweniger sieht man sehr oft keinen von ihnen jemals wieder. Das ist es was damals geschah.
Jemand sagte es gebe ein Paar irgendwo in den Bergen also gingen wir hin um es uns anzuschauen. Es war da, der Pfarrer nicht der Pfarrer von dort aber der Pfarrer von woanders empfahl es und wir nahmen es. Es war gar kein Paar das heißt es war keines gewesen als der Pfarrer es empfahl und waren sie denn jetzt eines, sie schienen keines zu sein. Bei ihr war allerhand nicht in Ordnung so sagte der Doktor den wir schließlich zu ihr riefen und er brachte sie in das Spital und er sagte man habe nie genug Patienten in dem Spital deshalb werde man sie dort behalten und er der Ehemann ging hinaus in den Gang und fiel hin und deshalb beschloß er uns und sie zu verlassen. Also waren wir wieder einmal ohne ein Paar und wir gingen nach Lyon um eines zu bekommen. Dieses Mal bekamen wir eine Polin und einen tschechischen Ehemann und das schien besser zu sein. Sie war eine sehr gute Köchin und sagte sie hoffe sie werde glücklich sein obwohl sie es nie gewesen sei und er sagte er wäre gern Mechaniker aber er liege nicht gern unter einem Wagen mit herausragenden Beinen und wenn man Automechaniker sei müsse man genau das tun deshalb habe er beschlossen valet de chambre zu sein aber er sei ein sehr guter Mechaniker gewesen und sei es noch.
Die Picabias kamen.
Wir hatten gerade ein Badezimmer ein Wasserklosett und fließendes Wasser installiert. Bis jetzt hatten wir in einer Gummiwanne gebadet und das Wasser vom Brunnen hereingeholt. In Frankreich hat man keine Pumpe man hat einen Brunnen.
Und dann kamen die Picabias und Picabia hat jetzt eine Schweizer Frau nun jedenfalls war das Wasserklosett verstopft spät in der Nacht und es war überschwemmt. Ich rief Jean der aufwachte und er legte gleich Hand an und er stoppte das Wasser

und stoppte die Überschwemmung. Jetzt können wir das alle selbst aber er war der erste der es fertigbrachte und wir waren entzückt von ihm.

Wie ich sagte habe ich Picabia mehr und mehr interessant gefunden. Ich hatte ihn jahrelang gekannt und mir nichts aus ihm gemacht er war zu brillant und er redete zu viel und er war zu ermüdend, abgesehen davon hatte ich mir nichts aus seiner Malerei gemacht. Ich machte mir nichts aus der Art wie er Picasso ähnelte und ich machte mir nichts aus der Art wie er ihm nicht ähnelte. Aber jetzt änderte ich mich. Vielleicht änderte er sich das allerdings glaube ich nicht ganz.

In gewisser Hinsicht war es Francis Rose der mich als erster für Picabias Malerei interessierte und das deshalb weil ich Francis Rose als einzigen unter den malenden jungen Männern interessant fand und insofern als er alles was er gelernt hatte von Picabia gelernt hatte und nicht von Picasso.

Man könnte sagen sie beide heißen Francis und jeder der Francis heißt ist elegant, unausgewogen und intelligent und überzeugt recht zu haben nicht in bezug auf alles sondern in bezug auf sich selbst. Wenigstens trifft das auf jeden Francis zu auf jeden historischen Francis wie auf die die ich gekannt habe. Francis Rose war durchaus so und Picabia war dabei durchaus so zu werden.

Picabia hat etwas gegen Cézanne sei es weil er eifersüchtig ist auf seine Malerei oder sei es weil er damit im Recht ist. Jedermann in dieser Zeit war von Cézanne beeinflußt aber er sagt er sei es nicht und war es nicht.

Picabias Vater war ein in Kuba geborener Spanier und seine Mutter war die Tochter eines französischen Wissenschaftlers, einer der Erfinder der Fotografie. Auch wuchs Picabia mit Fotografie heran nicht mit Fotografieren sondern mit der fotografischen Wissenschaft und als er ein Junge war ging er oft mit seinem Großvater aus und sie besuchten Museen und sein Großvater fotografierte und Picabia war nicht daran interessiert wie keiner es ist wenn ein anderer es tut. Aber so meint er

das ist der Grund weshalb er nicht von Cézanne beeinflußt wurde. Dann starb sein Großvater und es war ein Männerhaushalt gewesen sein Großvater und sein Vater und sein Onkel und als sein Großvater tot war oder auch vorher schon langweilte ihn der Männerhaushalt und er brannte durch und mit einem kleinen Mädchen das er liebte damals brannte er in die Schweiz durch. Er war damals siebzehn Jahre alt und um sich zu ernähren malte er Ansichtskarten in der Schweiz und sie kamen damit aus.
Danach ging er zurück nach Paris und in andere Orte und malte und er kannte Pissaro und seine Kinder und vielleicht beeinflußte ihn Pissaro. Aber er war beunruhigt so sagte er über die Malerei die nicht Malerei ist er dachte nicht über die Fotografie nach aber er dachte über die Malerei nach die nicht Malerei ist. Gerade da begegnete er Gabrielle die Musik studierte und sie wies ihn darauf hin daß Malerei wenn sie schon keine Malerei war vielleicht Musik sein sollte. Er stimmte zu daß sie das vielleicht sein sollte. Und so war sie für ihn einige Zeit lang vielleicht für zu lange Zeit. Jedenfalls war er sicher daß etwas nicht ausschauen sollte wie etwas selbst wenn es so ausschaute und es schaute auch wirklich nicht so aus. Das war der Einfluß der Fotografie auf ihn sicherlich.
Dadurch unterscheidet sich die Fotografie von der Malerei, die Malerei schaut aus wie etwas und die Fotografie nicht.
Und Cézanne und Picasso haben nichts mit Fotografie zu tun aber Picabia wohl. Nun.
Der einzige Grund warum Menschen arbeiten oder herumrennen, und natürlich tut jeder das eine oder das andere ist der daß sie nicht wahrhaben wollen daß Zeit etwas ist und daß Zeit schwinden kann. Das ist der einzige Grund weshalb man arbeitet oder herumrennt. Und auch dies hat etwas mit der Fotografie und der modernen Malerei zu tun.
Ich beginne Picabias Meinung über Cézanne zu verstehen. Nicht daß ich Cézanne nicht am liebsten hätte aber ich beginne zu verstehen was er meint.

In diesem Winter gab es eine Seurat-Ausstellung und das war interessant. Man spricht über Mechanik und Wissenschaft aber das einzige an Mechanik und Wissenschaft ist daß sie funktionieren, alles sich Bewegende veranlaßt anderes sich zu bewegen und das gibt Befriedigung. Aber und das ist sehr wichtig, allem Lebendigen das sich bewegt kann es auch ebenso mißlingen etwas anderes in Bewegung zu setzen wie es ihm gelingen kann und daher gibt es keine vollkommene Befriedigung. Nun was hat Kunst mit all dem zu tun. Kunst ist ein bißchen von beidem und bis heute ist sie nach wie vor etwas von beidem. Sie bringt ein Etwas in Bewegung indem sie damit in Kontakt kommt aber es mißlingt ihr auch mal das heißt es ist ihr schon mal mißlungen und also hat sie mit etwas Lebendigem zu tun.
Jetzt kam dann die Herrschaft der mechanischen Dinge und die Kunst die immer sehen muß was der Zeitgenosse sieht mußte auf diese Art sehen, das heißt sie muß sehen daß ein Ding das sich automatisch bewegt ein anderes Ding veranlaßt sich in genau der gleichen Art zu bewegen und es konnte nicht mehr mißlingen wie zuvor denn insofern als es damals lebendig gewesen war hatte es mißlingen müssen.
Nun was geschah dann. Es geschieht immer noch. Nur ist es jetzt nicht mehr sehr interessant. Vielleicht wird eine Herrschaft die weder Mechanik noch Leben ist beginnen und etwas sein. Nun jedenfalls ist es nicht an mir mich darüber aufzuregen. Nicht daß ich mich aufgeregt oder daran gestört hätte, wie hätte ich dies können wo es am Ende um die Frage geht ob es am Ende etwas bewirkt und jedes Etwas ist oder ist auch nicht alles nur weil es so aussieht.
Ich dachte ich verstünde alles was wir getan hatten und jetzt läßt mich das Verständnis für Picabia wieder ganz von vorn beginnen. Und das kam plötzlich mit der Seurat-Ausstellung. Nebenbei gibt es da noch die Frage nach der Fotografie in der Malerei.
Nun jedenfalls blieben die Picabias einige Tage und gingen dann fort.

Das ist das Schlimme mit der Zerstreuung. Zerstreuung lenkt das Bewußtsein vom Vergehen der Zeit ab. Das ist das Schlimme mit jeder Utopie, jedem System, sobald es ein System ist ist es keine Zerstreuung und deshalb ermöglicht es einem nicht länger vom Vergehen der Zeit nichts zu wissen. Picabia sagt gerne in der Malerei sollte es keine Zerstreuung geben, deshalb haßt er die Nachfolge von Cézanne und wenn wie er sagt Cézanne nicht so real wäre dann wäre seine Realität keine Zerstreuung. Er erzählt gerne daß als er ein junger Mann war einige japanische Maler die er kannte ganz aufgeregt waren als sie zum ersten Mal einen Cézanne sahen und dann sagten aber das schaut ja aus wie der Gegenstand den er gemalt hat und wir hofften nun wir hofften es würde nicht so aussehen jeder kann das jeder kann es aussehen lassen wie das Vorbild. Nun jedenfalls sagt Picabia das gerne und er malt weiter was gerade jetzt mehr ist als alle andern tun. Das sagt er und so ist es. Er kam wieder um uns zu besuchen aber gerade jetzt nachdem er einige Tage hiergewesen war und Zeichnungen von uns gemacht hatte gingen sie weg die Picabias gingen weg.
Das Paar das wir hatten die Polin und der Tschechoslowake blieben da, er wollte meinen Wagen fahren aber ich will gerne meinen eigenen Wagen selbst fahren und sie kochte weiterhin und sie kochte sehr gut und sie war wundervoll zu Pferden gewesen sie war nach Frankreich gekommen um auf einer Farm zu arbeiten wie das viele Polen nachdem der Krieg vorüber war getan haben. Man hatte sie gern auf der Farm aber ihn hatte man nicht gern. Janet Scudder sagte immer gibt es das überhaupt daß ein Paar ein Ehemann und eine Ehefrau für alles zu gebrauchen sind. Es ist schwer eine Person in dieser Welt zu finden die sowohl brauchbar wie angenehm ist aber was für eine Chance gibt es daß eine solche Person auch noch eine andere brauchbare und angenehme Person heiratet. Besser man gibt es auf, sagt Janet.
Wir waren sehr ruhig das heißt lebten auf dem Land und das nimmt einen sehr in Anspruch, Madame Pierlot sagt auf dem

Land muß man sich nicht zurecht machen um auszugehen, wenn man in der Stadt ausgehen will muß man sich zurecht machen zum Ausgehen aber wenn man auf dem Land ausgehen will ist man draußen und man muß sich zurecht machen. Einige Wochen lang geschah nichts und dann kündigte Janet Scudder an daß sie mit einer Freundin kommen und daß sie ein paar Tage bleiben wollten. Janet hat immer eine Freundin jeder hat immer einen Freund. Da die Erde ganz und gar mit Leuten übersät ist und sie alle das gleiche auf die gleiche Art tun kann jeder einen Freund haben und hat ihn auch.

Also waren Janet und ihre Freundin im Begriff zu kommen und sie kamen später als sie erwartet wurden, doch kamen sie.

Sie waren sehr müde weil ich ihnen gesagt hatte sich zwei Tage zum Kommen zu nehmen und sie in nur einem gekommen waren. Es ist keine sehr lange Fahrt und doch wären sie besser nicht in einem gekommen. Blut auf dem Eßzimmerboden, *Blood on the dining room floor,* ja sie wären besser nicht in einem gekommen.

Wir hatten ein spätes Abendessen und dann gingen alle zu Bett.

Die polnische Köchin schaute nicht so glücklich aus wie sie gehofft hatte auszuschauen und alle gingen zu Bett.

Der nächste Morgen war sehr betriebsam, so ist es nun mal. Janet wollte malen, sie wollte das Haus malen mit Basket der Hündin. Wir wollten sie gemalt haben. Sie wollte den Wagen in Ordnung gebracht haben zumindest ihre Freundin wollte es denn der Wagen hatte es nötig. Wir hatten zwei auf dem Land lebende Frauen gebeten zum Mittagessen zu kommen. Es waren diejenigen die später die Tragödie erleben sollten eine war englisch und eine war französisch. Beide trugen Hosen und züchteten Hühner und Truthähne. Das Haus in dem sie lebten gehörte der Französin, es hatte ihrem Vater gehört und wir hatten ihn gekannt, sie kaufte es ihrer Schwester und ihrer Stiefmutter ab und jetzt waren sie einigen Leuten bekannt. Sie hatte eine Freundin die die Mutter von vier Kindern war als wir

sie kennenlernten, sie selbst hatte zwei. Jedenfalls mußten sie und die Engländerin zusammen kommen da sie zusammen lebten. Es war ein lebhafter Tag.
Dann rief mich Janets Freundin, sie konnte den Wagen nicht anlassen. Es war ein Ford und ich sollte wissen wie man jeden Ford anläßt aber dieser sprang nicht an. Gut sagte ich ich werde mit meinem fahren und Mr. Humbert holen der meinen Wagen in Ordnung bringt sagte ich. Ich ließ mich an meinen anzulassen. Er sprang nicht an. Meiner ist auch ein Ford und er sollte anspringen aber er sprang nicht an. Ich sagte ich werde dem Garagisten telefonieren. Das Telefon wollte nicht telefonieren. Da ging ich hinaus um mit allen zu sprechen. Die Polin war da und ich sagte nun und sie sagte ja und sie sagte Jean ist immer so wenn so etwas geschieht. Was sagte ich. Blut auf dem Eßzimmerboden sagte sie. Nun sagte ich ich werde weggehen und telefonieren. Glücklicherweise ist im Dorf ein anderes Telefon, aber niemand im Hause hatte davon gewußt also ging ich telefonieren und ich bat den Garagisten zu kommen und ich bat die Telefonleute zu kommen. Inzwischen waren alle da Janet malte nicht, Alice Toklas bereitete nichts zu und Janets Freundin war da und Jean war da und die Polin. Der Garagist kam mit zwei Wagen, zuerst schaute er den von Janet an. Nun sagte er da ist Wasser im Reservoir sagte er. Wasser im Reservoir Wasser im Reservoir sagte er. Und jetzt will ich Ihren anschauen er schaute und er fand ein Stück Stoff im Verteiler und außerdem Schmutz darin. Nun sagte er nun sagte ich, und die Zündung meines Wagens war kaputt, nun sagte er, nun sagte ich ich frage mich, wer dieser Mann ist, sagte er, ich sagte es ist unser valet de chambre, rufen Sie ihn her sagte er, der Garagist ist ein großer dicker Mann und er schaute Jean an der ein kleiner Mann ist. Nun sagte er, und Jean sagte nichts, ich denke es ist besser wenn Sie ihn wegschicken und nichts mehr darüber sagen das war alles was der Garagist sagte, gerade da kamen unsere Freunde und gerade da und das geschah nun also ging ich ins Eßzimmer und da war Francis Rose mit einem Bild

in der Hand. Ich küßte ihn, ich sagte woher kommst du. Er sagte ich komme auf dem Weg von Cannes nach Paris um dir dies zu bringen. Es ist sehr hübsch sagte ich, aber alles ist in Verwirrung. Wir hatten einen Streit gehabt und ich hatte nicht erwartet ihn zu sehen, es war erleichternd ihn zu sehen nun wo alles in Verwirrung war ich sagte und und wie bist du gekommen, oh Carley ist draußen im Wagen, wir empfingen ihn natürlich nicht, wir waren völlig zerstritten mit ihm, deshalb ging ich hinaus zum Tor und küßte Francis noch einmal und dankte ihm und schüttelte Carley die Hand hörte aber nicht auf, ihn nicht zu empfangen, und dann aßen wir zu Mittag und dann schickten wir Jean und die Polin weg, sie sagte sie sei nicht so glücklich geworden wie sie zu sein gehofft hatte und dann war sie sicher es würde nie dazu kommen daß sie wieder glücklich würde und dann fuhren Janet und ihre Freundin ab Janet hält nie etwas vom Dableiben, und die anderen zwei die Französin und die Engländerin gingen fort und da waren wir wieder einmal auf der Suche nach Hausangestellten die kommen und im Hause leben sollten ohne daß wir etwas von ihnen wußten.

Das Rätselhafte an all dem ist daß nichts wirklich erschreckend ist. Alles ängstigt mich, alles ängstigt jeden aber wenn man wirklich in Betracht zieht wie gefährlich alles ist ist wirklich nichts sehr erschreckend.

Nachdem Paris und das Landgebiet ausgeschöpft waren versuchten wir es wieder in Lyon und ein sehr ernstes altes Paar kam aus Lyon, er war ein alter Soldat und sie war eine alte französische Köchin und er war ein valet de chambre und er mochte die Kleider nicht die wir hatten und er verlangte andere, aber er bekam sie nicht und sein Bruder war Schreiner gewesen, deshalb wußte er wie man Möbel poliert.

Jede Landschaft ist hübsch aber die Landschaft hier ist sehr lieblich. Jeder Himmel ist lebendig aber der Himmel hier ist sehr lebendig sehr winzige Wolken und enorm große.

Das freie Land ist nicht zu weit weg und die Hügel sind hoch. Es gefällt mir hier.

William Aspinwall Bradley unser Agent kam und blieb. Nach einer kleinen Weile bat ich ihn wegzugehen, nicht weil er kein angenehmer Gast gewesen wäre denn er war einer aber ich habe keinen gern der bleibt, nicht weil sie im Weg sind sondern weil sie nach einer Weile Teil unseres täglichen Lebens werden oder auch nicht und ich ziehe es vor wenn sie es nicht sind.

Während Bradley bei uns war kam Madame de Clermont-Tonnerre zu uns auf Besuch. Man hatte sie überredet nach Amerika zu gehen und Vorträge zu halten unter denselben Bedingungen mit denen Bradley versucht hatte mich zum Annehmen zu bewegen aber ich hatte nein gesagt und sie hatte ja gesagt. Sie kam und aß mit uns zu Mittag, und nach dem Essen saßen wir im Kreis und sie sollte uns vorlesen was sie in Amerika sagen wollte. Ich habe Madame de Clermont-Tonnerre sehr gern, sie ist was uns immer entzückt eine Mischung von Bäuerin und Herzogin. Die Erde ist die Erde wie eine Bäuerin sie sieht, die Welt ist die Welt wie eine Herzogin sie sieht, und jedenfalls wäre eine Herzogin nichts wenn die Erde die der Bauer bearbeitet nicht da wäre. Ich nehme an das ist der Grund warum einen das französische Land so beschäftigt, jeder Bauer sieht die Erde wie jede andere Klasse sie sehen kann und sie alle sehen sie wie jeder Bauer sie sieht, und sie hören nie auf sie zu sehen. Das eben beunruhigt jeden wenn sie daran denken, was alles noch geschehen kann. Anstatt jeden gehen und ein bißchen graben zu lassen organisiert man die Leute um mehr Freiraum zu haben. Nun ja keiner kann irgend jemanden in Frieden lassen. Das achtzehnte Jahrhundert begann mit der Leidenschaft für persönliche Freiheit, das Ende des neunzehnten Jahrhunderts begann durch den Begriff der Organisation mit dem Beginn einer Leidenschaft zur Versklavung nicht so sehr zum Versklaven sondern zum Versklavtsein. Jeder Kriminalroman in Amerika sagt natürlich das Verbrechen muß organisiert sein man muß jemanden haben der das Denken besorgt und ein sehr fähiger junger Mann Donald Vestal will Roosevelt haben weil der bereit ist für alle zu denken aber was nützt schließlich das Denken wenn es schließlich doch eine Organisation geben soll. Natürlich gab der Krieg der so viele Dinge endgültiger gemacht hat Dinge die bereits existent geworden waren, der Organisation um so viel mehr Bedeutung. Wir hatten immer Spaß wenn Mrs. Lathrop Organisation sagte, sie machte aus jeder Silbe etwas Separates das sich zu einem Ganzen organisierte. Und die französischen Soldaten sagten Krieg sei bequem niemand müsse sich um irgend etwas kümmern. Natürlich wird man sobald man versklavt ist sich nach Freiheit sehnen, natürlich hat das alles mit Veränderung zu tun so daß niemand wirklich innerlich fühlen wird daß die Zeit vergeht. Jedenfalls sollte Madame de Clermont-Tonnerre uns ihre Vorlesung halten und wir alle saßen in einer Runde zum Zuhören. Genau da fand Basket seinen Ball. Außer dem Essen liebt Basket am meisten seinen kleinen roten Ball aber ich nahm ihn ihm weg, und Madame de Clermont-Tonnerre begann zu lesen und Basket machte mitten unter uns Männchen und bettelte um seinen Ball. Pudel sind Zirkushunde sie haben keinen Sinn für Häuslichkeit und keinen Sinn für ihr Hundsein, sie erkennen weder Gefahr noch normales Leben weil es in einem Zirkus so etwas nicht gibt. Nun jedenfalls ging Madame de Clermont-Tonnerre zu Vorlesungen nach Amerika und sie kam zurück und sie war nicht mehr mit unserem Agenten Bradley befreundet.

Diese ganze Zeit über schrieb ich nicht. Ich hatte geschrieben und schrieb jetzt nichts. Nichts in mir verlangte nach Niederschrift. Nichts verlangte nach einem Wort und es war kein Wort in mir das nicht gesprochen werden konnte und also war kein Wort in mir. Und ich schrieb nicht, ich begann mir Sorgen zu machen über Identität. Ich war immer ich gewesen weil ich immer Worte in mir hatte die geschrieben werden mußten und jetzt konnte jedes Wort das ich in mir hatte gesprochen werden es verlangte nicht nach Niederschrift. Ich bin ich weil mein kleiner Hund mich kennt. Aber war ich denn ich wenn ich kein geschriebenes Wort in mir hatte. Es war sehr lästig. Manchmal

dachte ich ich müßte es mal versuchen aber wer nur so versucht ist zum Untergang verflucht und deshalb versuchte ich nicht wirklich. Ich schrieb nicht.
Ich hatte mich immer für die gute amerikanische Doktrin interessiert wonach man nichts vorbereiten soll ohne mögliche Erfolgsaussicht, das heißt für jeden Verkäufer sollte es eigentlich einen Käufer geben. Aber dann wieder gibt es andererseits die unvermeidlichen Fehlschläge. Unter den großen Amerikanern waren mehr Fehlschläge als Erfolgreiche. Meistens verbrachten sie ihr Leben damit keinen Käufer zu haben für das was sie zu verkaufen hatten.
Das trifft natürlich überall zu nur hat man sich in Amerika noch nicht daran gewöhnt endlich anzuerkennen daß es so ist.
Innen und außen und Identität das ist alles sehr quälend. Und wie kann man wenn man einmal weiß daß der Käufer da ist wie kann man da auch weiterhin wissen daß der Käufer nicht da zu sein braucht. Natürlich wenn er gar nicht da ist dann ist es nicht quälend.
Es war ein seltsames Jahr jenes Jahr und es ist ein seltsames Jahr dieses Jahr. Das Himmelblau ist fürs Aug ziemlich grau.
Nach ihrem Erfolg im Atlantic Monthly wurde Die Autobiographie von Alice B. Toklas gedruckt und wir sollten einige Vordrucke bekommen, sie waren noch nicht eingetroffen. Der Herbst rückte heran und die Weinlese und Bernard Fay sollte kommen was er später auch tat und bis jetzt war es noch warm nicht heiß aber warm wie es hier im August und September ist.
Wir hatten das Telefon.
Eines Abends gerade beim Essen wir leben wie die Landleute wir essen das Abendessen mittags und am Abend ein frühes und leichtes Abendessen. Eigentlich essen die Landleute hier sehr spät zu Abend und gehen gleich danach zu Bett. Nun jedenfalls war es gerade Abend und jemand begann zu sprechen. Er sagte er sei Seabrook, ich sagte ja ich wisse alles über ihn wo er denn sei, in Belley sagte er, er sagte er sei gekommen

weil er gerade die Autobiographie gelesen hätte und sie habe es ihm angetan und deshalb habe er den Süden verlassen und hier sei er nun in Belley, ich sagte wir sind gerade beim Abendessen kommen Sie gleich anschließend herüber.
Das war ein wenig überraschend er sah aus wie ein südeuropäischer Matrose und er sah amerikanisch aus, sie sah amerikanisch aus, sie sah wie eine Studentin aus und zusammen sahen sie anders aus als alles was wir hier ringsum erblickten.
Er sprach ruhig mit gerade vor sich hingeheftetem Blick. Er sagte er wolle sehen ob ich so interessant sei wie mein Buch. Ich sagte ich sei es. Er sagte ja und er fuhr langsam sprechend fort.
Und dann sagten sie sie wollten ins Hotel zurückgehen und den ganzen nächsten Tag hier verbringen.
Dieser Tag war interessant. Es gibt hier ein paar Bilder von Francis Rose, einige hatte ich ihm abgekauft als ich unten war und einige hatte er gemalt als er hier war, Seabrook begann sie anzuschauen. Wissen Sie was sie sind sagte er beim Betrachten. Ja es sind sehr gute Bilder. Ja aber sagte er wissen Sie was sie sind. Nun was sind sie fragte ich ihn. Nun sagte er sie haben etwas Faszinierendes. Ja sicher sagte ich ein gutes Bild ist immer faszinierend wenigstens für mich. Ja sagte er aber ich kann nicht herausfinden ob irgend etwas Faszinierendes in dem Bild ist oder einfach Faszination. Sie wissen was ich meine sagte er, nun ja sagte ich, ja natürlich sagte er, ja ich weiß es ist Ihr Thema sagte ich aber ich greife es nie auf, nun sagte er, das ist es eben sagte er, Sie meinen schwarze Magie sagte ich und ich sagte wie will man das erklären, nun sagte er man erklärt es nicht. Oh gut sagte ich, aber erzählen Sie mir doch von ihm. Er ist ein guter Mensch und er hat Religiosität und es ist gute Malerei aber kein Zweifel, es ist schwarze Magie darin die ist faszinierend. Nun jedenfalls sagte ich ich finde es ist recht gute Malerei. Wir redeten den ganzen Tag und er sagte es müsse etwas geschehen und er fragte mich was ich meinte und ich sagte ich fände es besser wenn er den Süden verließe. Er

erzählte mir sein Vater sei Prediger an der Ostküste bei Baltimore. Alle meine Leute kommen von Baltimore und ich wußte alles über die Ostküste. Schließlich wollen Predigersöhne wenn sie anfangen wollen viel trinken und das reibt sie auf. Zum Beispiel McAlmon und hier Seabrook.
Es ist komisch mit dem Trinken.
Vor allem stimmt es nicht daß Weintrinker nicht betrunken werden. Wein natürlicher Wein ist ungefähr zwölf Prozent Alkohol und wenn man täglich davon sechs oder sieben Liter trinkt und das tun sie natürlich wenn sie den ganzen Tag arbeiten dann sind sie am Ende vom Tag was man auch sagen mag randvoll.
Leute sind nicht interessant wenn sie betrunken sind wenn es nicht Leute sind die nüchtern ein wenig sonderbar sind, und selbst dann ja selbst dann sind sie nur am Anfang amüsant. Trinker finden einander amüsant aber nur deshalb weil sie beide betrunken sind. Es ist komisch daß die beiden Dinge auf die die meisten Männer am stolzesten sind Dinge sind die jeder Mann tun kann und die er auf die gleiche Art tut das ist Betrunkensein und Vater eines Sohnes sein.
Diese beiden Dinge tun sie genau so wie jeder andere Mann sie tut und das sind die beiden Dinge die sie am stolzesten machen. Wenn jemand darüber nachdenkt wird man sehen wie interessant es ist daß es so ist.
Ich habe so viele Leute betrunken gesehen. Ich trinke nicht gern, ich habe nichts dagegen aber mein Magen verträgt es nicht und ich mag niemals etwas tun was mein Magen nicht mag. Aber ich habe so viele Leute betrunken gesehen.
Ich habe mich eines Tages sehr über Carl Van Vechten amüsiert. Er trinkt jetzt nie und eines Tages waren wir zusammen mit einem Freund der betrunken war. Carl wollte ihn nicht sehen und ich sprach mit ihm und Carl sagte wie können Sie und ich sagte nun ich mußte schon mit so vielen zusammensein die betrunken waren daß ich die Gewohnheit habe sie zu behandeln als wären sie nüchtern. Ach so sagte Carl. Nun ich

kann das nicht, und ich sagte oh Carl und er sagte ja ich weiß aber ich kann nicht.
Nun jedenfalls habe ich eine Anzahl von Leuten sehr gerne die immer mehr oder weniger betrunken sind. Man kann nichts tun wenn sie immer mehr oder weniger betrunken sind.
Übrigens war ich als ich in Amerika war überrascht verhältnismäßig so wenig Betrunkene zu sehen. Es war immer nur in Neu-England wo man wirklich betrunken zu sein schien.
Und Seabrook erzählte mir von der weißen Magie in Lourdes und daß er immer als Bahrträger dorthin gehe und ich konnte verstehen daß man sich auf seine Anwesenheit verließ und dann fuhren wir alle zum Abendessen nach Aix-les-Bains hinüber. Auf dem Weg nahmen wir Bradley mit und fuhren zum Abendessen. Seabrook wollte dort bleiben denn er konnte nicht fahren wenn es zu spät war um zu sehen weil für ihn leuchtende Lichter lebendig waren und er nicht sehen konnte um zu fahren.
Jedenfalls fuhren wir alle zum Abendessen nach Aix hinüber. Er und ich saßen nebeneinander und nach und nach erzählte ich ihm alles über mich und meinen Bruder.
Man spricht heutzutage sehr viel über Nur-eine-halbe-Stunde-am-Tag arbeiten und damit die Arbeit der Welt erledigen. Nun ich bin nie fähig gewesen viel mehr als eine halbe Stunde am Tag zu schreiben. Wenn man eine halbe Stunde am Tag schreibt kommt dabei mit den Jahren eine Menge Schreiben heraus. Gewiß wartet man den ganzen Tag und jeden Tag darauf diese halbe Stunde am Tag zu schreiben. Ich nehme an daß es so sein mag, jeder leistet ohne Frag seine halbe Stunde am Tag. Nun das ist eine andere Sache und doch hat es etwas zu tun mit der Geschichte von mir und meinem Bruder wie ich sie Seabrook in dieser Nacht erzählte, ich konnte verstehen wie es geschah daß ich gerade Seabrook die Geschichte von mir und meinem Bruder erzählte.
Es ist seltsam dieses Wissen ein Genie zu sein, alles ist seltsam.

Und Identität ist seltsam Man-selbst-sein ist seltsam da man für sich niemals man selbst ist außer wenn man sich auf sich besinnt und dann glaubt man sich natürlich nicht. Das ist wirklich die Schwierigkeit mit einer Autobiographie man glaubt nicht natürlich glaubt man sich nicht wirklich warum sollte man auch man weiß so gut so sehr gut daß man das nicht selbst ist, man könnte es gar nicht sein weil man sich nicht richtig auf sich selbst besinnen kann und wenn man sich richtig besinnt dann klingt es nicht richtig natürlich klingt es nicht richtig weil es nicht richtig ist. Man ist natürlich niemals man selbst. Nun jedenfalls erzählte ich alles von mir selbst, von meinem Bruder zu erzählen war von mir selbst und meinem Genie erzählen und es war ganz natürlich dies alles Seabrook zu erzählen.
Es ist seltsam mit Romanen und mit der Art wie Romane jetzt nicht geschrieben werden können. Sie können nicht geschrieben werden weil gegenwärtig alles was über jemanden gesagt wird so ist wie man sich seiner erinnert oder wie man über ihn urteilt. Und da es so viel Publizität gibt werden in jeder Minute jeden Tages so viele Charaktere geschaffen daß niemand wirklich ausreichend an Persönlichkeit interessiert um noch von Persönlichkeiten zu träumen. Früher baute man beim Romanschreiben eine Persönlichkeit auf aus dem was man an Menschen gesehen hatte und an den Dingen die diese Menschen waren, als ob sie ein Traum wären. Aber jetzt nun wie kann man jetzt von einer Persönlichkeit träumen wenn sie einem immer durch die Publizität geschaffen wird, wie kann man glauben man baue selbst auf wenn die Publizität sie so viel realer aufbaut als man träumen kann. Und so wird Autobiographie geschrieben womit man auf eine Art sehr apart sagt daß die Publizität recht hat, daß sie so sind wie das Publikum sie sieht. Nun ja.
In The Making of Americans schrieb ich über unsere Familie. Ich machte es wie einen Roman und ich nahm einen Teil einer Person und vermischte ihn mit einem Teil einer anderen und fand es dann nicht interessant und beschrieb stattdessen alles.

Ich hatte die Idee jeden zu beschreiben, jeden der leben könnte oder würde oder hatte, aber am Anfang gab ich eine reale Beschreibung vom Leben unserer Familie in East Oakland, und wie alles ausschaute damals als ich es gesehen hatte.
Es war seltsam als wir eines Tages als ich in Amerika war zurückgingen um zu sehen wie East Oakland, das heißt die Thirteenth Avenue und die Twentyfifth Street jetzt ausschauten. Die kleinen Häuser an der Thirteenth Avenue schauten noch ziemlich genau so aus, ziemlich viele von ihnen genau so vernachlässigt wie ich sie in Erinnerung hatte und der Hügel ganz genau so aber das alte Strattonhouse wie man es nannte wo wir gelebt hatten war natürlich weg und war überbaut worden mit kleinen Häusern, sie schauten aus als wären sie die einzigen neuen Häuser in der ganzen Region. Fragte man mich in Amerika ob mir Amerika nicht verändert vorkomme, da sagte ich nein natürlich hat es sich nicht verändert wie könnte es sich verändern. Das einzige was Identität möglich macht ist keine Veränderung aber nichtsdestoweniger gibt es keine Identität niemand glaubt wirklich genau der zu sein an den er sich erinnert. Jedenfalls erzählte ich Seabrook alles von meinem Bruder, und von mir und meinem Bruder.
Mein Bruder und ich waren immer zusammen gewesen. Man sollte immer das jüngste Mitglied der Familie sein. Es erspart einem eine Menge Ärger jeder kümmert sich um einen. Ich war das jüngste Mitglied meiner Familie und wir waren zu fünft und dieser mein Bruder war nur zwei Jahre älter. Natürlich kümmerte sich jeder immer um mich und natürlich kümmerte er sich immer um mich und ich war viel umsorgt und das ließ mir viel Zeit übrig. Ich nehme an so muß man es machen wenn man was vorhat.
Die spanische Revolution beunruhigte mich so sehr man muß an so vieles denken. Mein Bruder und ich gingen gleich nach dem spanisch-amerikanischen Krieg nach Spanien und wir reisten im Zug mit Jesuiten und mein Bruder und sie begannen in Spanisch zu sprechen und sie begannen ein wenig heftig zu

werden und dann wandte sich einer von ihnen an mich und sagte wir Spanier reden zu viel aber wir sind sehr sanfte Menschen das sind sie zwar nicht aber es war auf jeden Fall nett von ihm mich zu beruhigen.

Nun wie ich sage mein Bruder und ich waren immer zusammen.

Es braucht viel Zeit ein Genie zu sein, man muß so viel herumsitzen und nichts tun, wirklich nichts tun. Wenn ein Vogel oder Vögel ins Zimmer fliegen ist das Glück oder Unglück sagen wir mal es ist Glück.

Wenn man das jüngste Mädchen in einer Familie ist dann ist es besser einen zwei Jahre älteren Bruder zu haben, weil das alles zum Vergnügen macht, man geht überall hin und tut alles weil er alles für einen tut und mit einem tut was eine vergnügliche Art ist alles zu erleben, manchmal geschehen Unfälle aber schließlich ist es sehr leicht sich dabei nicht verletzen zu lassen und jedenfalls ist es eine durchaus angenehme Aufregung für einen. Nun wie ich sage mein Bruder und ich waren immer zusammen. Er lernte zuerst lesen und ich lernte danach lesen, aber Lesen ist etwas was wir nie gemeinsam taten. Lesen ist etwas was man allein tun muß, und es war etwas was ich immer völlig allein tat. So ging das Leben weiter und es war ganz sicher daß das Leben eine vergnügliche Sache war. In The Making of Americans spreche ich über dies alles und es war alles so, East Oakland ist Gossols und das Haus wo wir in der Thirteenth Avenue und der Twentyfifth Street wohnten war auch so.

Es ist komisch mit Adressen wo man wohnt. Wenn man an einem Ort wohnt so kennt man ihn so gut daß er wie Identität ist etwas das so sehr ein Etwas ist daß es nie irgendetwas anderes sein könnte und dann wohnt man woanders und viele Jahre später weiß man nicht mehr wie die Adresse war, die Adresse die so sehr eine Adresse war daß sie wie der eigene Name war und daß man sie sagte als wäre sie keine Adresse sondern etwas Lebendiges und dann Jahre später wenn man sie sagte ist es kein Name mehr sondern etwas an das man sich nicht erinnern kann. Das ist es was die eigene Identität ausmacht nicht etwas das existiert sondern etwas an das man sich erinnert oder nicht erinnert. Es fällt mir schwer mich jetzt wirklich an meinen Bruder zu erinnern aber auf jeden Fall war das die Art wie wir zusammen lebten.

Ich kann mich noch erinnern an die Zeit da wir das erste Mal lange Zeit voneinander getrennt waren. Er hatte eine Weltreise gemacht mit einem reichen Vetter der fort sollte und eine Reise machen mußte und wir hatten uns über ein Jahr lang nicht gesehen und ich ging nach Antwerpen und dort sollten wir zusammentreffen. Ich erinnere mich daß ich als sich das Schiff der Küste näherte große Angst hatte ich könnte ihn wenn ich ihn sähe nicht wiedererkennen. Schließlich kann man sich nie erinnern wenigstens ich kann mich nie erinnern wie jemand wirklich wissen kann wie jemand ausschaut und deshalb erkennt man ihn vielleicht nicht wenn man ihn sieht. Hunden macht das zu schaffen, Basket auch und manchmal passiert es daß er uns nicht kennt wenn er uns sieht, natürlich kann es passieren und es passiert auch. Nun als ich meinen Bruder sah war es eine Überraschung für mich aber ich wußte ganz sicher daß es mein Bruder war.

Danach waren wir noch immer reichlich viel zusammen.

Er fand eine ganze Anzahl Bücher die ich nicht gefunden hätte und ich las eine ganze Anzahl Bücher die ihn nicht interessierten aber ich las eben doch eine ganze Anzahl Bücher die er fand und die ich nicht gefunden hätte. Wir beide redeten gern das heißt wir stritten immer über etwas. Das war natürlich die meisten Leute streiten. Das erinnert mich immer an die Zeit als ich die beiden Söhne von Jo Davidson streiten hörte, sie stritten auf Französisch und es schien meistens darum zu gehen: Du bist sicher, du bist überzeugt und sicher, ja ich bin sicher ich bin überzeugt und ich bin sicher und das konnte so weitergehen ohne Ende und Anfang. Und dann sagte Alice Toklas einmal mein Bruder und ich hätten stundenlang gestritten über eine Auskunft in bezug auf etwas und alle beide wußten wir daß es

die gleiche Sache war über die wir stritten. Nun jedenfalls fuhr er fort an das zu glauben was er sagte wenn er stritt und ich begann es nicht mehr interessant zu finden.
Wir beide redeten gern sehr viel obwohl ich glaube ich hörte öfter zu oder wenn ich nicht öfter zuhörte schwieg ich wenigstens öfter. Ich erinnere mich daß wir einmal darüber stritten mein Bruder und ich wer von uns mehr redete und schließlich fragten wir unseren kleinen Onkel Ephraim Keyser wer von uns mehr redete und stritt und er schaute sehr eingehend erst den einen und dann den andern an und er sagte nun ich denke ihr tragt gewiß beide euer Scherflein bei.
Wie ich sage wir waren fast immer zusammen.
Und dann war da Stieglitz. Stieglitz erzählt eine seltsame Geschichte aus den frühen Tagen als wir in Paris lebten und ich mit Schreiben begonnen hatte und mein Bruder malte und wir mit allem begonnen hatten. Laut Stieglitz, und ich erinnere mich sehr gut an seine Anwesenheit damals er war für mehrere Stunden da und mein Bruder redete und laut Stieglitz sagte ich nichts und er ging mit der größten Bewunderung weg und sagte er habe noch nie eine Frau ohne vielleicht irgendwen gekannt der so still dagesessen hätte ohne zu sprechen. Er erzählte mir davon noch immer als ich ihn in New York besuchte. Nun vielleicht hatte ich es getan. Jedenfalls schrieb ich in dieser Zeit schon und Streiten war für mich nicht mehr wirklich interessant. Nichts brauchte Verteidigung und wenn so hatte es keinen Sinn es zu verteidigen. Jedenfalls war das der Beginn meines Schreibens und zu dieser Zeit war mein Bruder sehr schwerhörig geworden.
Als wir zusammen jung waren neckte ich meinen Bruder oft. Ich las sehr gerne Clarissa Harlowe und ich zitierte ihm oft was Clarissas Onkel ihr über ihren Bruder schrieb, vergiß nicht er ist dein zwei Jahre älterer Bruder und ein Mann. Mein Bruder war zwei Jahre älter und ein Mann und wir waren immer zusammen. Wir waren sehr viel miteinander gereist und er war immer ein sehr lieber ein wenig älterer Bruder wenn wir zusam-

men reisten, so als wir in Europa und in Spanien und in Marokko zusammen waren, und wir waren immer zusammen, als wir sehr kleine Kinder waren gingen wir in Kalifornien meilenweit zusammen auf staubigen Straßen, ganz allein zusammen und er schoß gelegentlich ein Kaninchen und dann versuchte ich zu schießen nachdem er etwas geschossen hatte und das war in den Tagen als man in Kalifornien noch meilenweit gehen und zusammen allein sein konnte. Es war alles so wie es nur hätte sein können.

Ich glaube nicht daß ich Seabrook an jenem Abend alles erzählt habe aber das habe ich ihm erzählt.

Danach waren wir weniger zusammen und dann als ich beschloß mein letztes Examen nicht zu machen und nichts mit Medizin zu tun beschloß er der Biologie und Geschichte aufgegeben hatte zu malen und ich ging nach Paris um zu ihm zu ziehen. Warum er gerade zu malen begann weiß ich nicht mehr. Natürlich gibt es immer einen Grund oder wenigstens ein Zusammenwirken das einen veranlaßt etwas zu tun. Aber ich erinnere mich nicht mehr warum mein Bruder zu malen begann jedenfalls ging er in ein richtiges Atelier und malte in der Zeit als ich zu ihm zog. Alles ist seltsam, wir erinnern uns nicht was Picasso dazu veranlaßte mit dem Malen meines Porträts zu beginnen und ich erinnere mich nicht was meinen Bruder dazu veranlaßte mit Malen zu beginnen, er muß es mir erzählt haben falls er es selbst vielleicht bis dahin wußte ja doch er muß es mir erzählt haben und er muß es damals gewußt haben. Jedenfalls malte er, er hatte den Pavillon und das Atelier in der Rue de Fleurus übernommen obwohl er nicht dort malte, er malte in der Schule und zeichnete nach Modell in der Nachmittags-Zeichenklasse er malte tatsächlich nie im Atelier in der Rue de Fleurus. Ich zog zu ihm und ließ mich dort nieder und ziemlich bald begann ich zu schreiben, und dann nahm er woanders ein Studio und wir lebten dort zusammen bis neunzehnhundertvierzehn.

Der Krieg hatte nichts damit zu tun natürlich nicht. Kriege

haben nie etwas damit zu tun, sie lassen nur jeden wissen was bereits geschehen ist denn es ist bereits geschehen der Krieg macht es nur publik er läßt diejenigen die gern Illustrationen von allem haben sehen daß es geschehen ist.
Das ist der Grund warum die Zeiten nach einem Krieg wirklich so stumpfsinnig sind und wirklich keinen Sinn haben. Die Franzosen haben ein Wort dafür fin de serie wie wenn sie einen Ausverkauf ankündigen, das Ende einer Serie, und das ist eben alles nach einem Krieg.
Alles ist schon vor dem Krieg getan worden und dann läßt der Krieg es alle wissen und dann handelt jedermann als ob er etwas tun würde aber in Wirklichkeit wird man nur fortgerissen von einer Stoßkraft jeder muß schließlich wieder ruhig werden und wieder beginnen, man denke an den Bürgerkrieg man denke an jeden Krieg und jeder wird das wissen.
Nun jedenfalls ist das was ich jetzt erzähle wirklich das was Seabrook zu hören bekam, ich habe es so oft erzählt, oft mit viel Gefühl oft mit viel weniger Gefühl oft ohne Gefühl oft nun ja nicht wirklich vergeßlich aber jetzt habe ich vergessen und doch kann ich es wieder erzählen auch wenn es gar nichts ist.
Wir hatten uns in Paris zusammen niedergelassen und wir waren immer zusammen und ich schrieb. Alle begannen zu uns zu kommen und mein Bruder redete, und das eben ist interessant, es ist eines der Dinge die mich immer veranlaßt haben etwas zu sagen. Ich legte keinen Wert darauf daß man intelligent ist weil man wenn man intelligent ist so spricht als träfe man Vorbereitungen um etwas zu verändern.
Es ist wie es während des Krieges war die am aktivsten kriegerische Nation die Deutschen konnten immer die Pazifisten davon überzeugen pro-deutsch zu werden. Das kommt daher weil die Pazifisten so intelligente Wesen sind daß sie allem folgen konnten was jeder sagt.
Wenn man allem folgen kann jeder sagt dann ist man wenn man Pazifist ist pro-deutsch. Das kommt davon wenn alle

verstehen was jeder sagt. Deshalb ist Verstehen eine sehr stumpfsinnige Beschäftigung.

Ich erinnere mich immer an Maurice Grosser. Er war ein Freund von Virgil Thomson und er wußte in gewisser Weise wie es möglich war die Schauspiele zu spielen die ich geschrieben habe.

Er war immer viel bei uns und eines Tages sprachen wir über Liberale das heißt Intellektuelle die Art von Leuten die an Fortschritt und Verständigung glauben und er sagte ja ich habe eine Menge von ihnen gekannt und immer haben sie etwas gehabt sie haben immer das Gefühl daß sie eine unglückliche Kindheit gehabt haben. Viele haben mir viel darüber erzählt über die unglückliche Kindheit die sie als Kind gehabt hatten.

Nun Blum der gegenwärtig französische Premierminister ist auch so einer, gewiß hat er eine Kindheit gehabt wie diejenige die diese Sorte Leute hatten, das heißt keine glückliche, die Sorte die natürlich als Kind nicht glücklich war gehört zu der Sorte die an Intelligenz Fortschritt und Verständigung glaubt.

Ja ja.

Jedenfalls hatte mein Bruder es nötig zu reden und er malte aber er hatte es nötig über die Malerei zu reden um zu malen, er hatte es nötig die Malerei zu verstehen um zu malen.

So machten wir weiter.

Allmählich schrieb ich.

Über eine unglückliche Kindheit naja ich hatte niemals eine unglückliche was auch immer. Was nützt es eine unglückliche oder was auch immer zu haben.

Mein Bruder und ich hatten alles. Allmählich erinnerte er sich daran keine glückliche Kindheit gehabt zu haben. Mein ältester Bruder und ich hatten diesen Eindruck nicht gehabt, bestimmt nicht doch war mein Bruder in allem führend. Er war immer mein zwei Jahre älterer Bruder gewesen und ein Bruder. Ich war ihm immer nachgefolgt.

Wie ich sage ich schrieb und warum auch nicht ich schrieb auf die Art wie ich schrieb und daraus wurde die Niederschrift von The Making of Americans.

Ich schrieb auf die Art wie ich schrieb. Ich zeigte meinem Bruder nicht was ich machte, er schaute es an und er sagte nichts. Warum nicht. Nun es gab nichts dazu zu sagen und ich hatte wirklich nichts dazu zu sagen. Allmählich hatte er etwas dazu zu sagen. Ich hörte es ihn nicht sagen. Langsam sagten wir überhaupt nichts dazu das heißt wir sagten nie etwas dazu.

Das war die Zeit als Stieglitz sagte ich säße stundenlang da und würde nichts sagen, nun es gab nichts zu sagen weil damals gerade etwas sagen nichts war. Wie konnte ich etwas sagen wenn es nichts zu sagen gab und wie konnte es etwas zu sagen geben während ich tat was ich tat und das war das Schreiben von The Making of Americans. Wir waren so viel zusammen wie immer.

Und dann begann er langsam zu erklären nicht was ich tat aber er erklärte, und erklären gut erklären das hätte eine Erklärung sein können. Hie und da hörte ich nicht zu. Das war mir vorher nie passiert bis zu dieser Zeit hatte ich immer zugehört manchmal gestritten sehr oft nur interessiert daran und selbst interessant und sehr oft war es nur dies daß wir immer zusammen waren wie immer.

Dann geschah folgendes.

Langsam und in gewisser Hinsicht war das nicht erstaunlich aber langsam wußte ich daß ich ein Genie war und war soweit und ich sagte nichts aber ich war nahe daran zu beginnen etwas zu sagen. Mein Bruder begann etwas zu sagen und er sagte folgendes.

Er sagte nicht die Sache sei es ich sei es. Wenn ich nicht da wäre um da zu sein mit dem was ich tat dann wäre das was ich tat nicht das was es war. Mit anderen Worten wenn niemand mich wirklich kannte dann wären die Dinge die ich tat nicht das was sie sind.

Er sagte das nicht zu mir aber er sagte es so daß es auf mich zutraf. Es beunruhigte mich nicht und da es mich nicht beunru-

higte wußte ich daß es nicht stimmte und ein wenig wußte auch er da es mich nicht beunruhigte daß es nicht stimmte.
Aber es zerstörte ihn für mich und es zerstörte mich für ihn.
Weil es so war hätte es auch in ihm sein müssen, er wußte das am besten also hätte es in ihm sein müssen.
Es ist komisch diese Sache ein Genie zu sein, es gibt keinen Grund dafür, es gibt keinen Grund daß man selbst eines ist und er keines war, überhaupt keinen Grund daß man selbst eines war, nein nein überhaupt keinen Grund.
Auf diese Art empfand er es und es war eine natürliche Sache weil er alles verstand und wenn man alles versteht und außerdem führend ist und außerdem tut was man tut gibt es keinen Grund warum es nicht schöpferisch sein sollte, und das war er und war es immer gewesen und ich war es nicht gewesen aber ich war es genug gewesen um zu folgen, warum also sollte es nun dazu kommen daß es nun anders wurde ja warum eigentlich. Ja doch warum eigentlich. Das einzige dabei war daß ich es war die das Genie war, es gibt keinen Grund dafür aber ich war es, und er war es nicht es gab einen Grund dafür aber er war es nicht und das war der Anfang vom Ende und wir waren immer zusammen gewesen und jetzt waren wir überhaupt nicht mehr zusammen. Nach und nach sahen wir uns gar nicht mehr.
Das war die Geschichte die ich am Seeufer von Aix-les-Bains Seabrook erzählte.
Und dann gingen die Seabrooks weg und wir auch und wir haben sie nie wieder gesehen. Es war sehr nett von ihm zu kommen.
Wir sind wieder hier und jetzt regnet es aber damals regnete es nicht wenigstens regnete es nicht die ganze Zeit über. Natürlich muß das Wasser hinaufsteigen um herunterzukommen und wenn es die ganze Zeit regnet wie derzeit wie kann es da hinaufsteigen um herunterzukommen. Aber es kann trotzdem.

Wir verbrachten den Sommer weiter hier wie wir es jetzt tun. Ich hätte niemals gedacht daß auf dem Land sein so angenehm sein könnte.
Jedenfalls kannten wir weiter jeden auf dem Land und jeder auf dem Land kennt einen jedenfalls sagen sie Guten Tag zu einem.
Später als wir nach Amerika gingen und alle überall Guten Tag sagten, fragten die Leute besonders Bernard Faÿ fragte mich ob es mich denn nicht selbstbewußt machte daß alle in Amerika mich kennen und Guten Tag sagen, es scheint außergewöhnlich zu sein aber sie kannten mich alle und sie alle sagten Guten Tag, ich hatte mir natürlich nie vorgestellt daß sie mich alle kennen würden und daß sie mir alle überall Guten Tag sagen würden aber als sie es taten da war es dann wie es hier in Bilignin ist, jeder hier und in Belley kennt mich und wenn ich umhergehe sagt überall jeder Guten Tag und Amerika ist natürlich ein bißchen größer es ist ein bißchen geräumiger es gibt sehr viel mehr Leute dort aber schließlich ist es wenn sie einen alle kennen und Guten Tag zu einem sagen sobald es einmal dazu kommt doch wirklich egal daß Amerika größer ist und daß es drüben so viel mehr Leute gibt als hier denn sie alle kennen einen und sagen Guten Tag zu einem.
Wenn es so viel regnet wie jetzt gibt es keine Überschwemmung wir reden als ob es eine gäbe aber es gibt keine Überschwemmung jedenfalls nicht hier.
Während dieses Sommers nach den Seabrooks regnete es wie ich sage nicht sehr viel und wir fuhren fort zu tun was wir immer taten.
Wir wechselten wieder die Hausangestellten ich erinnere mich nicht was vorfiel aber wir wechselten wieder die Hausangestellten, doch hatte das jedenfalls nichts zu tun mit der Tragödie die uns alle tagelang aufregte.
Auf dem Land in Frankreich gibt es manche Frauen die sich mehr für Jagen und Fischen für Wein und Essen interessieren als für anderes. Es gibt sehr viele die sich für Häkeln und Jagen

und für Essen und für Wein interessieren, es gibt einige die sich mehr für Gärtnern und für Essen und für Wein und Schlafen interessieren und es gibt einige die sich für Hühner und Enten und für Essen und Wein und für Hunde und für nichts anderes interessieren. Madame Caesar war so.
Schließlich ist jetzt jeder wieder auf die Erde angewiesen die mit Menschen ganz übersät ist und wie interessant kann das sein bis irgendwie irgendwas zu sehen ist.
Früher bewahrten die französischen Bauern ihr Geld immer in ihrem Wollstrumpf auf und ganz natürlich, wie auch nicht, wird das zum Geiz führen und bis jeder wieder ein Geizhals sein kann wird man nichts sehen wenigstens vielleicht nicht. Doch hatte das nichts zu tun mit Madame Caesar die kein Geizhals war wenn auch vielleicht ihre Freundin Madame Steiner einer war jedenfalls regte sie sich immer darüber auf daß Madame Caesar zu viel Geld ausgab. Madame Caesar war reich und mußte sich ihrer zwei Söhne wegen keine Sorgen machen sie sollten von ihrer Tante und ihrem Vater erben, ihre Tante war schwachsinnig aber keine Verschwenderin und ihr Vater könnte ja beim Sterben arm sein man kann das nie wissen bei einem Mann in der Lederbranche, nun jedenfalls gab Madame Caesar ihr Geld aus und später erzählte mir der Garagist Monsieur Charles die Engländerin hätte all ihr Geld für Madame Caesar ausgegeben, das veranlaßte mich damals Madame Caesar nicht sehen zu wollen, ich bin nicht sehr vorsichtig mit Geld aber immer wieder mache ich mir Sorgen darüber.
Madame Caesar war eine große gutaussehende Frau die Tuberkulose gehabt hatte, als sie die Engländerin kennenlernte die keine gehabt hatte. Sie Madame Caesar sagte sie habe Tuberkulose bekommen als sie zum Fischen draußen gewesen sei mit Madame Steiner die gerne fischt und als Madame Caesar ins Wasser gegangen sei um für sie ihren Angelhaken loszumachen.
Jedenfalls war sie in einem Sanatorium in den Bergen gewesen und hatte die Engländerin kennengelernt. Nach dem Tod von

Madame Caesars Vater kaufte sie das Haus das ihr Vater von ihrer Schwester hatte und lebte dort mit Madame Steiner. Ihr Vater hatte es gekauft weil er ein Wasseringenieur war und ein Strom fliessenden Wassers dazugehörte und Wasserfälle die über die felsige Hügelseite nicht weit vom Haus herunterkamen wo es sehr viele Bäume gab. Das Wasser war sehr kalt und sie züchteten Forellen in dem Wasser und dann fischten sie in den Teichen aber derart gezüchtete Forellen sind nicht wirklich sehr gut so sagte Madame Caesar.
Nach den Fischen kamen Enten und Hühner.
Madame Caesar und Madame Steiner lebten zusammen dort und Madame Steiner machte sich Sorgen um sie in einem fort. Madame Caesar war eine große kräftige Frau und hatte eine angenehme Art und trug Hosen eine Art Zimmermannskostüm und deshalb ärgerten sich alle über sie. Mrs. Steiner brachte es fertig sich über sie Sorgen zu machen und mit der Zeit blieb die Engländerin ganz da und sie machte sich auch Sorgen um sie nicht gerade Sorgen um sie aber sie brachte es fertig sie sehr zu beschäftigen weil sie anfing Hühner in elektrischen Brutkästen zu züchten.
Madame Caesar liebte elektrische Dinge, sie installierte elektrische Herde und elektrische Heizkörper und elektrische Kühlschränke, das ist in Amerika nichts, aber in diesem Teil oder in jedem Teil von Frankreich ist es nicht üblich es beginnt jetzt üblich zu werden aber vor fünf Jahren war es nicht so.
Sie züchteten eine außergewöhnlich große Zahl von Hühnern und Enten und begannen ein sehr hübsches kleines Dorf zu bauen in dem diese Tierchen leben sollten, Madame Caesar freute sich daß die Engländerin sich daran freuen konnte.
Wir kannten sie sehr gut aber sonst niemand das heißt sonst niemand den wir kannten kannte sie sehr gut.
Es war dieser nämliche Sommer in dem Bernard Faÿ da war den Sommer über. Von ihm gibt es eine ganze Menge zu erzählen.
Nun denn Madame Caesar hatte, aber nicht wirklich sehr

intim, einen Mann gekannt der für jeden sehr wichtig war und der eine Art Agent und Gärtner für jeden war. Er sagt jetzt er habe ihren Vater von jeher gekannt. Wahrscheinlich stimmt es nicht, auch daß ihr Vater einen großen Einfluß auf sein Leben gehabt hätte stimmt wahrscheinlich nicht. Jedenfalls ist es ein Mann über den jeder immer spricht. Das muß man einfach wissen was das ist so ein Mann zu sein, häufiger ein Mann als eine Frau, und wenn man schweigt dann spricht jemand dann spricht jeder und man spricht über ihn.
Man ist nie sehr erfolgreich so ein Mann über den alle reden immer wenn geschwiegen wird und alle reden und Männer ebenso oft wie Frauen über ihn reden. Ich nehme wirklich an man weiß nicht warum er nicht wichtiger und erfolgreicher ist als er ist vielleicht ist es eben das nun jedenfalls ist dieser Mann so einer und auch jetzt, ja auch jetzt spricht jeder über ihn wenn man nicht gerade über etwas anderes spricht.
Nun jedenfalls ging die Engländerin einen Monat nach England in Ferien und Madame Steiner blieb weiter bei Madame Caesar und machte sich Sorgen um sie.
Sie waren zusammen und Madame Steiner machte sich Sorgen um sie und zusammen mit der Frau des Gärtners züchteten sie weiter Enten und Hühner und wir hatten sie besucht und sie waren beide ganz fröhlich aber Madame Steiner machte sich Sorgen um Madame Caesar nicht sehr große aber immerhin Sorgen. Und dann ging Madame Steiner weg und die Engländerin sollte zurückkommen. Bernard Faÿ blieb bei uns im Haus und George Lyon, George Lyon kam aus Chicago und wollte Diplomat werden und er war Katholik und jetzt ist er im Büro einer Konservenfabrik aber das macht nichts weil jeder an ihm interessiert war wie eben jeder an jedem interessiert ist. Der Mann über den jeder spricht wenn man nicht über etwas anderes spricht rief mich telefonisch an und sagte die Engländerin sei tot, ach sagte ich, ja sagte er, was ist passiert sagte ich, sie ist tot sagte er aber sie ist doch gerade gekommen sagte ich jawohl ich weiß sagte er aber sie ist tot. Oh je sagte ich das tut mir sehr

weh sagte ich ja sagte er, aber sagte ich, wie ist sie denn gestorben, nun sagte er kommen Sie her zu Madame Caesar, gewiß sagte ich aber wie ist sie gestorben nun sagte er sie haben sie tot in der Schlucht gefunden, wer sagte ich, nun sagte er, eben sie haben sie tot gefunden. Oh weh sagte ich was ist nur passiert daß sie tot ist da sagte er die Polizei ist dagewesen warum das sagte ich hat jemand sie umgebracht, hm sagte er ich glaube es ist besser Sie kommen sagte er, ich sagte sind Sie dort nein sagte er ich bin nicht dort, und ist die tote Frau dort, nein sagte er sie ist nicht dort, alle fort sagte ich aber sind die Hunde dort haben sie sie gefunden, nein das nicht sagte er, aber wie dem auch sei sagte er es wäre freundlicher wenn Sie hingingen. Bernard Faÿ und ich gingen hin.

Ich weine ich tobe ich lobe aber das hat alles nichts damit zu tun.

Er weint er tobt er lobt.

Jeder der dort gewesen ist hat schöne Augen so sagte Bernard Faÿ und er irrte sich nicht Madame Caesar und Madame Steiner hatten schöne. Es war auch eine Amerikanerin da die alles über Benjamin Franklin wußte. Bernard Faÿ wußte auch alles über Benjamin Franklin, und draußen waren noch zwei, der Mann der die elektrischen Heizkörper installiert und seine Frau und drinnen war eine sehr kräftige Frau die sich nicht bewegte und sie war ganz in Schwarz als sei es Abend. Sie war die Mutter der Frau des Elektrik-Installateurs und später blieb sie ständig da.

Und die Engländerin war tot. Madame Caesar sagte sie sei heimgekommen und sie hätten miteinander gesprochen und Pläne gemacht und am nächsten Morgen habe niemand sie gesehen und dann habe man sie gefunden und ich sagte aber wenn sie vorgehabt hat sich umzubringen hätte sie es ja während der Heimfahrt auf dem Schiff tun können und nicht warten müssen bis später als sie es tat das war höchst rücksichtslos von ihr. Ja sagte Madame Caesar und sie ist immer so rücksichtsvoll zu mir gewesen. Dann sagten wir alle dasselbe

noch sehr viel öfter. Die Polizei war aus einem Ort gekommen und hatte sie mitgenommen aber das hätte sie nicht tun sollen.
Nun jedenfalls kam dann nichts mehr.
Es waren zwei Kugeln in ihrem Kopf, ihre Baskenmütze die sie oft trug hatte man sorgfältig neben sie auf einen Felsen gelegt.
Die Ärzte sagten niemand würde sich zweimal erschießen, jeder der während des Krieges an der Front gewesen war sagte daß sich ein Mann der sich umbringen will manchmal doch zweimal erschieße.
Jedenfalls sahen wir Madame Caesar nur einmal, sie besuchte uns und wer sie sehen wollte war da und ein wenig später hatte man Angst vor ihr und für sie und dann ein wenig später kam niemand mehr her obwohl sie immer da war das heißt Mrs. Steiner war nie mehr da aber die Frau des Elektrik-Installateurs war da.
Es störte uns nicht mehr aber jedesmal wenn ich schreiben wollte wollte ich über das schreiben was mit ihr geschehen war.
Jedenfalls hat es keinen Sinn nicht zu vergessen was man weiß und wir wissen nicht was mit ihr geschehen war.
Und dann war dieser Sommer vorüber.

III. KAPITEL

Vorbereitungen für die Amerika-Reise

Seit der Autobiographie hatte ich nicht mehr geschrieben, ich begann zwar etwas zu schreiben, ich nannte es Blood on the Dining-room Floor aber wenn mein Schreiben Geld wert war dann war es irgendwie nicht das was es gewesen war, wäre es immer Geld wert gewesen dann wäre es auch so verwertet worden aber wenn etwas sich ändert dann gibt es keine Identität und wenn es sich vollständig ändert dann ist kein Sinn in seinem Das-So-sein wie es gewesen ist. Jedenfalls so war es nun einmal.

In Lucy Church Amiably habe ich Picasso zitiert der einmal sagte daß die Familie eines Genies dieses mit Rücksicht und wie ein Genie behandelte bis er erfolgreich geworden war und dann als er erfolgreich war da war er wie jeder andere der erfolgreich war, und sie behandelten ihn nicht mehr mit Rücksicht und so wie ein Genie.

Was ist ein Genie. Picasso und ich sprachen oft sehr viel darüber. Im eigenen Inneren wenn man wirklich ein Genie ist gibt es nichts das einen wirklich im eigenen Inneren anders macht zu sich selbst im eigenen Inneren als was die anderen im eigenen Inneren sind die kein Genie sind. So ist es.

Und was also ist es das einen zum Genie macht. Nun ja was ist es.

Es ist seltsam daß ganz gleich was geschieht, wie viele mehr oder wie viele weniger lesen und schreiben können reden und zuhören können sich auf jede Art bewegen können, die Anzahl oder vielmehr der Mangel an Genies immer mehr oder weniger gleich bleibt, es gibt nur sehr wenige. Ganz gleich was geschieht es gibt nur sehr wenige im allgemeinen nur eines und manchmal und sehr oft sogar nicht einmal eines.

Es ist rätselhaft.

Was ist ein Genie. Wenn man eines ist wie soll man wissen daß man eines ist. Es ist keine Überzeugung sehr viele sind manchmal im Lauf ihres Lebens überzeugt sie seien eines aber sie sind keines und was ist der Unterschied zwischen eines sein und keines sein. Es gibt natürlich einen Unterschied aber was ist es.

Und wenn man mit Schreiben aufhört wenn man ein Genie ist und mit Schreiben aufgehört hat ist man dann immer noch eines wenn man mit Schreiben aufgehört hat. Darüber denke ich allerdings nach. Und was sind Revolutionen, haben sie etwas zu tun mit Genie. Ich vermute eine Revolution ist wie ich gesagt habe sehr viel weniger regulär als ein Krieg. Und ist Geniesein regulärer als andere Dinge. Nein es ist weder regulärer noch irregulärer.

Ich denke immer daran daß Pavlick Tchelitcheff als er das erste Mal an Bord auf einem Schiff war uns schrieb und sagte wie sehr ihn das Meer langweile weil es genau so sei wie die russische Revolution es gehe nur auf und ab und sei unangenehm und lästig und aufregend aber es gehe nie vorwärts und rückwärts es gehe nur auf und ab.

Ganz gleich wie viele Gedanken gedacht werden und wie viele Charaktere beschrieben werden ein Genie macht das noch nicht aus ganz gleich wie wundervoll alles Getane getan ist und wie wirklich es beschrieben ist so wie es ist. Was also ist ein Genie.

Wir gingen später nach Paris zurück. Ich hatte in diesem Sommer nichts geschrieben, ausgenommen ein Stück über den Krieg, es war das einzige Mal daß ich nicht geschrieben hatte seit ich zu schreiben begonnen hatte.

Ich versuchte die Geschichte von Blood on the Dining-room Floor zu schreiben, und obwohl ich es tat, tat ich es nicht wirklich und jedermann schrieb mir und ich schrieb überhaupt nicht.

Es war damals daß ich darüber nachzudenken begann ob ich ich bin weil mein kleiner Hund mich kennt. Basket verließ mich gestern nacht, das heißt er blieb nicht bei mir und wenn ein

Hund einmal älter geworden ist kennt er einen aber das ist nicht das gleiche, natürlich kennt er einen aber es beunruhigt ihn nicht.
Ich nehme an das eben ist es eigentlich, es beunruhigt einen nicht. Und so ist Geniesein nichts Beunruhigendes, weil man andauernd beschäftigt ist, und wenn es erfolgreich ist ist es nichts Beunruhigendes weil es erfolgreich ist, etwas Erfolgreiches beschäftigt einen nicht so sehr wie etwas Erfolgloses, bestimmt nicht, und jedenfalls braucht ein Genie nicht zu denken, denn wenn es denkt muß es recht oder unrecht haben es muß argumentieren oder entscheiden, und schließlich könnte es das eben so gut nicht tun, auch muß es nicht notwendigerweise in sich selbst ruhn. Und wenn ein Hund älter wird ist weniger davon da und es beunruhigt den Hund nicht. Wenn ein Genie älter wird ist dann auch weniger davon da und beunruhigt es das Genie dann nicht.
Nicht immer. Manche haben aufgehört, die wenigen die es gibt, andere haben dann noch weitergemacht.
Ich habe immer gerne gesagt daß Amerika, das ein Land des Erfolgs sein sollte, ein Land des Versagens ist. Die meisten großen Männer in Amerika hatten ein langes Leben frühen Versagens und ein langes Leben späten Versagens.
Ich sage auch gerne daß ein Krieg oder Kampf wie ein Tanz ist weil alles ständig vorwärts und rückwärts geht, und eben das mögen alle sie mögen diese Vorwärts- und Rückwärtsbewegung, das ist der Grund warum Revolutionen und Utopien entmutigend sind sie gehen auf und ab und nicht vorwärts und rückwärts. Schau nach rechts und nicht nach links schau hinauf und nicht hinunter schau vorwärts und nicht zurück und hilf jemandem. Das nannte man immer eine Hilfsgesellschaft als ich zur Schule ging und alle Kinder einmal in der Woche wenn die Gesellschaft sich in der Schule traf schreiben mußten, wie sie geholfen hatten, die meisten hatten es leicht, sie konnten das Baby hüten oder auf die Kuh aufpassen oder Holz spalten oder ihrer Mutter helfen. Von uns verlangte niemand so etwas und

ich und mein Bruder die wir unsere Zeit zuhause meistens mit Obstessen und Bücherlesen verbrachten konnten uns nie erinnern jemandem geholfen zu haben. Ich frage mich. Ich sehe immer noch das Schulzimmer und höre wie die Sachen vorgelesen wurden und wie es kam daß weder mein Bruder noch ich je geholfen hatten.

Ich machte mir nie sehr viel daraus irgend jemanden vortragen zu hören. Meine Augen haben mir immer mehr mitgeteilt als meine Ohren. Alles was man hört wird zu einem Geräusch, was man sieht hat natürlich auch einen Ton aber nicht den Ton eines Geräusches.

Eine Eule hat annähernd den besten Ton. Wir hören sie hier sehr oft.

Aber Sprechstimmen haben immer ein verschiedenes Tempo wenn man ihnen zuhört und das stört mich, gesehene Dinge vielleicht auch aber man muß sie ja nicht ansehen, gesagte Dinge jedoch müssen gehört werden, und sie gehen immer im falschen Tempo weiter. Ich nehme wirklich an daß das die Schwierigkeit mit der Politik und dem Schulunterricht ist, jeder hört zu viel mit den Ohren und niemals kommt dabei etwas zusammen, eines ist immer dem andern voraus oder hinterher, es stört nicht einmal aber es ist auch nichts anderes als ein Geräusch und ein Geräusch ist immer ein Wirrwarr und wenn man verwirrt ist nun wenn man etwas anschaut ist man wirklich nicht verwirrt aber wenn man etwas hört dann ist man wirklich verwirrt.

Alice B. Toklas würde sagen das hängt davon ab wer man ist. Vielleicht, nun jedenfalls gibt es weder einen Anfang noch ein Ende.

Ich hatte keine Vorlesungen gehört seit ich das Lernen für Prüfungen aufgegeben hatte aber im Winter davor war ich hingegangen. Bernard Faÿ war zum Lektor am Collège de France ernannt worden das übrigens gerade seinen vierhundertsten Geburtstag hatte, nicht daß das eine Rolle spielte, weder für ihn noch für uns, aber jedenfalls waren wir damals sehr enge Freunde und wir hatten darüber gesprochen wie man es erreicht zum Professor ernannt zu werden und er wurde es und also gingen wir hin um ihn zu hören. Wir gingen zu jeder Vorlesung, es war ein Vergnügen, es war interessant, ich wußte damals nicht daß ich einmal Vorlesungen halten würde und es war höflich immer da zu sein bei jeder Vorlesung.

Es ist am besten gar nicht über das Hören zu sprechen.

Ein Ton kann für jeden eine Belästigung sein besonders wenn es der Ton der menschlichen Stimme ist.

Es ist ganz natürlich daß einige angenehmer mit den Augen hören als mit den Ohren. Das trifft auf mich zu. Ich tue es.

Als wir zur Schule gingen mein Bruder und ich waren wir obwohl er zwei Jahre älter war eine Zeitlang in der gleichen Klasse. Das war im zweiten Jahr auf der Mittelschule.

Er rezitierte nie sehr gut weil er nicht diese Art von Gedächtnis hatte, ich hatte diese Art von Gedächtnis auch nicht, aber ich konnte alles ein bißchen besser behalten. Ich hörte nie gerne jemanden rezitieren oder jemanden Fragen stellen die eine Antwort verlangten. Und wenn er begann war es schwierig alsdann nicht zu glauben daß es nicht auf das Hören ankam. Jeder in der Schule mit Bruder oder Schwester weiß wie es darauf ankommen kann. Und dann gab es Rezitationen von Dichtung oder Prosa, das war jeden Freitag und es war sogar noch schlimmer denn man mußte dann allein auf einem Podium stehen und es war nicht mehr dein Bruder sondern jemand der sich bestimmt nicht erinnern konnte und jedenfalls war das was er sagen mußte so weit weg und mehr und mehr verlor das was man hörte an Realität. Was man sagt ja das war ein Bild, aber was man hört darauf kam es wirklich nicht an.

Es hat mich immer sehr gestört das und da in Amerika das Hören eine so große Rolle bei allem spielt, ist es etwas das jeden wirklich Schöpferischen veranlaßt sich über alles zu beunruhigen. Mich beunruhigt es nicht aber es würde mich beunruhigen wenn ich zuhören könnte, das heißt wenn ich hören könnte, aber Hören ermüdet mich sehr schnell. Viele Stimmen machen zu viel Geräusch, jede einzelne Stimme klingt zu sehr wie eben diese Stimme, und schon ärgere ich mich nicht mehr, menschliche Stimmen zu hören hat nicht genug Wirklichkeit um ein Ärgernis zu sein. Wenn man im Garten gegraben hat oder irgendwo gewesen ist sieht man wenn man die Augen schließt was man gesehen hat, aber das ist etwas Friedliches und ärgert einen nicht. Andererseits klingt wenn ich schreibe die Bewegung der Wörter die ich vor kurzem von jemandem gesprochen hörte so wie ich mein Schreiben beim Schreiben fühle. Das ist es was mich zum Porträtschreiben geführt hat. Vorlesungenhalten jedoch ist eine andere Sache.

Die ganze Zeit während ich schreibe drängt sich mir die spanische Revolution auf. Nicht weil es eine Revolution ist, sondern weil ich alles so gut kenne all die Orte die man erwähnt und die Dinge dort die man zerstört.

Als wir beim Ausbruch des Neunzehnvierzehn-Krieges in England waren dachten wir schließlich auch nicht daran daß wir ihn je mit diesem Datum benennen müßten, wir dachten es sei der einzige Krieg an den sich jeder würde erinnern können genau wie man es immer mit jedem Krieg tut. Als ich sehr jung war war es der Bürgerkrieg und wenn man sagte lange vor dem Krieg dann meinte man diesen Krieg. Und dann gab es den spanischen Krieg. Man meint immer den Krieg den man hatte und ich nehme an früher oder später hat jeder einen Krieg gehabt.

Nun jedenfalls drängt sich die spanische Revolution auf weil ich die Spanier so gut kenne und all die Dinge die man zerstört. Als wir vor dem Neunzehnvierzehn-Krieg in England waren und gerade als er begann regten mich die Whiteheads auf sie interessierten sich so viel mehr für die Zerstörung von Bibliotheken und Gebäuden in Belgien als für den Krieg und warum auch nicht, jetzt verstehe ich warum nicht es ist genau das was ich für Spanien empfinde und doch warum nicht. Jedermann fand es lustig in der Oper Die Vier Heiligen in drei Akten wenn sie die Heilige Theresa fragten was sie tun würde wenn sie beim

Druck auf einen Knopf dreitausend Chinesen töten könnte und wenn der Chor sagte die Heilige Theresa ist nicht interessiert.
Aber natürlich war die Heilige Theresa nicht interessiert sie gründete Klöster in Spanien warum sollte sie sich für Chinesen interessieren.
Ich erinnere mich daß ich mit etwa siebzehn erregt entschied nicht alles Wissen zu meinem Fach zu machen. Schließlich muß man fähig sein sich eine Sache vorzustellen um zu wissen daß sie da ist aber wie konnte die Heilige Theresa sich die dreitausend Chinesen vorstellen wenn sie Klöster in Spanien gründete.
Eigentlich wurde mir das auf ganz andere Weise klar. Als ich vor Jahren Hutchins Hapgood kannte, er war damals Philosoph und dachte gerne über die Anzahl von Engeln auf einer Nadelspitze nach und über die Dinge an denen die Scholastik interessiert war da beschwerte er sich immer über mich daß ich eine zu gute Zeit hätte für jemanden der so tugendhaft ist. Meine Tugend bestand im Nichttrinken oder darin daß ich gerne zu viel Aufregung hatte oder irgend etwas tat das zu tun er normalerweise für etwas Lasterhaftes hielt. Und so stellte er mir eines Tages eine Prüfungsfrage. Würde ich durch einen Knopfdruck fünftausend Chinesen töten wenn ich dadurch meinen Bruder vor etwas bewahren könnte. Nun ich war meinem Bruder sehr zugetan und ich konnte mir sein Leiden vollkommen vorstellen und ich erwiderte fünftausend Chinesen seien etwas das ich mir nicht vorstellen kann und deshalb sei es nicht interessant.
Man darf das in bezug auf Vorstellung nicht vergessen, das heißt wenn die Welt dumpf wird wenn keiner weiß was er sich vorstellen kann und was er sich nicht wirklich vorstellen kann.
Und so war es mit den Kunstwerken die man zerstört, ich würde mich über sie aufregen wenn mir nicht einfiele daß man immer Kunstwerke zerstört und daß man sie immer zerstört

hat. Ich erinnere mich daß ich vor langer Zeit schrecklich durcheinander gewesen bin über die Zerstörung all der Dinge die man in Griechenland und Rom zerstört hat und dann plötzlich daran dachte daß ich sie wahrscheinlich ohnehin nie gesehen hätte und daß es eine Menge mehr Kunstwerke gibt als ich je ansehen möchte und die jedenfalls sind übrig geblieben nachdem alles zerstört worden ist so wie sie es jetzt gerade zerstören.

Picasso und ich haben uns oft den Spaß gemacht davon zu träumen daß wenn ein Einbrecher käme um etwas zu stehlen er sein Gemälde oder mein Manuskript anstelle von Silber oder Geld stehlen würde. Jetzt würde man es vielleicht tun damals hätte man es bestimmt nicht getan und schließlich wenn ein Kunstwerk existiert hat dann kann jeder irgendwie fühlen daß es gewesen ist und so bilden die wenigen Genies eine fortlaufende Linie selbst wenn das was sie gemacht haben nicht mehr da ist. Natürlich wünscht man immer daß das Eigene übrig bleibt vielleicht nicht so sehr jetzt wie am Anfang und so haben sie schließlich vielleicht recht die Amerikaner daß sie mehr Interesse an einem selbst haben als an dem Werk das man gemacht hat obgleich sie kein Interesse an einem hätten wenn man das Werk nicht gemacht hätte das man gemacht hat.

Jedenfalls kamen wir nach Paris zurück und ich hatte noch nicht zu schreiben begonnen.

Das Leben das wir führten war nicht das gleiche das wir vorher geführt hatten, natürlich wenn einer voraussagt was einem geschehen wird sagt er daß sich alles ungefähr alle vier Jahre für einen ändern wird. Das stimmt mehr oder weniger. Der Krieg dauerte vier Jahre Friedensteile des Friedens haben es an sich etwa vier Jahre zu dauern.

Ich sagte in der Autobiographie daß sich in einem Jahr sehr viel ereignet wenn man jung ist ich glaube nicht daß sich in einem Jahr mehr ereignet als gerade jetzt. Eine riesige Menge ereignet sich jetzt in einem Jahr, so viel ereignet sich nicht in

zwanzig Jahren es ist schwer zu glauben daß es zwanzig Jahre her ist seit neunzehnsechzehn aber jedes Jahr ist voll von Dingen die alles vollkommen verändern.
Nachdem die Autobiographie gedruckt war waren verschiedene Leute interessiert mich zu sehen und ich fand verschiedene von ihnen interessant. Natürlich wenn man einmal alles über alles geschrieben hat ist es heraus aus einem und man muß es nicht wieder sehen.
Jeder lud mich ein jemanden kennenzulernen, und ich ging hin. Einmal gehe ich immer überall hin und es gefiel mir eigentlich etwas zu tun was ich nie zuvor getan hatte, nämlich überall hingehen. Es war angenehm eine Löwin zu sein, und Menschen zu treffen die es angenehm für einen machten eine Löwin zu sein. Bradley mein Agent war höchst ermutigend, er ging nach Amerika um alles zu organisieren. Und dann sagte ich denken Sie daran ich möchte alles gedruckt haben was noch nicht gedruckt ist ja ja sagte er, und The Making of Americans sagte ich. Ja ja sagte er, und ich hatte gerade bevor ich die Autobiographie geschrieben hatte Four In America geschrieben was sehr schwer zu lesen war wie man sagte, und ich wollte das gedruckt haben. Ja sagte er und er ging weg.
Wir fuhren also fort Einladungen anzunehmen und auszugehen um Leute zu besuchen, Daisy Fellowes und ähnliche und wir hatten Verabredungen eine Woche voraus für jeden Tag manchmal zweimal am Tag früher waren sie immer gekommen wie es sich traf aber jetzt war das Kommen organisiert. Noch benutzten wir kein Verabredungsbüchlein um auf die Schnelle hineinzuschauen wie es alle jungen Leute tun sobald sie erfolgreich sind aber wir hätten es können. Erfolgreich-sein ist überall das gleiche und uns gefiel es. Ich schrieb gar nicht aber es gefiel uns.
Ich habe seither sehr viel über alles nachgedacht. Drüben in England habe ich nur eine Vorlesung gehalten die ich schrieb über Was ist ein Genie und warum gibt es so wenige.
Schließlich muß ein Genie in einem Land entstehen das sich

selbst formt um zu sein was es ist aber noch nicht soweit ist das heißt das was es ist ist noch nicht Allgemeingut.
Sobald man selbst oder irgend ein anderer weiß was man ist ist man es nicht, man ist nur was man selbst oder irgend ein anderer weiß das man ist und da alles im Leben gemacht ist um herauszufinden was man ist ist es außerordentlich schwierig wirklich nicht zu wissen was man ist und es doch zu sein. Sehr schwierig in der Tat weil nicht allein man selbst sondern das ganze Land in dem man sein Dasein hat so sein muß und das ist der Grund weshalb es so wenige gibt so wenige Genies die zur Existenz kommen.
Nun jedenfalls bin ich trotz dieses ganzen Nichtschreibens immer viele Stunden am Abend mit Basket in Paris herumgewandert.
Hunde haben sich nicht verändert sie sind seit langem Hunde gewesen aber jetzt heulen oder bellen sie nie mehr den Mond an denn ganz gleich wie klein ein Dorf ist oder wie weit entfernt man elektrische Beleuchtung aufleuchten läßt und auch wenn man sie nicht aufleuchten läßt es fahren Automobile vorbei und leuchten heller als jeder Mond und die Hunde sehen das so oft daß sie dieses Leuchten erkennen wenn sie es sehen und deshalb sehen sie den Mond nicht mehr. Ich zweifle ob sie ihn als Leuchte sehen würden wenn sie ihn anschauen aber jetzt schauen sie niemals zum Mond.
Ich wanderte jeden Abend umher ich tue das immer aber ich wanderte die langen Strecken jeden Abend mit Basket ich gehe gerne eine Straße hinauf und eine andere herunter und selbst wenn alle Straßen breiter und keines der Häuser sehr alt sicher nicht sehr viel älter ist, so fühlt es sich an wie man es zu jeder Zeit von Paris gewohnt ist und ich gewöhne mich nie daran und es gefällt mir mit Basket überall herumzuwandern.
Jedermann glaubt diese Zivilisation habe eine sehr lange Zeit gedauert aber in Wirklichkeit bedarf es nur sehr weniger Enkelinnen eines Großvaters um uns zurückzubringen in die dunklen Zeitalter. Hier auf dem Land kann sich fast jeder nicht

erinnern aber an das zwölfte Jahrhundert da kann man sich in gewisser Weise erinnern und es beunruhigt einen nicht sich daran zu erinnern. Jedermann kann es.
Jeder Landmann kann es. So wandere ich gerne mit Basket in Paris herum. Mir gefällt das Pariser Klima den meisten Menschen nicht, Alice Toklas nicht sie sagt sie sei in einem gemäßigten Klima aufgewachsen und sie könne das nicht vergessen. Ich finde Paris hat ein gemäßigtes Klima, jedenfalls empfinde ich es so, Janet Scudder empfand es auch so. Jetzt ist sie in New York und empfindet es auch dort so.
Mich hat die leichte Art belustigt wie Roosevelt die Bauern wegnehmen wollte von wo sie lebten. Es ist wie mit den amerikanischen Soldaten die immer mit den französischen Bauern über das Land diskutierten und sie zu überzeugen suchten es sei nicht gut daß es nie zu etwas gut gewesen sei. Es ist nett einen Ort zu verlassen wenn man es will aber es ist nicht nett weggeschafft zu werden selbst wenn nichts mehr davon übrig ist, irgendwie ist immer noch etwas davon übrig.
An den Abenden, mehreren Abenden dieses Winters beobachtete ein sehr großer dünner junger Mann Basket oft kurz bevor wir ins Haus gingen und eines Abends kamen wir nach und nach ins Reden und Einander-Verstehen und dann nach und nach ins Spazierengehen sein Name war Jones und er war Amerikaner und er nannte sich ein Kind der Depression.
Er war das erste Kind der Depression das ich getroffen habe und es war interessant.
Ich hatte die durch den Krieg entstandene Generation und die durch den Frieden entstandene Generation gekannt ich nannte sie immer die Kinder des Waffenstillstands, ich erzählte eine Menge über eines namens Celestine im ersten Teil des Buches As a Wife Has a Cow a Love Story.
Celestine kam zu uns über die Kühe, Janet Scudder hatte ihre Schwester, es war nicht lang nach dem Frieden. Celestine hatte nie elektrisches Licht gesehen oder ein Bett, sie hatte auf einer Pritsche geschlafen wie man es in der Bretagne tut. In der ersten

Nacht als sie gekommen war kam jemand herein, man hatte ihr gesagt ihn hereinzulassen also ließ sie ihn herein und als er blieb kam sie herein und sie sagte wo wird er schlafen, was meinen Sie fragte Alice Toklas, muß ich ihm mein Bett geben sagte sie, nein sagten wir er wird später heimgehen oh er wird später heimgehen sagte sie.

Sie sehe wie ein Modigliani aus sagte Brenner und dann ein halbes Jahr später war sie ein Rubens. Sie kaufte Ansichtskarten und gab sich ein neues Aussehen, nicht die untere Hälfte sondern die obere und durch nichts anderes als ein Gefühl in ihr. Sie war ein Kind des Waffenstillstands und es war nicht möglich, daß sie dadurch nicht verändert wurde. In dem einen Jahr war sie aus einem Kino geworfen worden weil sie mit jemandem war mit dem sie nicht hätte sein sollen und dann verloren wir sie. Ein Jahr später besuchte sie die Concierge sie war eine höhere Angestellte in einem Haus und war eine gute Bretonin und war später eine reiche und eine erfolgreiche. Vor dem Krieg hätte das auch geschehen können aber es hätte viel länger gebraucht, die Zeit war reduziert von zehn Jahren auf zwei.

Jones war das erste Kind der Depression das ich je gesehen habe und da ich immer wieder wissen will was sie tun und was ihre Väter und ihre Mütter tun fragte ich ihn. Sein Vater war Kaufmann gewesen ein Kaufmann der normalerweise höchstens ein paar tausend Dollar hätte verdienen sollen wenn er tüchtig war aber durch den Nachkriegsaufschwung hatte er zwanzig- und fünfundzwanzigtausend verdient. Also lebten sie entsprechend und als die Depression kam war er zu alt wieder neu zu beginnen oder etwas zu tun nicht daß er alt war aber er war zu alt um irgend etwas zu tun, die Mutter war auch nicht alt aber auch sie war zu alt um irgend etwas zu tun also lebten sie von Unterstützung und sie lebten in einer Wohnung für die sie nichts zahlen mußten, niemand tat das damals und es gab jüngere Brüder und Schwestern. Jones hatte Talent zum Zeichnen und er war siebzehn und er ging ostwärts und jemand gab ihm einen Auftrag für Bucheinbände und dann machte er Illustrationen und er hatte genug Geld für Ferien und er kam nach Paris und er hatte eine eigene Art, jedermann hat eine eigene Art und ich interessierte mich für ihn und ich fragte ihn was aus seinem Vater und seiner Mutter und den Kindern werden sollte und er sagte alles was ich tun kann ist nicht über sie nachdenken und ich tue es nie. Sie hören nie von ihnen. Oh nein sagte er ich muß weitermachen. Nun ich nehme nicht an daß er es je zu etwas bringen wird. Jedenfalls weiß ich nicht mehr von ihm.

Paris änderte sich, es hatte sich dadurch zu ändern begonnen daß jeder wieder angefangen hatte zu reden. Reden ist für den Franzosen natürlich, und die Aktivität des Nachkriegslebens das ständige Sich-Umherbewegen hinderte die Unterhaltung. Langsam begann sie wieder, man fing wieder an mit Damespielen und gab sich der Unterhaltung hin, es schien fast als ob es sein könnte daß man wie selbstverständlich von neuem begann aber es ist sehr kompliziert von neuem zu beginnen. Meistens geschieht es nicht ehe nicht sehr viel mehr geschehen ist.

Basket ist ein weißer Pudel. Als ich das erste Mal nach Paris kam hatte jedermann jede Concierge einen Pudel wie man später einen Foxterrier hatte, dann kamen die Deutschen Schäferhunde und dann Drahthaarterriers und dann hatten wir einen weißen Pudel und wir nannten ihn Basket. Die französischen Kinder und die französischen Männer und Frauen blieben immer stehen und schauten ihn an, jeder sagte als sei das eine neue Idee man könnte glauben er sei ein Lamm. Und Basket gefiel das natürlich immer Schmeichelei ist immer angenehmer als sonst etwas und Bewunderung ist die angenehmste Schmeichelei.

Eines Tages, als Basket gerade frisch gewaschen war, kam ein kleiner Junge daher und sagte, man könnte es Hochzeit nennen so weiß ist er, und dann als der kleine schwarze Hund dazukam und neben ihm war sagte eines Tages ein kleines Mädchen schau Mama und sieh die beiden Hunde einer neben dem anderen.

Also war Basket daran gewöhnt und ich ebenfalls.
Und dann gerade als das Reden wieder begonnen hatte und das Damespielen und das Sparen und man bereits ganz schön viele Pudel sehen konnte und es ausschaute als ob alles von neuem begänne begann es nicht. Stattdessen begann es an allen Mauern politische Plakate zu geben und statt anzufangen begannen alle stehenzubleiben und sie schweigend zu lesen. Wenn Franzosen politische Plakate lesen machen sie keine Bemerkungen darüber oder über irgend etwas. Sie haben so viel durchgemacht und sie wissen daß sie Schwierigkeiten bekommen weshalb sie natürlich wenn sie sie lesen nur schweigend lesen. Es ist wie bei den Frauen in Bilignin den Bauersfrauen das erste was sie mich fragten als wir diesen Sommer hinunterkamen es war eine Weile vor der spanischen Revolution da fragten sie mich wird es nun einen Bürgerkrieg geben oh meine Güte wird es einen Bürgerkrieg geben, das ist eines der seltsamsten Dinge in einer europäischen Demokratie man fühlt dort nicht daß man über das was geschehen soll mehr zu tun oder zu sagen hat als damals solange sie noch ein Königreich war das ist zu unserer Überraschung der Grund warum die Rückkehr eines Kaiser- oder Königreichs durchaus nichts Überraschendes ist, schließlich weiß man ja nicht wer diese Dinge entscheidet alles was man weiß ist daß es eine Entscheidung gibt.
Ich nahm also Basket und stand da und las alles. Das einzige was amüsant war inmitten der Angriffe auf Freimaurerei und Erklärungen von dem Prätendenten Duc de Guise und den Kommunisten und den Sozialisten und dem Zentrum und den konservativen Republikanern und den alten Soldaten war eines Tages ein ernstes langes auf gelbem Papier gedrucktes Plakat das sagte sie sollten wenn sie schon beginnen auch wirklich beginnen und zurückkehren zu dem ehemaligen König, Louis dem Merovinger und es gäbe einen direkten Nachkommen dieser einstigen Könige namens Alexander der Merovinger in Algerien und sie sollten ihn als König haben.
Die Bekanntmachung war ganz regulär mit einem Büro und

einer Stelle zum Unterschreiben und einem Treffpunkt genau wie es alle anderen hatten. Jedermann las sie so ernsthaft wie man all die anderen las und alle wurden drei- oder viermal erneuert und wenn dies ein Witz war so war es ein reichlich kostspieliger oder war es etwas um sich über den gegenwärtigen Prätendenten lustig zu machen so daß jeder über ihn lachte. Nirgends wurde etwas darüber erwähnt und wir alle fuhren fort alles zu lesen.
Allmählich kamen mehr Leute zusammen und jeden Abend versammelten sie sich an der Ecke Boulevard Raspail und Boulevard St. Germain und jeden Abend versammelten sich dort mehr und mehr Menschen.
Jeden Abend wenn ich spazierenging beobachtete ich wie sie sich versammelten und eines Abends sagte eine Frau neben mir wir sehen nichts, nein nicht viel sagte ich und sie sagte aber wenn wir irgendwo hinaufkletterten, in einer französischen Straße gibt es immer etwas zum Hinaufklettern und ich sagte ja dann könnten wir etwas sehen ja sagte sie aber wenn irgend etwas passiert und wir wären irgendwo obendrauf könnte es gefährlicher sein als wenn wir nicht auf etwas draufgeklettert wären ja sagte ich und sie sagte wir bleiben besser wo wir sind, und ich stimmte dem zu. Basket ist ein Hund den jedermann immer anschaut und sagt ach man könnte denken er sei ein Schaf und sie sagen man sieht nicht viele davon und sie sagen was für eine Rasse ist das und ich sage eine Pudelhündin ein französischer Pudel und sie sagen so einen habe ich noch nie gesehen und ist er nicht süß und ich sage ja sehr süß und sie sagen er muß eine Menge Geld gekostet haben und ich sage er wurde mir geschenkt und sie sagen was für eine Sorge für ihn zu sorgen er muß wohl jeden Tag gebadet werden oh nein nur zweimal pro Jahreszeit und dazwischen nur bürsten ach ja ach ja sagen sie und so ist die Unterhaltung immer und allen gefällt sie. Einmal war er oben am Montmartre im Wagen und ein anderer Hund kam herauf zu ihm und das Fenster zwischen ihnen war geschlossen und eine Frau sagte zu ihrem Hund mein

armer Hund du hast mit einem reichen Hund spielen wollen aber es hat nicht sollen sein nein mein armer Hund.
Nun eines Abends gingen wir spazieren und ein Mann kam daher und er sagte vielmehr sang während er ging, Piß du Hund piß gegen die Hausmauer im Vorbeigehen wenn es mein Haus wäre würde ich ein Gewehr nehmen und dich erschießen, piß Hund piß im Vorbeigehen gegen die Hausmauer, Piß sagte er piß gegen den Laternenpfahl im Vorbeigehen, ein armer Straßenkehrer muß den Laternenpfahl putzen den du im Vorbeigehen angepißt hast, Piß Hund piß gegen den Laternenpfahl im Vorbeigehen.
Jeden Abend versammelten sich damals Leute und dann am sechsten Februar Männer mit Frauen die sie nicht verlassen wollten und einige von ihnen hatten den Kopf bandagiert und dann waren in unserer Straße es ist eine ruhige Straße aber da waren zwei Männer und sie hatten die Hände bandagiert und einer von ihnen den Kopf und dann erzählten sie mir sie seien auf der Place de la Concorde gewesen und es sei auf alle geschossen worden und das sei der Anfang.
Es war nicht der Anfang nichts weiteres geschah.
Es gab keinen Zusammenhang zwischen allem was diesen Winter geschah.
Ich interessierte mich für keinen der malte. Ausgenommen Picabia.
Ich mache mir nichts aus der Malerei von jemandem wenn ich weiß wie die nächste Malerei die er malt aussieht. Ich bin wie jeder herumlaufende Hund, ich will daß sie genau so ist und ich will daß sie vollkommen anders ist.
Die Malerei die gerade damals jeder malte war nicht genau so und sie war doch vollkommen die gleiche. Außer bei Picabia.
Ich hatte Interesse an einem neuen Mann, er war ein Pole namens Balthus! Ich fand ihn an dem Tag an dem ich für den Sommer wegging aber als ich am Ende des Sommers zurückkam kümmerte ich mich nicht um ihn.
Aber während dieses ganzen Winters geschah alles. Die Auto-

biographie von Alice B. Toklas wurde ein Bestseller und ich tat gar nichts. Dann kam die Oper die Vier Heiligen, die Oper sollte aufgeführt werden. Das war äußerst wichtig aber sie sollte im Februar aufgeführt werden. Es ist auch gut im Februar geboren zu werden weil Februar ein Monat ist in dem Dinge leicht geschehen. Es ist ein komisches Gefühl aber es ist immer überraschend jemanden zu kennen der an dem Tag des Monats geboren ist an dem man geboren ist wenn auch in einem anderen Jahr, übrigens habe ich nie jemanden gekannt der am dritten Februar geboren ist, am vierten ja aber nicht am dritten.
Nun ja.
Die Oper die Vier Heiligen in Drei Akten sollte aufgeführt werden. Ich glaubte nicht wirklich daran, ich glaube selten an etwas, weil ich wenn es Zeit ist zu glauben nicht wirklich da bin um zu glauben. Das ist eine ganz natürliche Sache. Immerhin sollte die Oper die Vier Heiligen in Drei Akten bald aufgeführt werden.
Zuvor hatte man beschlossen eine Volksausgabe von The Making of Americans zu drucken. Das würde mich mehr freuen als alles andere.
Und noch vorher kabelte Bennett Cerf um die Rechte von Drei Leben für die Modern Library und das war der Anfang von einem guten Geschäft weil Bennett Cerf im Begriff war alles zu tun.
Als Alice B. Toklas beschloß Plain Edition zu drucken, hatte sie ihm geschrieben und ihn gebeten diese Ausgabe zu verbreiten und er hatte gesagt bei dem Preis den sie für den Druck bezahlen werde und dem Preis den man dafür verlangen konnte sei das nicht interessant. Er zögerte nicht mit der Entscheidung. Jetzt aber wollte er Drei Leben in der Modern Library haben, und das war erfreulich und dann kabelte er drei Tage nach der Unterzeichnung eines Vertrags mit Harcourt Brace für eine gekürzte Ausgabe von The Making of Americans und bat um eine vollständige Ausgabe in seiner riesigen Modern Library. Ich bedaure noch jetzt daß es zu spät war aber viel-

leicht wird es einmal wieder geschehen. The Making of Americans ist eine sehr wichtige Sache und jedermann sollte darin oder es ganz lesen, und jetzt versuche ich wieder alles über alles zu sagen, nur wollte ich damals die Geschichte jeder einzelnen Person schreiben die jemals lebt oder gelebt hat oder leben wird und ich war überzeugt wie ich es noch bin daß man das tun kann aber jetzt ist irgendein Individuelles wie es verbunden ist mit irgendeinem anderen Individuellen für mich nicht mehr interessant. Damals begriff ich nicht daß die Erde vollständig bedeckt ist von jedem. Auf eine Art war sie es damals auch nicht weil jeder in einer Gruppe war und eine Gruppe war getrennt von allen anderen, und deshalb war der Charakter von jedem interessant weil sie in Verbindung waren aber jetzt da die Erde ganz überdeckt ist mit jedem gibt es keine wirkliche Verbindung zwischen ihnen und wenn diese Jedermanns Autobiographie die Autobiographie von jedermann sein soll muß es also keine Verbindung zwischen irgend einem und irgendeinem geben denn es ist keine da. Das ist es was Detektivgeschichten zu einer so guten Lektüre macht, der Mann ist tot er ist nicht wirklich in Verbindung mit irgend jemandem. Wenn er es doch ist dann ist es eine andere Art von Geschichte und keine Detektivgeschichte.

Harcourt Brace wollte nicht wirklich The Making of Americans drucken, man brachte ihn dazu, aber Bennett Cerf wollte. Das ist wichtig denke ich doch damit es von jedermann angeschaut werden kann.

Zweifellos kann man im zwanzigsten Jahrhundert wenn es einem gegeben ist zu schreiben wirklich zu schreiben seinen Lebensunterhalt nicht mit Schreiben verdienen. Man konnte es im neunzehnten Jahrhundert aber nicht im achtzehnten oder im zwanzigsten nein unmöglich. Und das ist sehr seltsam, nicht wirklich so seltsam aber doch sehr seltsam. Im achtzehnten Jahrhundert wurde nicht genug gelesen als daß man damit seinen Lebensunterhalt hätte verdienen können und im zwanzigsten Jahrhundert lesen zu viele für einen der seinen Lebens-

unterhalt durch Schöpferisches verdienen muß, das neunzehnte Jahrhundert war gerade richtig es lag dazwischen.
Zu wenig ist ebenso viel wie zu viel.
Schon am Ende des neunzehnten Jahrhunderts konnte man seinen Lebensunterhalt nicht mit Schreiben verdienen.
Einige verdienten eine Menge Geld im achtzehnten Jahrhundert, so Pope aber er konnte ja auch warten bis es soweit war. Nun ich nehme wirklich an irgendwie kann das jeder wenn er warten kann bis er verdient. Im zwanzigsten Jahrhundert muß man länger warten und zwar weil es so viele gibt die lesen und schreiben können und wenn jedermann lesen und schreiben kann was hat dann das Lesen für einen Zweck. Ich erinnere mich immer an die Töchter des Bürgermeisters von dem wir unser Haus in Palma de Mallorca gemietet hatten, sie erklärten daß nicht lesen und schreiben zu können nicht bedeutete, daß man es ihnen nicht beigebracht hatte. Natürlich hatte man sie ihnen im Kloster beigebracht aber da sie in ihrem Leben keinen Bedarf dafür hatten hatten sie verlernt wie es geht. Es ist nicht wie Schwimmen das man nicht verlernen kann sondern wie Radfahren das man verlernen kann. So ist es auch mit Lesen und Schreiben. Irgend jemand hat gerade vorgeschlagen daß ich mit dem Schreiben von Zigarettenreklame viel Geld verdienen könnte. Also fange ich natürlich an sie zu schreiben wie kann ich nicht anfangen sie natürlich zu schreiben das ist eben Lesen und Schreiben, natürlich wollen die Reklamemacher es nicht haben und ebenso natürlich werde ich es ihnen nicht senden und ebenso natürlich schreibe ich es.
Nun obwohl ich niemals glaube daß etwas geschehen wird geschah etwas, Roosevelt war gewählt worden, die Oper war im Begriff aufgeführt zu werden, die Autobiographie verkaufte sich, jedermann wollte mich treffen und ich begann Vorlesungen zu halten. All das geschah in diesem Winter dem Winter vor dem Sommer in dem ich nach Amerika ging.
Es gibt etwas das sehr seltsam ist, man ist glücklich ziemlich glücklich im ganzen das Leben ist ziemlich amüsant und fast

jedermann lebt gerne aber sobald man ein Tagebuch führt wenn man jung ist wenn man nicht mehr so jung ist wenn man mittleren Alters ist oder wenn man älter ist dann klingt es immer so als ob das Leben nicht so glücklich gewesen sei. Hingeschrieben klingt es so und das ist sehr wichtig denn gerade das veranlaßt einen immer nach proletarischer Literatur zu verlangen. Wenn man über Proletarier schreibt klingt das als seien sie sehr verbittert, wenn man über sich selbst oder jemanden schreibt klingt es als sei man sehr unglücklich und sehr verbittert aber allgemein gesprochen hat jeder Lebende eine ziemlich vergnügte Zeit im Leben, wenn nicht warum eigentlich nicht, aber natürlicherweise hat man eine.
Jedes Leben das man betrachtet kommt einem unglücklich vor aber jedes gelebte Leben ist ziemlich vergnügt und was immer geschieht es wird auch weiterhin so sein.
Ich erinnere mich an mein Staunen als ich ein kleines Mädchen war und las was ich als meine eigenen Gedanken niedergeschrieben hatte, es waren sehr schreckliche Gedanken aber natürlich hatte ich damals ein gutes Leben gehabt wie ich seitdem ein gutes Leben gehabt habe.
Dieser Winter war also ein sehr anderer Winter, Picasso sagte immer gerne wenn jedermann dich kennt und dein Werk bewundert gibt es doch nur immer ungefähr dieselben zwei oder drei die wirklich interessiert sind wie wenn einen niemand kennen würde, aber wird dadurch etwas anders. Beim Schreiben von The Making of Americans sagte ich ich schreibe für mich selbst und Fremde und später dann kenne ich diese Fremden, sind sie noch Fremde, nun ja auch das beunruhigt mich nicht wirklich, das einzige was mich wirklich beunruhigt ist daß die Erde jetzt überall bedeckt ist mit Menschen und daß man jeden hört ist nicht von besonderer Wichtigkeit weil jeder jeden kennt.
Deshalb ist es wirklich so daß die einzig möglichen Romane dieser Tage Detektivgeschichten sind, wo die einzige Person von einiger Wichtigkeit tot ist.

Lloyd Lewis sagte seine Mutter habe gesagt als er ihr erzählte ich hätte gesagt der Roman sei als eine Form des Schreibens tot, ich glaube sie hat recht, Charaktere in Büchern zählen nicht mehr so im Leben des Lesers wie sie es früher getan haben und wenn sie es nicht tun ist der Roman als Form tot. Ich rate allen Jungen jetzt Essays zu schreiben, da Charaktere nicht von Wichtigkeit sind warum schließlich nicht Meditationen schreiben Meditationen sind immer interessant, weder Charakter noch Identität ist notwendig für den der meditiert.
Die Welt ist vollständig bedeckt mit Menschen und diese Menschen wären gerne vollständig organisiert um zu leben.
Aber alle können alles satt bekommen, außer das Leben, und vielleicht werden sie das Organisieren satt bekommen, ich hatte einmal einen Freund der sagte Vervollkommnung ist gut mehr Vervollkommnung ist besser und das trifft bestimmt auf die Organisation zu.
Nun jedenfalls wurde in diesem Winter Roosevelt gewählt und Bernard Faÿ ich sagte Bernard Faÿ war derjenige den wir in dieser Zeit häufiger sahen als irgendjemand anderen.
Bernard Faÿ war Franzose er ist Royalist, er sagt seine Familie sei seit Jahrhunderten royalistisch gewesen aber faktisch war das jede französische Familie es ist erstaunlich wie viele es lieber hätten wenn es einen König gäbe nicht weil sie wirklich einen König wollen sondern weil ihre Gewohnheiten und ihre Sprache und die Dinge von denen sie gerne hätten daß sie das Land ausmachen nicht wirklich zu einer Republik passen, und außerdem denken Franzosen nicht wirklich sie hätten irgend etwas zu tun mit irgend etwas Regierendem, sie leben ihr eigenes Leben und sie kämpfen für dieses Land und abgesehen davon haben sie keine Verantwortung. Ihr Leben ist geheim das heißt es gehört ihnen und bis heute ist es das was die französische Eleganz und den französischen Stil ausmacht, es ist eine seltsame Geschichte.
Es war genau in diesem Winter daß die französische Zeitung L'Intransigeant mich bat zu schreiben und ihnen zu sagen

warum ich gerne in Frankreich lebe. Nun der Grund ist sehr einfach ihr Leben gehört ihnen also kann das eigene Leben einem gehören und um dies zu illustrieren erzähle ich folgende Geschichte.

In den Tagen als Helene unsere Hausangestellte schon seit Jahren bei uns war sprachen wir über alles und ich glaube eines Tages geschah etwas. Ich interessierte mich überhaupt nicht für die französische Politik aber etwas war im Gange daher fragte ich Helene zu welcher politischen Partei ihr Mann gehörte, sie schaute mich fest an aber sie sagte nichts, nun sagte ich, und sie sagte nichts, ist es ein Geheimnis sagte ich, nein sagte sie nein es ist kein Geheimnis aber man spricht nicht davon. Nun sagte ich angenommen Frauen hätten das Stimmrecht, hätten Sie eine politische Partei, ich habe schon jetzt eine sagte sie, ist es dieselbe wie die Ihres Mannes, sagte ich, sie kannte mich zu gut um mißtrauisch gegen mich zu sein aber was ich fragte gefiel ihr nicht und schließlich sagte sie was sie schon vorher gesagt hatte, nein es ist kein Geheimnis aber man spricht nicht davon, man spricht nicht über die politische Partei der man angehört.

Ich interessierte mich dann dafür und ich fragte allerhand Leute und sie alle taten die gleiche Äußerung die Äußerung es sei kein Geheimnis aber sie sprächen nicht davon, und also schrieb ich für den Intransigeant, bei allen Völkern außer den Franzosen würde man denken daß dieses nun nicht Geheimnis aber Nicht-davon-Sprechen etwas ein wenig Unangenehmes an sich hätte aber bei den Franzosen ist es eine ernste Komödie die sie nur noch attraktiver macht. Ihr Leben ist ihr Eigentum es ist kein Geheimnis aber man spricht nicht davon.

Bernard Faÿ war französischer Collège-Professor nur war wie bei so vielen Franzosen der Kontakt mit den Amerikanern während des Krieges eine Romanze für sie. Die so vollständig das Leben der Franzosen lebenden Menschen haben immer zu ihrer Erleichterung etwas Exotisches gebraucht, und für den Franzosen der Kriegsgeneration war das der Amerikaner.

Die Franzosen fühlten sich selbst als ein so altes verbrauchtes

Volk und hier war etwas das sich sehr von ihnen unterschied. Sie machten sich nichts aus einem Blonden wenn er englisch deutsch oder skandinavisch war aber sie mochten es wenn er amerikanisch war.

Die Amerikaner gefielen ihnen und waren ihnen rätselhaft, sie waren für sie wie eine fremde Blume und jeder von ihnen hatte mindestens einen der für ihn vollkommen romantisch war. Sie waren auch ein Rätsel für sie. Ich erinnere mich daß ich gleich nach dem Krieg in einer Garage war um meinen Wagen in Ordnung bringen zu lassen, ich habe Garagen gern, ich habe eine Menge Dinge gern aber Garagen habe ich fast am liebsten, und der Mann der meinen Wagen in Ordnung brachte ein junger Bretone sagte zu mir, Sie sind Amerikanerin, ich sagte ja er sagte ich möchte Sie etwas fragen was mir immer rätselhaft gewesen ist. Ich war bei meinem Regiment in Nazaire als die amerikanischen Truppen nach Frankreich kamen, es war gerade die Zeit der spanischen Grippe, und wir Bretonen waren enttäuscht von Frankreich wir sagten nach dem Krieg wollten wir wenn man uns nicht umgebracht hatte nach Amerika auswandern und es dort probieren und dann kamen die amerikanischen Soldaten und sie hatten die spanische Grippe und sie nahmen alle Vorbeugungsmittel, viel mehr als wir nahmen, sie hatten Masken und sie waren isoliert und trotzdem starben sie wie die Fliegen, diese mächtigen großen Männer die so sauber und kräftig aussahen als könnten sie alles aushalten, wir Franzosen starben auch aber nicht so weder so schnell noch so viele und als wir sie beobachteten bekamen wir kleinen Franzosen Angst wir sagten wenn Männer die aus diesem großen Land kommen und so groß und kräftig aussehen so schnell sterben konnten was für eine Chance gab es dann für uns kleine Franzosen zu überleben und deswegen gingen wir alle die noch am Leben waren nach dem Krieg nicht hinüber. Nun sagte er Mademoiselle Sie sind Amerikanerin bitte erklären Sie mir warum sie in solchen Mengen und so schnell gestorben sind.

So war Amerika für jeden Franzosen eine Romanze aber rätsel-

haft und Bernard Faÿ war auch so einer er liebte alles Amerikanische und er war Franzose aber die Art zu leben und zu fühlen war nicht die Art eines Franzosen sondern er empfand sich fast als Amerikaner.
Er war als Junge neun Jahre lang im Bett gelegen und seine Mutter hatte ihm vorgelesen, Regenwetter hatte er immer am liebsten weil Enten quakten und seine Brüder bei ihm auf dem Zimmer waren. Sehr viele Franzosen haben Regen am liebsten, warum nicht man kann im Regen besser ausgehen als im Schnee, besser im Regen als bei Sonne. Alice Toklas sagt nein aber trotzdem regnet es. Mir gefällt das aber Pépé dem kleinen mexikanischen Hund nicht.
Bernard Faÿs Mutter hatte ihm neun Jahre lang zehn Stunden am Tag vorgelesen da er sich während des Tages überhaupt nicht aufsetzen konnte und französische Mütter sind so sie sind unermüdlich wie die französische Armee, eines Tages sagte Alice Toklas zu einem französischen General der ein wenig Englisch sprach in welchem Alter zieht sich ein französischer General in den Ruhestand zurück, Madame sagte der General die französische Armee zieht sich nie in den Ruhestand zurück.
Und so wurde Bernard Faÿ Historiker und der Krieg kam und er war gerade bereit zum Anfang und er lernte die amerikanische Armee kennen als sie kam. Natürlich konnte er da er lahm war nicht kämpfen aber er konnte tun was er tat und das bestand darin jedermann zu helfen und natürlich war es faszinierend der amerikanischen Armee zu helfen.
Vielleicht wird Amerika wegen der Depression nie wieder so jung sein. Ich nehme an das muß so sein es ist so bei jedem Hund daß er nie wieder so jung sein kann. Aber dann wenn sie alt sind werden sie wieder jung und also kann es auch geschehen. In Europa geschieht es fast aber schließlich ist Amerika nicht alt genug um wieder jung zu werden. Man glaubte die Depression sei eine Depression, schon früher waren Booms geplatzt ein geplatzter Boom ist keine Depression. Ich weiß ich

war so überrascht als ein Bankier-Vetter von mir sagte er könne nicht glauben wirklich glauben daß die Depression eine Depression war obgleich er es wirklich glaubte und das beunruhigte ihn. Wenn ein Boom platzte wußte es jeder, man sagte immer wer stützt den Dollar diese Woche, aber jetzt nimmt man zum ersten Mal den Dollar ernst. Nun ja.
Ich machte mir Sorgen darüber kurz vor dem Krieg. Es begann mir Sorgen zu machen daß Arbeitnehmer in Amerika anfingen sich als Arbeitnehmer zu fühlen und nicht als potentielle Arbeitgeber, ich machte mir Sorgen damals weil Amerikaner sich nicht mehr als potentiell reich fühlten sie redeten zwar noch so aber sie fühlten es nicht und doch war es nicht eine vollendete Tatsache wie hier in Frankreich. Tatsächlich ist es jetzt für mich da ich das französische Landgebiet kenne erstaunlich wie oft jemand ohne Geld ein Vermögen macht. Hier in Belley werden die Reichen immer arm und die Armen reich.
Außerdem gibt es noch etwas anderes bei den Franzosen sie wissen von Geburt an was aus denen wird die in den Staatsdienst und in die hohen Berufe gehen und ein sehr großer Teil der Bevölkerung tut das.
Bernard Faÿ war sicher auch weiterhin Akademiker zu sein er ist es noch nicht wieder wird es aber sein und so weiter, und schließlich ist in Amerika früher oder später die Erde ganz bedeckt, und deshalb nun gut von wo sonst soll man denn weggehen. Nicht daß es kein Vergnügen ist, das zu tun, ein Vergnügen weiterzugehen.
Nun jedenfalls wieder zurück. Ich war dabei mit dem Schreiben zu beginnen und ich begann Four in America zu schreiben. Es hat mich belastet. Ich bin immer belastet gewesen aber am meisten bin ich belastet weil ich schließlich so einfach gemeinplätzlich wie ich es tun kann sage was jedermann kann und tut, ich weiß eigentlich nie was man tun kann ich weiß wirklich nicht was man ist, ich denke nicht daß jemand denken kann denn wenn's so wär wer ist dann wer. Und ohnehin ist niemand jemand außer im täglichen Leben.

Also nahm ich für die Four in America vier Amerikaner, Washington, Henry James, Wilbur Wright und General Grant, und ich wollte daß sie das sind was ihre Namen sein könnten. Hiram Ulysses Grant, Ulysses Simpson Grant, angenommen er wäre ein Religionsführer gewesen, und Washington angenommen er wäre ein Romancier gewesen, er hätte einer sein können, und Wilbur Wright er hätte Maler gewesen sein können, und Henry James er hätte General gewesen sein können, ein wirklicher General mit einer Generalslaufbahn und ich wollte herausfinden warum es Krieg gab und Feldgottesdienste. Ich erinnere mich noch gut daran daß ich als ich jung war in die Feldlager in den kalifornischen Wäldern ging.
Vorwärts und rückwärts Bewegen das waren die beiden Dinge die mir dieses Wissen gaben, die Feldlager in den Wäldern und das Menuett als man uns ein wenig auch das Walzertanzen beibrachte aber nur das Menuett war so nett und ließ mich das fühlen.
Bei den Feldlagern gab es immer einen Plankenweg und jemanden der darauf hin und her ging und dem folgte alles, wenn jemand sich vorwärts und zurück bewegte beeindruckte es jeden der zuschaute.
So ist auch der Krieg und Tanzen es ist vorwärts und rückwärts, wenn man spazieren geht will man nicht den selben Weg wieder zurückgehen den man gekommen ist aber beim Tanzen und im Krieg ist es vorwärts und rückwärts.
Das ist es was ich in Four in America zu sagen versuchte.
Und am letzten Abend den Thornton Wilder in Paris verbrachte da wanderten wir zusammen herum und ich sagte ihm was mich beunruhigte sei das Erzählen, niemand war heutzutage fähig etwas zu erzählen ohne noch etwas anderes zu erzählen außer einfach dieses Etwas und daß ich wieder einmal dabei sei zu versuchen einfach etwas zu erzählen.
Ich sage es jetzt so einfach daß es vielleicht gar nichts ist. Vielleicht nicht und wenn nicht gibt es kein Warumnicht es ist einfach nichts.

Ich schrieb also Four in America und fing an mich mit meinem Agenten zu zanken weil er mich etwas zu unterzeichnen drängte. Ich bin immer bereit alles zu unterzeichnen was eine Bank von mir zu unterzeichnen verlangt aber alles andere macht mich mißtrauisch. Ich wünschte Four in America gedruckt und er wünschte von mir die Unterzeichnung eines Vertrags für eine weitere Autobiographie. Warum überhaupt etwas unterzeichnen, wenn man es nicht wirklich braucht wenn sie einem das Geld im voraus geben dann geben sie es einem nicht hinterher und dann fühlt man sich betrogen also warum im voraus unterzeichnen. Genau das sagte ich ihm. Außerdem sagte ich sie sollten weiter machen und alles drucken, es ist immer meine Hoffnung gewesen daß jemand eines Tages alles drucken wird, es beunruhigt mich heute nicht mehr so, teils weil es mich nicht mehr beunruhigt und teils weil jemand es später entdecken wird wenn es nicht gedruckt ist und das wird viel aufregender sein oder aber man wird es nicht entdecken und das wird viel verwirrender sein.
Und dann stritt ich mit meinem Agenten wegen meiner Vortragsreise in Amerika. Bis jetzt habe ich mich mit Bernard Faÿ noch nicht gestritten aber mit einem Franzosen streiten ist ja auch etwas anderes. Kombattieren ist für sie etwas so Natürliches daß streiten wirklich gar nichts bedeutet. Ich nehme an das ist der Grund weshalb Franzosen so selten Streit als Streit betrachten. Ich weiß Georges Hugnet war ganz außer sich als wir uns nicht mehr trafen warum sagte er er hielt es für selbstverständlich daß der Streit ein literarischer Streit gewesen war.
Ich freute mich immer am Anblick eines ganz in Braun gekleideten amerikanischen Mädchens im Jardin Luxembourg das oft sagte es wolle jetzt seinen Vater spielen. Und das bestand darin mit einer Geste zu sagen ich gehe ich habe es satt. Jeder Amerikaner hat es satt aber nicht jeder Franzose.
Ich stritt also mit meinem literarischen Berater diesen ganzen Frühling hindurch, und da er kein Franzose war sahen wir einander schließlich nicht mehr.

In der Zwischenzeit hatte man in Amerika die Vier Heiligen gespielt und das war aufregend.
Und jetzt sollte ich Spanien ein Theaterstück schreiben und es sollte beginnen mit Akt I Erster Spanier. Es gibt keinen zweiten Spanier. Zweiter Spanier. Es gibt keinen ersten Spanier.
Ich habe immer gesagt das einzige worin Alice Toklas nicht unparteiisch war sei Spanien. Ich kann für alles eine Vorliebe haben aber das einzige wofür sie eine Vorliebe haben kann war der Zauber von Spanien. Und er bewirkt etwas. Ich erinnere mich gut daran als wir das erste Mal in Granada waren mein Bruder und ich und da war ein Amerikaner da mit seiner Tochter und es gab einen erschreckenden Laut und sie sagte was ist das und er sagte es ist der letzte Seufzer der Mauren. Es war natürlich der Schrei eines Esels und wer es niemals gehört hat für den ist es etwas Erschreckendes.
Für Amerika kann Alice Toklas fast ebenso viel Vorliebe haben wie für Spanien, vielleicht nicht ganz so viel aber es gibt da etwas von der gleichen Art, schließlich kann es nur in einem Wüstenland Religion und den Zauber von Religion geben. Das ist ganz natürlich. Wüsten bringen keine Maler hervor aber sie bringen Zauber und Religion hervor, denn wo es nichts zu tun und nichts zu sehen gibt kann niemand erkennen daß die Zeit vergeht und deshalb gibt es natürlich Religion aber es gibt keine Malerei weil es keine Lust am Sehen gibt. Es kann Architektur und Religion geben, es kann keine Malerei und kein Anschauen geben natürlich kann es überall Schreiben geben selbst wenn Schreiben Sprechen oder Singen ist.
Und deshalb haben Amerika und Spanien etwas Gemeinsames und für beide hat Alice Toklas eine Vorliebe so daß sie nicht unparteiisch sein kann. Immer läuft es darauf hinaus.
Und deshalb war es natürlich daß als ich Heilige brauchte es spanische Heilige sein sollten. Es gibt überall Heilige. Es hat in Italien Heilige gegeben und in Frankreich und sogar in Deutschland und ich vermute in Österreich, ich weiß nichts von ihnen, aber die wichtigen Heiligen sind spanische und

italienische gewesen und das ist ganz natürlich, es muß wirklich ein Wetter zum Wandern geben damit man ein Heiliger wird.

Ein Heiliger ein wirklicher Heiliger tut niemals etwas, ein Märtyrer tut etwas aber ein wirklich guter Heiliger tut nichts, und deshalb wollte ich Vier Heilige haben die nichts tun und ich schrieb die Vier Heiligen in Drei Akten und sie tun nichts und das war alles.

Allgemein gesprochen ist jedermann interessanter wenn er nichts tut als wenn er etwas tut.

Und schließlich lieben alle Amerikaner an den Spaniern daß sie so viel Zeit mit Nichtstun verbringen. Sie bewegen sich gerne so schnell weil sie natürlich meistens stehen oder sitzen und nichts tun. Franzosen und Engländer tun immer etwas entweder sie unterhalten sich oder essen oder schlafen oder sind innerlich lebendig aber Amerikaner und Spanier verbringen so viel Zeit mit Nichtstun.

Ich erinnere mich an Sayen der vor vielen Jahren Maler in Paris war und ich sagte oft zu Sayen natürlich war das lange bevor es Krieg und Amerikaner in Europa in jeder Armee gab und ich fragte ihn oft wenn Amerikaner herumstehen oder im Café de la Paix untätig sitzen und dann weggehen was tun sie nur was denken sie was sagen sie. Er sagte immer nichts. Aber sagte ich da ich an Europäer gewöhnt war das ist nicht möglich. Doch sagte er nun sagte ich warum bleiben sie dann nicht für immer. Oh sagte er weil einer von ihnen sagt ich gehe weg, und ich sagte warum sagt er das, aus keinem Grund sagte Sayen.

Nun daran ist schon etwas Europäer haben etwas zu tun aber Amerikaner nicht und Spanier irgendwie auch nicht und Heilige haben nichts zu tun sie sind sehr beschäftigt aber sie haben nichts zu tun.

Also schrieb ich die Vier Heiligen in Drei Akten und als es aufgeführt wurde war es ein Erfolg.

Etwas anderes was es sowohl in Spanien wie in Amerika gibt ist daß die Lebenden leben und die Toten tot sind.

Alles Tote ist tot und auch das hat etwas mit Wüste zu tun und mit Religion.
Ich sagte in England als ich zu den Cambridge Studenten sprach daß jeder obgleich es dieselbe Sprache ist sofort unterscheiden kann ob es ein amerikanischer Schriftsteller oder ein englischer Schriftsteller ist der geschrieben hat und das hat sehr viel damit zu tun ob man sie leben läßt oder sterben läßt, in England sind die Toten nicht tot weil sie verbunden sind mit den anderen Lebenden, in Amerika sind die Toten tot da gibt es keine Verbindung mit den am Leben Gebliebenen. Das hat viel zu tun mit Wüsten und Religion.
Ich glaube ich fühlte das zum ersten Mal deutlich als ich sehr jung war und Huckleberry Finn von Mark Twain las.
Und da ich die Vier Heiligen hatte das heißt die zwei Heiligen die Heilige Theresa und den Heiligen Ignatius konnte alles ein Heiliger sein.
Jeder kann Heilige gern haben. Ich war erfreut wenn jemand mir schrieb und mir sagte daß er vorher nie gewußt hatte was Heilige sind.
Am Tag als die Vier Heiligen gespielt wurden war ich überrascht als ich Telegramme und zwar eine ganze Menge bekam, ich wußte Carl würde telegraphieren aber ich erwartete nichts von irgend jemand anderem.
Was ist es das jeden sicher macht daß nichts wirklich passieren wird. Es geht alles darum daß Zeit und Identität nicht existieren zweifellos ist es das.
Und man telegraphierte also und es war überraschend, Leute die ich nicht kannte waren in Amerika und einige die ich seit langem nicht mehr kannte. Es war erstaunlich. Ich hatte mich an Verehrerbriefe gewöhnt aber dies war wiederum erstaunlich.
Und dann kam ein Brief vom Kiddie. Im Krieg gab es den Kiddie so nannten wir ihn, und zwar nachdem er weg war und er wußte nichts davon weil er uns wie alle amerikanischen Soldaten niemals schrieb.

Mildred Aldrich wußte eine nette Geschichte darüber. Als die amerikanischen Soldaten die in einem französischen Spital gewesen waren weggingen schrieben sie natürlich niemals irgend jemandem danach. Die Schwestern glaubten natürlich sie seien tot da sie nicht schrieben und Mildred Aldrich konnte es ihnen nicht klarmachen daß sie vielleicht am Leben seien und nicht geschrieben hätten solch eine Erklärung gab es nicht.
Der Kiddie also der bei uns in Nîmes gewesen war und uns mit Zigaretten namens Darling versorgt und mit uns Sehenswürdigkeiten aufgesucht und uns geschrieben hatte so lange er Soldat war hatte danach nie mehr geschrieben. Und jetzt schrieb er einen langen Brief. Wir hatten geglaubt er sollte Kaufmann bei seinem Vater werden ich nehme an weil er uns oft von Wagenfahrten zu Bällen erzählt hatte und daß sein Vater Kaufmann war, nun jedenfalls war er Lehrer geworden war verheiratet und geschieden und schrieb für eine Zeitung und lebte in Springfield und war nach Hartford gegangen und hatte die Oper gesehen und dies hatte ihn aus irgend einem Grund bewogen uns richtiggehend zu schreiben. Jedenfalls waren wir entzückt von ihm zu hören und er hatte vor diesen Sommer herüberzukommen und nach Bilignin zu kommen.
Die ganze Zeit über kam Amerika immer näher. Nicht daß es jemals wirklich weit weg gewesen wäre aber gewiß kam es gerade jetzt näher das will heißen es wurde aktueller als ein Ort an dem wir sein könnten.
Ford Maddox Ford hatte schon seit Jahren wiederholt gesagt ich sollte hinübergehen. Kommen Sie mit mir sagte er immer, man fühlt sich verletzt weil Sie nicht kommen, und Sie wollen doch keine Gefühle verletzen kommen Sie mit mir diesen Januar sagter er oft überzeugend.
Wie ich sage ich bin kein Mensch mit Initiative, gewöhnlich bleibe ich wo ich bin. Warum auch nicht so lange es reichlich Menschen um mich herum gibt und es gibt immer reichlich viele Menschen warum auch nicht. So waren es gewöhnlich Paris und Spanien und dann Paris und Bilignin und was sollte

ich in Amerika tun wenn ich dort war. Schließlich bin ich ja Amerikanerin. Dort zu sein macht nicht mehr aus mir dort.
Und abgesehen davon hatten wir ja die ganze amerikanische Armee hier und es war nur natürlich mit ihnen zusammen zu sein und sie waren nicht anders als das Amerika das ich kannte wie anders konnten sie schließlich werden. Aber Ford sagte immer besser Sie gehen hinüber. Kommen Sie doch mit. Nun ich ging nicht damals nicht.
Aber jetzt wurde es ein wenig aufregend. Carl Van Vechten sandte mir Fotos mit meinem Namen in elektrischen Buchstaben auf dem Broadway und das war sehr aufregend.
Mildred Aldrich war einmal nach Amerika gegangen und als sie zurückkam drängten wir uns alle um sie herum um zu fragen was sie empfunden hatte. Sie sagte was ihr beschwerlich vorgekommen sei war daß es dort keine Gelegenheit zum Sitzen gibt, man geht eine Weile und dann gibt es keine Gelegenheit zum Sitzen. Nun im heutigen Paris kann man nicht mehr so viel sitzen wie früher, Paris würde Mildred jetzt nicht sehr anders vorkommen als New York.
Und mein literarischer Agent in Amerika telegraphierte mir er treffe bereits Vorbereitungen für meine Lesung, und zwar durch die Leute die den Mann geschickt hatten, der gesagt hatte interessant wenn es so ist. Dies machte mich natürlich sehr wütend und ich sagte ganz und gar nicht, ich wolle nicht lesen. Alles kann einen wütend machen und sagen lassen auf keinen Fall und so etwas ganz bestimmt.
Ich denke oft über das Wütendwerden nach. Jemand hält sich darüber auf daß man seinen Hund etwas machen läßt und man weiß daß er es sehr wahrscheinlich tun wird und jedenfalls ist es ganz in Ordnung und doch kann es oft passieren daß man plötzlich richtig wütend wird.
So ging es Monsieur Pernollet vom Hotel Pernollet. Ganz Belley ist sehr aufgeregt, gestern morgen war Markt und plötzlich wußten alle daß das Hotel Pernollet die Tore geschlossen hatte. Das Hotel Pernollet war nach Brillat-Savarin das Glanz-

stück von Belley. Es war das berühmte Haus wo jedermann aß seit Generationen und heute hatte es plötzlich seine Tore geschlossen und Monsieur Pernollet sagte es werde nicht aufmachen, seine Angestellten hätten beschlossen der Mode zu folgen und zu streiken und er sagte das Hotel arbeite nicht sehr gut und sie könnten alle gehen und er werde zumachen und er reichte alle übriggebliebenen Nahrungsmittel zum Fenster hinaus für jedermann und das war das Ende. Plötzlich war er wütend und das war das Ende.

Ich erinnere mich daß es in meiner Jugend in Amerika etwas gab das man »Trotz-Zäune« nannte. Ich erinnere mich es gab einen in East Oakland, einen Zaun ich weiß nicht warum aber man baute einen hohen Zaun höher als das Haus.

Ich habe wie das so geht in diesem Winter zweimal Vorlesungen gehalten aber das war ein Zufall das heißt das erste Mal war ein Zufall.

Bernard Faÿ sollte im American Woman's Club lesen und er bat uns zu kommen. Wir hatten nie irgendeinem Club angehört und wir waren nie dort gewesen. Wenn ich nicht spazieren gehe bin ich zuhause es ist ungewöhnlich wie wenig man einander in Paris besucht. In romanischen Ländern macht man keine Besuche, Familien leben zusammen aber das ist etwas anderes aber Besuche macht man sehr selten. Eine österreichische Angestellte namens Betty beklagte sich einmal bitterlich über uns weil wir französisch lebten, vom französischen Standpunkt aus nicht vom österreichisch-amerikanischen Standpunkt aus ja. Nun jedenfalls sollte Bernard Faÿ über Frankreich und Amerika lesen.

Bernard Faÿ war weg er war in Schweden und er hatte einen amerikanischen Sekretär dessen Name Hub ist und Hub sollte ihn mit dem Wagen treffen und ihn zurückbringen. Hub war vor der Abfahrt bei uns zum Essen gewesen und ich ging abends spazieren und wir spazierten zusammen den Boulevard Raspail hinunter. Und Sie müssen also am Sonntag abend zurück sein sagte ich weil Bernard lesen soll. Müssen wir, sagte

Hub. Nun natürlich kamen sie nicht zurück Bernard Faÿ hatte daran gedacht es zu vergessen aber ich war da und man bat mich es für ihn zu tun.
Aber es ist nicht wichtig daß ich es tat sondern daß ich nicht vergesse daß Hub Murphy gesagt hat müssen wir.
Von da an und später mehr und mehr dachte ich darüber nach daß Amerikaner alles oh ja alles in einsilbigen Wörtern von zwei oder drei oder höchstens vier Buchstaben ausdrücken können und es auch tun.
Und irgendwie sind die Buchstaben die die einsilbigen Wörter bilden obgleich gering an Zahl wie Buchstaben die ein längeres Wort bilden könnten. Zum Beispiel müssen wir.
Ich habe ein ganzes Buch über einsilbige Wörter schreiben wollen. In einem Theaterstück namens Hör Mir Zu das ich gerade geschrieben habe denke ich fortwährend an einsilbige Wörter. Es ist natürlich Gedichte aus einsilbigen Wörtern zu schreiben und manche leben von Wörtern aus drei Buchstaben und manche leben von Wörtern aus vier Buchstaben. In dem Stück Madame Recamier tat ich das und es ergibt ein sehr gutes Gedicht. Müssen wir. Und schließlich kann ich nicht vergessen daß ich zu den Meistern englischer Prosa gehöre und daß es deren nicht viele gibt und wenn ich niedergeschlagen bin richtet mich das auf und Carl Van Vechten sagt das.
Also sagte ich daß ich falls man Fragen hätte sie beantworten würde und ich tat es und es war sehr amüsant und dadurch begann ich wieder daran zu denken Vorlesungen zu halten.
Schließlich rede ich so viel mit jedem der zuhören will warum es also nicht Vorlesung nennen. Und doch warum nicht. Es ist nicht dasselbe.
Als Janet Scudder ihre Autobiographie Modeling My Life schrieb und viel Geld damit verdiente, sagte Mrs. Harden die Mutter von Emily und Elmer Hardens zu ihnen und wenn ich daran denke wie oft ihr eure Lebensgeschichte gratis erzählt.
Als ich etwa acht Jahre alt war überraschte es mich zu erfahren daß im Alten Testament nichts über ein künftiges ewiges Leben

steht ich las es nachprüfend und da war nichts da. Ein Gott war natürlich da und er sprach und über Ewigkeit war nichts da. Das konnte nicht noch einmal geschehen.
Wir besaßen ein Buch über die Ausgrabungen von Ninive und die vergangenen Zivilisationen waren sehr interessant. Sie waren gerade so wirklich wie all das Auffinden jener enormen Köpfe, alles was man findet ist interessant, gerade jetzt spüre ich Haselnüsse auf und jede einzelne die ich finde ist genau so aufregend wie jedes andere Aufspüren. Ich verbringe lange Stunden damit, es ist sehr interessant. Basket geht weg aber er kommt immer zurück wenn ich ihn rufe, der kleine Pépé hat ein klein wenig Angst wegzugehen deshalb bleibt er meistens da.
Es war erschreckend als der erste Komet den ich sah verdeutlichte daß die Sterne Welten sind und die Erde nur eine von ihnen ist, es ist wie das Alte Testament, da gibt es Gott aber es gibt keine Ewigkeit. Und es gibt nun was überall ist es gibt einen Gott aber es gibt keine Ewigkeit.
Die Franzosen haben einen komischen Ausdruck. Alle diese riesigen Summen über die sie um etwas zu tun heutzutage abstimmen nennen sie astronomisch.
Dann war da die Angst vor dem Sterben, alles Lebendige kennt sie, und wenn sie aufkommt kann jeder denken wie wenn ich schon gestorben wäre ehe irgend etwas war aber keiner denkt daß er nie geboren wäre bis man zufällig hört eigentlich sollten es fünf Kinder sein und wenn zwei Kleine nicht gestorben wären gäbe es keine Gertrude Stein, natürlich nicht.
Gerade heute wußte niemand aus welcher Art von Haut peau de chagrin gemacht wird und beim Nachschauen zeigte es sich sie besteht aus so etwas wie Maulesel Kalb oder Pferd und ich sagte warum nennt man es dann peau de chagrin und Madame Giraud sagte und warum nennt man Sie Gertrude Stein.
Ja warum.
Die Steins wurden in der Zeit von Napoleon Stein genannt vorher waren alle Namen Namen aber zur Zeit von Napoleon

mußte in jedem Land durch das er kam der Name eines jeden niedergeschrieben werden und daher nahmen sie den Namen den man ihnen gab und Stein war ein einfacher. Dann als jeder von uns einen Namen hatte wurden wir nach einem benannt der schon tot war, schließlich gehört einem sein Name wenn man lebt weshalb man nach einem Toten benannt werden kann, es gab eine gestorbene Großmutter und ihr nicht einfacher Name begann mit einem G daher zog meine Mutter einen einfachen vor und nannte mich Gertrude Stein. Nun das ist mein Name.

Die Identität plagt mich immer und das Gedächtnis und die Ewigkeit.

Ich las ein Gedicht von George Eliot als ich sehr jung war ich kann mich nicht oft an Dichtung erinnern aber an diese kann ich mich erinnern: Möge ich eins werden mit dem unsichtbaren Chor jener unsterblichen Toten die wieder leben. Nun ich hatte ganz und gar nicht das Bestreben aber ich wußte davon wie jedermann.

Heute morgen trommelte ich im Bad an die Wand der Wanne, ich bewege mich gerne im Wasser in der Wanne, und ich ertappte mich dabei den Chopin'schen Trauermarsch zu trommeln und ich hätte damit aufhören können aber ich fuhr damit fort weil man ihn oft in der Golden Gate Avenue in San Francisco gespielt hatte und ich mich damals mit Identität und Gedächtnis und Ewigkeit abplagte und jetzt plagt es mich zwar nicht aber da haben wir's wenn die Sterne Sonnen sind und die Erde die Erde ist und wenn es nur auf dieser Erde Menschen gibt und alles allem ein Ende setzen kann und jeder Hund alles tut wie jeder andere was ist der Unterschied zwischen Ewigkeit und allem. Wie ich sage es gibt einen Gott aber etwas Ewigdauerndes wird nicht erwähnt. Alles ist Aberglaube und jeder glaubt mit Recht an Aberglauben. Denn es ist sicher daß Aberglaube meint daß das was gewesen ist weitergeht. Ich glaube immer mit Recht und glaube an jeden Aberglauben.

Es half natürlich nicht viel als ich jung war es hilft jetzt mehr. Jetzt ist Aberglaube wirklich wirklicher als vorher. Aber da gibt es etwas was sich niemals geändert hat nämlich wenn man einmal angefangen hat das Innere nach außen zu kehren dann muß man damit fortfahren, sonst würde sich alles ändern. Ich kann wissen daß das geschieht durch Geistesabwesenheit auf Grund von etwas Störendem und trotzdem bleibt die Tatsache bestehen man sollte sich nicht ändern. Ich habe jetzt nichts gegen Dunkelheit. Aber hochgelegene Orte nun darüber muß später gesprochen werden.

Aberglauben zu sehen hat nichts mit dem Glauben an irgend etwas zu tun nur mit dem Glauben an das was jeder sieht. Erst vor kurzem habe ich mit einem Professor von Princeton gesprochen und ich habe davon gesprochen daß es gar nicht interessant ist den arbeitenden Menschen so ernst zu nehmen wenn mit arbeitenden Menschen nur die gemeint sind die in einer Fabrik arbeiten. Daran ist nichts so sehr Rührendes als daß es so viele davon gibt, es gibt so viele davon weil es so viel unberührten Boden gab der so viel Nahrung hervorbringen konnte und daher wurden Fabriken in solcher Menge hervorgebracht weil man die Menschen so leicht ernähren konnte warum sollten sie nicht in einer Fabrik sein. Aber jetzt da der unberührte Boden aufgebraucht ist und es keinen mehr gibt weil alles bekannt ist die ganze Erde ist bekannt gerade zu diesem Zeitpunkt wird der Fabrikarbeiter auf sich selbst aufmerksam und vollständig seiner Existenz bewußt gerade wenn der unberührte Boden aufgebraucht ist muß er wieder zum Selbstackern zurückgehen und beim Selbstackern ist es nicht leicht etwas zu regeln weil allerhand passiert, in Fabriken kann alles geregelt werden weil wirklich nichts wirklich passiert. Ich erinnere mich daß ich bei meinem ersten Aufenthalt in Paris auf ein Paar Schuhe wartete die gesohlt werden sollten und daß der Besitzer des Ladens mit einem Arbeiter in Streit geriet. Sie wurden wütender und wütender bis der Boss schließlich sagte wer sind Sie überhaupt Sie sind genau so dumm wie jeder der in einer Fabrik arbeitet und der Arbeiter konnte nicht antworten, wie könnte er antworten. So also sprach ich mit dem Princeton-Professor und er sagte nun wenn das die Tatsachen sind dann gibt es keine Hoffnung und ich sagte nun was ist Hoffnung Hoffnung ist nur Kontakt mit den Tatsachen, Alice Toklas sagt immer ich schaue den Tatsachen nicht ins Auge was sind schon Tatsachen, eins ist sicher alle wissen etwas von Göttern selbst wenn sie nichts von Ewigkeit wissen.

Als ich gerade in die Mittelschule kam kannte ich ein Mädchen das Cora Moore hieß. Zwei Dinge waren an ihr besonders sie konnte mit Stiefmütterchen und Kapuzinerkresse geschmückte Turbanhüte machen und ihre Mutter glaubte an Spiritismus, mein Vater vielleicht auch jedenfalls glaubten beide an Prophezeiungen aber das tut jeder und warum auch nicht wo prophezeien prophezeien ist. Der Matratzenmacher in Belley sagt er glaube nicht an die Voraussagungen des Almanachs denn wenn da steht es wird gutes Wetter dann wird irgendwo in Frankreich weil das Land groß genug ist schon irgendwo gutes Wetter sein und deshalb hat der Almanach nie unrecht. In Kalifornien interessierte sich jeder für Prophezeiungen. Das ist nur natürlich da Gold noch etwas war an das manche sich erinnern konnten. Cora Moore sagte warum sollte ihre Mutter denn zu einem andern Spiritisten gehen wenn sie selbst einer sein konnte und deshalb gingen sie und ich oft zusammen hin solange sie einer war.

Man kann alles nochmals machen.

Sie sagte sie wisse genau was sie tun, sie ließen Geister von überallher kommen und die erzählten dann was sie ihr auch erzählt hatten. Und deshalb beschloß Cora es auch zu tun. Sie war die einzige Cora die ich je gekannt hatte.

Sie tat es tatsächlich aber es interessierte mich nicht wirklich weil der ganze Unterschied zwischen ihrem Daranglauben und ihrem Nichtdaranglauben gleich Null war. Für mich hatte es wirklich nichts mit etwas zu tun was interessant war. Ich gab mich niemals mit Geistern ab weder damals noch später sie hatten nichts zu tun mit dem Problem der ewigen Dauer nicht für mich, weil jeder wissen kann daß die Erde überall bedeckt ist mit Menschen und wenn die Luft es auch ist was geht das einen an jedenfalls gibt es ohnehin schrecklich viele davon und eigentlich habe ich nur Interesse an dem was ein Genie sagen kann alles übrige ist sowieso da. Irgendwie empfand ich das schon damals so, ich konnte nicht einsehen warum sie interessanter sein sollten nur weil es soviele gab.

Ich hatte gerade geschrieben schließlich sei der einzige Unterschied zwischen Mensch und Tier der daß der Mensch zählen kann. Kein Tier zählt. Und das was sie zählen wenn sie zählen ist natürlich Geld, kein Tier kann Geld zählen nur der Mensch kann das und seltsamerweise gerade jetzt da Ewigkeit überhaupt niemanden mehr beunruhigt weil jeder weiß daß es nur hier auf dieser Welt Menschen gibt und jedermann alles kennt was es auf dieser Erde gibt und jedermann weiß daß das alles ist was es gibt gerade jetzt ist die Beschäftigung des Zählens fesselnder als je zuvor, Menschen denken in Millionen, sie lieben den Klang von Zahlen es ist die Religion von jedermann gerade jetzt ist Zählen für sie alles was es an Religion gibt.

Aber in jenen Tagen in Kalifornien interessierte ich mich für die ewige Dauer und rätselte so viel über alles daß ich fast allein war und wenn man fast allein ist nun dann ist alles was es gibt fast allein.

Nun der Winter nachdem ich die Autobiographie geschrieben hatte war fast vorüber und ich dachte fast daran zu Vorlesungen nach Amerika zu gehen.

Dieses Mal war es Bernard Faÿ der fand ich sollte gehen und warum nicht wenn man dreißig Jahre lang nirgends gewesen ist.

Manchmal tauchten in Paris Leute auf die ich jahrelang nicht gesehen hatte. Ich erinnere mich daß in einem Jahr zwei oder drei auftauchten die ich achtzehn Jahre lang nicht gesehen hatte. Gewiß ist es sinnlos jemanden zu sehen den man seit achtzehn Jahren nicht gesehen hat, und ich hoffte es werde

nicht mehr passieren. Alice Toklas liebte ein Gedicht das ging so, Gib mir neue Gesichter neue Gesichter neue Gesichter ich habe die alten gesehen und gerade dann na ja es schien keinen Grund zu geben warum man die alten wiedersehen sollte.
Nachdem man alles über sie geschrieben hat hören sie auf zu existieren. Das ist sehr komisch wenn man alles über jemanden geschrieben hat existiert er nicht mehr für einen, und also warum ihn wiedersehen. Ja so bin ich nun einmal.
Picasso sagte oft während des Krieges wird es denn nicht schrecklich sein wenn Braque und Derain ihre Holzbeine auf den Stuhl legen und von ihren Kämpfen erzählen, aber es kam ihm niemals in den Sinn daß diese Generation diese Ereignisse vollkommen vergessen könnte und falls nicht, daß er dann nicht da sein könnte um zuzuhören da sie einander bestimmt nicht oft sehen würden.
Die Nachkriegszeit ist wie sich herausstellt für diese Generation bedrückender als der Krieg selbst jetzt wo viele im Großvateralter sind und es natürlich wäre sich zu erinnern.
Nicht einmal an das erste Nach-Rußland-Gehen erinnert man sich als alle an den Sowjets interessiert waren, jetzt schauen alle auf das Sowjetsystem wie auf etwas Unmodernes. Oh ja sie sagen die Kommunisten wissen nicht daß sie sehr konservativ sind, das einzige was niemals aus der Mode kommt sind die Anarchisten aber eigentlich kann es nie sehr viele geben weil sie nicht unmodern sind.
In jenen frühen Tagen von Rußland gleich nach dem Krieg kam ich gerade von der Garage zurück wo ich meinen Wagen einstellte, da kamen gerade viele junge Leute um uns zu sehen und sie waren ganz erfüllt von der Sowjet-Idee. Ich lachte, ich sagte einer der Chauffeure drüben in der Garage ist gerade aus Rußland zurückgekommen wo er mit einem französischen General gewesen ist den er gefahren hat, ich sagte und wie ist Rußland er sagte, in Rußland verwendet man zu viel Teer viel Teer vielzuviel Teer man bedeckt die Straßen mit Teer. Gut sagte ich aber wie ist das Leben unter dem Kommunismus, nicht so teuer wie

ich dachte antwortete er es hat mich ungefähr ebensoviel gekostet wie in Deauville.
In einem französischen Dorf versteht man das durchaus, sie sagen die Männer sind mit der Politik wie die Frauen mit der Kleidung, manchmal sind die Röcke lang und manchmal sind die Röcke kurz, nun vielleicht war ich es die das gesagt hat nun jedenfalls sagten sie sie seien damit einverstanden.
Alles in allem ist es mühsam.
Es gibt keinen Unterschied zwischen Menschen und Tieren außer daß sie zählen können und niemals hat es so viel Zählen gegeben wie gegenwärtig. Jedermann zählt, Zählen ist jedermanns Beschäftigung. Und das weil jeder Mensch sicher ist daß darin der Unterschied liegt der Menschen zu Menschen macht und da jeder sicher sein will daß Menschen Menschen sind braucht er es als Bestätigung und jedermann zählt. Ich habe immer gern gezählt aber ich zählte gern eins zwei drei vier fünf sechs sieben, oder ein kleiner Indianer zwei kleine Indianer drei kleine Indianerjungen, mehr als bis zehn zählen ist nicht interessant wenigstens nicht für mich weil die Zahlen die höher als zehn sind wenn es nicht gerade fünfundfünfzig oder so etwas ist nicht interessant ausschauen und bestimmt ist der Unterschied nicht groß wenn man höher als hundert geht, natürlich ist da einer aber auch wieder nicht.
Die Königin war in ihrem Salon und aß Honig auf Broten der König war in seinem Zahlraum und zählte seine Banknoten.
Zählen ist die Religion dieser Generation, es ist ihre Hoffnung und ihre Rettung.
Es ist mühsam, nicht das Zählen, jeder kann zählen, selbst wenn man wie die spanischen Frauen und die Chinesen mit Kieselsteinen zählt was mühsam ist ist Religion und wenn Zählen zur Religion wird wird es mühsam.
Blitze schlagen nie zweimal an der gleichen Stelle ein aber das nur weil es nicht genug gibt, Nüsse fallen immer auf die gleiche Stelle was einen zu sagen veranlaßt Bruder Bruder geh finde deinen Bruder. Wenn man eine Nuß fallen läßt fällt sie wo eine

andere war die man vorher nicht gesehen hatte ehe es ein Paar war. Nun vielleicht hat das nichts damit zu tun aber man hat mich gerade gebeten einen Artikel darüber zu schreiben wieso einer der über Unverständliches schreibt wie ich so populär sein kann das heißt so gut verstanden werden kann. Hat das etwas zu tun mit dem Blitz der nicht zweimal an der gleichen Stelle einschlägt weil es nicht genug gibt oder mit Nüssen die auf die gleiche Stelle fallen weil es so viele gibt. Ich frage mich.

Jedesmal wenn ich ausgehe treffe ich jemanden und wir sprechen zusammen über Revolutionen und das Wetter.

Revolutionen kommen und viele Revolutionen können nichts Besseres tun als kommen. Der spanische Bürgerkrieg hat die Franzosen erschreckt.

Jedesmal wenn wir über Revolutionen sprechen wissen wir daß eine weitere kommen wird. Schließlich und das weiß ich deshalb weil ich erschrak als ich zum ersten Mal erfuhr daß Zivilisationen endeten und Städte untergingen und dann doch nichts zu fürchten war schließlich ist die Erde rund und was man auch tut sie kann nur rund sein und deshalb muß eine Zivilisation enden eine technische Zivilisation ebenso wie eine andere. Schließlich muß man sich über zweihundert Jahre nicht sehr aufregen. Und zweihundert Jahre sind gerade so viel wie jeder überschauen kann.

Und daher weiß ich was ein Genie ist, ein Genie ist jemand der die zweihundert Jahre nicht überschauen muß die jeder andere überschauen muß.

Aber wirklich ob man es glaubt oder nicht es ist seltsam zu sehen daß eine technische Zivilisation enden kann wie jede andere.

Ich bin gerade einer Französin begegnet Madame Chabout der Frau des Arztes und ich erzählte ihr daß man in Amerika über etwas spricht das man Schmutz-Ackern nennt. Was ist das, sagte sie. Ich sagte das ist die Erde berühren mit der eigenen Hand. Tatsächlich und sie sagte warum nicht und ich sagte weil man es seit hundert Jahren fast nicht mehr getan hat. Und wir sagte sie wir sind gerade dabei zu lernen es nicht zu tun. Ja sagte ich die Bauern in Bilignin erzählen mir sie würden überhaupt kein Korn mehr anpflanzen wenn sie es auf die altgewohnte Weise dreschen müßten. Nun sagte sie da die Franzosen logisch sind hören sie vielleicht auf ehe sie beginnen. Das ist es weshalb sie alle jetzt an einen König denken.

Das ist es was wie ich annehme am langsamsten begriffen wird daß eine Republik in Europa niemals etwas Natürliches ist. In Amerika haben wir wirklich nichts anderes gekannt, aber in Europa zählt man sie gerne auf. Es macht mir immer Spaß wie vorsichtig man immer von der heutigen Republik in Frankreich als von der Dritten Republik spricht.

Je mehr ich an alles denke desto mehr erkenne ich daß das was alle aufregt die Tatsache ist daß die Erde rund ist. Genau das hat mir im Flugzeug gefallen nämlich daß die Erde nicht rund aussieht wie sie es auf dem Ozean tut. Sie sieht flach aus, aber ist sie es auch, alles scheint allen zu sagen daß sie es nicht ist. Sie ist rund. Ich mache mich frei vom Rundsein der Erde und vom Vorübersein der technischen Zivilisationen und vom Stumpfsein aller Organisation obgleich es noch niemand weiß aber man wird es wissen und ich fahre fort mit allem was in dem Sommer geschah bevor wir nach Amerika gingen.

Man bat mich zu erklären wieso eine Autorin wie ich populär werden kann. Das ist sehr einfach jeder sagt und schreibt dauernd das wovon jeder fühlt daß es verstanden wird und daher wird es einem langweilig jeder kann sich bei allem langweilen alle können sich bei irgend etwas langweilen und obwohl man es nicht weiß langweilt einen das Gefühl zu verstehen und daher macht es einem Spaß etwas zu haben was man nicht versteht. Ich verstehe daß man es unternimmt mein Unternehmen über den Haufen zu werfen.

Mir hat es immer gefallen daß man es folgendermaßen gemacht hat:

steh nimm zu nehmend
ich du wirfst mein

Das war fast so aufregend wie ein Rechtschreibe-Wettbewerb. Das ist alles Verstehen ist man weiß alles ist im Gefühl. Mein Schreiben ist klar wie Schlamm und Schlamm setzt sich aber klare Ströme laufen weiter und verschwinden, vielleicht ist das der Grund aber in Wirklichkeit gibt es keinen Grund außer daß die Erde rund ist und daß niemand die Grenzen des Universums kennt das ist alles über Männer und Frauen was interessant ist. Alles übrige ist menschliche Natur und ich habe darüber geschrieben Alice Toklas sagt und sie hat immer so sehr recht daß ich oft frage ob es sie nicht langweilt daß ich viel zu viel darüber geschrieben habe was menschliche Natur ist.

Wir gingen also wie gewöhnlich aufs Land bevor wir nach Amerika gingen obgleich wir da noch nichts von unserem Nach-Amerika-Gehen wußten.

Man muß mit dem Erzählen weitermachen obwohl es in diesen Tagen immer weniger und weniger gibt, so ist es nun einmal, die Erde ist rund und selbst Flugzeuge müssen immer zu ihr zurückkehren. Und darum gibt es natürlich weniger von einem Anfang und einer Mitte und einem Ende als früher und deshalb sind Romane nicht sehr gut in diesen Tagen wenn es keine Kriminalromane sind wo der Held ein toter Mann ist und es deshalb weder Anfang noch Mitte noch Ende geben kann weil er tot ist. Mich stört an Kriminalromanen daß sie nicht berichten was mit dem Geld geschieht, in englischen Kriminalromanen geht es immer um Geld. Ich werde immer sicherer daß der einzige Unterschied zwischen Mensch und Tier der ist daß der Mensch zählen kann und das Tier nicht und wenn er zählt dann zählt er meistens Geld und etwas an Napoleon gefiel mir wirklich nämlich daß er die täglichen Ausgaben jeder Person in jeder Geschichte die er las ausrechnete. Das interessierte mich immer sehr in englischen Romanen, heutzutage hat ja Geld im einzelnen ein wenig von seiner Bedeutung verloren, dennoch muß man etwas davon haben auch wenn es näher betrachtet nicht so faszinierend ist wie in den alten Romanen und das ist wirklich der Grund warum Romane heute wirklich nicht gut geschrieben sind wirklich so ist es. Dennoch gingen wir diesen Sommer wie gewöhnlich aufs Land und ich zankte mich mit meinem Agenten wegen meines Verlegers und wegen meiner Vorlesungen. Er wollte daß ich von jemandem gemanaget werden sollte. Ich werde immer von jemandem gemanaget weil es natürlich nichts zu managen gibt, aber gemanaget zu werden irgendwohin zu gehen ohne daß ich wußte wohin und dort etwas zu tun was irgendjemand von mir zu tun verlangte ob ich es hinterher wollte oder nicht darauf sagte ich natürlich nein, ich war sehr wütend. Man ist immer sehr wütend und ich war sehr wütend und ich schrieb es in Briefen und ich sagte es am Telefon und das war das Ende dieser Sache. Ich sagte ich würde nicht nach Amerika gehen. Trotzdem ging ich nach Amerika aber das war eine ganz andere Sache.

Dieses Jahr es ist Ende September liegt überall Schnee und das hat es nie zuvor gegeben noch nie vor Ende November. Und in diesen Tagen da alle so beunruhigt und so sicher sind daß alles so schlecht geht hat niemand nicht einmal der Einfältigste daran gedacht daß das schlechte Wetter etwas damit zu tun hat. Die Dinge sind nicht mehr so und niemand empfindet so genau so wie die Hunde nicht mehr den Mond anbellen weil es überall sogar in den entferntesten Orten Lichter gibt die so viel heller sind. Trac erzählte uns etwas darüber. Trac wird erwähnt weil er es war der uns wegbrachte nach Amerika und er auch da war um uns zu empfangen als wir zurückkehrten.

Wir lieben es gut zu essen und einfach zu leben.

Und jetzt war es bei den Franzosen nicht so, nicht in Frankreich, aber während des Krieges beschwerten sich die Väter ihre Söhne würden immer amerikanischer sie sagten französische Männer sollten französisch sein und jetzt sagt jeder das französische Volk solle französisch sein und aus diesem Grund sagen alle sie brauchen einen König weil sie sagen die Franzosen waren am französischsten als sie Könige hatten, aber die Fabrikarbeiter wollen nicht französisch sein und es fängt an ein

Tauziehen zu werden, wir haben immer gerne Tauziehen gespielt. Eine Gruppe hält das eine Ende des Seils und eine Gruppe hält das andere Ende des Seils und dann ziehen sie und eine Zeitlang rührt sich auf keiner Seite etwas alle ziehen kräftig und alle stehen still und dann beginnt langsam einer nachzugeben und gleich darauf kann die andere Seite in vollem Lauf mit dem Seil wegrennen. Ja so ist das. Bennett Cerf fragt was wir in diesem Winter tun werden. Ich hätte nichts dagegen etwas anderes zu tun aber sehr wahrscheinlich werden wir die Revolution beobachten wenn es eine gibt und die ganze Zeit hoffen daß wir nur weiter zuschauen können. Es mag nett sein wieder nach Amerika zu gehen wo man wahrscheinlich keine haben wird wenigstens nicht gerade jetzt. Aber noch sind wir jetzt in diesem Buch nicht in Amerika noch nicht also können wir noch nicht vom Wiederhingehen sprechen.

Nach all den Schwierigkeiten mit französischen Ehepaaren beschlossen wir einen Indo-Chinesen zu nehmen. Sie sind französisch aber nicht so durchdrungen vom Nochnicht-Franzosen-Sein, das wird erst kommen. Wir ließen also eine ganze Menge kommen und wir wählten Trac. Trac ist nur ein paar Monate ununterbrochen bei uns gewesen aber wir lieben ihn und er liebt uns. Wenn er bei uns ist ist es sehr angenehm für alle und inzwischen lehnt er sich zwischen der Küche und dem Eßzimmer gegen die Tür und redet und redet. Er erzählte uns von seiner Kleinbuben-Zeit, er ist auch jetzt klein das heißt er ist ein kleiner Mann aber damals als er klein war war er ein kleiner Bub. Er lebte in der Nähe eines Dorfes und das war kein großes und ein wenig weiter weg war ein größeres und von Zeit zu Zeit kam ein Zirkus dorthin, es gibt welche in Indo-China und sie geben nur Abendvorstellungen, also traf Trac sich mit andern um zuzuschauen und er mußte ein ganzes Stück alleine gehen und während er hinging und nachhause kam sah er oft wie er sagte Phantome aufsteigen und steigen und steigen und steigen und es war etwas Beängstigendes sie kamen immer aus dem Nichts und stiegen und stiegen vor ihm auf und es war schrecklich und jetzt war gerade ein Freund aus Indo-China gekommen und sie hatten miteinander gesprochen und er sagte zu ihm es ist schön in Frankreich zu sein wo es niemals irgendwelche Phantomc gibt, oh sagte der Freund in Indo-China gibt es nirgendsmehr Phantome, seit dem Krieg hat sich alles geändert und jetzt gibt es keine.

Bevor wir Trac hatten hatten wir fast einen Amerikaner nein nicht fast weil wir natürlich nicht konnten, aber wir haben ihn immerhin aufgesucht.

Es ist komisch mit dem Angst-Haben. Es gibt so viele Dinge die gefährlicher sind als früher aber so viel mehr Leute tun sie die ganze Zeit über daß es irgendwie doch nicht mehr Angst gibt als früher irgendwie sogar weniger.

Wir suchten also den Amerikaner auf der inseriert hatte daß er alles tun wollte also suchten wir ihn auf. Er ließ uns ein, er lebte wie er sagte mit einem Russen aber der Russe war nicht da es war eine Frau und sie war nicht da aber er und seine Frau waren da wir sahen die Frau nicht sie war eine Bretonin. Wir fragten ihn und er erzählte uns alles was ihm seit dem Krieg widerfahren war. Er hatte bei einem Franzosen gewohnt, vielmehr der Franzose war reich und hatte einen großen Besitz in der Normandie und der Amerikaner hatte ihm all das Geld gegeben das er hatte was beträchtlich viel war. Sie hatten ein nettes Haus und einen Garten und der Amerikaner machte alle Gartenarbeit, er begann die größten Gemüse zu ziehen die in der Gegend wuchsen sie waren die Bewunderung von allen, er schrieb an Vilmorin den großen Gartenbaukünstler der ihm genau sagte was mit allem zu tun war und er tat es und die Ergebnisse waren wunderbar. Oft kamen Leute um sie anzuschauen, der Franzose hatte Brüder und oft wenn sie kamen half der Amerikaner sie zu bedienen, und jedenfalls deutete nichts auf etwas hin. Und dann geschah dem Franzosen etwas er wurde wegen irgend etwas irgendwohin gebracht und seine Brüder er hatte zwei kamen um alles mitzunehmen und der

Amerikaner hatte viel Geld hineingesteckt zwanzigtausend aber er hatte keine Möglichkeit es den Brüdern klarzumachen also ging er vor Gericht und verlor alles. Dann heiratete er eine Bretonin er war irgendwohin gegangen und tat dort etwas Technisches und dort lernte er die Bretonin kennen. Die Bretonin war eine ausgezeichnete Köchin aber sie kochte nicht gern sie hatte es vielleicht lang genug getan aber sie wollte gerne kommen und für uns kochen er glaubte es nicht aber bei einer Bretonin weiß man nie. Sie hatten ein Kind und sie waren sehr glücklich da sie beide Kinder liebten, die Frau hatte nichts übrig für Tiere aber Kinder mochte sie. Und dann war das Kind das ein Baby war nicht wohl und sie gingen in ein Hotel und sie riefen einen Doktor der nicht an Kinder gewöhnt war und er sagte das Kind sei sehr krank und man solle es besser in ein Kinderspital bringen und dort sagte der Doktor warum man es nicht früher gebracht hätte jedenfalls nahmen sie es wieder mit und es lebte kaum noch und dann starb es.
Dann ging er bei diesem Russen arbeiten seine Frau war oft dort aber sie kochte nicht gern und was ihn betraf so dachte er daran wegzugehen. Als er die Leute auf der amerikanischen Gesandtschaft traf sagten sie er sei ein sehr netter Mann und warum er nicht für eine Stellung inseriere. Er tat es und wir gingen hin um ihn uns anzuschauen. Er sagte sehen Sie diese Frau sie kann uns im Spiegel sehen sie ist Skandinavierin. Ja ich konnte sie sehen, sie beobachtet immer beobachtet mit aufgestellten Spiegeln leider sagte er, warum sagten wir, weil sie immer beobachtet, und Ihre Frau, oh sie wird vielleicht noch ein Kind bekommen sagte er wir wollen keines aber vielleicht bekommt sie eines. Sie ist eine nette Frau sagte er und wir gingen weg. Wir dachten ein Amerikaner sei vielleicht nicht gut in der Küche und ich vermute wir hatten recht.
Ich interessiere mich immer für Amerikaner die Ausländerinnen heiraten man erwartet es nicht von ihnen aber sie tun es sehr oft. Einmal schrieb ich eine Geschichte über ein paar die ich kannte und die es getan hatten. Gerade jetzt tut es der

amerikanische Maler Ferren aber bei ihm ist es nur natürlich. Ferren muß ein interessanter Mann sein er ist der einzige amerikanische Maler den ausländische Maler in Paris als Maler ansehen und dessen Malerei sie interessiert. Er ist noch jung und könnte vielleicht nur weil niemand es kann das was man abstraktes Malen nennt. Ich sage ihm oft daß es so etwas nicht gibt. Sobald Malerei abstrakt wird wird sie pornographisch. Das ist Tatsache. Nun er ist mit einer Ausländerin verheiratet und ich kenne beide.

Der Kiddie den wir in Nîmes kennenlernten und der im Feldlazarett war und die erste amerikanische Uniform war die wir bei uns in unserem Automobil hatten und der uns nie schrieb und dann schrieb als die Vier Heiligen aufgeführt wurden heiratete keine Ausländerin obwohl ihm unsere Nachbarin die Baronin Pierlot einen Antrag gemacht hatte, aber er besuchte uns damals als ein Pneu platzte und er dadurch seinen Zug versäumte und zurückkommen mußte um bei uns zu warten, er beschloß unsere Amerikareise.

Alles in jenem Sommer war in Verwirrung genau wie in diesem Sommer, nur war damals die Verwirrung in mir und nicht außen, und jetzt ist sie außen und nicht in mir.

Ich hatte mich mit Bradley gestritten und gesagt ich wollte nicht nach Amerika gehen, er sagte aber ich wollte doch sicher reich werden ich sagte ich will reich werden aber ich will nie das tun was man tun muß um reich zu werden.

Gerade jetzt ist meine Leidenschaft der Geiz. Geizig sein halte ich für den größten Wert in der Welt und ich sage es und ich will es sein. Zum Beispiel war das Haus in dem wir immer gewesen sind in den Händen der allergeizigsten Familie aus der ganzen Umgebung. Dadurch haben wir jetzt ein Heim das wirklich siebzehntes Jahrhundert ist, alle anderen Häuser ringsum wurden verändert als die Leute heirateten oder beerdigt wurden und in der langen Geschichte der hiesigen Gegend waren das sehr viele gewesen und deshalb kommt jetzt jeder um unser Haus zu sehen weil niemals etwas daran verändert worden ist weder im Haus noch im Garten ist je etwas getan worden. Sogar die wenigen neuen Tapeten sind immer über die anderen geklebt worden. Einmal wohnte Francis Rose bei uns und ich ging in sein Zimmer um mit ihm zu sprechen und da stand er mit Watte und Wasser und er fand eine Empire-Tapete und eine Louis XVI-Tapete unter der zuletzt angebrachten Directoire-Tapete.

Geiz ist etwas Gutes, es wäre etwas Wundervolles wirklich geizig zu sein und man wäre immer beschäftigt. Das stimmt obgleich die Amerikanisierung aller Dinge den Geiz aus allen Menschen ausgetrieben hat und ich mag das nicht. Ich hoffe daß ein paar Millionen wieder geizig werden und ich möchte die erste sein. Nicht daß es in Amerika nicht viele gäbe die es sind vielleicht ist Jay Laughlin einer davon und vielleicht glaube ich deshalb an ihn aber leider kennt man ihn in Europa nicht aber jetzt werde ich Ihnen von ihm erzählen.

Bradley mein Agent sagte also er habe alle Anstalten für mich getroffen um reich zu werden und jetzt würde ich alles durcheinander bringen.

Ich brachte alles durcheinander, ich war eisern entschlossen nichts von den Dingen zu tun die Bradley von mir zu tun verlangte. Ich wollte keinen Vertrag unterschreiben für eine Autobiographie ich fand damals den Gedanken daran nicht interessant und jedenfalls wollte ich bestimmt keinen Vertrag für irgend eine Arbeit unterzeichnen, und ich hatte mich deshalb nicht mit meinem Verleger Harcourt überworfen weil ich ihm nie geschrieben oder ihn getroffen hatte und als ich es tatsächlich tat obwohl er nur Autobiographien drucken wollte und ich alles wollte stritt ich auch nicht mit ihm. Alles wird bei Bennett Cerf gedruckt und diese Biographie auch, selbst dann stritten Harcourt und ich uns nicht und ohnehin könnte gar niemand mit ihm streiten, Amerikaner tun wirklich alles für einen wie also könnte man mit ihnen streiten. Bradley und ich sind Europäer geworden und deshalb war Streiten etwas ganz Natürliches, jedenfalls gab es einen Riesenkrach und ich ver-

weigerte alles und wir haben einander nie wieder gesehen, ich teilte ihm mit daß es einiges gäbe was ich nicht tun könnte selbst um reich zu werden wie er immer sagte.
Es gibt einige Dinge die ein Mädchen nicht tun kann. Ronda ist eine Stadt in Spanien. Im Sommer gibt es dort sehr viel herumwehenden Staub da sie auf einem Hochplateau liegt wie fast ganz Spanien. Es gibt dort sehr kleine Häuser die fast so aussehen als habe ein Engländer sie im achtzehnten Jahrhundert gebaut mit Erkerfenstern und mitten in der Stadt wurde neunzehnhundertzwölf oder -dreizehn eins von den zwei oder drei modernen Hotels gebaut. Wir wohnten ungefähr zu dieser Zeit dort. Ich habe Ronda immer gerngehabt und wenn wir in Spanien waren wohnten wir stets eine Zeitlang dort und machten Spaziergänge und manchmal waren die Flüßchen ausgetrocknet und manchmal hatten sie Wasser und es gab Steine zum Rübergehen. Einmal überquerten wir sie und Alice B. Toklas hatte Angst davor.
Es war ein wirklich großes Hotel und niemand war da kein einziger Franzose oder Amerikaner oder Spanier aber es gab eine Mutter und Tochter die englisch waren.
Wir begannen zu reden, die Mutter sagte ihr Mann, er war natürlich in England er war nie mit ihnen hier und sie waren niemals mit ihm in England, sie sagte ihr Mann habe immer von ihr gesagt sie hätte das Auge aber nicht die Hand einer Künstlerin. Ob etwa eine von uns eine Künstlerin sei. Nein sagte ich aber ich bin Schriftstellerin, oh ja sagte sie das ist interessant.
Die Tochter begann über Spanier zu sprechen, sie kannte ziemlich viele und dann wurden wir müde und wir sagten wir wollten zu Bett gehen und wir taten es.
Ich gehe niemals schlafen wenn ich zu Bett gehe ich wurstle immer herum am Abend und jemand klopfte an. Herein sagte ich. Die Tochter kam herein sie sagte sie wolle mich wegen etwas um Rat fragen. Sie fing an mir über ihr Leben mit Spaniern und ihr Leben in England bevor sie nach Spanien gekommen war zu erzählen, sie ging zur Tür um zu horchen,

aber da war niemand der horchte. Sie erzählte mir jeder Spanier wolle jede Frau die englisch ist heiraten, und sie erzählte mir wie nahe sie daran gewesen sei zu heiraten. Sie erzählte mir wie oft sie nahe daran gewesen sei zu heiraten. Sie war drauf und dran einen Engländer zu heiraten aber zufällig kam es nicht dazu und sie könnte jetzt nochmal von vorn anfangen und sie sagte ich habe Ihnen alles erzählt, sagen Sie mir doch was ich tun soll. Nun sagte ich ich glaube Sie heiraten besser den Engländer, oh sagte sie es gibt Dinge die ein Mädchen nicht tun kann. Darauf sagte ich warum sprechen Sie nicht mit Ihrer Mutter darüber das werde ich tun sagte sie wenn sie auf ihrem Sterbebett liegt, aber sie ist nicht krank sagte ich, oh nein sagte sie aber wenn sie auf ihrem Sterbebett liegt werde ich ihr alles erzählen, aber warum ihr die letzten Augenblicke verderben sagte ich, oh sagte sie es wäre nicht gut für sie in den Himmel zu kommen ohne es zu wissen weil wenn ich sie dort treffe nein es wäre nicht gut, sagte sie, meine Brüder verstehen das, sagte sie, sie werden es ohnehin so machen sie werden ihr auf ihrem Sterbebett alles sagen, nun sagte ich ich glaube Sie holen sich besser Ihren Engländer zurück. Ah sagte sie Sie verstehen nicht daß das etwas ist was kein Mädchen tun kann. Schließlich ging sie weg und am nächsten Morgen gingen wir weg und was mit ihnen geschehen ist haben wir nie erfahren.

Also gingen wir nachdem ich alles abgelehnt hatte und mit nichts zurückgeblieben war in diesem Sommer nach Bilignin.

Und dies ist nun Bilignin und dies ist nun die spanische Revolution. Ich muß nicht mit mir selbst über die Zerstörung des El Greco-Gemäldes sprechen. Picabia ist gerade hier bei uns gewesen und er hat Picasso in Cannes gesehen, er sagte er habe zu ihm gesagt nun wieso haben sie dich zum Direktor vom Prado gemacht und Picasso antwortete ihm nicht, Picasso hatte ihn um sechs Uhr morgens geweckt um mit ihm über Spanien zu sprechen. Es scheint sagte Picabia daß er der Madrider Regierung zwei Flugzeuge gegeben hat und ihm deshalb der

Direktorposten vom Prado gegeben worden ist. Ja sagte ich und als der König weggeschickt worden war kamen Pablo und Ortiz und Ortiz war gerade gegangen um den König nach Paris kommen zu sehen und Pablo war wütend weil Spanien republikanisch wurde. Oh das ist nur Surrealismus sagte Picabia und ich sagte nein ich glaube es ist Sarbates er weiß daß Pablo niemals nach Madrid gehen würde und so könnte er ihn vertreten, und Pablo der hoffte seine Jugend kehre zurück dachte es sei rigolo so etwas zu tun. Nun sagte Picabia ärgerlich was macht es uns schon aus was einer von denen tut nun gut und was macht es uns aus was einer von denen tut. El Greco hat mir einmal sehr viel bedeutet und jetzt würde ich nirgends hingehen um ihn mir anzuschauen. Und deshalb brauche ich nicht mit mir selbst über ihn zu reden aber ich tue es. Es ist wie Nüsse suchen. Man geht zehn- oder zwölfmal über den gleichen Boden und jedes Mal sieht man Nüsse die man nicht aufgehoben hat. Das Vergnügen liegt im Auge das sie sieht aber wenn man sie nicht aufheben würde gäbe es kein Vergnügen für das Auge wenn man sie sieht und deshalb beschäftigt einen der Geiz so sehr jeder Nicht-Geizige kann plötzlich ohne Grund ärgerlich werden. Gerade jetzt ist jeder ärgerlich es gibt nicht mehr Grund ärgerlich zu sein als immer aber gerade jetzt hat jeder ein ärgerliches Gefühl. Vielleicht kommt eine Zeit da keine Nüsse mehr übrig sind wenn man ausgeht um welche zu suchen aber dann geht man nicht aus um welche zu suchen wenn keine Nüsse mehr übrig sind, natürlich geht man dann nicht aus um welche zu suchen.

Gerade jetzt habe ich wieder eine Tasche voll gefunden und das ist ein Vergnügen.

Wir kamen also kurz vor unserer Amerika-Reise nach Bilignin und wir brachten Trac den Indochinesen mit und wir hatten beschlossen gar nichts zu tun. Es ist immer das beste allem Tun zu widerstehen, wenn man lange genug an einem Ort bleibt muß man ihn verlassen aber wenn man nicht lange genug bleibt muß man ihn nicht verlassen.

Louis Bromfield erklärte er hätte einen siebenjährigen Mietvertrag für sein Haus abgeschlossen, ja sagten wir aber warum nicht für länger, nun sagte er ich habe keine Ahnung wo ich in sieben Jahren sein werde aber hier werde ich bestimmt nicht sein. Trotzdem frage ich mich ob er denn nicht bemerkt hat daß er schließlich doch dort geblieben ist.

Flugzeuge sind nett und Automobile sind nett und doch muß man irgendwo bleiben, die Erde dreht sich um und um aber irgendwo muß man sitzen. Seit dem Krieg waren wir nirgendwo gewesen, mit Ausnahme einer Lesung in England hatten wir Frankreich nicht verlassen, wir waren nur von Belley nach Paris und von Paris nach Belley gefahren und so beschlossen wir nicht nach Amerika zu gehen.

Dann kam der Kiddie und dann kam Carl und mit ihm kam Mark Lutz und dann kam Bernard Faÿ und mit ihm kam Laughlin und dann gingen wir nach Amerika.

Aber zuerst kamen wir nach Bilignin und Trac kam.

Thornton Wilder schreibt uns dieser Tage und sagt er sei schamlos glücklich, er hat jetzt keinen Vater. Das hat natürlich nichts mit Trac zu tun obwohl Thornton Wilder seine Kindheit in China verbrachte. Trac hatte mehr oder weniger keinen Vater wenigstens nicht sehr viel länger und er selbst hatte nichts in sich das ihn wünschen ließ ein Vater zu sein. Väter sind bedrückend und China war mehr ein Land der Mütter als ein Land der Väter, Mütter mögen nicht ermutigend sein aber sie sind nicht so bedrückend wie Väter.

Bennett Cerf hat einen Vater aber er ist mehr als ein Vater und Bennett selbst ist mehr ein Bruder und ein Neffe oder ein Großneffe als ein Vater, aus diesem Grunde mögen wir ihn und mögen ihn als Verleger.

Aber um auf Thornton Wilder zurückzukommen. Wir sind ihm nie begegnet bevor wir nach Chicago gingen, wir hätten ihm früher begegnen können denn er war zur selben Zeit in Paris gewesen wie alle aus seiner Generation, aber Thornton hat sich immer gerne für älter gehalten was ihn auf nette Art jetzt jünger macht als jeden seiner Generation. Er hatte damals einen Vater jetzt hat er keinen Vater.

Es gibt gerade jetzt zu viel Bevaterung und es gibt keine Zweifel darüber Väter sind bedrückend. Jeder ist heutzutage ein Vater, es gibt den Vater Mussolini und Vater Hitler und Vater Roosevelt und Vater Stalin und Vater Lewis und Vater Blum und Vater Franco das beginnt gerade jetzt und es gibt noch eine ganze Menge mehr die bereit sind einer zu sein. Väter sind bedrückend. England ist jetzt das einzige Land das keinen hat und deshalb ist man dort fröhlicher als anderswo. Es ist lange her seit sie irgend eine Bevaterung hatten und deshalb nimmt ihre Fröhlichkeit zu.

Es hat mich sehr interessiert hier in Belley einige Familien zu beobachten die ihren Vater verloren haben und es ist interessant für mich weil ich nicht erwachsen war als wir unseren Vater verloren. Wie ich sage Väter sind bedrückend jeder Vater der ein Vater ist und überhaupt jeder der ein Vater ist und jetzt gibt es viel zu viele Väter. Die Perioden der Weltgeschichte die immer die düstersten gewesen sind sind diejenigen in denen Väter sich anhäufen und alles ausfüllen. Ich hatte einen Vater, ich habe viel von ihm in The Making of Americans gesprochen aber ich habe nicht von dem Unterschied gesprochen ihn zu haben und ihn nicht zu haben. Ich habe mich hier in Belley immer für die Familien interessiert die ihren Vater verloren haben oder ihre Mutter verloren haben wenn es sich um eine mehr oder weniger große Familie handelte. Wir waren fünf Kinder und unsere Mutter war tot und wir lebten alle zusammen mit unserem Vater. Mein Bruder Michael war unser ältester Bruder wir nannten ihn Mike oder Mickey, und wir waren also drei Brüder und zwei Schwestern das macht fünf.

Es ist seltsam wie in einer großen Familie sich entweder alle gleichen oder aber jeder einzelne außerordentlich verschieden ist, ich nehme an es gibt Fälle dazwischen aber ich habe keine bemerkt. Hier in Belley gibt es eine Familie mit vier Brüdern und vier Schwestern und einer Mutter, ich glaube ich habe sie schon erwähnt, sie sind Gartenbauer und die Mutter trägt eine Perücke und verbeugt sich auf sonderbare Art ihr ältester Sohn tut genau das gleiche trägt zwar keine Perücke aber verbeugt sich auf die gleiche Art und alle seine Brüder und seine Schwestern auch, ich nannte ihn immer ainé oder den Ersten weil ich mir immer vorstellte es gäbe keinen Vater sie kämen alle von ihm und seiner Mutter das konnte man sich leicht vorstellen aber es konnte nicht leicht tatsächlich sein da seine Schwester nur drei Jahre jünger war und dann kam in kurzen Abständen einer nach dem andern. Nun ja.

Meistens gibt es in einer großen Familie eine Familienähnlichkeit und jeder unterscheidet sich stark von jedem andern. So war es in unserer Familie mit drei Brüdern und zwei Schwestern sie hießen Mike und Simon und Bertha und Leo und dann kam ich, zwei starben als Kleinkinder sonst hätte ich nicht kommen müssen und auch nicht mein zwei Jahre älterer Bruder und wir sprachen niemals darüber nachdem wir gehört hatten daß sie nie beabsichtigt hatten mehr als fünf Kinder zu haben das gab uns ein komisches Gefühl.

Als Alice Toklas viele Jahre später meinen ältesten Bruder in San Francisco traf nachdem wir anderen schon alle aus dem Haus waren glaubte sie er sei ein Einzelkind. Sie neigte dazu zu glauben jeder sei ein Einzelkind weil sie eines war, das heißt sie hatte einen Bruder aber er kam so viel später daß sie Einzelkind war. Das ist ganz richtig, denn zu der Zeit da jemand jemandem begegnet ist man Einzelkind, die Familie ist von einem weggestorben als ob sie nie gewesen wäre. Wenn nicht warum nicht. Wie ich sage Väter sind bedrückend aber unsere Familie hatte einen.

Wir hatten eine Mutter und einen Vater und ich erzähle alles hierüber in The Making of Americans was eine Geschichte unserer Familie ist, aber ich kann alles auch noch einmal erzählen, warum nicht wenn es interessant ist.

Da waren also fünf Kinder und sie glichen einander überhaupt nicht. Mike nehme ich an war auch mal jünger als ungefähr sechzehn, sicher war er das mal weil es Fotografien von ihm gibt aber für mich war er immer ungefähr sechzehn in seinen Anfängen. Simon war zwei Jahre jünger aber für mich begann er sogar ein wenig später. Ich erinnere mich an ihn als ich etwa elf war also muß er ungefähr siebzehn gewesen sein, es gibt keinen Grund warum ich ihn nicht früher in Erinnerung habe, aber ich nehme an gerade zu dieser Zeit fing er an seltsam zu mir zu sein und vorher habe ich mein Leben mit meinem jüngeren Bruder gelebt der zwei Jahre älter war als ich. Meine vier Jahre ältere Schwester existierte für mich nur deshalb weil ich im gleichen Zimmer wie sie schlafen mußte. Es ist natürlich sich nicht um eine Schwester zu kümmern schon gar nicht wenn sie vier Jahre älter ist und nachts mit den Zähnen knirscht. Meine Schwester Bertha tat das. Sie war ein wenig einfältig wie auch mein Bruder Simon das heißt sie wären ganz natürlich gewesen wenn sich niemand darum gekümmert hätte aber Simon war sehr komisch. Er war immer sehr komisch. Er konnte nie etwas lernen nicht daß das wichtig gewesen wäre außer für meinen Vater. Dem gefiel es natürlich nicht. Und meine Schwester Bertha konnte nichts lernen, das ärgerte ihn sogar noch mehr. Ich nehme an wo es eine Anzahl Kinder gibt gibt es bestimmt auch einige solche. Mir hat es immer gefallen die Art wie spanische Frauen erklären daß sie wenn sie vier Kinder haben wollen zwölf gebären müssen weil zwei Drittel sicherlich auf natürliche Weise sterben bevor sie aufwachsen können. Schließlich ist es ganz richtig für sie so zu sein sie haben genau so die Möglichkeit interessante Kinder zu haben oder nicht warum nicht. Wann immer ich Edgar Wallace lese bin ich jedesmal entzückt wie der heldische Detektiv jedesmal bereit ist das Mädchen zu heiraten ganz gleichgültig wer zufällig ihre Mutter und ihre Brüder und ihre Väter gewesen sind.

Simon war also komisch. Als ich zum ersten Mal über ihn nachdachte war er sehr breit und schwer er sah gut aus er hatte glattes schwarzes Haar und eine sehr gute Nase und Stirn aber keine albernen Augen, und er aß gern, er konnte einen ganzen

Reispudding aufessen und er befaßte sich gern mit jeder Art von Geschäft. Es gab immer Versuche ihn zu erziehen und es gab eine Zeit da ich es unternahm ihm beizubringen daß Kolumbus Amerika vierzehnhundertzweiundneunzig entdeckt hat. Ich hatte die Gewohnheit ihn jeden Morgen und jeden Abend zu fragen, es war nicht überraschend daß er sich nicht richtig erinnern konnte, daß es Kolumbus gewesen war aber daß er sich nicht an vierzehnhundertzweiundneunzig erinnern konnte war für niemanden ein Kummer weder für ihn noch für mich. Dies muß gewesen sein als ich ungefähr elf war. Und dann ein bißchen später fing er an Geschäftsverbindungen einzugehen. Jedermann in East Oakland war entzückt wenn er eine Geschäftsverbindung mit einem Hausanstreicher einging, der Anstreicher verschwand und jedermann ging hin um Simon den Auftrag ausführen zu sehen, und dann muß ich ungefähr zwölf gewesen sein als ich ihm half eine Anzeige für die Oakland Zeitung zu schreiben in der stand daß er für die Schulden seines Geschäftspartners nicht verantwortlich war. Ich weiß nicht wer ihm das geraten hatte aber uns beiden gefiel es so was zu tun. Er war sehr komisch meinen Bruder Leo mochte er nicht also nahm er manchmal Leos Violine mit hinaus in die Scheune so daß sie nach Pferden roch, er war oft bekümmert weil er dachte daß er von Zeit zu Zeit mit einem Fünf-Dollar-Stück bezahlte statt mit einem Fünf-Cent-Stück, das konnte in East Oakland vorkommen weil fünf Dollar damals aus Gold waren und fünf Cent aus Nickel und er immer allerhand in seiner Tasche hatte, Bonbons hatte er nicht besonders gern solides Essen zog er den Bonbons vor und Zigarren er rauchte nie Zigarren aber das war um Mickey zu gefallen und alle glücklich zu machen. Er hatte seine eigenen Ideen davon was komisch ist. Jeder hat solche aber seine waren sehr komisch.

Jedermann hat eigene Ansichten über Komischsein. Spanier haben sie. Es ist schwierig eines anderen Ansichten über Komischsein zu mögen.

Ein französischer Flottenoffizier hat mir gerade heute erzählt, er war auf dem Lande zu Besuch und er erzählte mir von einem französischen Admiral der erst vor kurzem in Barcelona gewesen war. Der französische Admiral war an Land gekommen um eine Besprechung mit dem französischen Generalkonsul zu haben. Er ließ weder seine Matrosen noch irgend einen Offizier an Land gehen weil er nicht der Anlaß von Unannehmlichkeiten sein wollte deshalb beschloß er allein zum Amt des französischen Konsuls und zu Fuß zu gehen. Kurz nach Verlassen seines Schiffes sah man ihn an eine Ecke kommen und hinfallen sie folgten ihm um zu sehen was los war, und an der Ecke war ein Automobil und anstelle der zwei vorderen Lampen waren zwei Köpfe von jemandem und die Augen des Admirals rollten und dann war er gefallen.

Simon hatte natürlich keine solchen Ideen vom Komischsein seine waren einfache und überzeugende Ideen und in einer Art war er komisch sehr komisch. Später beschloß er etwas zu tun, mein Vater war damals Vizepräsident einer Straßenbahn und Mike war Direktor von einer der Linien. Simon glaubte er wolle Bühnenarbeiter werden und er wurde einer und das paßte wirklich zu ihm, er mochte jeden, das heißt fast jeden und er gab den Kindern gerne Bonbons und den Männern Zigarren und er mußte sich keine Gedanken machen über die Ähnlichkeit zwischen Fünf-Cent- und Fünf-Dollar-Stücken und fast bis zum Ende seines Lebens war er Bühnenarbeiter, um genau zu sein meistens nur am Sonntag oder wenn es sehr viel zu tun gab und schließlich wurde er so schwer daß er nicht mehr so lange stehen konnte, und dann hörte er auf.

Das war Simon und dann war da noch Bertha. Bertha konnte auch nichts wirklich lernen und Simon und Bertha waren nicht sehr nett zueinander was ganz natürlich ist. Simon hatte ich gern aber Bertha hatte ich nicht gern.

Jemand hat mir gerade ein Buch geschickt das jemand geschrieben hat es heißt Ein Kumpel Mein Bruder und ich habe mich gefragt warum man so gerne Bruder sagt. Vor Jahren habe ich einmal einen Mann getroffen einen Amerikaner ich hatte ihn nur flüchtig gekannt und er sagte zu mir und wie geht es Ihrem Bruder. Oh sagte ich ich habe ihn schon sehr lange nicht gesehen tatsächlich sehe ich ihn nie mehr, oh ja sagte er, ich weiß, Blutsverwandtschaft.

Bertha war also keine angenehme Person, sie liebte natürlich gar nichts und später sehr viel später heiratete sie einen Mann der nun ja sie heirateten eben und immerhin ist einer der Söhne sehr interessant, er ist derjenige über den ich schrieb Dan Raffel ein Neffe, er ist ein Johns Hopkins-Mann und Biologe in Rußland.

Daniel war der Name meines Vaters, das ist ein gutklingender Name und doch für mich kein wirklicher Name und ich habe nie herausgefunden ob es ein Name ist den ich mag oder nicht mag, jedenfalls ist es der Name meines Vaters.

Meine Mutter war schon lange tot, in The Making of Americans steht sehr viel über sie und die Familie aus der sie kam, abgesehen von ihr selbst sind sie alle eine langlebige Familie sie sind sehr klein von Gestalt und leben immer sehr vergnügt weiter.

Hier in Belley interessiert es mich sehr wenn der Vater stirbt oder die Mutter und es ist eine große Familie und die Kinder sind alle schon so alt daß es ihnen so lieber ist. Was immer auch geschieht es ist ihnen so lieber.

Als meine Mutter starb war sie lange Zeit krank gewesen und nicht fähig herumzugehen und deshalb waren wir als sie starb bereits daran gewöhnt ohne sie auszukommen. Ich habe alles über sie in The Making of Americans erzählt aber das ist eine Geschichte und schließlich was nützt es eine Geschichte zu sein. Wenn etwas ganz wirklich ist was nützt es eine Geschichte zu sein, und überhaupt ist The Making of Americans nicht wirklich eine Geschichte es ist eine Beschreibung dessen wie jeder der je gelebt hat ißt und trinkt und liebt und schläft und spricht und geht und aufwacht und vergißt und streitet und mag und nicht mag und schafft und sitzt und natürlich von einigen eine längere Beschreibung als von andern und eine sehr lange Beschreibung von meiner Mutter und meinem Vater. Dies ist keine Beschreibung von ihnen allen was nützt es an all das zurückzudenken. Gar nichts. Und wirklich wirklich erinnert wird sehr wenig.

Das ist es was heute zu heute macht es wird sich sehr wenig erinnert.

Nach dem Tod meiner Mutter taten wir weiter was wir getan hatten aber natürlich war unser Vater eine größere Sorge als er vorher gewesen war, das ist ganz natürlich. Bis jetzt hatten wir natürlich nicht die ganze Zeit an ihn denken müssen und jetzt hatte das An-ihn-Denken begonnen.

Mike war aus dem Osten zurückgekommen, deshalb waren wir alle zusammen, nur Leo nicht der ein typhoides Fieber bekommen hatte und man hatte geglaubt er solle Weinbauer werden natürlich war das nicht sehr interessant, und man dachte Simon müsse Rancher werden aber das war für keinen sehr amüsant und er kam zurück und wurde Bühnenarbeiter und Mike kam zurück und wurde Verwalter einer Straßenbahn von der mein Vater Vizepräsident war und ich ging nicht mehr zur Schule und Mike fand ich solle Musikerin werden nicht daß ich je Interesse an der Musik gehabt hätte natürlich nicht, und Bertha sollte den Haushalt besorgen. Natürlich war mein Vater sonst mit überhaupt nichts zufrieden und das war ganz natürlich.

Und am Ende taten wir alle es doch.

Natürlich war mein Vater sehr oft gereizt.

Er sagte zu Mike er müsse sich entschließen seine Schwester auszuführen, das war Bertha, früher oder später müsse er es tun. Mike murmelte er werde es später tun.

Später sagte Mike wenn mein Vater sehr gereizt war eigentlich soll ein Mann wenn er es nicht fertigbringt das zu haben was er haben will nicht nach Hause kommen und gereizt sein da es ja schließlich seine Sache ist zu entscheiden was er will. Mike war immer vernünftig das heißt er war es immer bis er selbst

einen Sohn hatte. Er sagte Väter sollten nicht gereizt sein wenn sie mit den äußeren Angelegenheiten nicht fertig werden.
Viele Jahre später es ist noch nicht so lange her sagte ich als Mike ungeduldig war mit seinem Sohn aber Mike Du hast doch immer so gut verstanden daß jeder braucht was er braucht und Du hast Leo und mich es immer haben lassen. Mike ist unser Hüter gewesen nach dem Tod unseres Vaters, und jetzt hast Du einen Sohn und Du bist gereizt und Du siehst keinen Sinn in dem was er will. Oh sagte Mike das verstehst Du nicht es ist anders ein Sohn reizt einen anders als jede andere Reizung und wenn ein Sohn einen reizt ist man gereizt.
Nun Feudalzeiten waren Väterzeiten und jetzt sind die heutigen Zeiten wieder einmal Väterzeiten.
Nun jedenfalls machten wir alle weiter. Und mir gefällt es daß es so war weil alles was innen war innen sein konnte wo alles ist und so machten wir alle weiter. Und dann war es Frühjahr oder Sommer.
Vorher war Mike soweit gekommen in San Francisco zu sein und wir waren soweit gekommen viel über alles zu wissen. Das ist es was geschieht wenn Dinge getan werden.
Viel später interessierte ich mich zum ersten Mal für Fitzgerald weil er in This Side Of Paradise beschrieb was geschah als es im Straßenbahngeschäft kein Geld mehr gab. Er konstatierte das nur aber es weckte mein Gefallen.
Straßenbahnen waren interessant. Gerade jetzt hat man die letzte Trambahn aus den Straßen von Paris gezogen aber Straßenbahnen waren für uns nur interessant wenn sie in San Francisco waren.
Das einzige was mich sonst noch interessierte waren die Trolleybusse ohne Schienen die man in einer italienischen hügeligen Stadt hatte und in Chambery, nicht daß sie etwas mit mir zu tun gehabt hätten ich fuhr nie damit aber sie waren interessant.
Und so fingen wir an zu wissen was jeder tat der etwas tat. Ich habe oft gesagt es ist mir ein Rätsel daß ein gerade aus der Schule entlassener Junge in das Büro seines Vaters geht und

man ihm einen Haufen Papiere gibt obwohl ihm niemand vorher Papiere gegeben hat und daß er zu wissen scheint was man damit tun muß.

Wir fragten Mike was er machte denn angeblich war er Manager einer Zweiglinie und es sollte neue Arbeit geben. Woher bekommst Du Deine Leute fragten wir ihn. Oh man lehnt sich an die Wand und zuerst kommt einer und dann kommen mehrere, sagte er. So machte man das damals. Wir waren erstaunt weil er sagte er könne sehr geschickt Fahrpläne zusammenstellen und wir wußten daß er nie hatte rechnen können, und wir mußten immer Prozente für ihn ausrechnen und Division und Addition und Subtraktion aber er war sehr geschickt im Aufstellen sehr komplizierter Fahrpläne das sagten alle. Und dann kam er manchmal heim und es war ihm ziemlich übel. Er sagte das kommt daher weil man eine neue Konzession verlangt und er die Männer treffen müsse die sie erteilen konnten. Niemand in der Familie neigte je zum Trinken. Sie rauchten sehr gute Zigarren sehr gute Zigarren und sie wußten eine Menge über Tabak wie das in Kalifornien üblich ist aber sie machten sich nie etwas aus Trinken. Und deshalb interessierten wir uns für das was vor sich ging, aber wir wußten nur daß es Mike ziemlich oft übel war und kümmerten uns damals nicht weiter darum. Aber am liebsten suchten wir Leo und ich ihn in seinem Büro auf. Wir hatten damals ein Taschengeld zur Verfügung aber natürlich kauften wir davon Bücher, wir kauften immer Bücher davon, ich kaufte Shelley in grünem Saffian-Einband und wir kauften eine illustrierte Ausgabe von Thackerey und wir ließen eine einfache Ex Libris-Platte herstellen und wenn wir Mike abends aufsuchten wenn wir in der Stadt waren riefen wir wie jeder in Oakland der nach San Francisco ging San Francisco an und hatten nie Geld übrig, Mike seufzte dann immer aber er hatte uns gern um sich und er führte uns zum Abendessen aus aber vorher saßen wir da und schauten ihm beim Disziplinhalten zu.

Jeder Handlanger oder Kondukteur der etwas getan hatte was

er nicht hätte tun sollen wurde zu ihm geschickt. Mike der nie etwas zu sagen wußte wenn er nicht wirklich zornig war und dann sagte er wenn das so weitergeht werde ich den ganzen verdammten Kram hinschmeißen, stand immer mit gesenktem Kopf da der Mann redete weiter und Mike stand da mit ernstem Gesicht und gesenktem Kopf und murmelte irgend etwas. Und wir im Hintergrund und wir wußten wie es Mike zumute war genossen die Situation ausgiebig. Die Männer hatten Angst zu Mike hineingeschickt zu werden weil er nie etwas sagte und nur ernst dreinschaute.

Dann führte er uns zum Abendessen aus, und in San Francisco war es damals nett von einem Bruder zum Abendessen ausgeführt zu werden.

Und das alles ging weiter bis zu einem Frühling oder Sommer.

Dann konnten wir eines Morgens unseren Vater nicht aufwekken. Leo kletterte durch das Fenster hinein und rief uns zu er liegt tot in seinem Bett und so war es.

Dann blieben wir noch eine kleine Weile wo wir waren und dann zogen wir nach San Francisco. Mike war unser Vormund da Leo und ich minderjährig waren und ich erinnere mich daß ich vor ein Gericht ging das einzige Mal das ich je dort war, um zu sagen daß wir ihn haben wollten.

Es war ein merkwürdiger Ort alles schien aus rohem Holz zu sein der Fußboden und die Wände und allerhand Dinge darin, und wir waren drinnen und wir waren draußen und das war alles.

Dann begann unser Leben ohne Vater ein sehr angenehmes.

Ich habe sehr viel über Väter nachgedacht über alle Arten von Väter.

Schließlich besteht die Zivilisation seit ungefähr fünftausend Jahren und fünftausend ist heutzutage eine schrecklich kleine Zahl. Jetzt ist die Epoche großer Ziffern und fünftausend ist eigentlich keine.

Und Väter tauchen auf und Väter gehen unter. Das ist nur

natürlich, wenn niemand Väter gehabt hat fängt man an sich nach ihnen zu sehnen und wenn dann jeder Väter gehabt hat sehnt man sich danach ohne sie zu leben. Manchmal sind Barone und Herzöge Väter und dann werden Könige zu Vätern und Geistliche werden zu Vätern und dann kommt eine Periode wie das achtzehnte Jahrhundert eine nette Periode als alle genug hatten jemanden zum Vater zu haben und allmählich werden Kapitalisten und Gewerkschafter Väter und das geht weiter bis zu den Kommunisten und Diktatoren, gerade jetzt hat jeder einen Vater, vielleicht wird das einundzwanzigste Jahrhundert wie das achtzehnte Jahrhundert eine nette Zeit sein wenn jeder vergißt ein Vater zu sein oder einer gewesen zu sein. Die Juden und sie werden hier erwähnt weil sie sehr daran hängen einen Vater zu haben und einer zu sein und weil sie sehr daran hängen keinen Vater zu wollen und keinen zu haben, sie sind der Inbegriff von alldem was jetzt geschieht die Konzentration der Bevaterung bis es vielleicht keinen mehr gibt.
Nun jedenfalls hatten wir eine Zeitlang nur einen Bruder und keinen Vater, und ein Vater ist wie Mike mir später so gut erklärte etwas anderes schließlich ist er ein Vater.
Bald verließen wir East Oakland und wohnten in San Francisco. Wir wohnten in Turk Street, damals wohnte natürlich jeder in einem eigenen Haus, in Amerika ist das immer noch ungefähr so, und es war ein Vergnügen alle diese Holzhäuser zu sehen ein wundervolles Vergnügen aber all dies kommt später.
Wir zogen alle zusammen ein und einmal waren wir alle müde vom Auspacken und Mike war allein im Keller und wir hatten alle zu essen begonnen und Mike kam herauf ins Speisezimmer und er war wütend auf jeden und er sagte wenn es so weiterginge würde er den ganzen verdammten Krempel hinschmeißen. Jedesmal wenn er das sagte umringten wir ihn um ihn zu beschwichtigen. Alles mochte er tun nur nicht den ganzen verdammten Krempel hinschmeißen. Er machte auch oft nette kleine Scherze die uns gefielen und Leo und ich gaben ihm

immer gerne ein Buch zu lesen, er las niemals ein Buch außer wenn wir ihm eins gaben und das las er immer von Anfang bis Ende. Er hatte immer diese angenehmen kleinen Eigenheiten er hat sie noch.
Eines Nachts gab es einen großen Brand einen von diesen hübschen amerikanischen Bränden die so viele Pferde und Feuerwehrleute beschäftigen und Mike kam voller Angst herauf um zu sehen ob wir alle in Sicherheit seien und keiner von uns war aufgewacht und er war wütend über uns weil keiner von uns etwas gehört hatte und er als einziger aufgewacht war. Und eines Nachts weckte uns der Nachtwächter weil jemand das vordere Wohnzimmerfenster weit offen gelassen hatte und er mußte dem Nachtwächter zuliebe hinuntergehen und es schließen nicht daß es uns etwas ausgemacht hätte aber Mike sagte wir müßten es dem Nachtwächter zuliebe tun. So lebten wir ein Jahr lang oder länger. Ich weiß ich war äußerst bestürzt als Mike Vaters Geschäftsbücher nach Hause brachte und Leo und ich sie mit ihm durchgingen. Es gab so viele Schulden es war schrecklich, und dann fand ich heraus daß Gewinn und Verlust immer Verlust sind, das regte uns nicht so sehr auf wie das daß es Staatsschulden waren, aber Mike erklärte daß so etwas in einem Geschäft immer vorkomme und daß es in Ordnung war zumal wir in der Familie immer die Angewohnheit gehabt hatten niemals jemandem Geld zu schulden.
Ich habe einmal für die Saturday Evening Post eine Serie von Artikeln über Geld und was Geld ist geschrieben. Mit Geld ist das eine sehr seltsame Sache. Ich bin sicher es gibt keinen Unterschied zwischen Menschen und Tieren außer der Fähigkeit zu zählen und wenn man zählt zählt man Geld. Gerade jetzt rechnet niemand in kleinen Zahlen wie Tausendern und Millionen man muß sehr viel höher gehen, aber schließlich ist zählen zählen und mit großen Summen hat es gerade erst angefangen. Es fing tatsächlich in England in den Napoleonischen Kriegen an und später bei uns und im Bürgerkrieg und jetzt sind sie nicht erschütternd weil man sich an die Vorstel-

lung gewöhnt hat was ganz natürlich ist. Schließlich gibt es eins eins eins und das wandernde Sternenlicht und alles andere was es geben kann. Man vergesse nicht daß alles ist wie es ist selbst wenn es ist. Nun gut wir lebten länger als ein Jahr in San Francisco. Während dieser Zeit hatten wir manchmal Besuch aus dem Osten, das heißt Verwandte und Vettern. Natürlich hatten wir sie nicht gekannt aber sie besuchten uns. Der erste der kam war ein anderer Simon Stein ein ganz anderer. Er war ein sanfter Simon Stein und ein ruhiger und er sagte nichts das heißt er sagte nicht viel und als er uns an diesem Abend verließ ging mein Bruder Simon mit ihm zum Zug und als Simon zurückkam sagte er Simon Stein habe zu ihm gesagt vielen Dank für die Begleitung zum Zug wenn du nach Baltimore kommst werde ich bestimmt das gleiche für dich tun. Und wir alle lachten und wir alle lachten lauter und Simon sagte er habe auf dem ganzen Heimweg gedacht etwas sei seltsam an Simon Stein gewesen als er sich von ihm verabschiedete.

Später kam ein anderer diesmal kein Simon sondern eine Hattie und sie hatte gerade geheiratet und ihr Gatte war ein großer Mann. Sie redeten mehr als Simon Stein und niemand ging mit ihnen zum Zug.

Alle diese gehörten zur Familie meines Vaters die meiner Mutter kamen natürlich nie.

Jeder kann viel über Geld nachdenken. Es ist komisch mit Geld, es gibt so verschiedene Arten Geld zu zählen, aber alles und jeder zählt und zählt Geld. Die Keysers die Leute meiner Mutter und die Steins die Leute meines Vaters zählten Geld auf sehr verschiedene Art. Wie wir alle.

Als ich in Radcliffe war mußte ich nachdem ich einige Jahre dort gewesen war meine Aufnahmeprüfung bestehen. Ich hatte die Mittelschule jung verlassen und ich hatte niemals Französisch gelernt und Deutsch gehabt und es vergessen und ich wußte viel aber es gab einige Prüfungen bei denen viel wissen nichts half höheres Latein zum Beispiel und deshalb brachte mir Margaret Lewis eine graduierte Studentin genug bei um durchzukommen. Wir arbeiteten zusammen und ich mußte sie am Monatsende dafür bezahlen. Ich bezahlte sie und einmal hatte ich mein ganzes Monatsgeld für Opernbesuche ausgegeben und deshalb fragte ich sie sind Sie mir böse wenn ich nicht bezahle ich habe kein Geld. Sie sagte nachdenklich nein und dann sagte sie was meinen Sie damit wenn Sie sagen Sie haben kein Geld, oh sagte ich ich meine damit ich habe mein Monatsgeld ausgegeben und ich habe keines mehr. Nun sagte sie nachdenklich Ihr Vater und Ihre Mutter sind tot Sie haben Ihr eigenes Geld nicht wahr. Ja sagte ich. Nun gut sagte sie Sie haben das Geld um mich zu bezahlen jetzt brauche ich es nicht aber Sie haben es deshalb dürfen Sie nicht sagen Sie haben keines. Ja sagte ich aber verstehen Sie ich kann es nicht ausgeben weil ich es nicht habe ich habe nur ein Monatsgeld, ja sagte sie aber wissen Sie wenn diejenigen die Geld verdienen keines bekommen dann haben sie keines wenn sie keines haben. Ich war sehr überrascht und vergaß es nie mehr. Jetzt bin ich nicht mehr so sehr überrascht denn schließlich ist ein Einkommen ein Einkommen ob man es verdient oder ob man es hat und ich hatte recht und sie hatte recht. Manchmal fragt sich jeder ob es eine Art von Einkommen geben wird oder eine andere Art. Jessie Whitehead sagte während des Krieges immer, nach dem Krieg wird es keine Sahne mehr auf den Erdbeeren geben und wenn ich eine alte Dame bin werde ich meinen Enkelkindern erzählen daß früher wenn man Erdbeeren aß etwas dazu gegeben hat das Sahne hieß und ich werde es ihnen beschreiben und sie werden staunen. Nun trotzdem gibt es noch sehr viel Sahne, mehr Sahne denn je könnte man sagen und deshalb kann Jessie Whitehead ihren Enkelkindern nichts erzählen von dem wunderbaren Ding das man Sahne nennt und das keiner mehr kennt genau wie Picasso nicht seinen alten Freunden zuhören kann die mit ihren Holzbeinen herumsitzen und von ihren Kriegsabenteuern erzählen. Jo Davidson sagt er möchte daß jeder ein Einkommen hat dann wird sich keiner über irgend etwas Sorgen machen, nun jedenfalls ist ein Einkommen wenn es nicht

schwindet sehr tröstlich und verlangt nicht so viel Zählen wie andere Arten von Zählen. Später als ich noch studierte wurde mir klar daß meine Onkels und Vettern sie waren reicher als wir weniger wußten über alles ihnen war nicht klar daß jeder es nötig hatte sofort bezahlt zu werden, natürlich zahlten sie immer aber es war ihnen nicht klar daß Warten erschwerend war. Aber was geschieht jetzt, nun nichts geschieht jetzt, es gibt viel mehr Menschen die ein Einkommen haben doch macht Zählen trotzdem wirklich Spaß wenn es etwas zu zählen gibt.
Natürlich gaben Leo und ich das ganze Geld das wir hatten für Bücher aus, ich tue das immer noch gern nur daß ich jetzt die billigsten Kriminal- und Abenteurergeschichten kaufe und damals kaufte ich die teuersten Geschichts- Poesie- und Literaturwerke. Ich sage ja Einkommen sind Einkommen und Zählen ist Zählen und Lesen ist Lesen. Warum nicht.
Und so endete unser Leben in Kalifornien und wir gingen fort das heißt Leo und ich gingen fort und meine Schwester ging fort. Mike und Simon blieben.
Jahre zuvor sollten Leo und ich mit meiner Mutter in die Oststaaten gehen. Ich war damals etwa neun und er elf. Wir kauften so viele Bücher wie wir konnten um sie mitzunehmen. Wir kauften eine ganze Menge Jules Verne und dann gingen wir nicht meine Mutter ging aber wir gingen nicht aber wir hatten schon die Bücher gekauft um sie auf der Reise zu lesen. Da war das Kryptogramm und Zwanzigtausend Meilen unter dem Meer und Kapitän Grants Kinder hatten wir schon auf deutsch wir schienen Jules Verne in allen Sprachen zu haben außer natürlich auf Französisch ich las ihn nur auf Englisch und Die Engländer am Nordpol und Die Geheimnisvolle Insel all dies hatten wir für die Reise gekauft und Die Reise um die Welt in achtzig Tagen. Man kann ein Buch immer wieder lesen bis man sich an alles erinnert und selbst dann kann man es wieder durchlesen wenn man am Anfang anfängt. Das ist sehr wichtig beim Wiederlesen eines Buches man muß wirklich am Anfang anfangen. Auf diese Weise kann man es immer wieder lesen.

Ich weiß nicht warum wir nicht mit meiner Mutter in die Oststaaten gegangen sind, ich nehme an da war etwas stattdessen gingen wir nach Marysville und wohnten bei den Verwandten einer Gouvernante die wir damals hatten. In The Making of Americans habe ich von allen Gouvernanten erzählt die wir hatten und dies war diejenige die schließlich einen Bäcker heiratete. Ich habe sie sehr gut beschrieben. Marysville war heiß und es gab Moskitos und es gab Federbetten und eine Menge Tiere. Nun im Herbst kehrten wir heim und als meine Mutter zurückkam war sie nie mehr ganz gesund. Mike war damals in Baltimore an der Johns Hopkins Universität und er wollte dort jemanden heiraten und meine Mutter wollte daß es zustandekomme sie hatte jedes Zustandekommen gerne, aber es kam nicht zustande und damals war es daß Mike ein Gedicht schrieb das Leo und ich fanden und darin stand daß er wenn er ein Stück Wiese angeschaut hätte es immer ein Stück Wiese für ihn gewesen sei und dann habe er die getroffen die er liebte und wenn er dann auf ein Stück Wiese geschaut hätte seien auf dem Stück Wiese Vögel und Schmetterlinge gewesen die vorher nicht da waren. Das also war Liebe. Dann fanden wir auch Briefe die er oder sie geschrieben hatte und sie bestanden zum großen Teil aus Latein und sogenanntem Latein. Wir freuten uns über diesen Fund. Das war nachdem Mike aus dem Osten zurückgekommen war und er war mit der G. A. R.-Feier* entlassen worden, man erhielt billige Karten wenn man zu dieser Organisation gehörte. Natürlich war Mike viel zu jung dafür aber er ließ sich einen Bart wachsen um auszuschauen wie ein Mitglied. Vielleicht hatte er als Sohn eines Mitglieds das Recht dazu, oder seine Onkels mögen dazu gehört haben obgleich um die Wahrheit zu sagen derjenige der den ganzen Krieg mitmachte auf der Südseite kämpfte. Meine Mutter erzählte uns oft Geschichten von Baltimore und den Nord-Soldaten auf die man Steine geworfen hatte als sie von einem Bahnhof zum andern gingen, in Baltimore mußte man immer

* G. A. R. = Grand Army of the Republic. Anm. d. Übers.

umsteigen. Der Bürgerkrieg scheint jetzt weit weg zu liegen aber damals schien er ganz nah. War der Großvater ein ältlicher Mann als die Mutter geboren wurde und war man das jüngste aus einer Anzahl von Kindern dann ist es unglaublich wie wenige Generationen sich über die Zivilisationsgeschichte erstrecken können. Alles ist so aufregend wie es nur sein kann aber das nicht. Jederzeit ist es Zeit ein Gedicht zu machen. Der Schnee und darunter die Sonne wie je.

Als die Verwandten aus New York und Baltimore zu uns auf Besuch kamen sagten sie sie würden gerne lesen und wir waren immer überrascht daß sie gar nichts gelesen hatten. Es machte uns nichts aus aber es überraschte uns. Nichts an ihnen machte uns etwas aus und gerade das überraschte uns. Wirklich nichts war damals sehr überraschend oder beunruhigend. Wir hatten keine Eltern und jeder von uns stand da wo jeder von uns stand. Genau das taten wir.

Ein Jahr lang blieben wir alle in San Francisco und dann gingen wir alle irgend wohin. Bertha und ich gingen nach Baltimore und Leo ging nach Harvard. Mike blieb in San Francisco und Simon auch. Mike sagte Simon könnte als Bühnenmann oder Kulissenschieber in irgend einem Wagen arbeiten nur nicht in einem von den Linien die zu ihrem Netz gehörten und Simon tat das jahrelang in der California Street Linie, schließlich fuhr er nur noch sonntags und er war so dick daß er kaum in dem Zwischenraum stehen konnte wo er stehen mußte und seine Taschen waren immer voller Bonbons und Zigarren für jeden bis nach dem Brand und danach gab er es auf und ging fischen, aber auch Mike hatte San Francisco verlassen und war damals in Europa und so war Simon der einzige der in Kalifornien blieb.

Als wir San Francisco verließen und nach Baltimore zogen ließen wir Mike ganz allein Simon zählte nicht und Mike war allein, später heiratete er aber damals war er allein und er mußte alles für uns zusammenhalten und er tat es aber er wußte nie genau wie er es tat.

Straßenbahnen existieren nicht mehr man hat die letzte aus Paris entfernt aber damals existierten sie noch und wir alle benutzten sie es gab keine andere Möglichkeit hierhin oder dorthin zu kommen außer zu gehen und in San Francisco und überall waren die Entfernungen zu groß zum Immergehen und Pferde waren langsam und Straßenbahnen waren schneller. Gewiß wurden Straßenbahnen früher von Pferden gezogen aber außer in Baltimore und vielen anderen Orten war das fast vorüber. Doch in San Francisco hat es immer Straßenbahnen gegeben. Dann gab es noch den Dummy, der Dummy hatte vorne vier Sitze fast wie ein Kuh-Fänger, cow-catcher, und Alice Toklas liebt die Geschichte wie sie und drei andere vorne auf dem Dummy saßen der Dummy einen Ruck machte, wie er es oft tat, und Ada sagte ich bin fast vom Dummy gefallen, wer ist fast vom Dummy gefallen sagten die andern drei, ich sagte Ada. Alice Toklas sagt immer noch wer ist denn fast vom Dummy gefallen.

Nun ja, als mein Vater nach Kalifornien gekommen war hatte er das Geld das er mit seinem Bruder in Pittsburgh, Pennsylvania, verdient hatte, deshalb sind wir zufällig alle dort geboren, und dann als die Schwägerinnen sich nicht mehr miteinander vertrugen, ging der eine Bruder nach New York und wir alle gingen nach Europa. Mein Vater interessierte sich für alles und als wir alle aus Europa zurückkamen gingen wir alle nach Kalifornien. Dort wartete mein Vater eine beträchtliche Weile ehe er sich für etwas interessierte und dann interessierte er sich für das Straßenbahnwesen. Es gab damals mehrere Netze die sich gelegentlich kreuzten aber jedes war eigenständig und eines davon hieß Union, und bei diesem gelang es meinem Vater schließlich Vizepräsident zu werden und natürlich hörten wir alle alles darüber wie jeder auch wenn er nicht hinhört, das Wort Konzession war ein häufiges Wort.

Dann starb mein Vater und Mike unternahm etwas, wir gingen oft hin um ihm zuzusehen und wir wußten George Leroy mußte ihm helfen. George Leroy war der französische Bruder der kein böser Franzose war wie sein Bruder Eugene. Jedenfalls war er ein großer ruhiger Franzose und er kam oft und saß da und weder er noch Mike sagten etwas. Es war viel später als alles vorbei war daß ich sie so dasitzen sah das war nachdem mein Bruder verheiratet und alles vorbei war und ich kam aus dem Osten nach Kalifornien zu Besuch.

Nach unserem Fortgehen begannen Mikes Sorgen erst wirklich.

Mein Vater war einer der ersten gewesen der für eine Zusammenlegung war und er arbeitete ein vollständiges System für die Straßenbahn von San Francisco aus. Aber er war ein Mensch vor dem alle Angst hatten weil er keine Geduld hatte etwas zu beenden das noch nicht einmal begonnen war. Und so wurde er nur Vizepräsident eines kleinen Netzteils der San Franciscoer Straßenbahn. Als er starb war natürlich alles Kleine noch kleiner und alles andere wurde größer. Mike der wie die Familie seiner Mutter Verantwortung nicht mochte und Geschäfte nicht mochte es macht ihn nervös wenn alles getan werden muß er wußte es mußte getan werden. Jeder will tun was Mike von ihnen getan haben will und jeder tat es aber was konnten sie tun. Wie sie das gemacht haben das wußte niemand zu sagen. Mike selbst behauptete er wisse ja wenn es nicht getan würde hätte er uns alle auf dem Hals weil keiner von uns etwas verdienen konnte nicht einmal Simon genug zum Leben und etwas mußte getan werden und deshalb übernahmen die Southern Pacific Straßenbahnen obwohl sie die Mission Linie umsonst hätten haben können sie zu gleichen Teilen. Mike überzeugte sie. Als sie dann später erkannten was getan worden war, waren sie so beeindruckt von ihm daß sie ihn zum Manager des ganzen Netzes machten und das erschreckte ihn weil es ihn nervös macht alles zu entscheiden obgleich es ihm Spaß macht jede Kleinigkeit mit großem Eifer in Ordnung zu bringen, aber er war zwei Jahre lang Manager und dann beschloß er entweder nach Paris oder aufs Land zu gehen und dann kam er wirklich. Als alles getan war sagte er jetzt sei alles zufriedenstellend, wir hätten genug zum Leben wenn wir sehr ruhig

lebten und wir alle lebten sehr ruhig bis der Krieg begann, anderes ist seitdem geschehen aber wir lebten sehr sehr ruhig bis der Krieg begann.
Und so verließen wir alle San Francisco, Simon starb dort noch immer fett und angelnd, und Mike ist wieder zurückgegangen jetzt um einen kleinen Enkel großzuziehen und Leo ist in Florenz und ich bin in Bilignin.
In Bilignin war es daß ich nach jahrelanger Abwesenheit endlich beschloß wieder nach Amerika zu gehen.
Wir waren also in Bilignin und ich stritt mich mit Mr. Bradley wegen der Vorlesungen. Wir waren hier und wir hatten einen Indochinesen als Diener.
An eines kann ich mich immer erinnern wenn ich nach East Oakland zurückkomme nämlich daß ich Handschuhe und Bücher trug, Bertha wurde in eine andere Schule gebracht und ich ging mit ihr und während man mit ihr sprach blieb ich im Zimmer des Verwalters und da war ein Bücherschrank da. Ich trug Handschuhe ich hatte gerade angefangen Handschuhe zu tragen und ich sah ein Buch und ich begann zu lesen, es war Jane Eyre und ich hatte es noch nicht gelesen und ich hielt es fest und ich las es und dann sah ich plötzlich daß mein Daumen auf der Seite die ich hielt einen schwarzen Fleck gemacht hatte.
Nie mehr kann ich jetzt ein Buch mit einem Handschuh anfassen und es regt mich immer auf wenn jemand ein Buch mit einem Handschuh anfaßt. Schmutzige Hände beschmutzen ein Buch nicht so sehr wie ein Handschuh es tun kann.
So viele Menschen zu kennen ist seltsam und doch kennt jeder viele. So und so oft habe ich praktisch niemanden gekannt und so und so oft habe ich viele gekannt. Gerade jetzt hier in Bilignin kenne ich sehr viele sehr viele mehr als ich in Paris kenne. Das erlebe ich immer wieder.
In East Oakland kannten wir manchmal sehr viele und manchmal kannten wir keine.
Es macht sehr viel aus wen man kennt und wann man ihn kennt.

In East Oakland kannten wir die Leute die in den Nachbarhäusern wohnten, die Leute die mein Vater kannte kannten uns aber wir kannten sie nicht ihre Kinder kannten uns auch aber nicht genug als daß es für uns oder für sie eine Rolle spielte. Und außerdem kannten wir andere die wir kennengelernt hatten. Man weiß nie genau wie man sie kennenlernen wird. Wir lebten in einem Hotel in Belley und wir kannten nur die Leute des Hotels und die Leute bei denen wir etwas eingekauft hatten. Und dann eines Tages, wir hatten sie schon öfter bemerkt sie war eine sehr gut aussehende Frau die an einem Tisch hinter uns saß und da sie eine Französin war hielt sie es eines Abends nicht länger aus und sie sagte zu uns, essen Sie wirklich jeden Abend den gleichen Fisch. Ja sagten wir, wirklich. Und ich sagte aber Sie lesen jeden Abend eine neue Zeitschrift. Oh ja sagte sie, wirklich. Wir lernten sie also kennen. Jemand hatte uns vorausgesagt daß wir diesen Sommer jemanden mit blauen Augen und einem Garten kennenlernen würden. Und wirklich sie hatte blaue Augen und sie hatte einen Garten. Aber ein wenig später und auf einfachere Weise begegneten wir weil wir von jemandem der uns Blumen verkauft hatte dorthin gebracht worden waren einer anderen Französin und auch sie hatte blaue Augen und einen Garten, wie also kann man sagen was geschehen wird.
Als wir dann nach San Francisco gingen um dort zu leben kannten wir niemanden. Natürlich kannten wir die nicht mehr die wir in Oakland gekannt hatten weil wir nicht in Oakland waren und in San Francisco kannten wir die nicht die unsere Eltern gekannt hatten weil es keinen Grund gab warum wir sie kennen sollten selbst wenn sie uns kennen wollten und deshalb kannten wir niemanden. Natürlich fingen wir an jemanden zu kennen jeder einzelne von uns natürlich aber nicht sehr viele oder sehr viel.
Dann gingen wir nach Baltimore und dort kannten uns alle und es machte nichts aus ob wir sie kannten da alle uns kannten.
Ich habe soeben eine Postkarte von einem von ihnen bekom-

men, ich hatte seit so vielen Jahren nichts von ihm gehört oder gesehen daß die dazwischenliegenden Jahre keine Rolle spielten. Alles was ich von ihm wußte war daß er mir einmal fünf Cent geliehen hatte weil ich ihn gebeten hatte mein Tramkarte zu bezahlen und daß ich vergessen hatte sie ihm zurückzugeben und er das nie erwähnte aber meine Vergeßlichkeit nie verziehen hat. Wieso wußte ich das, ich wußte es nicht aber wahrscheinlich hat es mir jemand erzählt.
Baltimore war also voll von allem was ganz natürlich war und bald war es ganz natürlich daß es dort so viele gab und wir sie kannten. Nicht jetzt aber damals.
Wenn irgend etwas beginnt dann hat es schon begonnen und wenn es begonnen wird dann ist es auch so. Das war das Leben in Baltimore wo alle uns kannten. Selbstverständlich kannte man uns, da waren die Eltern meiner Mutter nun ja das war vor hundert Jahren und die Angehörigen meines Vaters vor fünfzig Jahren daher konnten uns natürlich alle kennen. Es war nicht unnatürlich und es war nicht natürlich, und ziemlich bald und das ist der Grund warum Veränderungen nicht wirklich erregend sind ziemlich bald war es nur unnatürlich wenn es natürlich war. Ich habe eine kleine Geschichte darüber geschrieben als ich in Radcliffe war, und da ich immer noch unter George Eliots Einfluß stand nannte ich sie Red Deeps.
Ich hatte meine Onkels und Tanten mütterlicherseits sehr gerne besonders eine namens Fanny, Fanny ist ein netter Name, ich weiß nicht warum aber es ist ein netter Name.
Mich interessierte die Art wie sie zählte, sie sagte die einzige Art wie man mit Würde sparen und dann das angehäufte Geld verbrauchen könne sei zählen eins eins eins. Man sollte nie drei oder auch nur zwei sagen, sondern sich streng an die Basis von eins halten. Wenn man immer eins nach dem andern zählte und im Geldbeutel immer die einzelnen Einer hätte könnte man immer alle gut ernähren und hübsch kleiden und die Möbel auffrischen sobald die Ecken schäbig wurden. Und das tat sie. Ihr Mann David Bacharach war der häßlichste Mann von Balti-

more aber ein angenehmer, er war einer der sehr frühen Anhänger von Henry George. Ich habe mich sehr gefreut über einen Brief den ich gerade gestern erhielt zu meinem Artikel in der Saturday Evening Post über Geld und man sagte er wäre anders ausgefallen wenn ich etwas über Henry George wüßte. Ich wußte alles über Henry George. David Bacharach wußte absolut alles über Henry George. Ich glaube nicht daß ich mich wirklich sehr für all das interessiere aber ich kann mich darüber aufregen und tue es auch. Regierungen sind wirklich nicht interessant, der Grund dafür ist daß sie so weitermachen müssen und wenn sie so weitermachen müssen gibt es keinen Grund dafür.

Schließlich ist es sehr einfach, wir sind auf der Erde und wir müssen auf ihr leben und darüber hinaus gibt es alles was es gibt und das kann man nun mal nicht erweitern weil es schließlich da ist und wir hier sind und wir immer hier sind und jeder kleine Augenblick ist ein Vergnügen und ein Vergnügen ist ein Vergnügen oh ja ein Vergnügen ist ein Vermögen zum Begnügen. Jedenfalls zählte meine Tante Fanny immer eins nach dem andern sie tut es immer noch und es gelingt ihr immer noch durch den einfachen Prozeß der Eins-nach-dem-andern-Zählerei daß alles so aufgeht wie es soll. Ich besuchte sie als ich in Baltimore war und wieder gewann sie allerlei durch die Eins-nach-dem-andern-Zählerei. Dann gab es noch die geldzählenden Keysers und die geldzählenden Steins und sie alle geben gern Geld aus, und wenn man nicht wirklich Vergnügen daran hat ein Geizhals zu sein dann gibt es kein besseres Vergnügen als Geldausgeben, und es ist schwer ein Geizhals zu sein, ein wirklicher Geizhals ist so selten wie ein Genie dazu braucht es ein und dasselbe das heißt Zeit darf für sie nicht existieren. Es bedarf einer Realität die nichts mit der Vergänglichkeit von Zeit zu tun hat und es ist für jeden sehr schwer die in sich zu haben, nicht schwer sondern fast unmöglich aber es gibt keine Möglichkeit sie zu haben wenn man sie nicht hat, ich habe sie und Hetty Green ebenfalls, oh ja.

Es gab keinen Widerstand beim Kennenlernen der ganzen Familie und der Familien in Baltimore überhaupt keinen. Wie hätte es einen Widerstand geben können nach all dem Widerstand von einst, Leo ging nach Harvard und ich ging ihn besuchen. Und dann ging ich nach Radcliffe. Die sind verrückt in Radcliffe wenigstens scheint es so wenn sie mir ihr sämtliches Gedrucktes schicken. Als ich in Radcliffe war war es nicht Radcliffe es gehörte zu Harvard und das Leben in einer Pension war interessant und die Bekanntschaft mit einer ganzen Menge neuer Leute die ich vorher nie gesehen hatte, das ist ganz natürlich aber ist es natürlich daß man jetzt eine ganze Menge kennt die man vorher nicht gekannt hat. Der Pensionswirt war komisch, er saß am Tischende und er konnte schlechte Beleuchtung nicht leiden, er sagte noch so eine Beleuchtung und er säße in völliger Dunkelheit. Er sagte nichts Komisches. Seine Frau war eine gute Pensionswirtin, ich glaube er führte eine Stellenvermittlung, wir wußten es damals nicht und doch mußten wir es gewußt haben oder vielleicht nicht. Jeder war dort neuenglisch. Ich war vier Jahre dort.
Nun ja als ich Die Autobiographie von Alice B. Toklas schrieb erhielt ich zum ersten Mal einen ganzen Haufen Verehrerbriefe und auch für die Vier Heiligen. Ich habe immer etwas gelesen und nie einen Verehrerbrief an jemanden geschickt warum sollte ich mich darüber freuen daß man mir schrieb aber ich freute mich.
Es ist natürlich abergläubisch zu sein und an Handleserei und an Weissagungen zu glauben. Mir gefällt Handleserei besser als Weissagungen, Weissagungen sind ein bißchen erschreckender. Nun das war also der Sommer ehe wir nach Amerika gingen und wir waren noch gar nicht sicher ob wir gehen würden. Es gab allen Grund unsicher zu sein.
Nun jedenfalls lese ich gerade und lese es immer wieder das Buch The Relation of Human Nature to the Human Mind das ich nach meinem Amerika Aufenthalt schrieb und ich hätte es nicht geschrieben wenn ich nicht nach Amerika gegangen wäre

und daß das schade gewesen wäre weiß jeder. Wir gingen also nach Amerika aber vorher verbrachten wir den Sommer in Bilignin und das begann schlecht, Trac war da.
Trac war unser erster Indochinese und er liebte uns und wir liebten ihn. Ich denke das geschieht oft obwohl Nyen der später kam besser war er trank natürlich, aber man kann nicht alles haben.
Francis Rose ist jetzt in Indochina und er hat mir gerade alle Zeichnungen und Aquarelle geschickt die er dort gemacht hat und er hat junge Indochinesen, seine Diener, gezeichnet und er schreibt auf der Rückseite junger Chinese wahrscheinlich von der Insel Hanau schon gleich am ersten Tag weggegangen.
Junger Annamit vom Cochin China Gouvernment House geschickt. Er hatte viele Jahre beim Gouverneur gearbeitet und war von der Gouverneursfrau persönlich geschickt worden. Er ging mit mir bis Phnen Pararge und dann mußte ich ihn zurückschicken da er nichts von Kleidern verstand. Steckte alle leeren Flaschen und Zigarettenblechbüchsen in Pappkartons und alte leere Zahnpastatuben. Er war vierzig Jahre alt und als ich nach Saigon zurückkehrte brachte er mir Blumen und wollte wieder eingestellt werden.
Junger Annamit blieb zwei oder drei Tage war nicht schlecht verstand nichts vom Dienersein war früher Ingenieur aber rauchte Opium was es unmöglich macht solche Leute zu behalten.
Junge aus Anig Mutter tonkinesisch Lo Lo Spuren in Gesichtszügen. Still und willig aber ganz ungeübt konnte Saigon nicht verlassen und konnte nicht französisch sprechen.
Junger angenehmer aber fauler Beri Annamit aus Hui blieb zwei Tage.
Trac also war unser erster Indochinese seitdem haben wir so viele gehabt daß wir uns nicht mehr an alle erinnern können aber Trac war der erste. Er ging mit uns aufs Land und wir alle aßen mit Genuß das chinesische Pastetchen das er machte was köstlich ist für ein Picnic und es ist immer angenehm einen

Chinesen sogar einen Indochinesen um sich zu haben und deshalb hatten wir Trac. Carl Van Vechten fotografierte ihn und der Kiddie ebenfalls aber sie kamen auch früh zu uns ehe Trac uns verlassen hatte. Es war angenehm den Sommer in Bilignin zu beginnen.
Neulich abends war Francis Picabia hier mit seinem fast dreiundzwanzigjährigen Sohn Poncho. Poncho klagte weil sein unehelicher Halbbruder Lorenzo wegging um Matrose auf einem Segelboot zu sein, wie kann er sich sagte Poncho auf ein Boot beschränken. Aber schließlich sagte Picabia bist du auf die Erde beschränkt und gelegentlich auf die Luft wie kann es dir gefallen dich darauf zu beschränken. Nun ja wir lieben Bilignin mehr und mehr wir sind nicht darauf beschränkt aber wir lieben es. Trac begann also den Sommer mit uns aber wir wußten genau daß es ihm nicht gefallen würde. Wie auch wo es doch in Bilignin Gespenster geben konnte nachdem es in Indochina seit dem Krieg keine mehr gab. Jedenfalls Hinkommen und Sich-Einrichten bedeutete sehr viel und dann kam Carl, nur für vierundzwanzig Stunden und er machte neunzig Fotografien aber er war da und wir waren mit ihm zusammen. Trac hat ihn nie vergessen natürlich wir auch nicht aber Trac ebensowenig.
Trac war bei uns in Bilignin den Sommer bevor wir nach Amerika gingen, man muß sich wieder Einzelheiten vorstellen um zu wissen ob es zwei Jahre her ist oder eins oder länger was auch sein kann.
Ich habe Zeit länger zu meditieren aber das macht nichts da ich wieder einmal einem Porträtmaler sitze, ich sitze und er sitzt und wir sprechen nicht miteinander, ich schaue hinaus über die Dächer und sitze nicht sehr bequem und er zeichnet um mit meinem Porträt vertraut zu werden, aber nicht daß er das sagt. Für mich ist es interessant es wieder zu tun. Ja wieder.
Ich komme wieder aus Amerika zurück und jetzt etwa ein Jahr später sitze ich wieder einem Maler.
Trac jeder kann sich erinnern was Trac ist, niemand hat ihn vor

kurzem gesehen aber das tut nichts zur Sache. Trac ist seinem Erinnerungsbild immer treu, und sein Erinnerungsbild ist für immer gegenwärtig.

Und Trac ging also mit uns nach Bilignin und war da bei uns als Carl Van Vechten mit Mark Lutz kam oder vielmehr als zuerst William Rogers kam. William Rogers war der Kiddie der im Krieg bei uns in Nîmes war. Wir hatten ihn nicht wiedergesehen und jetzt sahen wir ihn, es war nett ihn zu sehen. Später viel später als wir ihn und seine Frau in Neuengland besuchten hatte sie im Gasofen in der Küche Feuer gemacht und er sagte laß es dir eine Lehre sein aber das war nur was sein Großvater in so einem Fall gesagt hätte und der Kiddie sagte es wirklich. Nun ja. Wir waren froh ihn zu sehen sehr froh ihn zu sehen. Wir erzählen immer das heißt ich wenigstens erzähle immer erst und dann immer Alice Toklas nun ja wir erzählen immer alles. Das kann jeder aber manche tun es nicht. Wir taten es und wir tun es und so erzählten wir dem Kiddie alles über unser Nach-Amerika-Gehen und wieso wir nicht gehen konnten. Es wurde wirklich sehr aufregend daß wir nicht gehen konnten, es war für uns aufregend und es war aufregend darüber zu sprechen.

Der Kiddie war bei uns in Nîmes gewesen er war nach Nîmes gekommen nicht etwa weil er etwas von uns gewußt hätte man wußte natürlich damals nichts von uns sondern er kam weil er den Pont du Gard sehen wollte den die Römer über den Fluß Gardon gebaut hatten.

Wir sahen ihn damals täglich und er ging mit uns hin und dann ging er fort, er schrieb uns und wir schrieben ihm bis der Krieg vorbei war und dann schrieb er nie mehr.

Dann als die Vier Heiligen die Oper so viele Jahre danach in Hartford aufgeführt wurde schrieb er ausführlich darüber und ausführlich über sich selbst und wir freuten uns und wir teilten ihm das mit und er sagte er komme nach Frankreich und ob er uns besuchen könne und wir sagten das wäre uns eine besonders große Freude und es war uns wirklich eine besonders große Freude und er besuchte uns in Paris.

Ich erinnerte mich nicht mehr wie er aussah ich erinnere mich nie aber er sah aus wie er ausgesehen hatte nur sah er älter aus. Wir sprachen den ganzen Abend lang und wir mochten ihn, man kann das nie voraussagen aber wir mochten ihn, natürlich mochte er uns und wir sprachen über alles nicht über alles und jedes natürlich aber wir sprachen über das was für uns alles war. Wir hatten vor am nächsten Tag nach Bilignin zu reisen und er sagte er würde hinunterkommen. Es ist immer sehr schwer zu wissen ob man hinauf oder hinunter sagen soll wenn man irgendwohin geht, jeder hat darüber seine eigene Meinung. Ein paar Amerikaner die in Rußland leben waren gestern abend hier und wenn sie über Rußland sprechen sagen sie man kommt heraus oder geht rein sie gehen nicht nach oder kommen von sondern rein oder raus. Nun alles bedeutet etwas selbst wenn es nur eine Gewohnheit ist. Mein Vater hat sich immer über meinen Bruder Leo beklagt weil vieles was er tat nur eine Gewohnheit war. Nun ja.

Der Kiddie kam nach Bilignin.

Carl Van Vechten und Mark Lutz waren schon da gewesen. Während ihres Aufenthaltes fotografierte Carl meistens aber wir sprachen über unseren Plan nach Amerika zu gehen und über unsere Streiterei. Carl sagte nichts das tut er nie aber wenn man ihm etwas von Streit erzählt, sagt er wenn man sich korrekt benimmt nun wenn man sich korrekt benimmt nicht daß es dann keinen Streit gäbe aber der Streit existiert nicht, und wirklich weiß niemand mehr etwas davon wenn es einmal vorbei ist aber wenn man wirklich streitet dann geht es immer weiter auch wenn alles vorbei ist. Nun wir hatten es also gut miteinander und Mark Lutz war nett zu Basket und Pépé, und nachdem Basket fotografiert worden war hatte keiner mehr Interesse außer Pépé und dann wurde Pépé fotografiert. Basket liebt gerade jetzt und zum ersten Mal eine Hündin die Sugar heißt vielleicht liebt er sie deshalb, er ist ein Pudel und sie ist eine Elchhündin, und wird es noch ein zweites Mal geben oder nicht, ein Elchhund ist ungefähr von der gleichen Größe wie ein Pudel aber sonst gibt es keine Ähnlichkeit. Im Januar werden wir es wissen.

Nach Carls und Marks Besuch lag Amerika weder näher noch ferner.

Dann kam der Kiddie sonst William Rogers genannt. Ich glaube ein Name hat eine Bedeutung. Es gibt Billy the Kid und wir hatten William the Kiddie. Nun also er kam.

Nach seiner Ankunft solange er da war nahmen wir ihn überallhin mit. Wir hatten ihn schon immer überallhin mitgenommen.

Das heißt als er während des Krieges bei uns in Nîmes war, während des vierzehnachtzehn Krieges der jetzt so ziemlich vergessen war, nun jedenfalls es war nett ihn hier zu haben.

Er blieb zwei Tage und dann mußte er einen Zug nehmen. Als wir ihn zum Zug fuhren platzte der Reifen gleich nach Bilignin und wir kamen wieder zurück.

Während wir auf den nächsten warteten erzählten wir ihm alles was wir ihm vorher noch nicht erzählt hatten aber jetzt erzählten wir es ihm wir erzählten daß wir nicht fortgehen, nicht nach Amerika gehen wollten und von unserem Streit mit Mr. Bradley und er sagte er sehe eine Möglichkeit daß es geregelt werden könne und geregelt wie ich es wünschte, nicht wie die anderen es wünschten. Wir glaubten immer jedem wenn wir ihm zuhörten. Wir glaubten ihm. Es war angenehm ihm zu glauben und dann erwischte er den nächsten Zug.

Trac war die ganze Zeit über sehr angenehm gewesen. Trac der Indochinese und jeder hatte ihn wie auch uns und alles übrige fotografiert. Und jetzt waren wir allein auf dem Land und niemand fotografierte.

Trac ging am Abend nicht aus das heißt er mochte am Abend nicht ausgehen weil es wenn er ginge vielleicht furchterregend sein könnte und er fing an über alles zu reden. Er hatte natürlich immer über alles geredet Chinesen tun das immer, aber er sprach gerade dann gerade darüber daß er abends nicht mehr ausginge.

Natürlich gab es in Belley eine Familie die Mutter war Indochinesin der Vater Franzose, und es gab viele Kinder. Belley ist klein aber wir hatten nichts von ihnen gewußt erst Trac entdeckte sie. Trotzdem waren sie kein wirklicher Trost für ihn wie er sagte und er ging abends nicht aus.
Und dann fing er an davon zu sprechen daß er einen Kameraden bei sich haben wollte. Ja sagten wir. Aber wird er auch kommen, ach nein, sagte Trac, er wird nicht kommen nicht wenn ich ihm erzähle wie das ist mit dem Nicht-Ausgehen, ja aber wenn ihr zu zweit seid könnt ihr doch ausgehen sagten wir ja das schon sagte Trac aber es ist sehr zerstreuend und ich arbeite nicht gut wenn ich zerstreut bin, ja sagten wir aber du hast gesagt du willst es, ja sagte er ich werde meinem Kameraden nochmals schreiben.
Drei Tage danach verkündete er der Kamerad würde kommen. Das ist fein sagten wir schreib ihm er soll telegraphieren mit welchem Zug er abfährt und wir werden hingehen und ihn abholen. Ja sagte Trac hier ist der Brief. Ja sagten wir aber das hat eine Französin geschrieben schreibt sie für ihn, nein sagte Trac das ist der Kamerad, was sagten wir, ja sagte Trac das ist der Kamerad. Oh nein sagten wir ganz und gar nicht, und ich sagte, wenn ich eine Französin haben will werde ich sie aussuchen, nicht für mich sagte Trac, nein sagte ich nein Sie müssen ihr abtelegraphieren sagte ich, es ist zu spät sagte Trac sie hat ihre Fahrkarte nun dann bestelle sie telegraphisch ab sagten wir, ich habe keine Adresse sagte Trac außerdem ist sie schon unterwegs. Na ja sagte ich komm wir wollen sie abholen und Trac und ich gingen weg um sie abzuholen. Wir holten sie ab. Sie war die größte dickste Bretonin die ich je gesehen habe oh je. Das hatten wir also davon. Und nach und nach begann Trac abends auszugehen und sie daheimzulassen er konnte am Abend ausgehen wenn er sie daheimließ. Und dann sagte er er dächte daran ganz wegzugehen und sie dazulassen und später würde er wieder zurückkommen, das geht nicht sagten wir wenn Sie weggehen wollen dann geht zusammen weg. Und sie

gingen wirklich zusammen weg aber Trac kommt immer wieder zurück und er liebt uns und wir lieben ihn.

Und so waren wir ohne jemanden und wir müssen jemanden haben.

Zwei kamen.

Es war komisch.

Als wir Trac genommen hatten wollte ein anderer Indochinese kommen. Er gefiel mir er sah aus wie ein Chinese und er war traurig. Alice Toklas verlangte telefonisch seine Referenzen. Wir hatten uns bereits für Trac entschieden aber wenn sie kommen spricht man mit ihnen und denkt irgendwann will man sie haben.

Die Referenz kam von jemandem dessen Mutter eine Engländerin ihn im Süden gehabt hatte. Er sei der beste Indochinese den sie je gehabt hätte und sie hätte viele gehabt aber er sei weggegangen und nachdem er weg war hätten einige seiner Landsleute gesagt er sei Kommunist. Nun vielleicht macht das die Sache anders aber vielleicht auch nicht. Nun jedenfalls hatten wir Trac genommen. Ich hebe gerne Sachen auf und daher hatten wir seine Adresse aufgehoben. Und jetzt da Trac weggegangen war schrieben wir ihm das heißt Alice Toklas tat es.

Wir hatten etwas von ihm Handgeschriebenes und er antwortete in dieser Handschrift daß er gerne käme. Alice Toklas schrieb zurück und sagte wann er kommen sollte. Er schrieb in einer anderen Handschrift zurück er würde gerne seinen Bruder mitbringen und ob wir ihnen zwei Fahrkarten schicken könnten. Alice Toklas schickte telegraphisch das Geld für zwei Fahrkarten. Sie telegraphierten zurück der Name sei anders und deshalb konnten sie das Geld nicht bekommen. Also telegraphierte sie wieder und änderte den Namen. Sie telegraphierten die Ankunftszeit und wir gingen hin um sie abzuholen. Sie waren da aber keiner von ihnen war der andere. Ich sagte hört mal wir kennen Chinesen. Chinesen schauen für uns nicht gleich aus und keiner von euch ist der Erwartete. Oh doch

sagten sie sie seien die Richtigen und sie wußten noch alles über ihr Kommen. Nun jedenfalls waren sie da und das war schon etwas der eine sagte er könne kochen und er konnte es, was für ein Koch war Nyen, und der andere sagte er könne alles was nicht stimmte und bald zankten sich die beiden mit ihren hohen Chinesenstimmen und es war ein Spaß ihnen zuzuhören aber es war kein Spaß für sie.
Eines Tages sprach Nyen mit mir im Garten, er sagte werden Sie ihn los ich kann alles tun und sagte ich seid ihr keine Brüder, nein sagte er ich habe ihn nie gesehen bevor ich mit ihm im Zug abfuhr. Aber sagte ich er ist auch nicht der andere. Oh nein sagte er er ist gar nichts. Nun gut sagten wir und wir wurden ihn los. Nicht so leicht aber wir taten es er hatte eine hohe dünne Chinesenstimme aber wir taten es. Er sei im Ministerium gewesen so sagte er er habe die Papiere er sei Regierungssekretär gewesen und er habe nie gearbeitet und der andere das war Nyen sei ein Trinker sagte er und wir würden noch alles bedauern. Es stimmte Nyen war ein Trinker aber er konnte und er wollte arbeiten und wir mögen ihn noch immer. Niemand kann ihn behalten aber wir mögen ihn noch immer, und er blieb bei uns bis wir weggingen es stimmt daß die romanischen Rassen keine Trinker sind aber in einem Dorf sind sie genau so betrunken wie jede andere Rasse. Und Nyen auch. Er war kein Romane aber er trank mit den Franzosen. Nun ja das war Nyen und ich habe gerade eine Geschichte namens Butter Will Melt über ihn geschrieben und der Atlantic Monthly findet sie köstlich und falls sie das ist dann ist sie es weil sie wie seine Kochkunst ist.
Wir beruhigten uns und ich begann zu arbeiten und natürlich begann ich die zu haltenden Vorträge zu schreiben als ob wir nach Amerika gingen.
Ich begann sie zu schreiben und ich hatte schon einige geschrieben und als ich zu schreiben begann gab ich es auf an irgend etwas zu denken. Was nützt es an irgend etwas zu denken und von da an ging unser gewohntes Leben weiter.

Ein wenig später kamen Bernard Faÿ und Jay Laughlin. Wir hatten sehr viel über alles geschrieben und wir wußten nichts über Jay Laughlin aber er kam. Charles Henri Ford war bereits da aber das war nicht interessant. Man kennt gerne junge Männer obwohl sie recht bald nicht mehr jung sind, sobald man sie wirklich kennt sind sie nicht mehr jung.
Wir haben jetzt hier in der Küche ein polnisch-amerikanisches Mädchen. Sie sagt, Mrs. Simpson, ich mag diesen Namen. Auch sagt sie Paris sei ein irdisches Paradies weil es dort sozusagen keine Schwarzen gibt. Ohio ist voll von Schwarzen sagt sie und man kann sich vor ihnen fürchten.
Nun also Bernard Faÿ und Jay Laughlin kamen und blieben zehn Tage bei uns und ehe es vorbei war wußten wir daß wir nach Amerika gehen würden und ich Vorlesungen halten würde.
Ich las ihnen meine Vorlesungen vor. Bernard Faÿ hält Vorlesungen und er hörte zu. Jay Laughlin hörte auch zu. In Frankreich liest jeder laut vor. In Amerika spricht man über das Radio aber man liest nicht laut vor.
In Frankreich denkt niemand daran sie einem zum Selberlesen zu geben man liest sie einmal laut vor. Ich konnte das niemals weder hören noch lesen. Ich habe es nicht gern. Ich lese gerne mit den Augen und nicht mit den Ohren. Ich lese gerne innerlich und nicht äußerlich. Wenn man aber Vorlesungen halten muß und die Vorlesungen zuvor niederschreibt muß man sie laut lesen. Und es ist nicht möglich sie zuvor nicht niederzuschreiben weil es dann nicht geschrieben ist und was gesprochen ist ist niemals geschrieben und als Gesprochenes ist es nicht wirklich interessant.
Bernard Faÿ war willens uns bei allem zu helfen und wir gingen. Wir hatten keinen als Hilfe und er sollte jemanden finden und er tat es. Er wurde gefunden.
Jay Laughlin sollte eine Zusammenfassung der Vorlesungen machen und schweifte dahin und dorthin. Alles war ein bißchen beunruhigend aber da war alles schon entschieden.

Der letzte Anstoß war der Krieg und jetzt hieß es nach Amerika gehen, sonst hatte ich immer getan was ich vorher getan hatte das heißt regelmäßig gehen und kommen. Ich mag Ablenkung aber eine Ablenkung ist keine Umwandlung. Der Krieg war eine Umwandlung und jetzt waren wir wirklich soweit nach Amerika zu gehen. Wie Tom Peters einmal schrieb der Frühling ist da und nichts kann ihn bremsen, und wir waren soweit zu gehen und nichts konnte uns bremsen, und nichts tat es. Wir gingen. Aber zuerst mußten wir vorbereiten. Schließlich war es dreißig Jahre her seit ich dort gewesen war und dreißig Jahre sind zwar nicht sehr viel aber schließlich sind es doch dreißig Jahre.

Wir beschlossen all unsere Kleidung in Belley machen zu lassen und taten es auch. Das gehört zu den netten Dingen in Frankreich wenn man irgendwo in der Nähe von Lyon ist kann man sich sehr gute Kleider machen lassen. In der Nähe von Paris ist es nicht so gut, Paris ist eine Hauptstadt und alles in der Nähe ist Vorstadt aber wenn man erstmal weg ist und in der Nähe von Lyon findet man gutes Essen und gute Schneiderei. Deshalb ließen wir alle unsere Kleider in Belley machen. Ich schrieb weiter an meinen Vorlesungen und alles wurde allmählich fertig, ich hatte keine Angst mehr, Angst haben ist eine Teilzeit-Beschäftigung aber es kann keine Ganzzeit-Beschäftigung sein.

Bernard Faÿ erzählte mir was in Amerika auf uns zukommen würde, wir waren nicht sicher ob er es auch wußte. Schließlich weiß man nie was irgendwo auf einen zukommen wird. Carl Van Vechten wußte es, das wußten wir nachdem es geschehen war weil er es Bennett Cerf vorher erzählt hatte aber da ich nie weiß was je geschehen wird versuche ich niemals zu wissen was je geschehen wird. Jay Laughlin konnte die Zusammenfassung nicht machen aber das war nicht entmutigend. Ich hatte schon eine Zeitlang eine angenehme Korrespondenz mit der Choate School gehabt man schreibt dort sehr gut und Jay kam von der Choate School und ich sollte hingehen. Ich sollte auch zum

Harvard Signet Club gehen. Nun wir machten also unsere Einkäufe und trafen einen angenehmen Mann aus Columbia der auch schrieb und arrangierte, und aus Amherst schrieb der Präsident Mr. Stanley King und es wurde erfreulich aufregend, aber das alles war weit weg.
Jedenfalls wenn man es nie vorher getan hat.
Die Erde ist mit Menschen übersät aber Genies sind sehr selten. Interessant wenn wahr und es ist wahr.
Wir ließen also alles machen und wir blieben in Bilignin bis wir nach Paris fuhren. Und in Paris blieben wir nur wenige Wochen und Trac kam zurück und Alice Toklas kaufte einen Schirm der später in einem Restaurant in Mittelkalifornien stehen blieb und dann nachdem sie schriftlich nachgefragt hatte, nach San Francisco geschickt wurde und da wir inzwischen Amerika schon verlassen hatten zu Carl Van Vechten nach New York geschickt wurde und gerade letzte Woche hat Eddie Wassermann ihn ihr gebracht. Das tut ihr leid denn sagt sie wenn er drüben geblieben wäre gäbe es einen Grund zurückzugehen um ihn zu holen. Und inzwischen hat sie einen anderen genau den gleichen gekauft jedenfalls dachten wir beide es sei genau der gleiche aber jetzt da der andere zurückgekommen ist sehen wir daß der Griff anders ist. Auch trafen wir heute am Neujahrs-Nachmittag den Indochinesen der kam als er gesagt hatte er sei ein Bruder und der eine hohe Stimme hatte, und er sagte er sei kein Bruder aber jetzt würde er gerne wieder zurückkommen. Vielleicht wird er wieder zurückkommen. Und Trac hat ein indochinesisches Restaurant eröffnet.
Wir fuhren also nach Amerika.

IV. KAPITEL

Amerika

Wir gingen nach Amerika. Für die Vorlesungen hatten wir eine besondere Mappe machen lassen, in Belley macht man sehr gute Ledersachen und diese paßte genau und wir packten alles ein was wir zu packen finden konnten und Trac wurde immer aufgeregter, Trac liebt Reisen und will immer mit jedem der weggeht mitgehen. Schließlich gingen wir und Trac brachte uns zum Zug. Natürlich hatte ich viele neue Schuhe, ich habe neue Schuhe sehr gern, ich mache mir nicht viel aus neuen Kleidern, ich muß sie lange Zeit hängen lassen ehe ich sie tragen kann aber neue Schuhe habe ich gern und in Chambery machte man mir sehr viele. Ich trug ein Paar und als ich in den Zug stieg sprang der Knopf weg. Oh Trac sagte ich. Er sagte warten Sie einen Augenblick und weg war er und kam zurück mit einem Knopf und Nadel und Faden und nähte den Knopf an und wieder einmal waren wir bereit zum Abfahren. Drei kamen zum Abschied, Trac und Georges Maratier und Jay. Jay das ist Jay Laughlin mißt sechs Fuß und etwas mehr ein sehr beträchtliches Mehr, neben ihm stand Georges Maratier ein kräftiger mittelgroßer Franzose und Trac ein winziger Indochinese und da standen sie eins zwei drei als wir abfuhren.

Wir waren auf dem Schiff und es war anders als früher. Schiffsreisen hatten sich verändert aber Zugreisen nicht wie ich später herausfand, drüben sagte man sie hätten sich auch verändert aber das stimmt nicht. Auf dem Schiff war es viel bequemer als früher, in Zügen aber nicht wirklich. Man gebraucht Worte wie Klimaanlage doch es riecht noch ungefähr gleich.

Aber zuerst waren wir auf dem Schiff und es gefiel uns. Es war der Anfang vom Reisen als Berühmtheit und mit allen Vorrechten die damit zusammenhängen. Immer hatten sich alle gut zu uns benommen aber das jetzt war etwas anderes.

Die Franzosen haben eine nette Art alles zu respektieren was alles mit Schöpferischem zu tun hat. Schriftsteller Maler Studenten und Akademiker werden immer von jedermann nett behandelt.

Einmal kam ich vom Land zurück und es gab keinen Platz in der Garage. Mehrere Wagen konnten nicht hinein. Aber ich muß hinein sagte ich. Aber ja, sagte der Mann am Tor, lassen Sie mich nachdenken ja da ist noch ein Platz, und der ist natürlich für Sie, hier in der Ecke und es steht kein anderer Wagen dort abgesehen von dem des Akademikers. Das war ganz in Ordnung, der Akademiker und die Schriftstellerin mußten natürlich untergebracht werden die anderen nicht. Jeder wußte das.

Das ist sehr angenehm. Man hat kein Interesse an dir wie vielleicht in Amerika aber man hat Respekt vor dir und vor dir und das ist dein gutes Recht.

Ich habe gerade einen langen Brief an den Kiddie geschrieben mit Erklärungen über Klassenunterschiede und zwar so.

Das gefällt mir an den Franzosen sie sind nicht dumm, sie wissen daß es Berufe und Gewohnheiten gibt Charakter und Intelligenz und Persönlichkeit und Macht und Stumpfheit daß all das immer eine Klasse erzeugt alles was man tut jeden Tag erzeugt eine Klasse die dableiben mag, und also lassen sie eine Klasse als Klasse gelten aber das hat nichts mit dem Sein als Sein zu tun sie finden es nur ein wenig verwirrend aber nicht wirklich, sie wissen wirklich daß eine Klasse eine Klasse ist und warum auch nicht. Jede Klasse hat ihren Reiz und das kann nichts schaden so lange jede Klasse ihren Reiz hat und jedermann beschäftigt ist mit dem eigenen Sein. Natürlich halten die Franzosen viel vom Handwerk dem Metier das heißt von der genauen Kenntnis des Berufs und das tue ich auch.

Und nun waren wir auf der »Champlain«. Als Berühmtheiten zahlten wir weniger als den vollen Preis einer kleinen Kabine und wir hatten eine sehr luxuriöse. Das war sehr freundlich. Man ist immer nett zu mir gewesen weil ich freundlich bin aber das jetzt sollte etwas anderes werden. Wir waren auf der »Champlain« und wir waren im Kommen. Früher hatte ich immer gesagt das war lange Zeit vorher in der Zwischenzeit hatte ich nie ans Hinübergehen gedacht früher hatte ich gesagt ich würde nicht nach Amerika gehen ehe ich nicht eine wirkliche Löwin und Berühmtheit war zu jener Zeit habe ich nicht wirklich geglaubt daß ich je eine werde. Aber jetzt waren wir im Kommen und ich war dabei eine zu sein.

In Amerika ist jeder berühmt einige mehr als andere. Ich mehr als andere.

Vor dreißig Jahren war auf einem Schiff zu sein auf einem Schiff sein es gab Kojen und Bänke man schlief in einer Koje und man saß auf einer Bank im Speisesaal oder auf einem Stuhl der angeschraubt war und jetzt schlief man in einem Bett und saß auf einem Stuhl an einem kleinen Tisch genau wie in jedem Hotel. Die Züge haben sich nicht verändert, man macht die Liegebetten genau so zurecht wie früher alle Gesten sind vertraut aber auf einem Schiff gibt es es sei denn man geht umher und sucht danach nichts was einen an das Wasser erinnern kann. Das gefiel uns. Das heißt damals gefiel es uns.

Jeder sprach mit uns und wir sprachen mit jedem aber es waren nicht viele da dann sprach eines Tages eine Familie mit uns Vater Mutter und ein kleiner Junge, wir hatten alle bemerkt und wir hatten sie bemerkt sie waren freundlich. Sie sahen sehr erfolgreich aus, nicht sehr reich aber reich und erfolgreich.

Wenn man gewöhnt ist in Frankreich zu leben ist man gewöhnt an nicht arm aussehende Leute es gibt sehr wenig arme Leute in Frankreich aber sie sehen nicht reich und erfolgreich aus, so naiv reich und erfolgreich, in Amerika hingegen sehr viele, zum Beispiel diese Familie. Er war Arzt in Newark und wir sprachen viel miteinander und wieso weiß ich nicht aber er hatte Die Autobiographie von Alice B. Toklas und wir signierten sie für ihn. Er war Halsspezialist und ich fing an Beschwerden zu haben, ich hatte mich nie um meinen Hals gekümmert, wenn man in Frankreich etwas sagt sagt man es sehr laut und es ist wie

Aufrechtstehen, man steht und steht und während man steht redet man. In Amerika steht man auch aber während man steht spricht man nicht das heißt nicht viel und niemals sehr laut, aber in Frankreich ist Stehen immer von heftiger Konversation begleitet, und deshalb habe ich mich nie um meinen Hals gekümmert aber jetzt da ich Vorlesungen halten sollte war ich plötzlich sicher meine Stimme würde mich im Stich lassen und die Begegnung mit Doktor Wood war ideal denn ich konnte ihm alle meine Symptome berichten und er konnte mich trösten. Das tat er und trotzdem wußte ich es würde passieren und es passierte, und als ich meine erste Vorlesung halten sollte hatte ich eine Erkältung und mein Hals machte mir Sorgen, er hatte gesagt ich dürfe und wir riefen ihn an schon seine Stimme zu hören war beruhigend aber daß er auch kam und meinen Puls fühlte war ganz und gar gut und er war da bei meiner ersten Vorlesung und meine Stimme auch und wir haben ihn nie wieder gesehen aber wir vergessen ihn nicht. New York kam näher und wir wurden nervös aber nicht wirklich sehr nervös. Man ist nie nervös wenn etwas wirklich geschieht. Wenn immer etwas geschieht ist man nie nervös vielmehr ist man nervös wenn nichts geschieht. Gerade habe ich in einem Kriminalroman einen netten Satz gefunden. Er lautet, wenn man keine Arbeit hat gewöhnt man sich an überall so viel Zeit wie möglich zu vertrödeln.

Es begann mit der Freiheitsstatue und Staten Island. Ich erinnere mich nicht an Staten Island, es sah schrecklich hübsch aus so weiß und grün, und dann kam die Silhouette von New York. Ich machte mir nicht so viel daraus wie ich mir aus Staten Island gemacht hatte, sie war genau so wie in meiner Erinnerung oder wie die Fotografien davon in Erinnerung bringen, sie wirkte nicht sehr hoch. Ich war enttäuscht. Und gerade da sahen wir das Boot kommen und den Kiddie darauf und das war trostreich, da war er und da waren sehr viele mit ihm.

Es kam immer näher aber der Kiddie ist bei uns in Frankreich gewesen und vielleicht war das noch gar nicht Amerika schließlich ist es Amerika wo wir geboren wurden und immer gewesen waren obgleich wir es dreißig Jahre lang nicht wirklich berührt hatten mit unseren Händen und Füßen und deshalb war es als ob wir oft gekommen wären aber in Wirklichkeit war es nicht das gleiche. Der Kiddie rief und wir riefen zurück und wir alle winkten und dann war er auf dem Boot und er sagte kommt. Wir gehen immer wenn jemand sagt kommt. Wie könnte jemand nein sagen. Man muß entweder immer nein sagen oder immer ja. Man weiß sehr selten wann man ja oder nein sagen soll. Also ist immer ja oder nein leichter. Jedenfalls kommen wir wenn der Kiddie oder Carl sagt kommt und wir kamen. Doch waren es lauter Reporter und wir setzten uns alle zusammen hin.

Jeder der je etwas getan hat hat Reporter gesehen. Schließlich gibt es immer Zeitungen und man hat sie immer gelesen. Sie sind nicht interessant wie Bücher oder Kriminalromane aber man liest sie doch. Gewöhnlich liest man die gleiche, man liest sie jeden Tag aber sie ist die gleiche. Nun jedenfalls da waren wir alle und es war sehr lebhaft und mir gefiel es, reden gefällt mir immer und Fragen stellen gefällt mir und es gefällt mir zu wissen wer wer ist und woher er kommt. Diese erste Menge stellte mir Fragen später gelang es mir sie zu fragen.

Dann ging ich an eine andere Stelle auf dem Schiff, man fotografierte mich und dann nahm mich ein anderer am Arm und sagte ich würde am Radio übertragen und dann kam ein anderer später stellte sich heraus es war Jo Alsop, er hatte noch nicht gelesen was ich in The Geographical History of America über ihn gesagt habe aber das kam später jedenfalls sagte er er wolle wirklich etwas schreiben und ob er ins Hotel kommen könne, ich sagte ja natürlich natürlich sagte ich ja, und dann landeten wir. Da waren wir also alles war ganz einfach, Carl und Bennett Cerf waren da und alles war einfach und nichts Wirkliches ereignete sich und wir gingen vom Hafen hinaus auf die Straße und dann wußte ich endlich daß etwas geschah etwas wovon ich nicht gewußt hatte daß es geschehen würde ob wir nun hier waren oder da, jedenfalls da wo wir waren und das war gut, wir wußten wo wir waren da war es gut, aber es war seltsam wirklich seltsam.

Nach einer Weile waren wir unterwegs, wir saßen in Bennett Cerfs Wagen der genau so war wie jeder andere Wagen gewesen war, nicht aber die welche wir sahen, die Taxis schauten anders aus und die Lastwagen vollkommen anders. Es war wie die Tarnung im Krieg. Überall hat sie die gleiche Bedeutung aber, da sie von verschiedenen Ländern gemacht wird ist sie nirgends die gleiche. Während des Krieges fand ich es interessant daß die Tarnung jedes einzelnen Landes völlig anders ausschaute als die Tarnung der anderen Länder. Aber von den amerikanischen Taxis und Lastwagen hatte ich nicht erwartet daß sie anders aussähen als die in Frankreich aber sie taten es obwohl es eine Menge amerikanischer Wagen in Frankreich gibt. Die kleinen Lichter oben ließen sie anders ausschauen und die Form der Lastwagen war völlig anders und dann schien die Fahrstraße so anders, das macht alles fremd, es schaut aus wie man es erwartet aber es schaut nicht wirklich aus. Für einen Augenblick schaute Amerika das heißt New York mit seinen Straßen nicht wirklich aus.

Und dann waren wir im Hotel. Das war aufregend weil wir jetzt aufgeregt waren und wußten daß alles aufregend war was stimmte. Alle organisierten alles. Wir hatten vier Zimmer, wir hatten geglaubt wir würden nur eines haben, und es gab keinen Lärm oder dergleichen aber alle kamen und es gab sehr viele hier. Wir taten was sie taten. Das heißt wir taten was sie uns tun hießen. Es wimmelte von ihnen und war doch keine Plage, es waren Freunde und es gab Blumen und man fotografierte und man setzte sich nieder mit uns und dann kamen zwei von den Reportern herein um noch etwas mehr zu reden. Das war angenehm es ist immer angenehm noch etwas mehr zu reden. Jo Alsop war einer von ihnen es stellte sich heraus daß er ein Vetter der Roosevelts war aber schon zuvor hatten wir viel miteinander geredet. Ich erzählte ihm alles und er sagte ich

spräche so klar warum ich denn nicht klar schriebe. Ich schreibe aber klar. Das ist keine Antwort das ist eine Tatsache. Ich glaube ich schreibe so klar daß ich mir darüber Sorgen mache. Nicht wirklich, aber doch. Trotzdem begann ich es ihm dann zu erklären und ich erklärte es ihm in Abständen den ganzen Winter lang und dann schrieb ich ihm schließlich Briefe darüber und erklärte ihm wie klar Erklärungen sind aber da niemand dem man etwas erklärt die Erklärungen mit dem was wirklich klar ist verknüpfen kann deshalb sind klare Erklärungen nicht klar. Nun das ist ganz einfach jeder der einmal argumentiert oder gestritten hat weiß ganz genau es ist ganz einfach, nur versteht er es nicht wenn er es liest weil er nicht versteht daß Verstehen und Glauben nicht das gleiche ist. Nun ja. Ich habe Reporter niemals nicht gemocht, später dann habe ich Pressefotografen fast vorgezogen aber das alles kommt später.
Dann kamen mehr und mehr und mehr und dann wurde beschlossen daß ich gefilmt werden und lesen sollte, und wir probten das. Ich tue immer was man mir sagt und ich tat es und unsere Sachen waren überall und vielleicht verschwanden einige Sachen und es gab eine Menge Apparate, und schließlich aßen wir zu Abend. Wir waren noch gar nicht müde.
Wir hatten unser erstes Abendessen in einem amerikanischen Hotel und das regte uns auf weil eines der Dinge die uns höchst fremd vorkamen obwohl wir uns noch an alles erinnerten die Speisekarten der Hotels und Restaurants gewesen waren die der Kiddie uns nach Bilignin geschickt hatte nachdem wir uns zum Kommen entschlossen hatten. In Frankreich spricht man über Essen aber schließlich spricht man in jedem Land über Essen. Als die Lanzer nach Frankreich kamen nannte man sie die Esser und das konnten sie nicht leiden. Niemand kann das leiden.
Essen ist ein Thema und eine Gewohnheit und das Land in dem man lebt braucht die Art von Essen die jedermann dort ißt. Alle unsere französischen Freunde die in Amerika gewesen waren

hatten immer gesagt das Essen dort sei ungenießbar. Jeanne Cook hatte gesagt in ganz Amerika gäbe es keinen Lattich und keine Salate. Jetzt natürlich gibt es gar nichts anderes als das aber das ist es schließlich was Amerika nötig hat es hat nötig das alles zu tun solange es das nötig hat.

Das Land in dem wir im Sommer leben ist ein französisches Land wo Brillat-Savarin geboren wurde und es ist ein Land in dem man über Essen spricht. Jedes Land spricht über Essen aber in diesem Land spricht man über das Sprechen über das Essen. Lamartine kam aus diesem Land und Brillat-Savarin und Madame Recamier. Sie alle hatten offenbar gerne gegessen und vielleicht das reizendste Buch über Essen das je geschrieben wurde ist das von Tendret, ein außergewöhnlich reizendes. Nun ja. Man ißt und man spricht über Essen während man ißt und während man über Essen spricht ißt man. Madame Recamier hatte eine Nichte und diese Nichte heiratete Monsieur Lenormant. Monsieur Lenormant hatte einen Sohn und sein Sohn hatte auch einen und dann gab es Henri Lenormant der einige Jahre bevor wir nach Amerika gingen ein junger Medizinstudent war. Sein Vater war ein berühmter Chirurg. Henri ist nett und redet eine Menge und geht gern spazieren und hatte gerade angefangen mit Amerikanern in Paris zu verkehren, mit amerikanischen Mädchen die dort studierten. Sein Vater hatte einen Patienten der noch krank war, einen Amerikaner und als er unerwartet nach Amerika zurück mußte ehe er ganz geheilt war, machte man den Vorschlag daß Henri der Embryo-Arzt ihn begleiten und ungefähr eine Woche lang in Amerika bleiben und dann zurückkommen sollte. Das tat er, er flog nach Kalifornien er besuchte Cincinnati und eine Reihe anderer Städte wo die Mädchen die er kennengelernt hatte herkamen und er kam zurück und wir alle fragten ihn über alles aus und er erzählte interessant von allem und wir alle sagten und das Essen. Ah sagte er das ist interessant. Ich mochte das Essen drüben aber ich weiß warum Franzosen es nicht mögen. Das Essen ist feucht. Und deshalb kann man keinen Wein trinken.

Abgesehen davon daß es feucht ist eben für mich zu feucht war, mochte ich es aber es war eben zu feucht für mich. Wir alle wollten mehr wissen. Nun sagte er in Frankreich wird etwas trocken gekocht und eine Sauce wird gemacht, es wird in Butter gekocht und die Butter kocht und was in der Butter gekocht wird ist trocken und dann wird eine Sauce mit Sahne oder Butter gemacht und diese Sauce ist nicht sehr feucht. Keine französische Sauce ist wirklich feucht, sie gleicht nicht dem amerikanischen Fleischsaft der feucht ist.

Nun waren wir also hier und er hatte recht das Essen war feucht. Die Austern sind feucht natürlich nun ja Tomatensaft und all das ist auch feucht, aber sogar das amerikanische Brot zweifellos die warmen Brote sind feuchter als französisches Brot.

Wir mochten dieses feuchte Essen. Ich nehme an da das amerikanische Klima und ganz bestimmt die amerikanischen Häuser trocken sind muß das Essen feucht sein. Auf dem Land in Frankreich wo es immer viel Feuchtigkeit gibt muß das Essen trocken sein. Das ist ganz natürlich. Aber alles ist natürlich wenn es natürlich ist.

So fingen wir denn an und hatten Freude dran. Es war fremdartig aber es war auch eine Erinnerung und es war aufregend. Ich begann alsdann sehr oft honigsüße Melone zu essen solange ich in Amerika war ich aß honigsüße Melone jeden Morgen und jeden Abend und ich aß Austern und ich aß warmes Brot das heißt Cornmuffins, die waren feucht und ich aß grünen Apfelkuchen und Butterscotch-Kuchen, Kürbiskuchen der war nicht so gut aber zweimal unübertrefflichen Zitronenkuchen, einmal bei Katharine Cornell und das zweite Mal in der Hockaday School. Außerdem macht man in Amerika viel bessere Rahmpilzsuppen als in Europa die beste bekamen wir in der Choate School, ich werde natürlich immer alles berichten was wir aßen, aber an diesem ersten Abend war es aufregend, und danach als sich genug ereignet hatte da gingen wir spazieren.

Wir gingen hinaus auf die Straße und dann gingen wir die

Avenues hinauf und herunter, und es war wundervoll. Fremdheit schwindet immer sehr rasch, das ist einer der Nachteile beim Reisen aber das Vergnügen des Schauens wenn man gerne schaut ist immer ein Vergnügen. Alice Toklas fing an zu reklamieren sie sagte warum nennt man Paris La Ville Lumière, sie hätte immer alles lieber amerikanisch gehabt, ich sagte weil als sie es so nannten dort mehr als irgendwo sonst soviel Lichter brannten, man kann sie nicht tadeln wenn sie es noch so nennen obwohl jetzt hier mehr Lichter brennen als irgendwo sonst. Und es waren mehr. Und schöner aneinandergereiht als irgendwo sonst außer in Spanien, und wir schlenderten dahin und redeten und plötzlich bemerkte ich Alice Toklas' seltsames Aussehen und ich sagte was ist los und sie sagte mir zittern die Knie und ich sagte was ist los und sie sagte ich habe es gerade gesehen, das Gebäude da von der Seite. Sie hatte es gerade gesehen, und wenn man eines dieser Gebäude gerade zu sehen bekommt nun die Knie hatten ihr nicht gerade gezittert, nicht mehr seit dem ersten Bombenfall in Paris 1915 aber die Wolkenkratzer sind schon etwas.

Wir gingen also weiter und die Leute sagten freundlich Hallo und wir sagten Hallo zu ihnen und wir dachten welche erfreuliche Ähnlichkeit doch zwischen New York und Bilignin war wo auf dem Lande jeder im Vorbeigehen Hallo sagt wie man es in jedem ländlichen Ort im Lande tut und dann sahen wir ein Obstgeschäft und wir gingen hinein. Hallo Miss Stein sagte der Mann, Hallo sagte ich, und wie gefällt es Ihnen, sagte er, sehr gut, sagte ich, er sagte es muß doch erfreulich sein nach dreißig Jahren zurückzukommen, und ich sagte ganz bestimmt. Es war ihm so natürlich meinen Namen zu kennen daß es uns nicht überraschte und doch hatten wir so etwas nicht erwartet. Ist etwas ganz natürlich so ist es nicht überraschend und dann gingen wir wieder hinaus auf die Avenue und die Hochbahn schaute genau so aus wie früher und dann sahen wir ein elektrisches Band um ein Gebäude laufen und darauf stand Gertrude Stein ist gekommen und das war umwerfend. Daß jeder Hallo zu einem sagte und einen beim Namen nannte mag umwerfend sein aber eigentlich ist es ganz natürlich aber plötzlich den eigenen Namen zu sehen das ist immer umwerfend. Natürlich habe ich es schon ziemlich oft erlebt und ich erlebe es immer gerne oft und es gibt mir immer einen kleinen Schock des Erkennens und Nichterkennens. Es gehört zu einem der beunruhigendsten Dinge in bezug auf die Identität.

Nun jedenfalls gingen wir heim ins Hotel wie die Engländer sagen daß die Amerikaner sagen und wie wir schließlich auch immer sagten und wir gingen zu Bett und so schliefen wir nach dreißig Jahren in Betten in einem Hotel in Amerika. Das war erfreulich.

Der nächste Tag war etwas anderes alles mögliche geschah und nichts war mehr so fremd wie es gewesen war, das konnten wir sehen und wir sahen es ja aber was gestern gewesen war das war nicht mehr da.

Die Lesungen sollten beginnen. Carl Van Vechten hatte angeordnet daß ich eine ein wenig privat geben sollte um mich an alles zu gewöhnen. Dank sei ihm.

Und dann kam Potter der Mann von den Abendkursen der Columbia Universität zu mir und das war ein netter Mann. Ich war immer so entzückt gewesen von Gene Stratton Porter, der Autorin von The Girl of the Limberlost, weil sie über die Männer die jeder in ihren Büchern traf sprach und sagte, Mike O'Halloran habe gesagt es seien so nette Männer. Das ist wirklich der Unterschied zwischen Amerika und Europa, alle Männer in Amerika sind so nette Männer, sie tun immer alles, wirklich. Jeder in Europa weiß das von Amerikanern. In England sagt man amerikanische Männer sind so aufmerksam, nun jedenfalls kam Potter. Er war der erste gewesen der mich bat zu lesen, und zwar in den Abendkursen der Columbia Universität. Wir hatten eine erfreuliche Korrespondenz gehabt und es sollten vier Lesungen werden und er hatte die Zuhörerschaft auf einige Hundert geschätzt und nach der Privatlesung sollte das nun meine erste sein.

Er war ein netter Mann. Wir mochten ihn.

Er sagte er freue sich daß alle aber auch alle so aufgeregt seien über mein Kommen alle würden kommen um mich lesen zu hören und daß im Auditorium wohl weit über tausend wären. Ich vergaß mich, ich war aufgeregt und sagte in diesem Fall würde ich allerdings nicht kommen. Was heißt das, sagte er, nun, sagte ich, ich habe diese Vorlesungen geschrieben sie sind schwer zu lesen und es wird schwer sein sie anzuhören, keiner der an Vorlesen nicht gewöhnt ist kann die Aufmerksamkeit von mehr als einem Raumvoll fesseln dessen bin ich sicher und ganz bestimmt werde ich keine schwierige Vorlesung vor mehr als tausend halten, Sie haben gesagt es würden nicht mehr sein als fünfhundert und wenn es mehr sind werde ich nicht kommen. Aber was kann ich tun, sagte Potter. Davon verstehe ich nichts, sagte ich, aber wenn mehr da sind als fünfhundert werde ich nicht kommen. Meint sie das wirklich, sagte er verblüfft zu Alice Toklas. Wenn sie es sagt, sagte Alice Toklas, wird sie wahrscheinlich nicht kommen. Was soll ich tun, sagte Potter, das weiß ich nicht, sagte ich, aber ich werde bestimmt nicht vor mehr als fünfhundert Leuten eine schwierige Vorlesung halten, das ist unmöglich, sagte ich. Gut, sagte er und er war ein netter Mann und er ging. Natürlich war ich schrecklich aufgeregt ich sollte am nächsten Abend vor zweihundert sprechen und das war schon schlimm genug. Carl Van Vechten hatte das alles arrangiert aber jetzt kamen all diese Schwierigkeiten und außerdem war ich nicht an geheizte Wohnungen gewöhnt, wir heizen sehr sparsam in Paris und abgesehen davon ist Paris feucht, das Essen ist trocken und die Luft ist feucht und in New York war das Essen feucht und die Luft trocken, deshalb war ich allmählich sicher etwas stimme nicht mit meinem Hals und ich sei unfähig irgendwo zu sprechen. New York war nett aber ich war nicht an Entscheidungen gewöhnt wenn man ein ruhiges Leben führt spricht man über Entscheidungen aber man trifft sie nicht wirklich und hier waren wir und alles war in Bewegung. Wir waren hohe Tiere nicht so hohe wie wir hätten sein können, später waren wir viel höhere und nichts mehr war fremd aber es war sehr aufregend, Briefe und Anrufe und alles. Jedenfalls telegraphierte Potter bevor wir zu Bett gingen: alles arrangiert habe das Unmögliche möglich gemacht schlafen Sie friedlich. Das war also vorbei nichts ist für mich sofort vorbei aber das war vorbei.

Carl Van Vechten sagte man habe ihn gebeten mich bei der ersten Vorlesung einzuführen und er glaube nicht mir läge etwas am Eingeführtwerden und ich sagte ja mir liegt nichts daran. Und ich konnte das ablehnen weil es stimmte aber wenn ich ihn ablehnte konnte ich natürlich niemals einen anderen akzeptieren. Abgesehen davon war es albern jedermann wußte wer ich bin wenn nicht warum sollten sie dann kommen und warum sollte ich dasitzen und nervös werden während ein anderer redet. So war es also von da an beschlossen keine Einführung niemand auf dem Podium ein Tisch für mich als Stütze und fünfhundert Zuhörer.

Aber mein Hals wurde kein bißchen besser und deswegen telefonierten wir dem netten Arzt den wir auf der »Champlain« kennengelernt hatten und er kam und er sagte es sei nichts Schlimmes, natürlich war es nichts Schlimmes aber es war ein Vergnügen wenn er sagte es sei nichts Schlimmes und er gab mir etwas und es war ein Trost und ich war fast bereit mit dem Vorlesen zu beginnen. Viele Leute sagen man habe immer wieder Angst wenn man allein auf dem Podium ist aber nach dem ersten Mal hatte ich keine mehr. Gar keine mehr.

Später sehr viel später als ich im Dutch Treat Club sprach und dort eingeführt werden mußte weil jemand ulkig sein mußte, das muß man immer sein wenn viele Männer da sind und der Einführende muß es allemal sein damit wenigstens einer ulkig ist. Beim Lunch saß ich neben dem Einführenden und zu meiner Verwunderung aß er nichts und war blaß und seine Hände zitterten. Was ist los. Ich bin nervös, sagte er. Ich sagte Sie spielen nervös um Eindruck zu machen, sagte ich, nicht wahr. Ich weiß nicht sagte er. Sind Sie immer so sagte ich,

immer sagte er und wie lange machen Sie das schon, seit drei Jahren einmal monatlich, sagte er. Oh je, sagte ich.
Ich weiß noch immer nicht ob er wirklich nervös war oder nicht ich jedenfalls war es nie außer beim ersten Mal. Wenn man erst einmal weiß Publikum ist Publikum warum sollte es einem dann etwas ausmachen. Ich nehme an ich war in dieser Beziehung wie meine Tante Fanny ich zähle eins eins eins, und seitdem ist ein Publikum was es ist und ich habe vor niemandem mehr Angst es sei denn er oder sie tut etwas Unerwartetes und plötzlich habe ich vor allen keine Angst mehr, denn genau das tut ein Publikum nie es tut nie etwas Unerwartetes oder Plötzliches wenn man also kein Gefühl für Zahlen hat und ganz natürlich eins eins eins zählt dann gibt es beim Vortragen keine Schwierigkeiten. Wir ließen uns nieder um für einen Monat in New York zu sein und einige Vorlesungen außerhalb zu halten. Wir ließen uns nieder um uns daran zu gewöhnen. Und wir gewöhnten uns daran. Es war nicht so als wären wir immer da gewesen. Jeder sprach mit einem jeder kannte einen, jeder in einem Hotel oder Restaurant bemerkte einen jeder bat um eine Unterschrift das war nicht das am meisten Befremdende. Das am meisten Befremdende waren die Straßen es waren amerikanische Straßen, ja wirklich und die Leute waren amerikanische Leute aber das war nicht so schwierig.
Ich war immer daran gewöhnt daß ich mit jedem spreche und daß jeder mit einem spricht, so war es immer in Amerika als ich dort war und bevor ich wieder herkam und hier war es so und drüben ging es so weiter, dann natürlich noch mehr aber wenn man immer noch mehr dazu kommen läßt was ändert das am eigenen Gefühl. Nichts.
Gerade gestern ging ich in das Studio eines Mannes den ich seit fast drei Jahren von der Straße her kannte sein Name ist Benno. Er ist Amerikaner das heißt ja doch er ist Amerikaner, er war zwölf Jahre lang Matrose seit seinem fünfzehnten Jahr und immer unter amerikanischer Flagge er war ein richtiger Matrose und freundlich.

Er ist Maler und hat mich immer gebeten zu kommen. Ich hatte einige seiner Sachen im Surindependent gesehen und ich interessierte mich für sie und er erzählte mir Picasso sei an ihm interessiert wirklich interessiert und ich traf ihn von Zeit zu Zeit immer wieder auf der Straße und sprach mit ihm. Dann waren es eines Abends gerade vor ein paar Tagen zwei der andere war ein junger Arzt und er war schüchtern und ich bat sie hereinzukommen, Benno kam herein und der andere war traurig aber er mußte über die Begegnung mit mir nachdenken und deshalb konnte er nicht hereinkommen, jedenfalls sagte Benno das nachdem er hereingekommen war. Dann sagte ich wieder ich würde ihn einmal aufsuchen tat es aber nicht und dann nach einiger Zeit wieder und wir trafen uns wieder und ich lud ihn ein hereinzukommen und er kam und diesmal trafen wir eine Verabredung zu ihm zu gehen und wir gingen hin, er wohnte einige Treppen hoch und die Treppen waren im Freien und das mag ich nicht deshalb kam er herunter und er sagte ja das sei eins von den Dingen die ihn wirklich abgehalten hätten weiter Matrose zu bleiben jahrelang hätte es ihm nichts ausgemacht aber dann als es ihm etwas ausmachte gab er es auf Matrose zu sein noch einmal war er auf einer Schute zuletzt aber damit war es zu Ende jetzt.

Er hatte ein winziges Studio mit sehr vielen Bildern darin und wir schauten sie alle an es war erstaunlich, er war der einzige der je verstanden hat was Picasso tat. Ja ich bin sicher später wenn alle tot sind wird man eine Menge von seinen Sachen als Picassos verkaufen. Nicht daß er sie kopiert hätte ganz und gar nicht aber er hat sie verwirklicht und manchmal vervollständigt und ins Gleichgewicht gebracht und er hat sie aus dem eigenen Innern gemacht.

Diese Sache interessierte mich sehr. Er sagte eine Menge Künstler kauften seine Sachen derzeit und das verstand ich, er machte dieses Etwas den Leuten klarer als Picasso das konnte dieses Etwas das Schreiben das die Malerei ausmacht die jetzt jeder macht. Ich meine damit nicht daß sie Gedichte schreiben sondern daß sie in ihrer Malerei schreiben, auch das ist einmal mehr das orientalische Etwas das in den Westen vordringt die spätere Malerei Picassos ist Schreiben, so wie das Schreiben meiner mittleren Periode Malerei war und das ist ganz plausibel und jeder der Bennos Malerei sieht kann diese Sache verstehen. Er erzählte mir Picasso habe für ihn eine Empfehlung für den Guggenheim-Preis geschrieben aber er habe ihn nicht bekommen. Ich war überrascht, ich wußte daß man ihn nie einem Schriftsteller geben würde den ich empfahl aber ich war überrascht daß man ihn nicht einem Maler gab den Picasso empfahl, Alice Toklas sagt ich sei leicht zu überraschen aber ich war überrascht. Nun Benno ist jedenfalls interessant, er malte seit fünf Jahren und hatte auch schon immer gemalt bevor er Matrose gewesen war und er ist interessant.

Nun die Begegnung mit jedermann auf den New Yorker Straßen das heißt daß jeder uns kannte war nicht belastend. Ich denke oft über die Welt nach die ganz und gar mit Menschen übersät ist. Ein junger Benediktiner Pater in Hautecombe hat gerade über einen Hautecomber Abbé des sechzehnten Jahrhunderts ein Buch geschrieben. Ich las das Manuskript als ich in Bilignin war und er sagt darin die erste Abtei von Hautecombe sei in dieser Zeit erbaut worden und zwar an einer sehr belebten Straße. Ich fragte alle Leute was im fünfzehnten Jahrhundert eine sehr belebte Straße gewesen sein mochte, ob es bedeute mindestens einmal am Tag sei jemand vorbeigegangen, sie alle schienen zu glauben belebt heiße öfter. Es ist schwierig zu wissen was belebt heißen soll, das weckte mein Interesse und ich interessierte mich für Prokoschs Buch Die Asiaten, er hat seine eigenen Ansichten über die von Menschen übersäte Welt und sie laufen sehr viel hin und her wie sie es zu jeder Zeit taten wenn eine Straße belebt war. Prokosch hat es beschrieben und ich finde es sehr interessant.

Die Art wie die Leute sich auf den breiten New Yorker Trottoirs bewegen unterscheidet sich stark von der Art wie sie sich in Paris bewegen und ich ging gerne mit ihnen, manchmal hielt mich jemand an um mit mir zu sprechen und mir etwas zu erzählen, ich mag das immer und immer sagten sie jeder sagte es da ist Gertrude Stein und Alice Toklas hörte es immer, ich höre es nicht immer so gut und wir mochten es. Als Carl Van Vechten in Bilignin war bevor wir nach Amerika gingen fragte Alice Toklas ihn eines Tages Carl wird es drüben jemand geben der sagen wird da geht Gertrude Stein, ich habe gehört daß sie das tun und ich würde es gerne mal erleben. Oh ja sagte Carl mit einem Blick auf Mark Lutz, ich glaube Sie werden es erleben. Meinen Sie, fragte Alice ihn, Sie werden dafür ein paar kleine Buben anheuern um mir eine Freude zu machen. Vielleicht sagte Carl müssen wir sie gar nicht anheuern später neckte er Alice Toklas damit.

Nun ja jetzt waren wir da und wir mochten es die Vorlesungen zu halten und das hiesige Leben. Etwas fast immer gernhaben ist sehr sehr viel. Immer wenn ich Honigmelonen und Austern ein Ei und Kuchen aus grünen Äpfeln aß machte mir alles Spaß. Wir gingen nach Princeton das war das erste Mal daß wir New York verließen und die erste Erfahrung mit einem Hochschul-Publikum. Mir gefiel es und mir gefiel auch das Zusammensein danach. Der Chef der englischen Fakultät hatte alles arrangiert. Als wir dort ankamen lachte er. Ich sagte, was ist los. Nun, sagte er, ich finde das ist ein großartiger Witz. Sie wollen nicht mehr als fünfhundert Zuhörer haben. Nein, sagte ich und ich begann ihm zu erklären warum nicht. Ja ja sagte er aber der Witz ist der daß ich gewöhnlich bei Universitätslesungen die Hörerschaft zusammentrommeln muß für den Vortragenden damit er nicht verstimmt ist über die geringe Zahl der Anwesenden. Ich gehe herum und überrede die Studenten schließlich hören sie genug Vorlesungen und ich überrede sie zu kommen und dann bekomme ich manchmal zweihundert zusammen und Sie sagen Sie wollen nicht mehr als fünfhundert haben und ich hatte tatsächlich die größte Mühe sie auf fünfhundert zu beschränken, ich finde das ist ein großartiger Witz sagte er. Und das war es aber trotzdem war mir sehr feierlich zumute.

Ich mag die Hochschulhörer sie befriedigen einen auf jeden Fall mehr. Auf der Fahrt nach Princeton fand ich daß Bahnreisen so schlimm war wie vor dreißig Jahren nichts hatte sich verändert, wir mußten warten und der Zug hatte Verspätung und auf der Rückfahrt war es noch schlimmer. Ich sagte wenn wir das nur gewußt hätten, dann wäre sicher jemand aus Princeton im Automobil gekommen und er oder sonst jemand hätte uns wieder nach Hause gebracht, später dann war es immer so jeder tat es immer, und wir betraten nie wieder einen Zug, nun ja gelegentlich einmal aber nicht oft.

Wir wohnten einen Monat lang in New York und während dieser Zeit gingen wir nach Philadelphia, Chicago, Cambridge und Vassar. Auf der Fahrt nach Philadelphia sahen wir zum ersten Mal wieder die Holzhäuser die amerikanischen Holzhäuser und amerikanische Friedhöfe und amerikanisches Land. Wir gingen nach Philadelphia und nach Bryn Mawr und wir blieben in Bryn Mawr. Die Professoren trugen Bärte, einer von ihnen versprach mir eine Fotografie des interessantesten Holzhauses das wir dort sahen aber er hat sie nie geschickt. Wenn man in Amerika etwas nicht sofort tut dann tut man es nie in Frankreich scheint es oft als täte man es nicht aber wenn es wirklich angeboten worden ist wird es manchmal auch wirklich getan. Kein Amerikaner erwartet je daß es getan wird aber wirklich manchmal wird es doch getan.

Die amerikanischen Holzhäuser fesselten mich mehr als alles andere in Amerika, die Wolkenkratzer und die Straßen auch natürlich und daß jeder uns kannte natürlich aber nicht so wie die Holzhäuser überall. Ich hörte nie auf von den Holzhäusern überall gefesselt zu sein. Alle gefielen mir. Fast am besten gefielen mir die in der Nähe der Bahnhöfe alte nicht sehr alte aber doch alte mit langen flachen Holzfronten, bemalt manchmal nicht und viele in der Nähe von Autoschutthalden. Alle gefielen mir. Mir gefällt eine flache Fläche deshalb gefallen mir Bilder und Skulpturen gefallen mir nicht und mir gefällt Farbe selbst wenn sie nicht vermalt wird und Holzbemaltes oder nicht bemaltes hat Malfarbe und es nimmt Farbe so viel besser an als Gips. In Frankreich und in Spanien gefallen mir Baracken weil sie so viel flache Flächen haben aber fast am besten gefallen mir die amerikanischen Holzhäuser und es gibt so viele eine unendliche Anzahl und endlos viele Varianten. Das ist es was in Amerika anders ist, alle haben etwas Besonderes und das hilft ihnen, hilft jedem einzelnen unter ihnen etwas eigenes zu sein, gepflegt oder ungepflegt. Niemand kann ihrer überdrüssig werden und dann die Fenster die man einsetzt. Dazu ist jeder Amerikaner fähig er kann Fenster in ein Gebäude einsetzen und wo immer sie sind sind sie interessant. Fenster in einem Gebäude sind das Interessanteste in Amerika. Es ist schwer sich an sie alle zu erinnern weil sie so interessant sind. Jedes Holzhaus hat Fenster und die Fenster sind auf eine Art hineingesetzt die interessant ist. Natürlich ist Wolkenkratzer ein falscher Name weil es in Amerika keine Wolken gibt es gibt Luft aber keine Wolken und natürlich hat das eine Menge damit zu tun warum es in Wirklichkeit keine Malerei in Amerika gibt keine wirkliche Malerei aber das ist auch nicht notwendig wenn es Häuser und Fenster und Luft gibt. Weniger und weniger gibt es Vorhänge und Läden an den Fenstern nach und nach gibt es dort gar keine Läden und Vorhänge mehr und ich fragte jeden warum. Aber der Grund ist sehr einfach. Jeder in Amerika ist nett und jeder ist ehrlich abgesehen von denen die einbrechen wollen. Wollen sie einbrechen so werden Rolläden sie nicht davon abhalten warum sie also anbringen und wenn andere hereinschauen, nun ja da jedermann ein öffentliches Etwas ist und jeder alles über jeden wissen kann und jeder jeden kennen kann warum also Rolläden herunterrollen und Vorhänge vorziehen und jeden vom Hereinschauen abhalten, man weiß ohnehin was man sehen wird warum also hineinschauen. Nach und nach wurde mir das alles klar.

Komisch als die Amerikaner anfangs ihren Treffpunkt auf dem Raspail hatten und als sie alles offen ließen das heißt nie die Rolläden oder die Fenster schlossen und jeder hereinschaute fühlte sich jeder unbehaglich für sich und die andern und schauten unbehaglich drein aber jetzt ist etwas Komisches geschehen. Beim abendlichen Spazierengehen mit Basket bemerke ich daß weniger Rolläden in Paris heruntergerollt werden als früher eine Menge Wohnungen rollen ihre Rolläden nie herunter. Das hätten sie früher nie getan. Vielleicht nur deshalb weil es weniger Geld gibt und weniger Dienstboten gibt vielleicht weil sie in amerikanischen Filmen keine Rolläden und keine heruntergerollten Rolläden sehen. Warum weiß ich nicht aber ich weiß daß dort wo ganz Paris immer seine Rolläden heruntergerollt hatte sobald das Tageslicht schwand es das jetzt nicht tut das heißt sehr viele rollen ihre Rolläden nicht herunter. Sie haben noch Rolläden aber sie rollen sie nicht mehr herunter. Werden sie eines Tages keine mehr haben wie die Amerikaner. Das frage ich mich. Nichts ändert sich aber immerhin sind die Pariser Rolläden jetzt nachts häufiger offen als heruntergerollt und als ich das nach und nach bemerkte fand ich es erstaunlich.

Wir fuhren also nach Philadelphia und Bryn Mawr und wir fuhren fort alles gern zu haben.

Als wir in Bryn Mawr waren bekamen wir Miss Thomas' altes Zimmer im Dekanat. Und das war überraschend nicht daß wir es bekamen sondern daß es war wie es war. Die Eisenbahnen und das waren immer noch wie früher. Es waren sogar immer noch die Fotografien der selben Kunstwerke da die wir 1907 in unseren College-Zimmern gehabt hatten. Das war aufregend. Clive Bell war damals lustig gewesen wenn er protestierte weil Roger Fry und Mrs. Bell immer die Meisterwerke aufsuchten. Damals war er amüsant. Nun im Dekanatszimmer waren alle Fotografien der Kunstwerke natürlich solche von Meisterwerken und selbstverständlich waren es Meisterwerke die wir ehemals als Fotografien gehabt hatten. Ich frage mich ob man sie auch jetzt noch in den Collegeräumen hat. Tatsächlich gingen wir nicht in einen einzigen.

Während wir in Philadelphia und in Bryn Mawr waren störte

uns etwas, wir bekamen zu viele Telegramme und Anrufe und das alles hatte etwas mit dem einzigen Mal zu tun da wir etwas taten das wir nicht hätten tun sollen.

Carl Van Vechten sagte zu uns bei unserer Ankunft Sie werden schon keine Fehler machen aber sollten Sie je in Zweifel sein fragen Sie mich bevor Sie anfangen. Genau das hätten wir tun sollen.

Wir hatten alles ausgeschlagen abgesehen von dem was wir wirklich taten nämlich Vorlesungen halten und eine nette Zeit verbringen.

Jemand hatte uns gebeten etwas zu tun das in Ordnung zu sein schien es hatte etwas mit Oper und Singen zu tun wir sollten nicht singen ich sollte nur etwas über die Oper erzählen es war eine Wohltätigkeitssache und sie wollten uns ziemlich viel dafür bezahlen. Es war so vorgeschlagen worden daß wir nicht so recht nein sagen konnten wir sagten ja und wir stellten uns vor nichts werde geschehen und es war auch keine Bestätigung für ein festgesetztes Datum gekommen und dann gingen wir nach Philadelphia und Bryn Mawr. Nun scheint es daß doch ein Datum festgesetzt worden war das heißt in der Zeitung erschien immer wieder eine Beschreibung von dem was ich tun sollte und natürlich, und das war schwierig für jeden sich vorzustellen lasen wir keine Zeitung nicht oft jedenfalls. Ich war seit meiner Pariser Zeit daran gewöhnt den New York Herald zu lesen, ich lese ihn im Bett und ich weiß wo alles in den Seiten steht und es steht gerade genug darin so daß ein Krieg oder eine Revolution oder eine Überschwemmung oder ein Verbrechen wenn es ein sehr wichtiges ist ein Kidnapping wenn es ein sehr wichtiges ist oder etwas sehr Aufregendes oder sehr übliches Lokales in Paris einem nicht entgeht aber nachdem ich ein- oder zweimal sämtliche Seiten durchgesehen hatte aus denen eine New Yorker Zeitung besteht gab ich es auf und schaute sie nicht mehr an. Ich beschloß daß wohl vor unserer Rückkehr nach Paris nichts wirklich sehr Aufregendes geschehen würde und tatsächlich ist außer dem Lindbergh-Prozeß und sämtlichen Einzelheiten die einem jeder erzählte nichts geschehen das zu wissen oder nicht zu wissen von Belang gewesen wäre und daher hatten wir alle Anzeigen nicht gesehen und natürlich konnte sich das niemand in New York vorstellen sogar Carl Van Vechten der unsere Art kennt war ein wenig überrascht daß wir nichts davon gewußt hatten und so waren wir erstaunt als das Bryn Mawr-Dekanat sich Sorgen machte wir könnten gestört werden oder man könnte gestört werden und man wurde gestört man fing an nachts zu telefonieren und man sagte man werde uns zwei Sekretärinnen schicken um uns mehr darüber mitzuteilen. Es gab auch einen Angestellten im Telegraphenamt der sagte er könne alles glätten aber ob wir ihm denn auch ein Autogramm schicken würden wir sagten wir würden sogar einen Dankesbrief schicken wenn er alles glätten könnte. Es war sogar im Gespräch einen Polizisten aufzustellen damit niemand gestört würde und schließlich sagten wir wir würden unser Bestmögliches tun. Wir gingen auf ein paar Minuten hin und dann verließen wir sie und überließen alles der Wohltätigkeit und dann ließen wir es sein. Ich fürchte das war ein Reinfall, sagte Carl Van Vechten. Es kam nur noch ein weiteres Mal vor daß wir etwas taten was nicht hätte getan werden sollen. Bennett Cerf gab eine angenehme Party für uns und alles ging glatt und alles gefiel uns und allen gefiel alles und dann war plötzlich ein schwerbetrunkener junger Mann der anfing auf dem Boden niederzuknien um einem den Kleidersaum zu küssen wie er sagte und alle sagten wer ist das wer hat ihn eingeladen. Alice Toklas sagte sie habe ihn eingeladen Bennett hätte gesagt lade jemanden ein den du magst und er war gekommen um uns zu sehen und wir waren beschäftigt und sie hatte gesagt kommen Sie zu der Party und er war gekommen. Carl Van Vechten sagte nachdenklich wenn du nicht vollkommen sicher bist ruf mich an und frag mich. Aber das wirklich Außergewöhnliche war daß wir bei all der Propaganda und dem Sprechen mit jedermann und dem Fahren mit jedermanns Wagen und meinem Herumwandern in den Straßen jeder Stadt

niemals auf etwas Unangenehmes stießen und niemals Briefe von Spinnern oder von Verrückten bekamen oder sonst etwas. Jedermann war äußerst nett und freundlich und keiner aufdringlich oder unangenehm nicht einer. Zufällig habe ich letztes Jahr in London mit Lord Berners darüber gesprochen und er hat etwas Interessantes gesagt. Er sagte Spinner und Verdrehte belästigen niemals Schriftsteller oder Künstler so sonderlich oder berühmt sie auch sein mögen, Leute die nicht ganz in Ordnung sind werden nur von etwas Amtlichem angezogen. Als Musiker und Schriftsteller ist Gerald Berners wohlbekannt und er bekommt einen Haufen Verehrerbriefe aber nichts Kränkendes oder Störendes während er als nicht sehr aktives Mitglied des Oberhauses sehr oft freche Briefe bekommt. Er sagt und ich nehme an das stimmt da er es nunmal gesagt hat das ist das Nette am Etwassagen wenn es wirklich gesagt worden ist dann stimmt es, es stimmt daß es etwas Amtliches sein muß was die Verrücktheit eines Spinners weckt etwas sehr Interessantes am Beamtentum, und wenn man niemals Mitglied eines Komitees oder dergleichen gewesen ist und nur aufgrund von Schreiben und Vorlesungen bekannt wurde nun dann kann einem viel geschehen aber nichts in dieser Art, tatsächlich ist nichts geschehen was unangenehm gewesen wäre nicht eine einzige Sache.
Wir gingen über Nacht nach Cambridge und ich sprach in Radcliffe und im Signet Club in Harvard. Etwas Seltsames erlebte ich in Cambridge es war der einzige Ort wo es nichts gab was ich wiedererkannt hätte, nichts. Wenn man in Betracht zieht daß ich vier Jahre dort verbracht habe war es reichlich überraschend daß es nichts gab an was ich mich erinnert hätte überhaupt nichts. New York Washington East Oakland Baltimore San Francisco waren genau so wie immer sie waren natürlich anders aber ich konnte mich überall zurechtfinden aber in Cambridge überhaupt nicht. Ich ging nicht noch einmal hin. Vielleicht hätte ich mich wieder erinnert aber an diesem Tag war Cambridge so anders daß es war als wäre ich nie dort

gewesen es gab nichts was in irgend einer Beziehung zu einer Stelle von früher gestanden wäre. Hier und jetzt verlor ich Cambridge. Das ist seltsam.
Dazwischen wanderte ich immer wieder durch die Straßen von New York.
Die Zehncentläden enttäuschten mich, nicht aber die Nuts-Läden*. In den Zehncentläden gab es nichts was ich haben wollte und was es gab gab es nicht für zehn Cent. Das war eine Enttäuschung, ich hatte mich darauf gefreut gefreut hineinzugehen und in einem Zehncentladen einzukaufen. Alice Toklas sagt sie waren keine Enttäuschung aber nichts in Amerika war für sie eine Enttäuschung aber sie waren eine, wirklich sie waren eine. Aber von der Existenz der Nuts-Läden hatte ich zufällig durch Carl Van Vechten erfahren als er nebenbei sagte er sei eines Tages Henry McBride begegnet als Henry aus einem Nuts-Laden herauskam und Carl hineinging. Was ist das hatten wir aufgeregt gefragt was ist ein Nuts-Laden. Als er später wieder in New York zurück war vergaß er nicht uns ein Inserat eines Nuts-Ladens zu schicken und jetzt waren wir hier und sie waren hier. Ich schaute immer hinein.
Ich las auch in Brooklyn und das war interessant es war eine nette Hörerschaft aber nicht deswegen war es so sondern weil ich Marianne Moore traf und weil ein aufmerksamer Mann aus Versehen beim Türschließen meinen Daumen einklemmte und wir zum Verbinden in einen Drugstore gehen mußten. Er war schmutzig der Drugstore, eines der wenigen wirklich schmutzigen Dinge in Amerika sind die Drugstores außer da wo die Leute sitzen und essen und Milch und Kaffee trinken dieser Teil des Drugstores war sauber das faszinierte mich. Danach ging ich immer hin und kaufte einen Kriminalroman nur um die Leute zu beobachten die auf den Stühlen sitzen es ist wie ein Stück Provinzleben in einer wirklichen Großstadt. Die Leute die im Drugstore essend auf den Stühlen saßen schauten alle aus

* Sehr preiswerte Schnellimbißrestaurants, vorwiegend mit schwarzem Personal.

als lebten sie in einer kleinen Provinzstadt. Man konnte sie sich nicht draußen in den Straßen von New York vorstellen, auch nicht daß der Drugstore in New York war. Ich bekam es nicht satt hineinzugehen.
Dann begannen die Schwierigkeiten mit Chicago, nicht mit der Stadt sondern mit den Anordnungen für die Vorlesungen. Überall gibt es immer Krieg und Frieden und wir hatten immer eine Menge von beidem und hatten es auch weiterhin. Man muß Frieden haben nach dem Krieg und man muß Krieg haben nach dem Frieden und dann gibt es das Tauziehen wobei beide Seiten ziehen und wenn die eine Seite anfängt die andere nachgeben muß, das macht einen Gutteil von Chicago aus ich liebe Chicago. Ich liebte Texas und Chicago. Chicago weil wir dort viele Schwierigkeiten hatten und Texas weil wir keine hatten.
In Chicago hatten wir wirklich Schwierigkeiten.
Muriel Draper ist gerade hier gewesen sie war in Spanien und wir sprachen über all das und wir sagten sie hätte doch gesagt und ich sagte das und das war so und dann sagten wir ja zum Anschauen ist es gut und New York und Chicago sind gut anzuschauen und Oklahoma und das sagten wir.
Ja auch Chicago war gut zum Anschauen aber damals wußten wir das nicht. Wir hatten Schwierigkeiten.
Wir hatten gesagt ich würde in einer Universität in jeder Universität für hundert Dollar lesen und meistens nun eigentlich allmählich gefiel mir das am besten. Und in Chicago hatte mich niemand in der Universität aufgefordert und doch hatte man mich aufgefordert. Es stellte sich heraus daß einige Studenten beim Arrangieren waren und daß sie einen Dollar von jedem verlangen wollten und natürlich wollte ich das nicht. Wenn ich es gewollt hätte wäre alles anders gewesen aber ich wollte es nicht. So begannen die Schwierigkeiten. Überall sonst war das alles einfach gewesen aber hier begannen die Schwierigkeiten. Zum ersten Mal hatte man Anordnungen getroffen die mir nicht gefielen und ich sagte das auch, und es begannen die langen Ferngespräche die wie wir hörten alle führten.

Vor kurzem hat mir jemand einen Federhalter aus Amerika geschickt, man füllt Wasser ein und Tinte kommt heraus. Aber man muß fest darauf drücken daß Tinte herauskommt wenn man Wasser eingefüllt hat, und da ich gerne beim Schreiben nur leicht drücke füllte ich ihn mit Tinte. Nun ja Tinte ist besser als Wasser. Wir stritten also weiter. Ich erklärte nicht gehen zu wollen wenn man es nicht so arrangierte wie wir es wollten und das war kein Spaß.
Ich hatte die Oper nicht aufgeführt gesehen natürlich nicht wir waren ja nicht da und jetzt wollte man sie zehn Tage lang in Chicago geben. Man fragte uns telefonisch ob wir gehen wollten aber wie hätten wir gehen können. Wir wollten gerne aber wie hätten wir gehen können es hätte zu viel Zeit in Anspruch genommen. Wir denken immer alles braucht viel Zeit. Nun das stimmt.
Wenn Dinge nicht viel Zeit brauchten wäre das Leben zu kurz.
Man telefonierte es sei reichlich Zeit wenn wir per Flugzeug kämen. Natürlich könnten wir das nicht telefonierten wir zurück, warum nicht, sagte man, weil wir das noch nie getan haben sagten wir, wir zahlen die Reise für Sie beide hin und zurück sagte man, wir wollen die Oper sehen aber wir haben Angst. Carl Van Vechten war da während dies vor sich ging, was ist los, wir erklärten, ach Unsinn sagte er natürlich werdet ihr fliegen, wir telefonierten zurück wenn Carl Van Vechten mit uns kommen kann werden wir fliegen, gut, telefonierte man zurück wir bezahlen für alle drei. Gut sagten wir und jetzt mußten wir es tun. Jeder hat Angst aber manche haben mehr Angst als andere. Alles kann mir Schrecken einjagen aber die meisten für mich schrecklichen Dinge kann ich auch sein lassen und wirklich erschrecken mich die meisten wenn sie nicht allzu unerwartet kommen überhaupt nicht. Vor dem Krieg war ich viel leichter zu erschrecken. Seit dem Krieg erschreckt mich nichts mehr wirklich weder die Dunkelheit noch Alleinsein in einem Raum oder etwas auf der Straße oder ein Hund oder ein

Mond aber zwei Dinge ja, Bauchweh und Höhen die sind erschreckend. Man hofft nun man hofft immer so etwas werde nicht geschehen aber Höhen nun dagegen kann man nichts machen. Ich dachte nach all unserer Fliegerei und unserem ganz oben auf hohen Gebäuden Sein könne sich das nicht wiederholen aber es wiederholt sich. Ich sagte Carl dies alles und er sagte ich komme mit und deshalb dachten wir nicht weiter darüber nach. Wir fuhren fort zu tun was wir taten und eines Tages war es so weit wir trafen Carl und wir flogen und zwar sehr hoch. Es war nett. Ich kenne nichts Vergnüglicheres Besänftigerendes und Bezaubernderes als das träge Summen des Aufsteigens. Ich hatte vorher nie ein Flugzeug in der Nähe gesehen nie nahe genug um zu wissen wie man hineinkommt und schon waren wir drin. Das ist einer der Vorteile wenn man nie ins Kino geht es gibt so viele Überraschungen. Natürlich erinnert man sich an etwas, zwei kleine Terriers die Georges Maratier gehören begannen zu raufen ihre Betreuerin war auf Besuch bei ihrem Onkel der unser Concierge ist und die beiden ein drahthaariger und ein schwarzer Scotch beide Weibchen hielten einander umarmt eigentlich sollten sie nicht aber sie tun es auf beängstigende Weise. Das Mädchen kam und rief mich, man meint immer ich könne etwas tun, jedenfalls als ich hinausging ich gehe immer hinaus wenn ich gerufen werde erinnerte ich mich daß ich nie einen Hundekampf aus der Nähe gesehen hatte bevor ich mich aus Büchern daran erinnerte daß man Wasser auf sie schüttet deshalb rief ich nach einem Eimer mit kaltem Wasser und schüttete es über sie und das trennte sie. Der weiße war schrecklich zerbissen. Lesen zerstört Überraschung nicht es ist schon lauter Überraschung daß alles so geschieht wie man sagt daß es geschehen wird. Aber über das Fliegen hatten wir nichts gewußt und es war etwas außerordentlich Natürliches und Angenehmes viel einfacher und natürlicher als alles andere sogar als gehen, vielleicht so natürlich wie reden aber sicher natürlicher als alles andere. Und deswegen liebten wir es und taten es wo immer wir konnten.

Man ist jetzt dabei das Geräusch zu verringern und das ist schade, es wird schrecklich sein wenn man sich unterhalten kann, es wird ein Jammer sein.
Es überraschte mich nicht wirklich daß Hoch-oben-Sein nichts Beängstigendes war.
Das Innere des Flugzeuges das heißt die Piloten und die Stewardess waren von einer Kriegstüchtigkeit wie sie weder bei der amerikanischen noch bei der französischen Armee vorhanden gewesen war. Das war interessant. Für den Krieg bereit sein macht einen kriegerischer als im Krieg sein. Mir gefielen sie in ihrer Uniform mit den Pistolen beim Hereinkommen und Hinausgehen. Sie gingen ein und aus und das sehr oft. Die Stewardess kam zu oft. Sie glichen mehr dem was wir darüber gehört hatten als allem das wir gesehen hatten. Sie gingen ein und aus und sahen dabei so aus als sei es notwendig sehr oft ein- und auszugehen.
Damals geschah es irgendwie daß ich zu wissen begann wie der Erdboden ausschaut. Quadratische Parzellen ergeben ein Bild und wenn man auf diese Weise Amerika überquerte wurde jedem klar warum die nachkubistische Malerei das ist was sie ist. Die wandernde Linie von Masson war da die unruhige immer wiederkommende und zu einem Anfang zurückführende Linie von Picasso war da, die einfache Lösung von Braque war da und ich vermute Léger könnte da sein aber das sah ich nicht von dort oben. Und besonders die einen vollkommenen Kreis bildenden Wagenspuren die dann zurückgingen zu der Ecke aus der sie gekommen waren und später im Süden schaute die ganze Erde so aus da wir schließlich überallhin per Flugzeug reisten und immer den Vordersitz verlangten damit ich hinunterschauen konnte und wozu eigentlich, auch wenn keiner von ihnen es gesehen hat und sie hatten es sehr wahrscheinlich nicht gesehen mußte man es so sehen da jeder es einmal sehen wird.
Ich zerbrach mir den Kopf warum in so großer Höhe nichts passierte. Wenn man in die Berge geht nicht ganz hinauf pas-

siert alles mögliche, man fühlt sich merkwürdig auch wenn man keine Angst hat weil man sich »high« fühlt wenn man so hoch ist aber wirklich hoch sein so hoch wie man nur kann das gibt einem nicht das Gefühl »high« zu sein. Und plötzlich wußte ich klar und es war wahr daß die Luft unten solid ist wenn man darüber ist, sie ist so solid wie Wasser. Wenn man auf etwas Soliderem ist als Luft dann ist sie ganz und gar nicht solid aber wenn man unmittelbar darüber ist und sie nicht vor sich sieht dann ist sie solid so solid wie Wasser und deshalb gibt es keine Angst. Und schließlich weiß jeder von jemandem der von irgend einem Felsen gefallen ist und es überlebt hat so daß sich alle daran erinnern können aber jeder der aus der Luft fällt stirbt und also kann sich keiner daran erinnern. Trotzdem hatte ich ganz und gar keine Angst. Ich glaubte ich würde auch nie wieder Angst haben in den Bergen und beim Biegen um eine Kurve und wenn nichts unter einem zu sein scheint aber ich habe noch Angst, ich hatte wieder Angst letzten Sommer, vielleicht nicht ganz so viel aber genug. Aber in einem Flugzeug nie mehr. Es war hübsch von Paris nach London über Frankreich und England zu fliegen aber nicht so wunderbar wie über Amerika man kann nicht dankbar genug sein daß dort schon quadratische Parzellen gemacht wurden als man zum ersten Mal das Land einteilte, dadurch entsteht eine regelmäßige Aufteilung die alles klarer macht. Es verlangte mich danach über die Staaten in der gleichen Weise zu schreiben wie ich es über die Heiligen getan habe. Es hat mich immer danach verlangt darüber zu schreiben wie ein Staat sich vom anderen unterscheidet. Es ist so seltsam daß die Linien gezogene Linien auf Papier sind, ich kann nicht aufhören mich über die Art zu freuen wie die gezogenen Linien einen Staat vom anderen trennen. Ohio von Indiana Kansas von Nebraska Tennessee von Alabama, sie gibt mir immer einen Freudenschock die amerikanische Karte und ihre geraden Linien und ich vergleiche sie mit allen andern über die man so geht nichts Klares und Sauberes wie die Karten von Amerika. Nun so sah die Erde für mich aus als ich nach Chicago flog. Alle kamen und sprachen mit mir die Piloten und Stewardessen und dann ging ich zur Pilotenkabine und sprach mit ihnen und ich setzte mich auf einen ihrer Stühle und drehte das Steuerrad ein wenig und alles machte mir Spaß aber am meisten das Hinunterschauen und die Entdeckung daß Amerika wirklich so war. Gerade Linien und quadratische Parzellen, und die Gebirgslinien in Pennsylvania sehr gerade Linien, es gab mir recht daß ich immer für den Kubismus gewesen bin und für alles was danach folgte.

Über den Wolken zu sein war nett und etwas Besonderes aber nicht so interessant wie alles unten zu sehen.

Und so landeten wir in Chicago und danach war Auf- und Absteigen alles. Ich warte gerne auf einem Flugplatz der Wind bläst immer, vielleicht bläst er anderswo nicht aber dort bläst er immer.

Wir landeten also in Chicago und dort waren viele zu unserem Empfang und natürlich mußte ich über alles berichten, immer nahm mich jemand beiseite und jemande gab es immer eine ganze Menge, und ich habe immer etwas zu sagen und ich sage gerne alles was ich sage.

Nun gut Fanny Butcher fuhr mich dann weg und wir redeten über alles nicht über Flugzeuge oder die Oper sondern über die Vorbereitungen die ein Ärgernis waren.

Ich denke immer an den Tag als Fanny Butcher und Alice Roullier uns in Bilignin aufsuchten, ein Tag war regnerischer als der andere, aber an diesem Tag regnete es am meisten. In meiner Erinnerung waren Fanny Butchers Augen braun, vielleicht sind sie es nicht, und meine Erinnerung war so deutlich aber als ich sie sah nun ich erinnere mich nie aber sie gefiel mir sogar noch besser. Sich zu erinnern ist schrecklich schwer.

Und ich fing an ein bißchen zu wissen wie eine amerikanische Stadt aussieht und Chicago sah so aus aber es sah größer aus es sah mehr wie eine andere amerikanische Stadt aus an die ich mich erinnern konnte. Später als wir wieder zurückkamen und dann noch später als wir noch später zurückkamen und zwei

Wochen lang dort wohnten und ich einen Wagen hatte wurde es allmählich die Stadt an die ich mich jetzt erinnern kann. Wir gingen also hin und ruhten uns aus und dann gingen wir hin um die Oper zu hören. Ich war weniger aufgeregt als ich erwartet hatte. Es war meine Oper aber sie war so weit weg. Wenn ich ein Schauspiel schreibe ich schreibe gerade jetzt eines ich schreibe über Daniel Webster, immer wenn ich ein Schauspiel schreibe ist es ein Spiel weil es etwas ist das ich nicht sehe aber es ist etwas das ein anderer sehen kann und das macht es zu einem Schauspiel für mich. Wenn ich etwas sehe ist es kein Spiel für mich weil es sobald ich es sehe aufhört ein Spiel für mich zu sein, aber wenn ich etwas schreibe das jemand anderer sehen kann dann ist es ein Spiel für mich. Wenn ich andere Sachen schreibe keine Schauspiele ist es etwas das ich sehen kann und das Sehen ist in mir und wenn ich ein Schauspiel schreibe dann ist es etwas das in mir ist aber wenn ich es sehen könnte wäre es nicht in mir. Und deshalb schreibe ich eine Menge Schauspiele Stücke die jemand sehen kann und irgend jemand sieht sie auch, in späteren Zeiten wird es viel mehr davon geben. Man spielt gerade eines in London Lord Berners hat Musik dazugeschrieben und Pépé das mexikanische Hündchen wird auf der Bühne sein nicht persönlich natürlich aber ein kleines Mädchen das es spielt aber selbst das kleinste kleine Mädchen wird ein sehr großer kleiner Mexikanerhund sein. Alice Toklas wollte daß man aus Draht einen kleinen aufstellte so klein wie der wirkliche Pépé, aber man sagte es müsse ein kleines Mädchen sein. Basket hatte nichts dagegen er hätte vielleicht etwas dagegen gehabt wenn er ihn gesehen hätte. Bis jetzt hatte man noch nichts von mir ohne unterstützende Musik aufgeführt. Man hätte es zwar gekonnt und es wäre interessant aber niemand hat es bis jetzt getan. Ich hatte immer das Gefühl Maurice Grosser könnte es tun aber er will Maler sein und das ist schade und abgesehen davon würde ihn wahrscheinlich ohnehin keiner daranlassen.
Aber zurück zu der Oper die Vier Heiligen In Drei Akten die

ich mir ansah und zurück zu meinem Wissen über Schauspiele.
Eine der Sachen die sich gegen Ende des neunzehnten Jahrhunderts ereigneten war daß niemand den Unterschied wußte zwischen einem Roman und einem Schauspiel und jetzt haben die Filme noch zu diesem Nichtwissen beigetragen und obwohl kein Unterschied da ist gibt es in Wirklichkeit doch einen und ich weiß daß es einen gibt und das ist der Grund daß ich Schauspiele schreibe und keine Romane. Eine Autobiographie ist kein Roman nein sie ist in der Tat kein Roman.
Das Schauspiel begann, wir waren rechtzeitig da und das Schauspiel begann aber es war zu weit weg aber es begann. Ich schaute es gerne an und ich hörte es gerne. Mrs. Goodspeed hatte gedacht wir könnten zu weit weg sein und deshalb hatte sie uns nähere Plätze besorgt. Die nahmen wir später ein und dort saßen wir näher. Da begann gerade der zweite Akt. Es war ein hübscher Anblick und die Bewegung war alles man bewegte sich und tat nichts, genau das ist es was ein Heiliger oder ein Lanzer tun sollte sie sollen nichts tun, sie sollen ein paar Leute bewegen und sie bewegten auch ein paar und sie taten nichts es war sehr befriedigend.
Später als ich sie Fußball spielen sah taten sie genau das gleiche sie bewegten ein paar und sie taten nichts schließlich ist es das was das Interessanteste ist. Aber das war später jetzt waren wir noch in Chicago.
Als es vorbei war ging ich nach hinten und unterzeichnete Fotografien für alle und die Heilige Theresa war sehr lieblich. Später viel später als wir Amerika verließen verlangte mich jemand am Telefon und als ich fragte wer ist da antwortete eine Stimme die Heilige Theresa und das war mein Abschied von Amerika, sie war es und eine entzückende Stimme und sie war die Heilige Theresa für sich selbst und für uns. Sie erklärte es mir, alle erklärten es sie alle sagten alle Worte seien so natürliche Worte zum Sagen.
Dann flogen wir wieder zurück nach New York, Carl war jetzt

nicht mit uns aber das war in Ordnung. Fliegen war jetzt etwas Natürliches für uns.

Wir kamen also nach New York und heim in das Hotel Algonquin und jetzt hat es vielleicht der Sohn weil es noch der gleiche Name ist von dem dessen Frau im Badezimmer umgebracht wurde ich hoffe es ist nicht der Sohn. George war der Oberkellner ein Grieche ein besonders netter einer dem man auch hätte begegnen können ohne nach Amerika zu gehen aber Mrs. Case die sagte als Alice Toklas ihr Notizbüchlein mit allen Vorlesungsdaten verloren hatte, Carl habe ihr gesagt sie solle einige Kopien machen natürlich hatte sie keine anderen nun jedenfalls es war weg und sie war sehr aufgeregt und nervös und Mrs. Case sagte warum sind Sie so nervös es wird zurückkommen, es kam zurück, wir sind nicht mehr hier, und die anderen waren nie da und wir waren nie da und das kleine Notizbüchlein kam wieder zurück.

In New York bat uns diesmal Alfred Harcourt zu kommen und mit ihnen zu wochenenden und mit ihnen zum Yale Dartmouth-Fußballspiel zu gehen.

Zwei Dinge sind immer das gleiche, Tanz und Krieg. Man könnte sagen alles ist das gleiche aber Tanz und Krieg sind besonders das gleiche weil man sie sehen kann. Dazu sind sie da daß jeder der lebt sie anschauen kann. Und Spiele bestehen ja doch aus beidem aus Tanz und Krieg Stierkampf und Fußballspiel, es ist Tanz und Krieg alles was alle durch Hinschauen sehen können ist Tanz und Krieg. Aus diesem Grunde sind Schauspiele genau das, sie sind das was man durch Hinschauen sehen kann. Andere Sachen sind etwas das weitergeht ohne daß jeder sie sieht, das ist der Grund warum Romane keine Schauspiele sind.

Das ist der Grund warum nur die Schauspiele von Gilbert und Sullivan Schauspiele des neunzehnten Jahrhunderts sind. In Amerika will man aus allem etwas machen was jeder durch Hinschauen sehen kann. Das ist sehr interessant, das ist der Grund warum es zwischendurch keine Zäune gibt keine Mau-

ern um alles zu verbergen keine Vorhänge um alles zu verdekken und das Kino das alles zu allem machen kann das können alle durch Hinschauen sehen. Genau das ist es. Nun jedenfalls gingen wir gerne mit Harcourt um das Fußballspiel anzuschauen. Zuerst fuhren wir durch ganz Neuengland nein nicht durch das ganze später fuhren wir durch einen noch größeren Teil aber es war das erste Mal daß wir in einem Auto durch Neuengland fuhren.
Ich war fasziniert daß jedermann tat was er soll. Als ich in Chicago und in Kalifornien zum erstenmal selbst einen Wagen zu fahren begann war ich erstaunt über die Langsamkeit des Fahrens, in Frankreich fährt man viel schneller, man setzt voraus daß nichts passiert aber man fährt so schnell wie man will und in Amerika fährt man sehr langsam fünfundvierzig Meilen pro Stunde ist langsam und wenn Lichter einen auffordern anzuhalten halten alle an und niemals überholt einer den andern in einer Steigung oder beim Einbiegen in eine Kurve und doch werden so viele verletzt. Das was mir ein Rätsel.
Das alles beeindruckte mich zuerst an diesem ersten Tag.
In Frankreich fährt man immer fünfundfünfzig bis sechzig Meilen pro Stunde, ich bin eine sehr vorsichtige Fahrerin vom Standpunkt meiner französischen Freunde aus aber ich fahre oft und warum nicht, nicht sehr oft wird jemand überfahren und in Amerika wo jeder das Gesetz befolgt und langsam fährt werden viele überfahren das ist mir ein Rätsel. Und dann gab es alle diese Holzhäuser sie waren mir kein Rätsel sie waren mir ein andauerndes Vergnügen.
Dieses so langsame Fahren in Amerika ist schon etwas. Während des Krieges bemerkte Clemenceau daß eines der auffallendsten Dinge die Tatsache sei daß die Nationen ganz und gar nicht das sind was man vermutet, der Engländer sei bekannt für seine Ruhe und die englischen Soldaten neigten mehr zur Hysterie als alle andern, die Amerikaner halte man für so schnell und sie seien so langsam, die Franzosen halte man für so fröhlich und sie seien so ernst. Ein junger französischer Soldat

der zu denen gehörte die den amerikanischen Soldaten beibrachten wie man das französische Maschinengewehr handhabt erzählte mir daß die Amerikaner zu seiner Überraschung sehr schnell die Mechanik des Gewehrs begriffen daß aber ihre physische Reaktion im Kampf sehr langsam sei sehr viel langsamer als die des Franzosen, folglich brauchte man mehr Amerikaner als Franzosen um etwas zu tun und so würde es natürlich weniger schnell getan. Er erzählte auch eine Geschichte, wenn er die Amerikaner als Wachtposten aufstellte erzählte er ihnen daß wenn sie einen Laut hörten wie quak quak es nicht eine Ente sei sondern ein Deutscher und er sagte er habe ihnen dies erzählt und sie verstanden es immer aber wenn es die Deutschen waren verschwanden sie nicht schnell genug und die Deutschen erwischten sie.

Nun also als wir zum Spielfeld kamen war alles ganz ordentlich und wir gingen hinein. Ich war nicht mehr in einem Stadion gewesen seit den Tagen der Stierkämpfe in Spanien vor dem Krieg und während des Krieges und das Hineingehen zusammen mit einer Menschenmenge die auch hineingeht ist immer aufregend bei einem Platz im Freien mehr als bei einem überdachten auch deshalb weil es von denen so viel mehr gibt. Unsere Sitzplätze waren auf der Dartmouth-Seite weil Harcourt ein Dartmouth-Mann ist. Alles was ich über Dartmouth wußte war daß Bravig Imbs ein Buch namens Die Frau des Professors geschrieben hatte und danach mit uns über Dartmouth sprach. Später luden sie uns ein aber da war es schon zu spät und es kam nicht mehr zustande aber wir sahen sie fußballspielen nicht sehr gut das muß man sagen nicht sehr gut.

Aber die Vorbereitung war interessant das machten sie gut. Die Spieler beider Seiten waren länger und dünner als ich sie in Erinnerung hatte sie schienen nicht so bauschig gekleidet zu sein, sie schienen sich mehr zu bewegen. Aber es gibt zwei Sachen beim Fußball die jedem gefallen können. Sie leben von Nummern Nummern bedeuten ihnen alles und ihre Vorbereitung ist wie ein Eingeborenentanz, sie tun was Indianer tun wenn sie tanzen und ihre Bewegungen sind eckig wie bei den Indianern. Wenn sie sich vorbeugen und wenn sie sich auf Hände und Füße stützen ist es wie bei einem Indianertanz. Die Russen hocken und hüpfen auch aber das sieht anders aus, Kunst ist naturgegeben jeder ist wie seine Luft und sein Land, jeder ist wie seine Nahrung und sein Wetter und die Amerikaner und die Indianer haben das gleiche warum also sollten sie ungleich sein warum sollten sie, das Land ist riesig aber irgendwie ist es das gleiche denn wenn es nicht irgendwie das gleiche wäre bliebe es nicht unser Land und das wäre eine Schand. Mir gefällt es so wie es ist.

Wie ich sagte es war kein sehr aufregendes Spiel und die Leute rings um uns erfuhren daß ich da war, ein sehr kleiner Junge kam von irgendwoher und er bat mich meinen Namen zu schreiben, ich tat es. Und dann kamen von überallher Programme und ob ich vielleicht meinen Namen schreiben würde und dann war da ein Mann er war sehr betrunken und seine Frau überredete ihn weiterzugehen ich vermute es war seine Frau und jedenfalls überredete sie ihn weiterzugehen und er sagte er müsse mich sehen er müsse mich einfach sehen und ich müsse ihn einfach sehen, nun ich sah ihn und er sah mich und seine Frau fuhr fort ihn zu überreden und langsam ging er weg. Alfred Harcourt hatte so etwas noch nie zuvor gesehen und er sagte wir sollten lieber gehen sonst würde noch mehr geschehen aber es war nie etwas wirklich Unangenehmes und so gingen wir dann und fuhren wieder zurück und wieder durch das ganze Land das war das Land das ich kannte.

Und wir waren immer in New York und ich ging immer spazieren und am besten gefiel mir die Seventh Avenue, dort kaufte ich einen Tintenkuli für einen Dollar, es ist ein guter, ich kaufte eine amerikanische Uhr die nicht so gut war aber der Kuli ist ausgezeichnet. Einmal sprach ich im Radio, wofür sie einen wie es scheint nie bezahlen wollen es sei denn man macht Werbung, das schien uns sehr seltsam, ich sprach also einmal aber natürlich wollte mich niemand für diese Werbung bezahlen es ist schon sehr Merkwürdig. Ich habe später viel darüber nachgedacht. Bevor Frankreich eine Republik war waren alle großen Schriftsteller Frankreichs Mitglieder der Akademie, seit der Republik nicht einer. Bevor es eine Republik war wurden alle großen Gebäude von den großen Architekten gebaut alle großen Maler malten die herrschenden Leute seit der Republik nicht einer. Das ist eine sehr seltsame Sache. Wir kamen vorgestern darauf zu sprechen Jean Saint Pierre und ich. Jean ist der älteste Sohn des Notars von Belley der alles für uns getan hat wenn wir ihn brauchten und jetzt ist er tot und hat eine große Familie hinterlassen und Jean ist der älteste er ist jetzt zweiundzwanzig. Er hat seine Jura-Examina bestanden und überlegt jetzt in der Armee zu bleiben anstatt mit Jura weiterzumachen, er weiß es noch nicht genau aber er denkt daran, und das ist das erste Mal daß wir ihn in Paris gesehen haben und wir waren froh ihn zu sehen, er war auf dem Weg von La Fleche nach Belley. Und in der kurzen Zeit in der wir ihn sahen redeten wir sehr viel. Wir reden immer über eine Generation und was diese Generation tut, er sagt mit jeder Generation das heißt alle zwei Jahre kommt etwas völlig Verschiedenes alles ist jetzt verwirrt und sein jüngster siebzehn Jahre alter Bruder ist ihm ein völliges Rätsel. Ich sprach ihm von meiner Besorgnis über Republiken. Er sagte ja, er sagte seine Mutter sei was in Frankreich üblich ist eine leidenschaftliche Republikanerin gewesen und auch sie fange an Zweifel zu haben aber warum eigentlich überhaupt an etwas zweifeln, eine Republik endet bestimmt als Diktatur und ein Königreich ja ein Königreich endet mit Sicherheit als Republik und immer wieder. Warum sagte Jean sollte man irgend etwas bezweifeln jede Generation und alle zwei Jahre gibt es eine sieht die Welt anders, diejenigen die mit der Wirtschaftskrise anfingen haben einen anderen Standpunkt als die die erst anfingen als die Wirtschaftskrise im Gange war. Abbé Dimnet sagte mir als wir auf der »Champlain« hinüberfuhren Sie gehen jetzt nach dreißig Jahren wieder hinüber nach Amerika und es wird interessant sein aber oh sagte er oh Sie hätten die Leute sehen sollen als sie reich waren. Nun ja sie hätten mir nicht so viel zugehört als sie noch reich waren und ob sie jetzt doch reich sind das weiß ich nicht.

Wir waren also weiter in New York und Carl Van Vechten gab eine Neger-Gesellschaft für uns mit sämtlichen Neger-Intellektuellen die er auftreiben konnte. Ich weiß sie wollen nicht daß man sie Neger nennt aber ich sage absichtlich Neger. Ich kann es nicht leiden wenn man statt Jude Hebräer sagt oder Israelit oder Semit, ich mag es nicht aber warum sollte ein Neger sich wünschen als Farbiger bezeichnet zu werden. Warum sollte er wünschen das Neger-Sein zu verlieren um eine Gemeinsamkeit mit einem Chinesen Japaner Hindu oder Isländer oder irgend jemandem sonst zu erlangen jeden von ihnen kann man als Farbigen bezeichnen, ein Neger ist ein Neger und er sollte gerne so genannt werden wenn er einer ist, vielleicht will er keiner sein das ist seine Sache aber so lange er es nicht ändern kann warum sollte er etwas gegen den richtigen Namen haben. Ulysses Grant sagt in seinen Memoiren alles was er in der Schule gelernt habe war daß ein Substantiv der Name von etwas sei, er habe es nicht wirklich gelernt aber es so oft sagen hören daß er fast dazu kam es zu glauben. Ich habe erklärt daß ein Substantiv für mich etwas Dummes ist, wenn man ein Ding und seinen Namen kennt warum sich weiter damit abgeben aber man muß seinen Namen kennen um darüber sprechen zu können. Nun sein Name ist Neger wenn es ein Neger ist und Jude wenn es ein Jude ist und beide sind gute starke solide Namen also bleiben wir dabei.

Der einzige Neger der mich auf dieser Gesellschaft interessierte und den ich vorher noch nicht getroffen hatte, die Heilige Theresa hatte ich natürlich vorher getroffen, der einzige also war ein Mittelschullehrer ein sehr intelligenter Bursche und ich war gern mit ihm zusammen. Er erzählte mir er unterrichte an einer Mittelschule und wie es zur Sprache kam weiß ich nicht aber er erzählte mir er unterrichte weiße Kinder. Ich war

überrascht. Oh ja, sagte er das hätte man erreicht, je nach der Zeit der Ausbildung und der Stellung sende man sie dorthin wo es eine freie Stelle gibt genau wie jeden anderen. Ich war überrascht.
Die in Amerika leben sind nicht so oft überrascht wie ich weil sie schließlich dort sind. Dennoch war ich ein wenig beunruhigt. Wir gingen nie nach Harlem das heißt wir durchquerten es sehr oft immer wenn ich in der Columbia-Universität und ihren Nebengebäuden sprach und das war ziemlich oft hatte ich das muß ich schon sagen ein unbehagliches Gefühl daß Amerika überall so war. Überall auf jeder Avenue gab es Negerkinder und sie spielten überall in jedem Teil von New York als sei ihre Anwesenheit dort wo sie spielten ganz natürlich und ihre Anwesenheit war natürlich. Jetzt da es keine Emigration von Emigranten mehr nach Amerika gibt müssen weiße amerikanische Familien immer kleiner werden und die Negerfamilien werden wie jederzeit immer größer. Wirklich, nun jedenfalls wenn es so ist ist es seltsam. Es kann dazu kommen seltsam zu werden.
Und inzwischen sagte der Vizepräsident der Universität von Chicago er kümmere sich gerade um die Einladungen und alles würde so angeordnet wie wir es wünschten und unser Monat in New York war fast zu Ende. Ja so war es.
Und dann nahmen wir wieder ein Flugzeug nach Chicago. Jetzt war es Winter.
Daß es Winter war sahen wir von den Fenstern des Drake Hotels aus. Ich hatte viele Jahre lang keinen Winter gesehen und Alice Toklas hatte nie einen gesehen. Es gefiel uns.
Und dann trafen wir Thornton Wilder. Wir hätten ihn seit langem kennen können. Aber ob das so schön gewesen wäre wie ihn jetzt kennenzulernen. Das weiß ich nicht.
Es gibt immer irgend einen den man mehr sieht als irgend einen andern. Mit Thornton Wilder fing es an. Wir richteten uns für zehn Tage in Chicago ein, damals wußten wir nicht daß wir wieder zurückkommen sollten.

Die Stadt hat ein schönes Zentrum. Man erzählte uns daß die ersten modernen Hochhäuser in Chicago entstanden sind und nicht in New York. Das ist interessant. Es ist interessant daß es dort war wo es reichlich Bauland gab und nicht in New York wo es eng ist und man aus Notwendigkeit in die Höhe bauen muß. Auswahl ist immer angenehmer als Notwendigkeit.
Ich hatte keine Ahnung daß ein so schönes dunkelgraues Licht nachts über die Stadt fällt aber es fällt. Ich meine die Lichter tun es. Die Beleuchtung der Gebäude in Chicago ist sehr interessant und außerdem gefiel mir die Werbung für das Tanzen die man am Ende vom Anfang des ganzen machte es gab einen Raum mit tanzenden feierlich tanzenden Gestalten und tags war es Tag und nachts war es Nacht und ich konnte mich nicht sattsehen daran, an dem düsteren grauen Licht auf den Gebäuden und den einfachen feierlichen mechanischen Tanzfiguren, es gab anderes das mir gefiel aber dies gefiel mir am besten.
Chicago hat vielleicht zuerst daran gedacht aber New York hat es höher viel höher gemacht. Es war das Rockefeller Center das mir am besten gefiel und als wir New York verließen baute man den dritten Teil des Centers so ruhig so schmal und so rasch, und als wir zurückkamen war es bereits so viel höher daß man nurmehr einen Augenblick brauchte um es schnell zu beenden.
Es ist nicht elegant es ist nicht schlank es ist nicht schmal aber es ist etwas das Existenz zu etwas Nicht-Existierendem Wirklichem Etwas macht. Alice Toklas sagte es ist nicht die Art wie sie in die Luft aufsteigen sondern die Art wie sie aus dem Boden hervorkommen das ist das Wesentliche. Europäische Gebäude sitzen auf dem Boden aber amerikanische kommen aus dem Boden hervor. Und dann ist da natürlich noch die Luft. Und diese Luft ist überall da, überall in Amerika, ein Himmel ist nicht da, aber Luft ist da und daraus entsteht Religion und Wanderschaft und Architektur.
Wenn ich den Franzosen gelegentlich Amerika zu erklären versuchte natürlich bevor ich dieses Mal hinübergegangen war,

sagte ich ihnen immer verstehen Sie, da drüben ist kein Himmel da ist nur Luft wenn man an den hohen Gebäuden hinaufschaut, damals als ich Amerika verließ war das Flatiron das höchste und jetzt ist es das durchaus nicht es ist nur ein Haus wie jedes Haus aber damals war es das höchste, und ich sagte sehen Sie Sie schauen hinauf und Sie sehen die Kranzleiste hoch oben klar in der Luft, und jetzt gibt es bei den neuen da oben keine Kranzleiste mehr und das ist richtig denn warum etwas begrenzen, nun jedenfalls erklärte ich alles Amerikanische immer so, mit dem Fehlen von Leidenschaft was sie Verdrängung und Gangster nennen, und der Wildheit und der allgemeinen Freundlichkeit, und dem allgemeine Nicht-Denken weil man trinken und sich in Bewegung halten mußte, wenn man in Europa trinkt sitzt man still aber nicht in Amerika nein nicht in Amerika und das deshalb weil es kein Himmelszelt gibt, es gibt keinen Abschluß über einem und deshalb bewegen sie sich oder stehen still und schweigen. Daraus entsteht die amerikanische Sprache die alles in zwei Wörtern sagt und meistens in einem Wort einem einsilbigen, zwei Wörter in einem einsilbigen und daraus besteht die ganze Konversation. Aus diesem Grund lieben sie dicke Bücher Romane und tausend Seiten langes Zeug um sich von der Notwendigkeit der zwei Wörter und der einsilbigen Wörter die alles sagen auszuruhen.
Nun wir waren in Chicago und es war Winter und wir schauten gerne aus dem Fenster des Drake Hotels hinaus und ich ging gerne spazieren und es war kalt und der Wind wehte und fast jeden Tag spazierte ich ins Stadtzentrum wo es einen Obst- und Gemüseladen gab wo ich kleine rötliche italienische Birnen kaufte ich glaube man nennt sie Ferrara und ich schien die einzige zu sein die sie gerne aß man brauchte sie als Zierde für Fruchtkörbe aber ich aß sie gerne und man war erstaunt daß ich fast jeden Tag kam und fünf oder sechs davon kaufte. Alle kannten mich immer und das war immer ein Vergnügen. Es war windig und es war kalt aber ich blieb stehen und wir unterhielten uns und eines Tages blieb ich stehen und sprach

mit zweien von ihnen. Sie sagten sie könnten meine Vorlesungen nicht hören weil ich nie dann las wenn sie kommen könnten um mich zu hören aber sie könnten stehen bleiben und mit mir sprechen und ich sagte das mache mir noch mehr Vergnügen und sie sagten ihnen auch. Einer von ihnen trug etwas. Ich frage immer jeden der etwas trägt was er da trägt. Ich frage gerne und ich weiß gerne und es war eine Tasche von merkwürdigem Format und natürlich fragte ich ihn. Marionetten sagte er oh sagte ich, machen Sie sie selbst oh ja sagte er und was tun Sie damit, nun sagte er ich lebe vom Möbel-Schnitzen aber das hier mache ich nebenbei und ich spiele damit, ich kenne Kasperletheater und mehr nicht sagte ich, und er sagte aber man macht jetzt viele in Paris und ich sagte ja ich weiß und ich kenne Leute die immer hingehen aber ich bin nie dagewesen sagte ich, und dann sagten wir es war nett daß wir uns getroffen haben und ich ging weiter und sie gingen weiter und ich hatte nicht nach ihrem Namen gefragt, gewöhnlich tue ich es aber ich tat es nicht, ich kenne gerne Namen und Beschäftigung von jedem und was der Vater war oder ist und wo man geboren ist. Schließlich sind Beschäftigung und Name und wo man geboren ist und was des Vaters Beruf ist etwas was man von jedem wissen sollte, wenigstens für mich.

Es war über ein Jahr später wir waren zurück in Bilignin und ich hatte einen Brief von Donald Vestal, es war das Jahr der Donald-Bekanntschaften ich lernte drei kennen, und vorher hatte ich nie einen Donald gekannt. Als ich noch ein Kind und in St. Nicholas war gab es eine nette Geschichte von einem Zwilligspaar Donald und Dorothy die beinahe im Meer ertrunken wären und es gab eine Komplikation und alles wurde herausgefunden durch ein Stück von einem schwarzen Schal das man untersuchte und das nach Meer roch, und einmal hatte Donald seine Schwester durch Erschießen eines tollwütigen Hundes gerettet und in Kalifornien wo Hunde nie tollwütig werden war es sehr romantisch etwas über tollwütige Hunde zu erfahren, nun jedenfalls war das der einzige Donald mit dem ich vertraut gewesen war und jetzt gab es drei, man könnte sogar sagen vier nur kannte ich den vierten nicht sehr gut. Donald Sutherland in Princeton der mir bevor ich herüberkam geschrieben und Manuskripte geschickt hatte und bei dem ich mich nach der Princeton-Lesung erkundigte war jung von gutem Aussehen hatte graue Haare und war sehr nervös als ich am Ende der Lesung nach ihm fragte, und dann gab es Donald Klopfer den Partner von Bennett Cerf und er war groß und erfreulich und ein bißchen nicht sehr glücklich aber alle waren ganz glücklich und dann gab es noch Donald Brace den Partner von Harcourt auch ein Donald und jetzt gab es Donald Vestal und ich bekam einen Brief von ihm in dem er mich bat ihm ein Marionettenspiel zu schreiben. Das tat ich. Ich schrieb alles über Identität und Hunde ich schreibe immer über Hunde warum nicht sie sind immer bei mir und Identität die ist auch immer bei mir, da bin ich ich selbst und da ist Identität meine Identität also schrieb ich für Donald Vestal ein Marionettenspiel über Identität. Wir schrieben einander mehrmals.

Er war der erste der mir von Künstlern erzählte die für die Regierung arbeiten. In Frankreich gehen sie stempeln wie jeder aber sie tun was ihnen gefällt, aber hier tun sie was man ihnen vorschlägt, hier gehen sie nicht stempeln sobald die Regierung sie für irgend eine Arbeit bezahlt. Freilich in Frankreich belehrt man nicht gerne in Amerika ja. Daher ist es natürlich daß in Frankreich die Künstler wie jeder der mittellos ist stempeln gehen aber wenn sie stempeln gehen leisten sie noch etwas Eigenes und tun etwas damit während man sie in Amerika auch wenn sie Künstler sind belehren will und sie werden belehrt, und wenn sie belehrt sind müssen sie entweder so sein oder andere belehren und daher ist es nur natürlich daß sie nachdem einmal beschlossen war Künstlern Stempelgelder zu geben auch den Unterricht verbindlich organisierten. Da Donald Vestal fähig war zu tun was er tat lehrte er natürlich das war ganz natürlich. Er schrieb mir ausführlich darüber und dann schrieb er mir man wolle das Spiel in Detroit Michigan spielen, selbstredend wurden die die gute Arbeit taten nicht angelernt sie gingen nicht einmal stempeln aber jedenfalls spielten sie das Spiel und er sandte mir Fotos davon und sie sind recht rührend, es gibt zwei Gertrude Steins und sie sind recht rührend, und sie spielten es zweimal und Donald Vestal schrieb mir wie gerührt sie waren und daß er bekannt geworden sei durch diese Arbeit und das gefiel mir. Zuvor hatte die Präsidentschaftswahl stattgefunden und einmal schrieb er mir und sagte daß er eben tue was er tat und daß er bereit sei dem Präsidenten das Denken zu überlassen. Warum auch nicht, wenn nicht warum eigentlich nicht.

Generell gesprochen kann eine großgewordene Bevölkerung nicht selbständig denken das heißt sie kann nicht spüren daß sie nicht denkt und da sie nicht spürt daß sie nicht denkt befaßt sie sich natürlich durchaus natürlich mit Organisation und wenn sie das tatsächlich tut, muß sie weil sie organisiert ist nicht mehr denken. Dann muß jeder einzelne wieder von vorn beginnen so als ob nichts organisiert werden könnte aber jetzt noch nicht nein noch nicht und nicht jeder nein nicht jeder und kaum einer ja kaum einer.

Wir verbrachten also unsere zwei Wochen weiter in Chicago, die Hutchinses luden uns zum Abendessen ein. Bobsy und Barney Goodspeed sollten dort sein und Thornton Wilder.

Wir gingen zum Abendessen es war ein gutes Abendessen. Wir waren beim Abendessen aber Hutchins der Präsident der Universität von Chicago war nicht da er kam erst später mit Mortimer Adler.

Hutchins war müde und wir setzten uns alle zusammen wieder hin und er begann über seine Tätigkeit zu sprechen. Er und Adler hatten Spezialklassen und dort sprachen sie über alle in der Weltgeschichte wichtigen Ideen. Jede Woche behandelten sie eine andere Idee und den Mann der sie niedergeschrieben hatte und die Klasse las das und dann hatten sie eine Diskussion darüber.

Was sind das für Ideen die wichtig sind fragte ich ihn. Hier ist die Liste sagte er ich nahm die Liste und überflog sie. Oh sagte ich mir fällt auf daß keines der wann auch immer von ihnen gelesenen Bücher im Original englisch geschrieben ist, ist das Absicht fragte ich ihn. Nein sagte er aber auf Englisch sind wirklich keine Ideen ausgedrückt worden. Dann nehme ich an daß für Sie Ideen die sich nicht mit Soziologie oder Regierungen befassen keine Ideen sind. Nun sind das denn Ideen sagte er, oh ja sagte ich. Die Regierung ist das am wenigsten Interessante im menschlichen Leben. Das Schöpferische und der Ausdruck dieses Schöpferischen ist verdammt viel interessanter, ja ich weiß und ich begann mich aufzuregen ja ich weiß, natürlich sind Sie Lehrer und Lehren ist Ihre Beschäftigung und natürlich ist das was Sie Ideen nennen leicht zu lehren und deshalb sind Sie überzeugt daß dies die einzigen Ideen sind aber die wahren Ideen befassen sich nicht mit menschlichen Wesen als Gruppe sondern mit dem menschlichen Wesen selbst, mit seinem Innern und diese Idee ist viel interessanter als die Menschheit in Gruppen, kaum sind sie eine Masse denken sie nicht von sich aus sondern jemand tut es für sie und das ist verflixt weniger interessant. Dann fing Adler an und ich habe vergessen was es im einzelnen war und wir wurden heftig gegeneinander und ich sagte zu ihm man brauche ihn nur anzuschauen um zu erkennen daß er besonders unzugänglich sei für Ideen sei die im eigenen Innern entstehen und daß er ein Mann sei der sich entweder an innere oder äußere Regeln halte nicht aber an kreativ Entstehendes, und Hutchins sagte nun wenn Sie es besser können als wir fordere ich Sie heraus es zu tun und nächste Woche unsere Klasse zu übernehmen und ich sagte natürlich will ich das und dann sagte Adler etwas und ich stand heftig redend neben ihm und alle waren aufgeregt und das Dienstmädchen kam und sagte Madame die Polizei. Adler erblaßte ein wenig und wir alle hielten inne und brachen dann in Gelächter aus. Fanny Butcher hatte es so eingerichtet daß man Alice Toklas und mich an diesem Abend in einem Mord-Streifenwagen abholen sollte und der war gekommen und wartete. Nun wir sagten alle Gute Nacht und gingen mit den Polizisten weg.

Es war ein regnerischer Abend. Die Männer waren groß und wir waren mit ihnen zusammengepfercht und fuhren mit ihnen weg.

Wir fuhren umher, wir hatten gerade einen Mord versäumt es war der einzige der sich an diesem Abend ereignete und er war uninteressant gewesen eine Familienangelegenheit und alle konnten alles verstehen. Der Wachtmeister sagte er fürchte es werde nicht viel passieren, es regne und wenn es regnet gehe niemand herum und wenn niemand herumgeht könne es keinen Mord geben es sei denn eine Familienangelegenheit wie diese eben und das sei nicht interessant eines Tages sagte er wenn es wirklich eine schöne Nacht ist werde ich es Sie wissen lassen und dann werden Sie etwas sehen aber uns gefiel diese Nacht in der nichts passierte und für eine schöne Nacht blieben wir nicht lange genug in Chicago. Es war sehr interessant, es war die Nacht in der Baby Face erwischt wurde und die ganze Zeit trafen Meldungen darüber ein und es war fünfundzwanzig Meilen entfernt und deshalb war es angenehm interessant aber außer daß es das erste Mal war daß wir Radio in einem Polizeiwagen hörten nicht zu aufregend. Und dann fuhren wir dauernd herum in diesem ganzen Teil von Chicago wo so viele Häuser sind und dann fuhren sie uns in die Negerviertel und in einem stiegen wir mit ihnen aus und da war eine Menge das heißt einige Neger waren da und jeder hatte eine kleine Flasche aber was machte das schon, niemand sagte etwas und dann betraten wir eines der Häuser und es hätte eines im Süden sein können es hätte das in Baltimore sein können in das wir als ich Medizinstudentin war hineingingen um bei der Entbindung eines Negerbabys zu helfen. Zehn oder zwölf Menschen waren da und andere in andern Räumen Männer und Frauen, alle ganz ordentlich einer kochte in einer Ecke einige lagen im Bett und taten einfach nichts und jedenfalls war alles ganz ordentlich und der Wachtmeister sagte er suche einen einäugigen Mann und natürlich war einer da und die Damen hier suchten eine Handtasche die ihnen gestohlen worden war und natürlich wußten sie daß sie es nicht gewesen waren aber es verursachte ihnen reichlich Unbehagen so daß die Erleichterung uns allen ein angenehmes Gefühl gab und sie erzählten woher sie kamen fast alle waren aus dem Süden einer war Kanadier und jetzt waren sie hier und sie hatten keinerlei Pläne und nicht einer von ihnen war zu viel und dann verließen wir sie. Und dann gingen wir weiter und gingen an einige Orte wo es Chinesen gab aber nicht sehr viele, wir blieben gerade lang genug um wieder gehen zu können und dann gingen wir wieder herum ich fragte den Wachtmeister ja er kannte sie natürlich in Chicago aber ob er auch in einer anderen Stadt wüßte wer da die Bösen seien oder ob er sich auch irren könnte. Nun sagte er ja in einer Stadt in der er nie gelebt hat könne er wohl irren, vielleicht auch nicht aber es könnte schon sein sagte er schließlich sind Sie eine Schriftstellerin und denken viel über Leute nach aber schließlich irren Sie sich auch oft aber nein das spielt keine Rolle, nein sagte ich das spielt keine Rolle, nein sagte er Sie sehen immer so aus als hätten Sie sich geirrt aber trotzdem und Sie wissen das selbst genau obgleich Sie sich immer mehr oder weniger irren Sie kennen den Unterschied zwischen einem Menschen und einem andern und ich sagte ja, und er sagte nur eine Sache eine einzige die mich immer geplagt hat war ein alter Neger der in der Nähe dieses Chinesenwinkels umgebracht worden ist. Das liegt ein paar Jahre zurück. Es war ein alter Neger nicht sehr alt aber alt, er arbeitete jeden Tag ein wenig er verdiente genug Geld zum leben, nie hatte er Geld bei sich, er hatte niemanden, niemand kannte ihn abgesehen davon daß jeder ihn kannte niemandem tat er leid und eines Nachts nicht sehr spät gerade an dieser Ecke nein es war ganz früh am Abend schoß ihn jemand nieder niemand hörte etwas niemand wußte etwas niemand sah ihn oder etwas, er wurde totgeschossen niemand berührte ihn, es gab keinen Grund für eine Schießerei an dieser Ecke er wurde einfach an dieser Ecke niedergeschossen und obgleich dort

Leute in der Nähe aßen hatte niemand zufällig hingeschaut oder etwas gehört oder war in der Nähe gewesen als er erschossen wurde. Er war nicht von Bedeutung und deswegen wurde niemand beauftragt etwas über ihn herauszufinden und das ist das einzige Mal daß ich von jemandem erfuhr der ohne den geringsten Grund erschossen worden ist und da er nicht von Bedeutung war werde ich nie erfahren warum jemand ihn erschossen hat. Ich sagte das quält Sie und er sagte ja das stimmt, es falle ihm immer wieder ein.

Wir fuhren weiter und der Abend wurde zum Morgen und dann hielten wir wieder an und wir gingen irgendwo mit ihm hinein und sahen dort einen Marathonlauf.

Es gibt einen Unterschied zwischen Wachen und Schlafen und meistens kennt man den Unterschied zwischen Wachen und Schlafen, nicht immer aber fast immer kennt man den Unterschied zwischen Wachen und Schlafen aber hier gab es nichts weder Wachen noch Schlafen, es waren lauter junge Leute und sie bewegten sich mit vornüberhängenden Körpern vorwärts. Seit sechs Wochen waren sie ohne Schlaf und manche hatten keinen andern mehr in ihrer Nähe sie bewegten sich vornüberhängend alleine vorwärts und wenn es zwei waren klammerte sich der eine mehr an als daß er sich bewegte und der andere stützte ihn und bewegte sich. Es gab viel Licht und wenig Geräusch.

Der Wachtmeister und wir standen da und der Manager des Unternehmens kam herbei und sagte ob wir gerne mit ihnen fotografiert würden aber das wollten wir nicht, weder daß sie mit uns fotografiert würden noch wir mit ihnen.

Jacques Viot der die Surrealisten entdeckte als man dabei war den Surrealismus zu entdecken besuchte mich vorgestern wieder. Ich hatte ihn dazwischen nicht gesehen. Wir sprachen über das Kino er schrieb jetzt Filmscripts für französische Filme und er sagte beim Filmscript-Schreiben müsse man daran denken daß es etwas anderes sei als das Schreiben fürs Theater das Filmpublikum ist kein waches Publikum sondern ein träumen-

des es schläft nicht es träumt nur dauernd. So war auch der Marathonlauf und mehr noch als irgendein Film. Ich habe so etwas nie mehr gesehen.
Wir gingen hinaus und jetzt regnete es noch immer es war gegen Morgen und der Fahrer schlief aber er fuhr und wir fuhren weiter und wir mußten zum Lake Side Drive zurückkehren wo wir begonnen hatten und wir machten uns auf den Weg und ich sagte gehen wir nicht in die falsche Richtung denn diesen Teil kannte ich und sie sagten ja dieser Teil von Chicago sei ihnen unbekannt und ich sagte es sei komisch daß sich der Polizeiwagen in Chicago verirren könne aber ich würde es keinem erzählen und wir kamen heim und wir sagten ihnen Gute Nacht. Manchmal möchte ich gleich wieder ausgehen.
Es war weiterhin Winter und wir blieben noch ein wenig länger. Als ich bei einer Lesung in den Saal kam sah ich drei große Stühle auf dem Podium und drei die darauf saßen. Was tun die hier fragte ich die junge Frau die uns empfangen hatte. Oh das sind der Präsident der Vizepräsident und der Schatzmeister des Klubs und sie verlesen das Protokoll, gut sagte ich dann werden wir warten bis sie fertig sind, oh nein sagte sie, aber ich will warten sagte ich bis sie weggegangen sind, aber sie sitzen da, oh nein sagte ich ich werde warten bis sie weggehen. Sie wollten nicht weggehen sie wollten dableiben aber ich wollte nicht weitermachen bevor sie weg waren und sie gingen tatsächlich weg aber es war ein ziemlich scheußlicher Augenblick als sie weggingen.
Es gibt einen Unterschied zwischen Reden halten und Vorlesungen und dieser Unterschied war entschieden wichtig für mich. Ich hätte Reden halten können aber ich hatte Vorlesungen zu halten und für Vorlesungen mußte ich allein sein und ich war allein.
Gerade heute und in Paris habe ich herausgefunden daß Amerikaner und Europäer verschieden sind. Zwei Dinge sind mir heute widerfahren. Beim Parkieren vor dem Magasin du Louvre fuhr ich rückwärts in einen andern und mein Ersatzrei-

fen fiel über seinen Kotflügel. Das war das eine. Ich besah es mir und sprach darüber mit einem wartenden Taxichauffeur und dann ging er weg, wir konnten nichts machen. Alice Toklas sagte die Wagen würden sich trennen wenn ich meinen Wagen anfuhr aber sie taten es nicht. Der Wagenbesitzer kam und ich sagte es täte mir leid, und wir versuchten es gemeinsam und ich sagte es wäre besser den Ersatzreifen wegzunehmen und ich begann damit und er machte weiter und wir arbeiteten beide und ein Arbeitsloser kam daher und ich flehte ihn an und der Reifen wurde abgenommen und die Wagen getrennt und der Reifen kam wieder an seinen Platz, und es gab keinerlei Schwierigkeiten und ich sagte es tut mir leid und wir alle gingen weg und das war das eine, ein klein wenig später am Tag gingen wir aus um Messer abzuholen die wir zum Schleifen gegeben hatten und das war in unserem Quartier in der Rue de Rennes und ich blieb im Wagen. Ich bemerkte zwei Leute die dastanden und aussahen als ob sie jemanden treffen wollten oder nach jemandem ausschauten es waren Amerikaner sie hatten einen ängstlichen Blick und sie schauten sich um und sie waren groß und nicht jung ein Mann und eine Frau und vor ihnen stand ein Wagen ein Ford ein amerikanischer und kein französischer. Ich betrat das Messergeschäft um dann einen Vorwand zu haben wieder herauszukommen und sie zu betrachten, ich tat es, die Frau lächelte noch immer ängstlich und ich lächelte und sie sagte Guten Tag Miss Stein und ich sagte Guten Tag und ich sagte was machen Sie hier. Wir suchen einen Mann der unseren Wagen fährt weil sagte sie und er sagte ja meine Frau ist nervös und da wir die Straßen nicht gut kennen hat sie Angst wenn ich weiterfahre und wir kommen gerade aus Nizza, wo können wir einen Mann finden der uns fährt. Nun sagte ich meine Garage ist in der Nähe aber es gibt keinen der den Wagen fährt aber ich werde mit einem Taxifahrer sprechen und das tat ich und er wußte keine Stelle wo sie einen Fahrer für ihren Wagen finden konnten und Alice Toklas kam heraus und sie waren ängstlich und wir redeten und wir gingen hinein und versuchten zu telefonieren und wir kamen wieder heraus und ich sagte ich möchte sie irgend wohin bringen und die Frau sagte erlauben Sie daß er hinter Ihnen her zu Ihrer Garage fährt dort werden Sie wohl jemanden finden, und ich sagte das wollen wir tun und sie sagte sie würde ein Taxi zu ihrem Hotel nehmen und das tat sie wir sahen sie nicht fortfahren und er folgte mir in seinem Wagen, und die Bremsen funktionierten nicht und er beschloß den Wagen stehen zu lassen und er nahm sein Gepäck heraus und er sagte ich danke Ihnen und ich sagte wäre ich in Newark gewesen so hätte er das gleiche für mich getan und er sagte ja und wir verabschiedeten uns.

Plötzlich sah ich den Grund warum Fensterläden offen oder geschlossen sind und keine Mauern die Gärten oder irgend etwas einzäunen die Ängstlichkeit eines Amerikaners oder einer Amerikanerin das ist die ganze Ängstlichkeit die sie in sich haben, nun ja so sind sie eben, und mir fiel ein daß man überall in Amerika einen Mann oder einen Jungen bekommen kann der einem den Wagen überall hinfährt wohin man will, ich habe das getan als ich ängstlich war in den Yosemite* zu fahren, nicht daß es eine schwierige Fahrt gewesen wäre aber mir war so zumute.

Wir blieben also unsere zwei Wochen in Chicago und Mrs. Goodspeed nahm uns mit in Konzerte und in die Oper, einmal war es Lohengrin und das andere Mal Salome. Es war komisch wieder in die Oper zu gehen und in Konzerte es schien als existiere Europa nicht, es war genau so wie früher. Ich sage nicht daß es in Paris keine Konzerte und Opern gibt aber sie waren nicht das was mir entspricht nein ganz und gar nicht aber hier in Chicago war es genau so wie alles früher gewesen war.

Und dann baten uns die Hutchinses zu sich niemand sollte etwas davon wissen nicht einmal Thornton oder Mrs. Goodspeed und wir kamen zum Abendessen und dann ging ich mit ihnen um ihre Klasse zu übernehmen. Ich hatte mich ans Vorlesen gewöhnt und hielt das nicht für etwas Besonderes

* Naturpark

aber hier sollte ich unterrichten und alles ist ein komisches Gefühl und das war auch eines.
Wir saßen also alle um einen langen Tisch und Hutchins und Adler und ich übernahmen die Führung eigentlich sollten wir das nicht aber wir taten so als ob, nun jedenfalls begann ich zu sprechen.
Ich begann zu sprechen und sie, nicht Hutchins und Adler aber die andern begannen zu sprechen und ziemlich bald sprachen wir alle über Helden-Dichtung und was sie war, es war aufregend wir entdeckten eine ganze Menge einiges davon verwandte ich in einer der vier Vorlesungen die ich für den Kursus schrieb den ich ihnen bei meiner Rückkehr gab aber schließlich lief es auf folgendes hinaus man kann in der Helden-Dichtung einen Helden haben weil der Tod des Mannes das Ende von allem bedeutet und heute endet nichts durch den Tod von irgend jemandem weil immer etwas geschieht. Nun wir alle kamen heraus und allen hatte es gefallen und mir hatte es gefallen und Hutchins sagte zu mir als er und ich zusammen weggingen Sie haben alle viel mehr zum Sprechen gebracht als uns das gelingt und viele haben gesprochen die vorher nie gesprochen hatten und es war sehr nett von ihm das zu sagen und er fügte hinzu und wenn Sie wiederkommen würde ich Sie gerne wieder Unterricht halten lassen und ich sagte ja und er sagte er würde mir Bescheid geben und dann sagte ich verstehen Sie warum sie mit mir sprechen sie tun es weil ich bin wie sie ich weiß keine Antwort, Sie sagen Sie wissen nicht aber Sie wissen doch wenn Sie die Antwort nicht wüßten könnten Sie Ihr Leben nicht mit Lehren verbringen aber ich ich weiß wirklich nicht, wirklich nicht, ich weiß nicht einmal ob es eine Frage gibt geschweige denn daß ich eine Antwort auf eine Frage hätte. Für mich ist etwas wirklich interessant wenn es weder Frage noch Antwort gibt, gibt es die dann ist das Thema nicht interessant so ist es und das ist der Grund weshalb alles wofür es eine Lösung gibt nicht interessant ist, das ist die Schwierigkeit mit Regierungen und Utopien und Lehren, nicht die Dinge

die gelernt werden können sondern diejenigen die gelehrt werden sind nicht interessant. Nun wir gingen weg.
Es war Winter und war auch weiterhin Winter und wir fuhren weiter an Orte wo wir noch nie gewesen waren, wir fuhren nach Wisconsin Ohio Indiana Minnesota und Michigan. Dies alles war aufregend einer der aufregendsten Augenblicke war als wir in einem Zug waren und an einer Station anhielten wir waren in Ohio und wir sahen daß es Marion hieß und wir alle erinnerten uns an The President's Daughter und das war historisch und aufregend aber es war nicht das einzige Mal. Wir alle hatten The President's Daughter gelesen und in gewisser Hinsicht ist dies eine der besten Beschreibungen des Kleinstadtlebens in Amerika die je geschrieben wurde und für uns war es etwas ganz Reales und als wir an der Bahnstation Marion angeschrieben sahen wir das einer der Augenblicke von denen ich vielleicht jemals nur drei oder vier gehabt hatte. Der erste war Concord und Lexington und ein junger Schüler von Berkeley in Kalifornien hatte mir gerade eine Postkarte von der Brücke in Concord geschickt und auch er hatte wie jeder der in Kalifornien aufgewachsen ist diesen historischen Augenblick empfunden. Dann gab es den Kamin in Eton wo man Tom Brown gebraten hat und jetzt gab es Marion hier in Ohio. So etwas kommt vor, das ist es was man Geschichte – fühlen nennt ein Ort ist für einen wirklich aber er ist nicht da und wenn er dann wirklich da ist ist er nicht mehr wirklich. Genau das ist es was einem ein historisches Gefühl gibt.
Ein anderes Mal nicht so real wie Marion aber doch deutlich hatte ich es als man mich in Toledo immer fragte wie ich unterhalten werden wollte und ich immer sagte ich wollte nicht unterhalten werden aber ich würde gerne herumfahren und sei immer bereit herumzufahren. In Toledo fuhr man uns herum, das heißt ich lasse mich gern herumfahren wenn ich nicht irgendwo hineingehen und mir etwas zeigen lassen muß das mir nicht viel sagt und ich tat es auch nie, aber ich fahre gern und ich sitze gern neben dem Fahrer und ich sehe gern Landschaft also

taten wir das. Während wir dahin fuhren erzählte man uns eines der Häuser gehöre dem Mann der die Champion-Zündkerzen herstellte, das war etwas. Während des ganzen Krieges mußte ich darauf bestehen daß ich für meinen Ford les bougies Champion pas americains pas pas français brauchte, weil meine die kleineren und nicht die größeren waren, nun ja das sagte ich während des Krieges zwar nicht jeden Tag aber doch sehr oft weil diese alten Fords wirklich Zündkerzen verbrauchten und hier war nun das Haus in dem der Mann lebte der sie machte. Möchten Sie gerne hineingehen fragte man mich oh ja sagte ich und wir gingen hinein, selbstredend war der Mann nicht da er war natürlich irgendwo beschäftigt aber seine Frau war da und sie war reizend und ich erzählte ihr alles von den Champion-Zündkerzen und von meiner Vorliebe für sie und sie sagte sie würde das ihrem Mann erzählen. Sie erzählte es ihm wirklich und sie hatten früher winzige aus Silber als Armbanduhren-Talismane gemacht, aber leider hatten wir Wirtschaftskrise und sie machten sie jetzt aus Stahl und sie gaben mir einen und ich bewahre ihn in meinem Schmuckkasten auf aber ein silberner wäre mir lieber gewesen.

Wir verließen also Chicago und es war Winter und wir gingen nach Madison in Wisconsin. Bis wir Amerika verließen hatte ich fast dreißig Universitäten besucht und fing an wirklich nur noch Gefallen daran zu finden, es gab noch sehr viele wo ich gerne hingegangen wäre wir hörten erst als wir schon weg waren wo sie sind aber es wäre ein Spaß jede einzelne in allen Vereinigten Staaten zu besuchen, ich denke manchmal es wäre ein Spaß zu den Studenten in allen Universitäten der ganzen Welt zu sprechen, es wäre interessant und sie hätten es genau so gerne wie ich weil sie es natürlich gern hätten, und ganz gewiß hatte ich die dreißig gerne die ich damals besuchte. Die in Madison gefiel mir am besten. Es war kalt in Madison und Schnee und Eis und kein leichtes Gehen was mir mißfiel da ich gerne gehe und sie brachten uns zu einem Universitätsgebäude wo wir aßen und schliefen und wo alle ein- und ausgingen, es war wie bei unserer ersten Ankunft alle waren da und danach ließen wir uns gerne von einem Mann und einem Mädchen und einem Wagen empfangen und gingen überall aus und ein. Bald fand ich unter den Ein- und Ausgehenden eine die mit mir Medizin studiert hatte Dorothy Reade und ich sagte können wir allein sein und sie sagte ja aber es gelang nicht weil Wright der Architekt der in der Nähe wohnte gerade da war und bei ihm war ein Russe und ob wir mit ihnen kommen wollten aber da dachten wir wir wollten gerne etwas essen und vor der Lesung ruhig sein und wir wollten sie alle am Abend nach der Lesung treffen aber da war er schon weg und nun ja sie gaben uns oben im Zimmer ein sehr gutes Abendessen und draußen war es kalt und die Seen waren kälter, ich schaute mir gern aus dem Fenster alles an. Ich war ein wenig spazierengegangen aber das Gehen war schwer.

Danach hatten wir ein gutes Gespräch es waren zwei oder drei da die eine Menge über Wörter wußten einer von ihnen ein rothaariger Professor, und dann gingen wir zu Bett und wir standen auf und es hatte nicht geschneit aber es lag ganz bestimmt mehr Schnee da und er war weißer und Dorothy Reade brachte uns zum Flugplatz, ich habe sie nie sehr gut gekannt und kannte sie auch dann nicht sehr gut und sie war die gleiche die sie gewesen war und dann flogen wir in einem Flugzeug weg.

Flogen wir oder flogen wir nicht über den Mississippi auf dem Weg nach Minneapolis und St. Paul, ich weiß es wirklich nicht aber wenn es nicht damals war war es ein anderes Mal als der Mississippi ein kleiner Fluß war. Es war wirklich ein Schock für mich daß er das sein sollte daß er so ein kleiner Fluß sein sollte und selbst in New Orleans konnte ich mich nicht ganz davon erholen daß er ein kleiner Fluß gewesen war als er uns das erste Mal gezeigt wurde. Ich hatte ihn einmal auf der Fahrt nach Kalifornien überquert das war lange bevor ich Amerika verlassen hatte aber es war nachts gewesen und ich hatte ihn nicht gesehen und als ich ihn zum ersten Mal sah war er ein kleiner Fluß. Etwas Besonderes beim Fliegen über Amerika ist die Menge Wasser, es gibt natürlich eine Menge Land es ist auch eine Menge Land da aber es gibt auch eine Menge Wasser. Überall wo es Land gibt gibt es natürlich eine Menge Wasser, in Frankreich überquert man beim Autofahren immer Brücken aber dort ist das Wasser eine kleine Menge Wasser aber in Amerika besonders als wir über das Tal des Mississippi flogen gab es eine Menge Wasser alles in allem war ich überrascht daß es relativ weniger Berge gab als Wasser. Natürlich ist das wirklich eindrucksvollste Wasser das man überfliegt dort wo es kein Wasser gibt und das ist in der Gegend vor Salt Lake City, dort ist der Grund des Ozeans und wenn man einmal den Grund des Ozeans ohne Wasser gesehen hat wie man ihn dort sieht ist der Gedanke daß der Ozean eigentlich Wasser haben muß ein wenig verrückt. Er wäre so viel interessanter anzusehen wenn er kein Wasser hätte. Flüsse sind etwas anderes, Flüsse sind mit Wasser interessanter als ohne Wasser. Nun ja.

Wir kamen nach Minneapolis. Es war immer noch Winter aber nicht so Winter wie in Wisconsin.

Es war damals als mein Interesse an Reportern begann. Bis zu dieser Zeit hatte ich natürlich mit vielen von ihnen gesprochen aber da geschah auch immer etwas und wir gingen hin und wir gingen weg und mit Ausnahme von Jo Alsop gab es nur eine Anzahl Gesichter und das war alles.

Aber jetzt während wir reisten und nicht ausgeführt wurden weil ich ein ruhiges Leben liebe und gar nicht liebe zum Essen auszugehen und vor allem nicht zu einem Empfang ganz bestimmt nicht wenn ich dort keinen kenne da war das gesellschaftliche Leben das ich auf der Reise vorzog das Leben mit Reportern und ich genoß es.

Ich glaube es war in St. Paul wo es geschah. Jetzt beim Reisen schaute ich manchmal in eine Zeitung hier haben sie wenigstens eine Größe die man halten kann, sie waren ähnlich wie der Pariser New York Herald nicht ganz so wenig Seiten wie der aber doch so wenig daß man Mut faßte. Ich hatte also in St. Paul am Abend gesprochen und als ich im Hotel die Treppen hinunterging sah ich eine andersfarbige Zeitung als ich zu sehen gewohnt war vielleicht war es in Toledo, nun jedenfalls hatte sie eine Farbe und das nahm ich wahr und schon war ich da und ich las sie, der Reporter hatte meine Rede reportiert als wäre sie ein Ringkampf und es war sehr gut geschrieben und ich bemerkte wie natürlich jeder Autor daß jeder Absatz einen meiner besten Sätze enthielt die ich geschrieben hatte und das paßte gut. Es gefiel mir ich mag Gutgeschriebenes und dann gingen wir aus wir mußten zu Mittag essen und dann abfahren was wir auch taten. Beim Mittagessen tauchte diejenige auf die meine Lesung arrangiert hatte und sagte etwas, ich sagte ich sei sehr eingenommen von der Art wie über meine Lesung geschrieben wurde, was sagte sie, ja sagte ich, das gehört zum Besten was ich über mich gelesen habe, aber sagte sie alle sind wütend weil es den Geschmack dieser Stadt so stark reflektiert ganz und gar nicht sagte ich er schreibt gut und was mehr ist er versteht was ich sage was mich freut und nicht oft passiert, das heißt nicht bei reportierenden Reportern, nun sagte sie sein Verleger ist da dort drüben, jeder beklagt sich bei ihm so daß er dabei war den jungen Mann der die Sache gemacht hat zu entlassen, er wollte sie unbedingt machen und so hat er sie gemacht, natürlich wollte er sagte ich weil er wußte daß er die Sache versteht und er hat sie verstanden, ich werde das seinem Verleger erzählen sagte sie sofort und ihm erzählen was Sie gesagt haben, ich sagte es tut mir leid wir fahren weg ich hätte ihn gerne gesprochen und dann als wir weggingen sagte sie ich habe es dem Reporter erzählt und er hatte Tränen in den Augen und er sagte Sie hätten ihm das Leben gerettet und ich sagte hoffentlich wird er weitermachen.

Ich bekam immer mehr Interesse für Reporter. Reporter sind meistens junge Akademiker die am Schreiben interessiert sind und natürlich war ich interessiert daran mit ihnen zu sprechen. Ich wußte immer daß sie natürlich das sagen werden was man

gewöhnlich über das was ich gesagt habe in Zeitungen sagt und doch sprach ich gerne mit ihnen. Einmal es kann in Cleveland gewesen sein oder in Indianapolis sprach ich und dort waren zwei oder drei von ihnen und hatten einen Fotografen bei sich und ich sagte wissen Sie es ist komisch aber der Fotograf ist der einzige unter Ihnen allen der aussieht als sei er intelligent und der auch zugehört hat woher kommt das, Sie verstehen doch sagte ich zu dem Fotografen Sie verstehen doch worüber ich spreche nicht wahr. Natürlich sagte er sehen Sie ich kann dem was Sie sagen ja auch zuhören weil ich mir nicht merken muß was Sie sagen, die andern können nicht zuhören weil sie es sich merken müssen.
Ich fand das sehr interessant und natürlich ist es so, natürlich kann keiner zuhören wenn er sich merken muß was er hört und das ist das Malheur mit Zeitungen und Belehrungen, mit Regierung und Geschichte. Die Vorlesung die ich für die Chicagoer Universität schrieb hat etwas damit zu tun und mit dem Unterschied zwischen ursprünglichem Schreiben und dem was auf Erinnerung beruht und vieles was ich in The Geographical History of America schrieb wo es um Identität geht und die Vorlesung die ich für Oxford und Cambridge schrieb über What Are Masterpieces And Why There So Few Of Them ja all das hat etwas damit zu tun ein Dankeschön also dem Fotografen der das gesagt hat.
Ich mochte die Fotografen, da ist einer der kam herein und sagte er sei geschickt worden um ein Layout von mir zu machen. Ein Layout sagte ich ja sagte er was ist das sagte ich oh sagte er vier oder fünf Bilder von Ihnen während Sie etwas tun. Gut sagte ich was wollen Sie, was soll ich tun. Nun sagte er da ist Ihr Flugkoffer vielleicht packen Sie ihn aus, oh sagte ich das tut Miss Toklas immer oh nein ich könnte das nicht tun, gut sagte er hier ist das Telefon vielleicht telefonieren Sie nun ja sagte ich aber das tue ich auch nie Miss Toklas tut es immer, nun sagte er was können Sie denn tun, nun sagte ich ich kann meinen Hut aufsetzen und den Hut abnehmen und ich kann

meinen Mantel anziehen und ich kann ihn ablegen und ich mag Wasser ich kann ein Glas Wasser trinken sehr gut sagte er tun Sie das ich tat es und er fotografierte während ich es tat und am nächsten Morgen war das Layout da und ich hatte es gemacht.

Dann gab es einen Fotografen das war viel später in New Orleans und er erzählte mir ausführlich wie er Huey Long gefolgt war und ihn fotografiert hatte und alles was er über ihn wußte und wie er beinahe von denen umgebracht worden wäre die Huey Long beschützten und ihn verwechselt hatten aber jetzt ist Huey Long tot und niemandem macht es etwas aus.

Jedes einzelne dieser Hotels war ein wirkliches Hotel für mich und das Leben darin schien für so viele etwas Gemeinsames und ein Massentreffen zu sein und wir waren nicht verloren darin obwohl keines von ihnen irgend einem andern von ihnen glich. Ich erinnere mich an eines in Indianapolis das war ein merkwürdiges ein sehr merkwürdiges in jedem aß man ziemlich gut, in dem von Indianapolis aber nicht sehr gut und alles war groß die Zimmer wie die Möbel darin und die Farben der Möbel waren so erdrückend wie die der Tapeten, meistens war alles in den Hotels selbst später in denen im Süden nun nicht gerade neu aber ziemlich neu doch nicht in diesem. Indianapolis war aufregend, irgendwie unterschied es sich von Ohio und Illinois später konnte ich erkennen daß es irgendwie etwas mit St. Louis zu tun hatte. Die Größe von allem in Indianapolis unterschied sich von allem in Ohio oder Illinois oder Wisconsin oder Minnesota eine völlig andere Größe, ich interessierte mich brennend für jeden Staat ich wünschte nun ich wünschte alles über jeden einzelnen erfahren zu können. Zum Beispiel Ohio, Louis Bromfield kommt aus Ohio, man ist dort reich und man ist großzügig und man ist unschuldig und man ist erfolgreich ja das ist man. Nicht aber in Indianapolis. Ich habe sehr viele aus Indiana gekannt.

Meine Vorlesung war am Abend das Publikum bestand aus Männern und Frauen die Männer schauten begabt aus mochten wohl Richter und Anwälte sein und sie waren interessiert und interessant. Am nächsten Morgen gingen wir in das Foster Museum, alles was er je gemacht hat war da sehr vieles im Original und alles in Faksimile und Platten von allen Liedern konnten gespielt werden und zwei Sekretäre die alles zeigten waren da und die Börse die er bei sich gehabt hatte als er starb und der Gründer des Museums. Es war in einem Gebäude in einem Garten. Jetzt verlegte man es gerade in eine andere Stadt wo man ein Museum bauen konnte das mehr einer Kirche gleichen sollte und dann gingen wir fort und sahen eine Indianer-Sammlung die der Sohn des Foster Museum-Gründers angesammelt hatte. Indiana Indianapolis und Indianer. Er zeigte uns wie man die indianischen Grabhügel in dünnen Schnitten aufschnitt ich nehme an man muß sie aufschneiden wenn man wissen will das darin ist und natürlich will man wissen was darin ist und jeder könnte anders sein als der den sie schon geöffnet hatten. Nun jedenfalls ist Indianapolis keineswegs eine Enttäuschung gewesen.

Es war Alexander Woolcott der uns vom Foster Museum erzählt hatte. Wir hatten ihn in New York bei einem Mittagessen getroffen das Bennett Cerf gab damit alle von uns alle treffen konnten und bei Tisch sprachen wir und ich widersprach und Alexander Woolcott sagte Miss Stein Sie sind noch nicht lange genug in New York gewesen sonst wüßten Sie daß man mir nie widerspricht. Wir waren gern zusammen weil wir beide Pudel haben und meinen haben wir beide gesehen seinen habe ich nicht gesehen, Woolcott war letzten Winter da und Basket war herrlich gewaschen und rasiert zu seinem Empfang, und da er am Montag zum Lunch kam hatte Basket am Samstag gewaschen werden müssen und deshalb ließen wir ihn zwei Tage lang nichts tun kaum seinen normalen Verrichtungen nachkommen denn es regnete und das Weiß durfte nicht grau werden weil Basket der schönste weiße Pudel ist seiner ist kein weißer. Er will ein Buch über Pudel schreiben und er bat mich ihm einen liebevollen Brief über Basket zu schreiben und ich schrieb einen sehr liebevollen. Wir hatten Alexander Woolcott gern bei uns wir nahmen ihn mit zur Ordination des Bischofs von Monte Carlo die in Notre Dame stattfand er ist Bernard Faÿs Onkel das war der zweite, der zweite Onkel der Bischof wurde und als Dank schickte Woolcott uns die größten und schönsten Blumen die Paris jemals jemandem geschenkt hat. Er sagt das gefalle ihm weil er es seit vielen Jahren hätte tun wollen und jetzt tue er es. Wir sprachen auch gern über Mildred Aldrich die er gekannt hatte und er brachte uns zum Lunch zu Katharine Cornell und einmal hatten wir den besten Zitronenkuchen dort der jemals gemacht wurde an irgend einem Ort. Ich denke oft an den Mann von Katharine Cornell und den Hauptmann-Prozeß. Alle gingen hin wir nicht, ich lese gerne Kriminalromane will sie aber nicht sehen, will wissen worum es geht aber nicht dabeisitzen jedenfalls bin ich nie dabeigesessen vielleicht würde es mir gefallen auf jeden Fall habe ich es nicht getan.

Katharine Cornells Mann war jeden Tag hingegangen und dann ging er nicht mehr hin, und er sagte er könne deshalb nicht mehr hingehen weil am Tag zuvor bei der Rückfahrt im Zug Mrs. Hauptmann vor ihm gesessen sei und sie zu jemandem gesagt hätte ich frage mich ob es schneien wird oder ob man Schlittschuhlaufen kann. Die Natürlichkeit mit der sie das zu jemandem gesagt hatte bewirkte plötzlich daß er nicht wieder hingehen konnte und er ging nicht mehr hin.

Wir hatten also Alexander Woolcott getroffen und er hatte uns geraten in das Foster Museum zu gehen. Ich war sehr interessiert bei der Fahrt durch Ohio und Indiana ich war sehr interessiert an der Ohio-Landschaft dort wo sie aus Boden bestand der in ein Stück Wald überging mit einem Bauernhaus dazwischen und dann abfiel zu einem Stück Wiese. Es war interessant daß die Häuser und Scheunen in Ohio gut gestrichen waren und über der Grenze in Indiana waren sie anders gebaut und standen nicht an einer bewaldeten Anhöhe und sie waren nicht so gut gestrichen wie in Ohio. Ich weiß wie Bauart und Pflege der Häuser sich in Frankreich von einer Provinz zur andern ändern und das gleiche geschah hier von Ohio nach Indiana. Später erkundigte ich mich und man sagte mir viele dieser Bauernhäuser hätten keine Elektrizität das überraschte mich, in Frankreich hat jedes Bauernhaus und jede Scheune Elektrizität aber in Frankreich lebt man ja auch in Dörfern und in Amerika nicht es wäre schwieriger jedes einzelne dieser Häuser mit Elektrizität zu versehen aber hieß es denn nicht gelegentlich in Amerika hätte jedes Bauernhaus sein Telefon und wenn es Telefon und Radio hat dann muß es auch Elektrizität haben. Na ja.

Als wir in St. Paul waren gingen wir nach Minneapolis und dort traf ich noch eine Ärztin die ich vom Medizinstudium her kannte sie und ihren Mann beide, er Ulrich war zur Zeit des Medizinstudiums als Frauenfreund bekannt gewesen, nun jedenfalls war es nicht sehr aufregend ihnen wieder zu begegnen. Und dann erzählte uns jemand daß Sherwood Anderson in der Gegend wäre. Ah wenn das stimmte dann wollten wir ihn sehen sicher wollten wir ob jemand ihn finden würde und jemand fand ihn.

Er hatte eine Schwägerin die mit einem Arzt in Fall River in Minnesota verheiratet war und Sherwood reiste ständig herum um zu schreiben was seiner Meinung nach alle vielmehr die Landwirte über Landwirtschaft dachten. Und deshalb mußten wir uns bei seinem Schwager treffen. Es war Winter bestimmt war es Winter und der Schwager kam um uns hinzufahren und er legte eine Schaufel hinein und wir sagten wofür das und er sagte wir würden schon sehen wofür und es stimmte. Man schaufelte nicht uns aus aber man schaufelte jemand andern aus. Wir hatten eine sehr nette Zeit zusammen. Ein sehr gutes Virginia-Dinner und insgesamt einen sehr netten Abend. Sie hatten da einen kleinen von einer alten Virginierin gemachten Teppich der uns sehr gefiel und Sherwood sagte er werde uns einen schicken und das tat er auch ich glaube es war derselbe und wir haben ihn in Bilignin und alle besonders Franzosen

bewundern ihn jedesmal wenn sie ihn sehen, die blassen Farben sind so amerikanisch und der Fluß und das Haus und die einfache Harmonie und der Geschmack alle sind überrascht daß sie nie zuvor so etwas in Amerika Angefertigtes gesehen haben. Lord Berners der die Musik für die Ballett-Pantomime die im März in London aufgeführt wird geschrieben hat wird auch die Décors machen und er machte eine Zeichnung von diesem Teppich und wird ihn als Bühnenhintergrund benutzen, der Name des Stückes ist They Must Be Wedded To Their Wife aber da der Titel zu lang ist für die Reklame nennen wir es A Wedding Bouquet und wir mußten also von St. Paul nach Chicago fliegen und dort ein Flugzeug nach Iowa City erwischen das eigens für uns anhielt. Das war das einzige Flugzeug das wir als Flugzeug nicht mochten erst flog eins überhaupt nicht, etwas an der Maschine war nicht in Ordnung und das zweite Flugzeug nun das flog aber vielleicht war etwas mit der Maschine nicht in Ordnung und es fing an niederzugehen bevor wir nach Chicago kamen. Es war ein schöner sternenheller Abend und das Flugzeug begann niederzugehen. Alice Toklas sagte was machen Sie denn wir müssen nach Chicago um ein Flugzeug nach Iowa City zu erwischen und sie rief den zweiten Piloten und sagte ihm das. Nein sagte er er könne nicht nach Chicago fliegen wir landeten gerade in Milwaukee wenn Sie wollen können Sie den Zug nach Chicago nehmen aber sagte Alice Toklas empört warum steigen Sie mit einem Flugzeug auf wenn es nicht hinfliegen kann wo es hinfliegen sollte. Das Flugzeug kann gut fliegen sagte er aber kein Flugzeug kann heute nacht nach Chicago fliegen. Warum nicht sagte Alice Toklas es ist eine schöne Nacht, schon möglich sagte er aber Lady sagte er wären Sie denn nicht lieber in Milwaukee als in Ihrem Sarg.
Wir landeten in Milwaukee und wir nahmen einen Zug so etwas wie eine elektrische Straßenbahn nach Chicago. Ich interessierte mich für die Mitfahrer und für die Art wie sie Zeitung lasen. Sie lasen ihre Zeitung flüchtig aber es war nicht wirklich

sehr interessant aber wenn sie zu der Stelle über die Fünflinge kamen und wie der Arzt sich ihrer annahm dann falteten sie ihre Zeitung so daß sie nur diese Stelle vor sich hatten und dann machten sie sich an ein gründliches Lesen. Für mich war es interessant daß dies wirklich das einzige in der Zeitung war was wirklich wirklich für sie war.

Wir kamen also nach Chicago und dort war ein Schneesturm in Chicago ein schrecklicher Schneesturm in Chicago und wir konnten Mrs. Goodspeeds Chauffeur nicht finden und es war furchtbar schwer ins Drake Hotel zu kommen und er hatte recht gehabt kein Flugzeug konnte in Chicago landen und man weiß ja nie und wir kamen auch nicht nach Iowa City. Ich hätte gerne Iowa gesehen. Carl und Cook kamen von Iowa, man ist brillant und feinsinnig wenn man von Iowa kommt und wirklich seltsam und man lebt wie man lebt und man wird immer sehr gut aufgenommen wenn man von Iowa kommt. Cook erzählte uns manchmal davon wie sich die kleine presbyterianische Gemeinde Independence in Iowa zu einem wundervollen Ort verwandelte wenn die Trabrennen stattfanden und natürlich Maud S. als ich klein war wußte jeder, daß das Pferd Maud S. von dort kam. Nun ja wir haben Iowa nie gesehen.

Wir flogen also nach Michigan es war ein großes Flugzeug das größte in dem wir bis dahin gewesen waren.

In den Hotels dort gab es so viel Leben das heißt man tat so viel in den Hotels.

In Detroit gefiel es uns nicht im Hotel es war eines von den großen, keines der Zimmer die man uns zeigte gefiel uns und in den Zimmern in denen wir sein sollten wußten wir nicht wer ein- und ausging wenn wir hineinkamen und jemand stellte Alice Toklas eine Frage und es war eine seltsame und das gefiel uns nicht. Wir sollten drei Tage dort bleiben aber wir blieben nur einen und Jo Brewer telefonierte wir freuten uns ihn zu sehen und die zwei Wagen mit dem Stab des Olivet College kamen und nahmen uns mit und das war eine Freude. Ich bin viel herumspaziert und der Ort war fremdartig gewesen und

war es noch, an jeder Straßenecke rief man durch ein Megaphon aus wo man gehen sollte und wie man gehen sollte und es war keine angenehme Stimme es war ein Polizist und es hätte überall sein können an jedem Ort aber nicht dort, in einer Art gefiel es mir es gab Seitenstraßen die auch französisch hätten sein können daß heißt das was man darin tat aber sie waren amerikanisch und deswegen waren sie erschreckend während französische es nicht sind und obwohl ich immer einen Ford gefahren hatte ich habe nie einen anderen gefahren habe ich sie hier in ihrer Heimat nicht gesehen. Das kann vorkommen. Das Essen war gut nicht das in Olivet das war nicht so schlecht wie in Vassar aber nicht gut aber wir hatten es gut in Olivet.
Es war das erste kleine College das wir sahen alle übrigen waren Universitäten und allmählich wußten wir alles über Colleges und Junioren-Colleges und ich nehme an wir werden noch mehr Arten und Grade von Colleges sehen ehe wir wieder zurückgehen aber Olivet war das erste das eine wirkliche Landgemeinde war und es gab Jungen und Mädchen dort und das klang wie etwas sehr Erfreuliches und es sah aus wie etwas sehr Erfreuliches und es war etwas sehr Erfreuliches.
Wir hatten Brewer als Oxfordianer gekannt als einen Freund von Harold Acton, Acton ist jetzt Chinese, er ist lange Zeit als Lehrer in China gewesen und ich stelle mir vor daß er jetzt wirklich ausschaut und fühlt wie ein Chinese manche Leute können das und tun es und er will und tut und kann das.
Brewer wurde dann Verleger und verlegte Useful Knowledge für mich, alle Gedichte und Prosa die ich Amerika beschreibend damals gemacht habe, und dann tat er alles andere genau so gern und jedenfalls ist Verlegen wie Spekulieren oder so etwas wenn man kein Geld verdient kann man es verlieren und wenn man zu viel verliert kann man nicht mehr verlieren. Nun jedenfalls machte man Brewer zum Direktor von Olivet und er nahm das sehr ernst jeder Amerikaner kann ernst sein wenn er etwas sehr ernst nimmt und fast jeder Amerikaner kann etwas ernst nehmen, manche Engländer können ernst sein wenn sie

etwas ernst nehmen aber mehr Amerikaner können es und sind es und Joe Brewer ist und war es er nimmt die Direktion von Olivet ernst.
Alle waren erfreulich und wir waren gerne bei ihnen, wir unterhielten uns einen Abend lang und ich mußte allen mein Autogramm geben und dann bat ich alle mir ihr Autogramm zu geben. Ich habe Namen gern und hier gab es eine Menge davon. Und dann fuhren uns alle das heißt die zwei Wagen mit einigen vom Stab nach Ann Arbor wo ich eine Vorlesung halten sollte. Es war nett und kalt aber nicht wie Wisconsin so schrecklich kalt. Es war einfach kalt. Die Gegend war weniger amerikanisch sie war mehr englisch und französisch nun jedenfalls war sie mehr wie irgendwo anders sie war weniger amerikanisch, der Horizont war weniger amerikanisch und die Häuser waren interessant und dort war es daß ich zum erstenmal die Rasierreklamen sah die mich entzückten ein kleines Stück auf einer Tafel und dann weiter weg zwei Wörter mehr und dann weiter weg zwei andere Wörter ein ganzes lebendiges Gedicht. Ich wünschte ich könnte mich an mehr erinnern, sie waren alle lebendig und erfreulich und sie hatten alle etwas mit dem Rasieren zu tun wie es uns in unserer Jugend gefiel wie bei Lo dem armen Indianer dessen naiver Verstand seinen Backenbart wegrasiert und den Wind enttäuscht, viele davon die sie aus jeweils zwei Wörtern machten waren noch besser ich wünschte ich könnte mich an sie erinnern sie gefielen mir so gut.
Und so kamen wir nach Ann Arbor. Es war gar nicht wie Olivet, ich ahnte gar nicht daß es ein so enorm großer Ort mit so vielen Studenten war. Alles was ich wirklich über Ann Arbor wußte war daß Avery Hopwood sein Geld denen vermacht hatte die auf die Universität gingen und auf originelle Weise schreiben wollten. Armer Avery er wollte immer einen großen Roman schreiben er schrieb etwas aber man vernichtete es, wahrscheinlich war es nichts als Wirrwarr jedenfalls sagte er das immer wenn ich ihn danach fragte und der Mann der die Englisch-Abteilung leitete fragte mich ob ich ihn in der Sache

beraten könnte. Man wußte dort nicht sehr genau wie man die Preise verteilen sollte.
Der einzige Vorschlag den ich ihnen machen konnte war der daß es sehr interessant wäre wenn sie mit denen die schrieben in derselben Art verfahren würden wie der Salon des Indépendants mit den Malern. Vielleicht sollten sie jeden der etwas schreiben wollte es schreiben lassen und ohne etwas auszulassen jedes Jahr einen großen Band davon veröffentlichen und einfach abwarten was bei dem Druck herauskomme. Aber das tun wir ja sagte er nur lassen wir das draußen was offensichtlich nichts wert ist, so so sagte ich aber darum geht es eben gerade, wer darf beurteilen was offensichtlich nichts wert ist. Nein die Sache sollte ohne Jury und ohne Preis stattfinden das war das Motto des ersten salon d'indépendance niemand beurteilte was offensichtlich wert oder nichts wert war. Es wäre recht lustig gewesen wenn sie es so gemacht hätten, ich hätte gerne solch einen Band gelesen, aber sobald irgend jemand irgend etwas daraus beurteilte könnte ebensogut irgend jemand alles beurteilen. Natürlich haben sie es nie gemacht. Ich wünschte sie hätten es getan, es wäre eine nette Art gewesen Avery eine Freude zu machen.
Und dann reisten wir per Flugzeug zurück nach Ohio.
Uns gefiel Columbus in Ohio, es hatte ein angenehmes Klima und die Gegend ringsum war hübsch und es gab ein Restaurant wo die Damen einander unterhielten und wo es sehr gute Speisen gab von denen wir schon gelesen hatten wirklich gute und wo wir empfangen wurden von einer Studentin, Jean Reeder und einem jungen Mann und sie waren genau wie die commère und der compère in einer Revue alles war zufriedenstellend und natürlich und erfrischend. Alice Toklas wünschte sich wiederzukommen und hier zu leben. Wiederzukommen und da zu leben wünschte sie sich nicht überall aber in Avila und in New York und New Orleans und Kalifornien, ich zog Chicago und Texas vor aber ich wünsche mir nicht wiederzukommen um dort zu leben. Ich liebe Paris und ich liebe sechs

Monate auf dem Land aber ich liebe Paris. Jeder sagt es sei jetzt nicht sehr schön dort aber ich liebe Paris und ich lebe gerne dort. Gerade heute habe ich auf dem Quai drei Farbdrucke von 1840 gesehen einen von Baltimore einen von New Orleans und einen von Sacramento. Sie kosteten fünfundzwanzig Francs pro Stück und ich kaufte sie nicht aber ich schaute sie gerne an. Ich lebe gern in Paris.
Uns gefiel Columbus in Ohio. Es war wohl vor vielen Jahren daß ein Englisch-Professor der Ohio-Universität in Columbus mich aufgesucht hatte und für ihn und für mich war es ein Vergnügen gewesen. Wir wechselten ein paar Briefe und es war lange her.
Er hatte seinen sämtlichen Klassen empfohlen mich zu lesen und jetzt war er tot, ich hatte nichts davon gewußt und er wurde nicht in seinem Professorentum aber in seinem Gefühl für meine Arbeit sekundiert von Sam Stewart der früher in Columbus gewesen war aber jetzt in Helena in Montana war und wir wollten hingehen, kamen aber nie hin und später war er an der Universität des Staates Washington und sie warfen ihn hinaus weil er ein Buch geschrieben hatte namens Angels On The Bough was ein sehr interessantes Buch ist. Es steckt etwas darin was Literatur daraus macht. Ich weiß nicht so recht was aber es ist so. Das gehört zu den Dingen die mich verwirren, warum sind Bücher die Bücher sind worin alles vorkommt warum sind die keine Literatur, ich mache mir oft Gedanken darüber, jedenfalls ist es dem Bulletin der amerikanischen Vereinigung der Universitätsprofessoren klar und jetzt lehrt er an der Loyola-Universität von Chicago die das auch weiß.
Nun jedenfalls sind wir uns nie mehr begegnet aber er ist interessant.
Etwas anderes was mich in der Stadt Columbus interessierte war das Museum, überall wohin wir gingen sprach man mit mir über Malerei, amerikanische Malerei, ich schaute mir alles an ich schaute sie mir überall an sie war nicht interessant, das heißt sie war ganz gut aber wenn man sie vom Niveau des Louvre aus

betrachtet nicht interessant und was mich betrifft ich kann alles anschauen oder lesen aber wenn ich es beurteilen muß dann muß ich an das Niveau der Meisterwerke denken, es tut mir leid aber ich denke natürlich daß etwas ein Meisterwerk sein soll das heißt solange etwas ist wird es so sein und wenn nicht dann ist es etwas anderes. Es gab keine solche Malerei in Amerika es gab einfach keine es gab Architektur es gab Literatur aber es gab keine Malerei keine solche Malerei. Die Malerei war wie jede erlernte Malerei es gab recht gute Malerei nicht schrecklich gute Malerei als Malerei aber recht gute Malerei und ich schaute sie mir gerne an wie ich mir alles anschaue aber mehr auch nicht. Sie bauen gerne Museen, und sie bauen ja sie bauen wirklich alles gern und warum nicht. Aber im Columbus Museum kam ich in einen Saal und das war ein erfreulicher. Da gab es lauter Kubisten und gute Picassos und Juan Gris und andere aber auch wirklich gute. In keinem anderen Museum hatte es je etwas dergleichen gegeben auch nicht in Auswahl und Qualität. Woher kommt das fragte ich und man erzählte es mir. In der Stadt hatte es einen alten Mann gegeben ich glaube er war siebzig so sagte man mir und er hatte nie ein Bild besessen, er war Geschäftsmann oder irgendein Fachmann und er lebte in Columbus, Ohio. Er ging ziemlich oft nach New York und einmal sah er dort ein kubistisches Bild. Er fand es interessant er hatte sich nie zuvor für irgendeine andere Art von Malerei interessiert. Er kaufte eines und noch eines und er kaufte sehr hübsche und er kaufte einen Saal voll und als er starb war er ungefähr achtzig und hinterließ alles dem Museum und dazu Geld genug um einen Saal dafür zu bauen.

Nun wir fuhren weiter nach Cleveland und auch das war erfreulich und es war die erste amerikanische Stadt wo die Straßen schmutzig waren man sagte das hätte einen Grund aber ich erinnere mich nicht mehr an den Grund ich erinnere mich nur an die schmutzigen Straßen. Wir blieben nicht in der Stadt man sagte in einem Hotel außerhalb der Stadt sei es besser für uns, nun jedenfalls waren dort nette Leute eine sagte sie suche

Zerstreuung und ich sagte warum nicht auf dem Klavier improvisieren wie ich das tue. Und sie sagte wie machen Sie das und ich sagte man darf nur weiße Tasten benutzen schwarze sind zu harmonisch und man darf nie einen Akkord anschlagen Akkorde sind zu gefühlsbetont man muß weiße Tasten benutzen und mit beiden Händen gleichzeitig spielen aber sich nicht darum kümmern welche Richtung jede Hand einschlägt ganz und gar nicht man muß es wie eine Zeichnung machen und immer hinschauen, es wird Ihnen Spaß machen. Sie sagte sie wolle es versuchen aber jeder vielleicht nicht grade jeder ist dazu in der Lage und kann Spaß daran haben wie ich.

Nun wir nahmen das Flugzeug um nach Washington zu kommen das heißt nach Baltimore.

Es war nett wie wir über Pittsburgh Allegheny flogen wo ich geboren bin, ich bin geboren wie wenn ich mir davon etwas Besonderes versprochen hätte aber das war es eigentlich nicht. Jay Laughlin lebte dort und Mildred Weston Kiddies Frau und vielleicht bedeutete das mehr. Jedenfalls schlängelte sich der Fluß durch und ich erinnere mich daß meine Mutter sagte er sei sehr schmutzig und in wenigen Stunden sei alles schwarz und als Babies und Kinder waren wir natürlich weiß gekleidet aber er sah nicht mehr schwarz aus nicht als wir jetzt darüber flogen und der Himmel war blau und die Luft war klar. Und das Gebirge das dies alles von Washington trennt war die geradeste Berglinie die ich je gesehen habe, mit ein wenig Grün zuerst und dann ein wenig Schwarz und oben dann Schnee und dann ein wenig Schwarz und dann ein wenig Grün und eine gerade Linie so weit man sie sehen konnte und dann waren wir über Virginia und dem Potomac und der Potomac verursachte mir ein seltsames Gefühl und dann landeten wir in Washington. Einige Reporter waren da. Werden Sie den Präsidenten aufsuchen fragten sie mich. Das hängt vom Präsidenten ab antwortete ich. Aber jedenfalls gingen wir von einer Station zur andern um nach Baltimore zu fahren und wir fuhren nach Baltimore. Baltimore ist die Stadt aus der meine ganze Familie

stammt, Washington war so staubig wie es immer gewesen war und wir fuhren nach Baltimore, und an jeder Station wußte ich wie alles hieß und die Wälder schauten genau so aus wie ich sie in Erinnerung hatte.
Wenn nicht dann muß man sich daran erinnern wo Vater und Mutter geboren sind. Manche erinnern sich nicht. Ich irgendwie auch nicht. Meine Mutter wurde in Baltimore geboren und mein Vater hat sie dort 1864 geheiratet und mein Bruder Michael wurde ein Jahr später geboren aber nicht dort. Wir sind alle in Pittsburgh oder in Allegheny geboren aber natürlich war es Baltimore wo wir länger waren und das deshalb weil schließlich jeder von irgendwo herkommen muß, niemand denkt jetzt genug daran um sich den Kopf zu zerbrechen aber manchmal denkt man genug daran um sich darüber zu freuen und manchmal nicht. Ich erinnere mich stets an das Mitglied der Sûreté der französischen Polizei als wir unsere Papiere bekamen um während des Krieges die Spitäler besuchen und überall hingehen zu können. Er kam zu uns und wir befaßten uns damit wo wir geboren waren und wo unsere Eltern geboren waren und wo unsere Großeltern geboren waren und dann sagte er und was spielt das schon für eine Rolle. Heutzutage hat niemand mehr ein Gefühl dafür wo Vater und Mutter geschweige denn Großvater oder Großmutter geboren sind. Zum Beispiel sagte er daß ein Großelternteil in Belgien geboren sein kann und wie kann einer dann wissen auf welcher Seite Belgien stehen wird, gewöhnlich sagte er nachdenklich liebt man das Land in dem man immer gelebt hat nicht immer aber gewöhnlich sagte er. Nun jedenfalls war mein Großvater der Vater meiner Mutter nicht in Baltimore geboren er war lange Zeit vorher geboren er war 1800 geboren so hatte man mir erzählt und ehe er zwanzig wurde kam er nach Baltimore und dann blieb er dort. Ich weiß nicht ob ich mich an ihn erinnere aber als ich fünf war habe ich ihn gesehen. Kann man unterscheiden ob man sich an jemanden erinnert wenn man ihn durch Fotografien oder vom Hörensagen kennt ja oder nein.

Alice Toklas sagt ja nun ja. So war das mit Baltimore. Die Familie meines Vaters kam nicht so früh dahin sie kam erst kurz vor dem Bürgerkrieg und sie wanderten umher sie blieben nicht immer da, und nicht alle von ihnen waren da nur eine gewisse Anzahl von ihnen aber nicht alle so wie die Familie meiner Mutter und deshalb hat die Familie meiner Mutter deren Mitglieder immer dort gewesen sind die Familie meines Vaters nicht als ebenbürtig angesehen, die Familie meines Vaters bestand aus reichen Leuten die Familie meiner Mutter nicht keiner von ihnen aber so dachten sie über alles. Ich habe oft zu Franzosen die in Provinzen lebten gesagt daß ich ihr Familienleben und ihr Gefühl für Unterschiede vollkommen verstand und auch das was jedem so passiert weil es die Art war wie man in Baltimore lebte. Man tut das immer noch, nichts kann einen in Baltimore davon abhalten so zu leben und zu empfinden wie man es in Baltimore tut. Dieses Mal habe ich meine Verwandten nicht aufgesucht das heißt nur den Vetter wo ich wohnte und dann kurz vor meiner Abreise meine Tante Fanny die jetzt ungefähr achtzig war und meinen Onkel Eph der Bildhauer und auch fast achtzig war und sie waren genau so wie sie gewesen waren, sie hatten gerade einen Teil der Familie vom andern Teil der Familie getrennt und sie hatten sich in einer anderen Wohnung eingerichtet, zuvor hatten sie ein gemeinsames Heim gehabt und sie waren ebenso entschlossen und interessiert daran wie sie es immer gewesen waren. In The Making of Americans beschreibe ich sie alle genau und auch den Großvater der ein alter Mann war. Er war Gerber gewesen und hatte in einem alten Haus gewohnt und dort hatte er seine in Baltimore geborene Frau gehabt und seine elf Kinder. The Making of Americans erzählt alles über sie. Wir blieben nicht in Baltimore sondern in Pikesville und verbrachten Weihnachten dort. Man veranlaßte uns unsere Strümpfe hinauszuhängen und man füllte sie und stopfte einige dieser quadratischen kleinen Bücher hinein die man in den Zehn-Cent-Läden verkauft und ich war entzückt. Ich mag diese quadratischen Bücher die man in den Zehn-Cent-Läden verkauft, ihre Form ist vollkommen und auch der Inhalt. So ist es und als ich das Lascaux erklärte sagte er das sei die romantische Seite von Amerika daß man für die billigsten Dinge die beste Ausführung macht und das beste Material verwendet, zum Beispiel bei den Quadratbüchern und dem alten Ford-Wagen. Ich denke oft an Lascaux den französischen Maler, er war es der immer in einer abgelegenen Gegend gelebt hatte und wenn er nach Paris kam glaubte die Autos die rund um den Arc de Triomphe fahren seien ein Karussell und es dämmerte ihm nur langsam daß es immer andere Autos waren nicht dieselben und er war es der als Kind geglaubt hatte das Romantischste in der Welt sei es einen Ofen zu haben, sie hatten immer ein offenes Feuer gehabt und dann später hatte er einen Radiator und niemals einen Ofen der doch so etwas Romantisches gewesen wäre.

Etwas in Belley interessierte mich einmal sehr es gab dort beim jährlichen Jahrmarkt den man in dieser Gegend vogue nennt einen Zug und dieser Zug lief im Kreis herum und fuhr dauernd in einen Tunnel und wieder heraus und alle Frauen und Kinder waren so aufgeregt sie alle waren schon in Automobilen gewesen das war nicht aufregend und Flugzeuge waren nicht aufregend selbst wenn sie noch nicht darin gewesen waren für sie waren sie nicht romantisch aber Züge die in und aus Tunnels fahren das war etwas Romantisches. Dies ließ mich viel darüber nachdenken was Romantik ist. Automobile sind nicht romantisch Züge sind es vielleicht Automobile mit Anhängern sind es vielleicht ja, manche Kriege sind romantisch andere nicht, manche Orte sind romantisch andere nicht, ich denke viel darüber nach. Nun ja Lascaux fand daß das kitschigste aus kostbarstem Material gemachte Ding romantisch sei. Für ihn war es romantisch und es ist so, das kitschigste wird mit der größten Sorgfalt gemacht und die höchst bezahlten Hersteller sind diejenigen die so etwas machen. Das ist romantisch. Vielleicht ist Hollywood auch so etwas.

Nun also wir gingen nach Washington um eine Woche lang dort zu bleiben.

Washington ist immer der Potomac und Virginia auf der andern Seite. Für jeden Amerikaner ist das eine Erinnerung. Ich sage immer zu Bernard Faÿ und jedem anderen Franzosen daß sie nichts von Amerika wissen wenn sie das Amerika das den Bürgerkrieg gemacht hat nicht kennen, und immer manchmal wird Amerika so sein. Es ist nicht nur das Pionieren, das ständige Weiter- und Weitergehen bis zum Ende und dann wenn es nichts mehr zu entdecken gab mußten sie wieder zurückkommen. Ich habe den Franzosen immer erklärt daß Europäer keine Ahnung haben von Enttäuschung, Amerikaner müssen so viel Optimismus haben weil sie wissen was es heißt enttäuscht zu sein, das Land wird immer ferner das Wasser wird immer ferner sie werden allem ferner und alles ist so endlos und doch sind sie alle von einem Ende zum andern gelangt. Ja sie alle. Ich fand es interessant, auf meine Frage woher die Studenten der Colleges kommen, zu erfahren daß sehr viele von ihnen so weit wie möglich von dort weggehen woher sie kommen. Wieso sagte ich zeigt ihr denn mit dem Finger auf der Karte so weit wie möglich weg und sagt dort wollt ihr aufs College gehen. Nun nicht ganz so sagten sie und sie hatten es auch wirklich nicht nötig denn es ist ihnen ganz natürlich so weit wie möglich weg zu gehen. Und doch wohin können sie schon gehen. Es ist das gleiche wie mit dem Geldverdienen. Jeder Amerikaner soll und kann sich für fähig halten ein reicher Mann zu sein und das waren sie auch aber jetzt jetzt gibt es meistens nicht so viel Möglichkeiten der Veränderung wie für einen Europäer, jetzt nicht mehr sie sind viel mehr Angestellte als sonst etwas und das ist ein Unterschied, gibt es weniger oder mehr Enttäuschung gibt es mehr oder weniger Wanderschaft oder kommt es aufs gleiche heraus ich denke es kommt sehr wahrscheinlich aufs gleiche heraus.

Und deshalb sind Straßen das Wichtigste und das was darauf ist.

Wo immer ich ging waren die Straßen und das was darauf ist nicht das gleiche wie vor dreißig Jahren als ich Amerika verließ, weder in Washington noch sonstwo und das ist es was das Land verändert, das Übrige ist wie es war nicht aber die Straßen und das was darauf ist. Ich habe in Washington viel darüber nachgedacht etwa eine Woche lang habe ich nichts anderes getan als darüber nachzudenken.

Und das ist der Grund warum es wenn man es anschaut ganz und gar nicht gleich ausschaut, die Häuser was ändert sich schon an Häusern aber die Straßen und das was darauf ist. Eines der ersten Male daß ich je in einem Automobil war war in Washington und als es einen kleinen Hügel hinauffuhr fuhr es nicht sehr gut und alle kleinen Jungen schrien dauernd was für ein Pferd.

Wie ich in Capital Capitals sagte und das singt sich so gut.

Fünfte Kapitale	Sie spielen Pferde
Vierte Kapitale	Wir haben ganz vergessen was Pferde sind
Dritte Kapitale	Wir haben ganz vergessen was für Pferde es gibt
Zweite Kapitale	Wir haben ganz vergessen wo es Pferde gibt
Erste Kapitale	Wir haben Pferde ganz vergessen

Kapitale hin und Kapitale her.

Nun so war die Kapitale, ich habe über französische Kapitalen geschrieben aber Washington war genau so nur schaute es anders und ganz und gar nicht gleich aus.

Wir wohnten bei jemandem und wir wurden alle zum Tee ins Weiße Haus eingeladen und wir gingen hin. Ich war nie zuvor dort gewesen.

Wir waren die einzigen Teegäste, wir gingen in den obern Stock, nicht hinunter und in einem Korridor tranken wir Tee in einem Korridor der ein Saal war. Mrs. Roosevelt war da und schenkte uns Tee ein, sie sprach über etwas und wir saßen neben jemandem. Dann kamen später zwei Männer durch die von irgendwoher irgendwohin gingen, der eine war alt der andere jünger, Mrs. Roosevelt fragte sie ob sie Tee haben wollten sie sagten nein und standen da und ich fragte eine die neben mir saß wer ist das und sie sagte das sei Mr. Howe und

ich hatte schon von ihm gehört und dann gingen sie weiter und Mrs. Roosevelt sagte ja sie alle seien dabei die Botschaft an den Kongreß zu schreiben die am nächsten Tag übergeben werden sollte und sie alle schrieben sie und alles und jeder feilte daran herum und dann gingen wir weg.
Ellen Lamotte sagte wollen wir nicht alle zu Silvester nach Virginia gehen und sie fuhr uns mit ihrem Ford hin. Das gefiel uns wir blieben nur die Nacht über aber es gefiel uns es war am James River und es schneite nur ein wenig, später waren wir wieder dort aber gerade jetzt gefiel es uns.
Ich habe seit langem schon Richmond gekannt und Harper's Ferry und die Schlacht von Gettysburg seit langem, ich habe gerade an den Quais die beiden Bände von Grants Memoiren gefunden und habe sie gerade gekauft um sie wieder zu lesen. Ich mochte immer die Art wie Grant sagte er habe immer gewußt was der andere General vorhatte da sie ja schließlich zusammen in West Point in der Schule gewesen waren und zusammen im mexikanischen Krieg, und die andern handelten wie Generäle er aber wie einer der genau wußte was der gegnerische General tun werde weil der auch in West Point immer so gewesen war und wie kann sich jemand ändern, man muß sein wie man ist und sie auch und deshalb wußte Grant immer was zu tun war.
Das was ich den Franzosen immer sagen muß und was ihnen Eindruck macht ist daß Grant den Süd-Soldaten ihre Pferde und ihre Gewehre ließ, da sie sie bei der Rückkehr zur Landwirtschaft brauchten und daß es daher natürlich war daß sie sie behielten. Dadurch wurde das alles nicht zu einem Krieg sondern zu einer natürlichen Sache, jeder andere machte es zu einem Krieg aber Grant machte es natürlich. Ich wollte immer mit jemandem zusammenarbeiten über General Grant, in Four In America habe ich über ihn geschrieben, als ob er Hiram Grant gewesen wäre statt Ulysses Grant und was das für einen Unterschied ausgemacht hätte. Lloyd Lewis gefiel was ich über ihn sagte und deshalb möchte ich mit ihm zusammen über General Grant arbeiten.

Dann fuhren wir durch Fredericksburg wo Ellen Lamotte zur Schule gegangen war und durch das übrige Virginia hinunter nach Richmond und zum James River. Später hielten wir wieder Vorlesungen und damals tat ich alles aber diesmal aßen wir nur am James River Auflauf und Schweinelendchen und frisches Brot. Ich war sehr aufgeregt natürlich war ich das und obgleich ich von jeher alles über den Bürgerkrieg gewußt hatte konnte ich es nicht glauben als ich es sah es stimmte alles und daß McClellan bis auf sieben Meilen vor Richmond gekommen war das war unglaublich bis auf sieben Meilen hinzugelangen und dann wieder wegzugehen, ich hatte nie wirklich geglaubt daß es so war bis ich es dort sah wo es bezeugt ist. Unglaublich daß es so war. Ich sehe immer noch den Stein der es bezeugt und weiß es ist nichts Erfundenes aber noch heute kann ich nicht wirklich glauben daß es so ist. Wie kann schließlich jemand bis dorthin gelangen und dann weggehen aber Grant wußte daß McClellan immer so gewesen war. Da schließlich jeder so ist wie er ist macht es sie zu dem was sie sind und natürlich sind sie so es ist aufregend daß sie sind was sie sind. Wir kamen wieder zurück nach Washington, wir gingen zu Vorlesungen nach Baltimore und es war eine neblige Nacht und man fuhr uns hinüber und der weiße Streifen in der Mitte der Straße war alles was zu sehen war. Und dann hatten wir ein Austern-Essen, und dann fuhren wir wieder zurück und die Bahnhöfe in Washington waren genau so wie ich sie in Erinnerung hatte und dann gingen wir zurück nach New York und um weiterzumachen.
Wir gingen gerne zurück nach New York und heim in das Hotel, das Rockefeller Center-Gebäude der dritte Teil war hoch hinaufgewachsen und fast fertig, es war kalt in New York aber man konnte noch spazierengehen und sie alle waren froh uns spazierengehen zu sehen so froh wie sie vorher gewesen waren und das war eine Freude wir waren nicht sicher ob sie sich so freuen würden wie sie es getan hatten aber sie taten es. Wir tauschten unsere Kleider wieder aus das heißt wir ließen einige dort und nahmen andere mit und fuhren fort.

Wir fuhren nach New England und wir blieben in Springfield Massachusetts und fuhren von dort aus überall hin. Wir blieben dort weil der Kiddie dort war er war einer der Redakteure der Springfield Union und eine Mrs. Wesson. Smith and Wesson, als wir noch Kinder und in Kalifornien waren hatten wir immer einen Revolver der ein Smith und Wesson war, es ist komisch mit Namen natürlich kennt man jemanden der ihn trägt, aber wenn man einen von ihnen trifft der so einen Namen hat gibt das einem immer das komische Gefühl von Unwirklichkeit. Grant lernte in der Schule oder hörte wenigstens sehr oft daß ein Substantiv der Name von etwas ist und natürlich stimmt das aber andererseits ist es das störendste an allem, denn wenn es ein Name ist sollte es genau die Sache bedeuten es sollte Revolver bedeuten und nicht eine Person aber es würde nicht Revolver bedeuten wenn es nicht vorher eine Person bedeutet hätte. Nun ja.

Ich hatte nicht gewußt daß New England wie die Schweiz geworden war wo es Schulen und Colleges und Hotels und Häuser gibt. Aber es war so. Überall gab es Schulen Knabenschulen Mädchenschulen und Colleges und Häuser, und natürlich gab es etwas Wald und einige Berge, über und durch einige gingen wir und es gab den Atlantischen Ozean aber sonst gab es Schulen und Colleges und jedermann ging darin zur Schule. Es gab auch Hotels und in diesen Hotels betrunkene Männer anderswo haben wir wenig Betrunkene gesehen. Wir hatten es erwartet aber es hatte keine gegeben. Als ich als Studentin in Radcliffe war kannte ich natürlich sehr viele Mädchen aus New England, natürlich und selbstredend las ich Howells, er ist sehr interessant man kann ihn wiederlesen vielleicht nicht so gut wie Trollope aber doch ziemlich gut und jeder kann ihn wiederlesen. Auch er wußte daß Neu-Engländer Angst vor Trunksucht haben und man wußte es auch in Louisa Alcott und ich dachte bei Rose In Bloom immer daran und wie man sich aufregte über das Anbieten von Drinks und sogar über den Kommunion-Wein, irgendwie konnte man plötzlich auf den Gedanken kommen daß sie Geschmack am Trinken fanden und langsam dämmerte es mir daß dies bei den Neu-Engländern der Fall sein könnte. In Kalifornien hatten wir immer Wein als Getränk wie jedes romanische Volk und Weintrinken kann betrunken machen aber nicht so leicht. Die Franzosen neigen durch die Amerikanisierung Europas zu dem was man in Kalifornien harte Getränke nennt anstelle von Wein und Wasser. Lange taten sie Wasser in ihren Wein jetzt trinken sie geringere Mengen aber kein Wasser im Wein und trinken harte Getränke. Nun das wurde mir in Neu-England klar daß was für mich rätselhaft war und worüber sie oft sprachen nämlich der Geschmack beim Alkohol tatsächlich eine Rolle spiele. In New York und im Mittelwesten schien er keine Rolle zu spielen. Etwas anderes was wir zum ersten Mal sahen und zwar in Springfield, war das dauernde Rundendrehen um jemanden abzuholen der zum Einkaufen ausgestiegen war. Das schien uns sehr komisch. Es war wie das was Lascaux glaubte als er als Bauernjunge nach Paris gekommen war und geglaubt hatte die um den Arc de Triomphe kreisenden Autos seien ein Karussell. Als es zum ersten Mal in Springfield so war weil wir Mrs. Wesson und Alice Toklas zum Einkaufen herausgelassen hatten dachte ich es sei wie das Rundendrehen um einen Straßenblock wenn es keine Möglichkeit zu warten gab um sie wieder aufzunehmen. Es war ein sehr komisches Gefühl. Ich sah natürlich daß man nichts anderes tun konnte aber mir kam es komisch vor. Mich interessierte alles was wir taten und wir taten dies. Aber das Auto irgend einem Portier anzuvertrauen oder irgend jemandem der es für einen wegbringen sollte war sehr unsicher und ganz uneuropäisch, in Springfield begann ich vertrauter zu werden mit allem Amerikanischen.

Wir fuhren überallhin im Auto und einmal blieben wir im Schnee stecken aber nicht ganz. Das heißt nicht als wir zur Vorlesung fuhren aber als wir Besuche machten. Wir trafen dort Jo Alsops Mutter und ich versprach den Buben dort Briefmarken zu schicken und ich sammelte sie eine Zeitlang

aber wir hatten keine Möglichkeit zu erfahren wer sie waren und deshalb schickte ich sie an Kitty Buss. Die sammelt sie. Carl Van Vechten sagt wenn es keinen andern Grund gäbe die Roosevelt-Verwaltung zu bejahen dann doch den einen, all die neuen Briefmarken die so hübschen Briefmarken die man herausbringt aber ich für mein Teil liebe mehr die Reklamen die die französische Regierung auf ihre Briefmarken druckt, Blédine la Seconde Maman und Blédine pour bébé und Pétrole Hahn contre la chute des cheveux und die Layettes Tetra, die ich vertrauensvoll jedem schicke und die keiner je erwähnt hat außer Clare de Gruchy mit der Alice Toklas zur Schule gegangen war, niemand sonst hat sie je erwähnt, ob sie sie nicht bemerken oder ob sie ihnen nicht gefallen oder denken sie die Marken sollten ihr eigenes individuelles Dasein haben, nun jedenfalls klebe ich sie weiterhin auf die Briefe die ich schreibe und ich schreibe sehr viele. Ich schreibe sie gern.
Wir fuhren also fort Vorlesungen in Colleges und sogar in Schulen in New England zu halten und ich entdeckte alle Schwierigkeiten daß man dort mit Ketten an den Pneus hat. Es ist überraschend daß man dort nichts Besseres entdeckt hat, sie reißen immer und wenn es keinen Schnee gibt verrutschen sie und wenn es welchen gibt gibt es keine Möglichkeit sie ohne eine Menge Schwierigkeiten abzunehmen und außerdem gibt es kleine billige die leicht anzubringen sind aber im Gegensatz zu anderen billigen Dingen in Amerika brechen sie so leicht daß sie nicht wirklich aus dem besten Material hergestellt sein können. Vielleicht ist es so wie mit dem Wetter und es gibt wirklich keine Möglichkeit sie regelrecht zu regulieren, ich interessierte mich für alles. Ich hielt Vorlesungen in Männer-Colleges und Frauen-Colleges, das der Männer das mir am besten gefiel war Wesleyan. Es war Hitchcock der das arrangierte. Ich hatte ihn in Paris kennengelernt und nicht gemocht, er war mit Virgil Thomson befreundet und ich hatte ihn einmal recht wunderlich in der rue de Rennes gesehen aber hier drüben mochte ich ihn, er war sehr freundlich und arrangierte alles und

nach der Vorlesung sprach ich gerne mit den Wesleyan-Männern. Wir sprachen darüber und das ist immer ein Rätsel für mich gewesen warum die Amerikaner glauben Erfolg sei alles wo sie doch wissen daß achtzig Prozent von ihnen nicht mehr Erfolg haben werden als den einfach weiterzumachen und warum wenn das so ist warum sie dann nicht weiter an Dingen interessiert sind an denen sie interessiert waren als sie noch Studenten waren und warum Amerikaner im Gegensatz zu Engländern nicht interessanter werden wenn sie älter werden. Wir haben in Wesleyan eine Menge darüber gesprochen. Mir gefiel auch Mount Holyoke mir gefiel das am besten von den Frauen-Colleges in New England, wir sprachen dort hauptsächlich über Theater und da sie wirklich interessiert waren war es interessant. Später empfand ich es als recht seltsam daß die zwei Colleges die dazu da waren Missionare hervorzubringen interessanter waren als jene die dazu da waren Kultur und die anderen Berufe zu fördern. Das veranlaßte mich lange darüber zu rätseln was es heißt Amerikaner zu sein.

Was Schulen und Colleges jedem antun gehört zu den Dingen die ärgerlich sind. So war es vor dreißig Jahren aber die Universitäten haben sich nicht verändert jede hat denen die sie besucht haben einen ganz bestimmten Stempel aufgedrückt oder gingen diejenigen die so sein sollten eben auf eine ganz bestimmte. Aber auch Schulen tun das und sehr oft hat man keine Wahl sondern es ist die Wahl der Eltern. Gerade gestern haben wir miteinander gesprochen und man sprach über etwas, Chinesen und Amerikaner waren da und dadurch wurde das Gespräch politisch und man sprach über Roosevelts Charakter und ich sagte etwas und die Amerikaner sagten nein das sei unmöglich keiner der auf der Saint Mark Schule gewesen ist könne so einer sein.

Schließlich ist eine Schule eine Schule. Wir suchten die Choate Schule auf und es war interessant.

Es war das allererste Mal daß ich so eine Schule sah. Als ich in East Oakland aufwuchs gingen wir alle in Volksschulen aber damals konnte da die Bevölkerung nicht groß war jeder mit jedem zur Schule gehen. Ging man in eine Privatschule so deshalb weil man irgendwie mangelhaft war oder aus Südamerika oder sonst woher kam. Nichts körperlich Gesundes und geistig Normales ging woanders hin als in eine Volksschule und eine allgemeine höhere Schule. Alice Toklas sagt in San Francisco sei es anders gewesen, all die kleinen Mädchen die sie kannte gingen in Privatschulen, nun jedenfalls kann jeder wissen daß das was ihnen geschah jedem geschah. Ich hatte nichts von Privatschulen gewußt und jetzt weiß ich etwas. Nicht jeder aber eine große Anzahl geht heutzutage in Amerika auf Privatschulen. Es gab eine Zeit und es gibt sie vielleicht noch da dachte ich Amerika sei so geworden wie England war als es viktorianisch war. So dachte ich bevor ich hinüberging danach war ich nicht mehr so sicher daß es so ähnlich wie England war als England viktorianisch war.

Aber in Privatschulen bildete man angeblich das heran was man in England die herrschende Klasse nennt, aber herrschte sie denn in Amerika nun vielleicht tut sie es sogar. Zwischen Roosevelt und Roosevelt mag es herrschende Klassen gegeben haben aber wirklich und wahrhaftig gab es sie nicht, in Wirklichkeit sind sie Angestellte geworden. Das interessierte mich.

Ich suchte die Choate Schule auf und man war reizend zu mir. Die Buben zwischen zwölf und sechzehn hörten zu hörten wirklich auf alles was ich zu sagen hatte und ich sprach zu ihnen darüber ob Zeitgenossen wirklich zeitgenössisch seien. Und später am nächsten Morgen hatten wir ein Gespräch darüber. Ich war stark beeindruckt von der literarischen Zeitschrift der Choate Schule in der es außerordentlich gute Beiträge gab, und jetzt hat mir die Utica High School eine Gertrude Stein-Nummer geschickt und wieder ist es überraschend wie gut man dort schreibt. Es ist verwirrend.

Einmal vor langer Zeit sprachen René Crevel und ich über Erziehung. Ich sagte daß französische Schüler die Lehren ihrer

Lehrer für richtig hielten amerikanische jedoch nicht. Später sprach ich mit François D'Aiguy darüber. Er sagte französische Schüler die in staatliche Gymnasien gingen hielten für richtig was ihre Lehrer für richtig hielten, und deshalb revoltierten sie nie, aber Schüler die das besuchten was man in Frankreich eine boîte einen Kasten nennt das heißt religiöse Schulen, katholische Schulen, müßten nicht für richtig halten was ihre Lehrer für richtig hielten, sie konnten den Katholizismus für richtig halten und taten es auch aber sie mußten nicht das für richtig halten was ihre Lehrer für richtig hielten und hatten dadurch einige intellektuelle Freiheit. Ich sagte zu den Choate Lehrern ich fragte mich ob die Schüler je zu sich selbst kommen können denn Sie sind alle so reizend zu ihnen und so vernünftig daß sie unvermeidlich allzu früh überzeugt werden. Liegt nicht darin die Schwierigkeit der amerikanischen Erziehung daß die Schüler wenn sie überhaupt überzeugt werden sollen allzu früh überzeugt sind liegt nicht darin die Schwierigkeit jeder republikanischen Erziehung. Eine andere als die republikanische Erziehung kann sie nicht überzeugen deshalb haben die meisten gar keine Überzeugung und die wenigen die eine haben werden nicht allzu früh überzeugt. Erziehung bewirkt nichts aber eine gewisse Sorte von Frau geht entweder nach Smith oder Bryn Manor oder Radcliffe oder Vassar oder Wellesley oder sie kommt von dort. Jeder kann fast wissen was sich in ihrem ganzen Leben danach ereignen wird und fast immer stimmt es, auch in Oxford und Cambridge werden sie anders, und ebenso in Yale und Harvard oder Berkeley und Palo Alto, selbst wenn da nacheinander verschiedene Rektoren waren schien das nichts zu ändern, es kann kaum Nahrung und Klima sein da sie alle nah beisammen liegen, was ist es also vielleicht doch Nahrung und Klima vielleicht ist es weil sogar nahe beisammen eine ziemlich große Entfernung sein kann, und weil doch die Nahrung verschieden war, man aß sehr verschieden in den einzelnen Colleges ganz bestimmt damals wie jetzt. Wir aßen in jedem und daher wissen wir es, das Klima

schien nicht so verschieden aber vielleicht ist es verschiedener als es schien.
Nein sie haben sich nicht verändert nicht ein einziges ich hätte mit denen in die Schule gegangen sein können wo ich in der Schule war nämlich in Radcliffe die andern waren wie sie immer gewesen waren, es war leicht zu sehen und zu wissen daß sie so waren wie sie immer gewesen waren.
Nun was aber war ich gewesen. Natürlich war da schließlich das neunzehnte Jahrhundert und jetzt haben wir das zwanzigste Jahrhundert, das stimmt unleugbar und ich begann damals als Evolution noch aufregend war sehr aufregend. Gerade jetzt habe ich Darwins Descent of Man an den Quais gefunden und ich habe es gerade Louis Bromfield gegeben der es noch nicht gelesen hat. Schließlich war Darwin bei ihm nicht so nah gewesen wie er es war als ich begann alles kennen zu lernen.
Wissenschaft bedeutete alles und jeder mit aktivem Verstand konnte Mechanik und Evolution vervollkommnen, Philosophie war nicht interessant, sie war wie Religion eine Befriedigung in einer Lösung aber Wissenschaft bedeutete daß eine Lösung nur ein Weg zu einem neuen Problem war. Wie Carl von Mabel Luhan sagte, für die Heirat nur ein Sprungbrett in ein höheres Leben war. Das war damals Wissenschaft war jede Lösung eine Bresche zu einem weiteren Problem und dann kam William James das heißt ich kam zu ihm und er sagte Wissenschaft ist weder eine Lösung noch ein Problem sondern eine Aussage über die Beobachtung von beobachteten Dingen und vielleicht deswegen nicht interessant vielleicht deshalb nur in einem niedrigen Sinne wahr.
Es gab selbstverständlich Wissenschaft und Evolution und es gab natürlich die Tatsache daß Sterne Welten sind und daß der Raum keine Grenzen hat und doch mußten Zivilisationen immer wieder sterben selbstverständlich mußten sie sterben da die Erde nicht größer wurde als sie vorher war wie hätten sonst andere Zivilisationen kommen können wenn die früheren nicht gestorben wären aber wenn sie gestorben waren dann war eine

so gut wie die andere und deshalb waren Wissenschaft und Fortschritt interessant das heißt wohl aufregend aber schließlich gab es James' The Will to Live und ich ich hatte immer Angst gehabt werde immer Angst haben aber schließlich kommt es eben darauf an das Totsein nicht abzulehnen obwohl im Grunde jeder das Totsein ablehnt.
Schließlich ist man zwar nicht als Christ aber im christlichen Denken erzogen worden und ich erinnere mich wie aufgeregt ich war als ich beim ersten Lesen des Alten Testaments sah daß darin nie von einem künftigen Leben gesprochen wird, es gab Gott es gab Ewigkeit aber es gab kein künftiges Leben darin und es beunruhigte mich natürlich daß es keine Begrenzung des Raums gibt und man doch in einem begrenzten Raum lebt und daß es im eigenen Inneren keinen Zeitbegriff gibt man aber tatsächlich immer in der Zeit lebt und daß es den Lebenswillen gibt aber wenn man wirklich völlig weise ist das heißt wenn man ein Genie ist dann ist das was einen zum Genie macht auch das was einen lebendig macht aber das hat nichts zu tun mit Amlebensein das heißt mit dem Existenzkampf. Wahrhaftig, Genie das heißt Existenz ohne innere Anerkennung der Zeit hat nichts mit dem Lebenswillen zu tun und doch nimmt man das üblicherweise an. Und deshalb ist Wissenschaft natürlich nicht interessant weil sie Beobachtungsfeststellung ist und weil die wissenschaftlichen Gesetze wie alle Gesetze Papiergesetze sind, wie die Chinesen das nennen, sie tun so als ob nur um jeden von dem Wissen abzuhalten daß er nicht ewig lebt. Aber ich war letztendlich von Natur aus gläubig ich glaubte natürlich an Republiken glaubte natürlich an die Wissenschaft glaubte natürlich an den Fortschritt und ich begann zu schreiben. Schließlich war ich von Natur aus gläubig ich glaubte natürlich wie die jetzige Generation an die Sowjets und an die proletarische Literatur und an die Sozialgesetze und all das obwohl man dadurch nicht besser lebt als ich mit Wissenschaft Fortschritt und Demokratien gelebt habe. Genau das meine ich. Wenn man eine Frage stellt ist die Antwort es sei denn man ist sehr

klein aber auch dann nicht gar nicht interessant, wenn es eine Antwort gibt warum sie anhören wenn man eine andere Frage stellen kann, sich eine Antwort anhören läßt einen wissen daß Zeit existiert aber eine Frage stellen läßt einen denken daß das vielleicht nicht stimmt.

Und so ließen wir Neuengland hinter uns und fuhren zurück nach New York und dort vereinbarten wir, später zur Universität von Chicago zu gehen, ich hatte vier Vorlesungen eine einwöchige Tagung und eine einwöchige Begegnung mit Studenten zu absolvieren, zwei Wochen alles in allem.

Und dann brachen wir auf nach Washington und alle südlichen Orte. Carl fuhr mit uns nach Richmond, wir waren ziemlich aufgeregt nach North und South Carolina und New Orleans und Alabama und Saint Louis zu kommen. Wir waren sehr aufgeregt.

Wir fuhren nach Richmond. Wir gingen zur Universität von Virginia und William und Mary und zur Universität von Richmond und später hörten wir von Sweet Briar und gingen dorthin. Wir wollten Virginia kennenlernen. Das kann für jeden Amerikaner etwas oder alles bedeuten. Ich war ziemlich oft in Norfolk Virginia und in Hampton gewesen wir fuhren immer von Baltimore nach New York per Schiff und dann gingen wir oft nach Old Point Comfort manchmal von Baltimore aus aber Richmond hatte ich einmal bei der Rückkehr von Norfolk gesehen als der Sturm das Schiff nicht weiter fahren lassen wollte und als wir wieder nach Baltimore zurück mußten und in Richmond den Zug wechseln mußten und jetzt sollten wir wirklich hinkommen an diesen Ort und wir waren dort. Wir fuhren im Zug. Das erste was bei der Durchreise durch Virginia zu sehen war ich schaue in einem Zug die ganze Zeit über aus dem Fenster und das erste was es also zu sehen gab war daß in Virginia keine Menschen zu wohnen schienen. Es war die einzige Stelle in Amerika wo es weder Häuser noch Menschen zu sehen gab, es gab Hügel und Wälder und rote Erde aus der sie hervorgegangen waren und man sah weder Häuser noch

Bibliothek Suhrkamp

Alexander Kluge
Lebensläufe
BS 911 (August 86)

Catherine Colomb:
Das Spiel der Erinnerung
Erstausgabe
BS 915 (August 86)

Anatolij Kim:
Der Lotos
Erstausgabe
BS 922 (August 86)

Adolf Muschg:
Dreizehn Briefe Mijnheers
BS 920 (September 86)

August Strindberg:
Der romantische Küster auf Rånö
BS 943 (September 86)

Gertrude Stein:
Jedermanns Autobiographie
BS 907 (Oktober 86)

Thomas Bernhard:
Holzfällen
BS 927 (Oktober 86)

Danilo Kiš:
Ein Grabmal für Boris Dawidowitsch
BS 928 (Oktober 86)

Peter Handke:
Gedicht an die Dauer
Erstausgabe
BS 930 (November 86)

Alain Robbe-Grillet:
Der Augenzeuge
BS 931 (November 86)

Odysseas Elytis:
Mit offenen Karten
Erstausgabe
BS 932 (November 86)

Paul Celan:
Gedichte 1938–1944
BS 933 (Dezember 86)

Leonid Leonow
Evgenia Ivanovna
BS 934 (Dezember 86)

Marguerite Duras:
Liebe
Erstausgabe
BS 935 (Dezember 86)

Nachauflagen:

Ernest Hemingway:
Der alte Mann und das Meer
BS 214 (August 86)

Max Jacob: Der Würfelbecher
BS 220 (September 86)

Boris Pasternak:
Die Geschichte einer Kontra-Oktave
BS 456 (Oktober 86)

Siegfried Kracauer:
Über die Freundschaft
BS 302 (November 86)

Gershom Scholem: Judaica 1
BS 106 (Dezember 86)

Diese hier vorgestellten Neuerscheinungen finden Sie in allen Buchhandlungen. Andernfalls erklärt sich Ihr Buchhändler gerne bereit, jedes von Ihnen gewünschte Buch in kürzester Zeit zu besorgen.
Für weitere Informationen und Prospekte wenden Sie sich an Ihren Buchhändler oder direkt an den Verlag.

Fotonachweis: Boris Becker, Renate von Mangoldt, Andrej Reiser, Ursula Schmitz, Esther Colton, Isolde Ohlbaum, Peter Peitsch, Irmeli Jung/Studio X, Hélène Bamberger/Studio X, Wolfgang Oschatz, Alexander Beck; weitere Nachweise: Suhrkamp Verlag.
Suhrkamp Verlag, Lindenstraße, 6 Frankfurt/M. 1. Preisänderungen vorbehalten. 6/86 (99056)

Silvio Blatter

Hans Georg Bulla

Bernd Cailloux

Thomas Bernhard
Auslöschung

Ein Zerfall
Etwa 650 Seiten. Leinen.
ca. DM 48,– (Aug. 86)

Bei dem neuen großen Prosawerk Thomas Bernhards, seinem bisher umfangreichsten, handelt es sich um eine Niederschrift, die der 46jährige Franz-Josef Murau in seinem letzten Lebensjahr in Rom verfaßt hat. Diese Aufzeichnungen waren für ihn unumgänglich geworden, da in ihnen ein Thema im Zentrum steht, das Muraus gesamte Existenz nicht nur bestimmt, sondern letztlich zerstört hat, nämlich seine Herkunft. Dieser »Herkunftskomplex« läßt sich mit dem Namen eines Ortes bezeichnen: Wolfsegg.
Die Aufzeichnungen sollen den Titel *Auslöschung* haben, denn, so Murau, »mein Bericht ist nur dazu da, das in ihm Beschriebene auszulöschen, alles auszulöschen, das ich unter Wolfsegg verstehe, und alles, das Wolfsegg ist.« Das Stilmittel, das Murau bei dieser Auslöschung verwendet, ist die Übertreibung – eine Kunst, die auch Thomas Bernhard zur Perfektion entwickelt hat. Diese Kunst ist letztlich eine Kunst der »Existenzüberbrükkung«: »durch Übertreibung, schließlich durch Übertreibungskunst, die Existenz auszuhalten, ... sie zu ermöglichen.«

Silvio Blatter
Wassermann

Roman
Etwa 400 Seiten. Leinen.
ca. DM 34,– (Aug. 86)

Wassermann (ein Roman in drei Büchern) erzählt von dem, was den Menschen im Kern betrifft und betroffen macht.
Wassermann ist vieles zugleich: ist eine Ehegeschichte und ein Familienroman, ist ein Erfahrungsbericht, der von einem Mann in der Mitte seines Lebens handelt, und ist ein modernes Märchen. *Wassermann* ist ein erotisches Buch, das von Liebe und Liebesmangel erzählt, ist eine philosophische Fiktion.
Silvio Blatter geht wie ein orientalischer Erzähler im Land der Phantasie spazieren. Er schlüpft von einer Haut in die andere, knüpft zusammen, was entlegen ist, trennt, was man nur ungetrennt kennt, wechselt Schauplätze und Orte, ändert die Namen seiner Romanpersonen, um sich – immer wieder – auf die eigene Spur zu kommen, um zu finden, was so selten denn doch nicht ist: Glück, Lebensfreude, Schönheit des Augenblicks.
Wassermann (eine Liebeserklärung) möchte den Leser auf eine Reise mitnehmen – leichthin, wie Limmat, Reuss und Nil Rosenblätter davontragen.

Anita Pichler

Ilma Rakusa

Gerlind Reinshagen

Anita Pichler
Die Zaunreiterin

Eine Erzählung
Etwa 120 Seiten. Engl. Broschur.
ca. DM 19,80 (Aug. 86)

Die Zaunreiterin ist ein Mensch, der nicht weiß, wo er sich »wirklich« befindet, woher er eigentlich kommt, wohin er gehört. *Die Zaunreiterin* ist ein schwebendes Geschöpf, das seiner selbst nicht habhaft wird, sie ist, so nennt sie sich, *die Geliebte des Zufalls.*

Doch unversehends gerät sie, die rätselhaft bleiben mag und nichts anderem vertraut als dem Zufall, ihrem »Gesetz«, in eine Falle des Zufalls: Sie wird konfrontiert mit einem Schatten der Vergangenheit, die sich nicht länger verdrängen und verleugnen läßt.

Vergangene Geschichten haben Kraft. Sie leben, selbst wenn man sie getötet hat. Vor ihnen fliehen kann man nicht, auch dann nicht, wenn man alles nur von einem Zaun aus beobachtet. Mit anderen Worten: ein weiter Weg liegt vor der *Zaunreiterin*. Sie muß von den Wolken auf die Erde. Oder auch: *Ich muß am Boden bleiben. Am Wirklichen haften.*

Die Zaunreiterin, das erste Buch der Autorin, ist die Geschichte einer Frau, die keine andere Chance hat als die: zu erkennen, wer sie ist.

Ilma Rakusa
Miramar

Erzählungen
149 Seiten. Engl. Broschur.
ca. DM 19,80 (Aug. 86)

Ilma Rakusas Erzählungen sind Geschichten in Geschichten, sie haben nicht nur einen »Faden«, und ihre Figuren, gleich welchen Alters, gleich welchen Geschlechts, haben nicht nur eine Haut. Wen die Autorin erfindet, der muß damit rechnen, aufgefaltet und in seinen vielfachen Möglichkeiten beobachtet zu werden, aber auch damit, unterbrochen zu werden oder im Weiß des Papiers, im Ungewissen zu verschwinden – wenn eine neue Geschichte in der Geschichte erzählt werden will.

Miramar ist vor allem ein Ort der Sprache. Ein wunderbar schöner und zugleich abgründiger Ort, an dem Sprache immer wieder die ihr wichtigste Eigenschaft reflektiert: das entscheidende Verständigungs-, aber auch Täuschungsmittel des Menschen zu sein.

Marguerite Duras
Abahn Sabana David

Aus dem Französischen
von Maria Dessauer
Etwa 120 Seiten. Leinen.
ca. DM 22,– (Sept. 86)

Dies ist eine sonderbar, fast liturgisch knapp erzählte Geschichte. Sie beginnt im Hause Abahns, »den man den Juden nennt«. Das Haus liegt in der Nähe des Ortes Staadt, einem allegorischen Ort, von dem die Verfolgung ausgeht. In Staadt herrscht Gringo, Gringos Partei. Gringo hat Sabana und David zum »Juden« geschickt. Was wird sich ereignen, ein Mord?

Marguerite Duras, die vor Jahren »merkte, daß die Partei nicht kommunistisch ist«, und die daraus ihre Konsequenzen zog, zeichnet in dieser verschlüsselt autobiographischen Erzählung auf, daß in jedem Menschen das Bedürfnis nach Freiheit und Würde lebt, daß es, bewußtgemacht, ihn, wer es auch sei, dazu bringen kann, sich in Richtung zum wahren, wenn auch »vielleicht nicht möglichen Kommunismus« hin zu bewegen.

Juan Benet
Rostige Lanzen

Bücher I–VI
Roman
Aus dem Spanischen
von Gerhard Poppenberg
Etwa 370 Seiten. Geb. ca. DM 44,– (Sept. 86)

Ein großer Entwurf: den Roman über den spanischen Bürgerkrieg zu schreiben, ohne Selbsterlebtes romanhaft auszubreiten, ohne dokumentarisch vorzugehen. Um ein derartiges Wagnis gelingen zu lassen, brauchte es einen so eigenwillig unbeirrbaren und kraftvollen Erzähler wie Juan Benet.

Rostige Lanzen ist ein realistischer Roman; aber der ausgefeilte, eigenwillige Stil und die unkonventionelle Erzähltechnik lassen den bloß realistisch intendierten Geschichtsroman weit hinter sich. Der Text erlangt eine Dichte, in der kleinste Einzelheiten sich zu mythischer Größe entfalten und der Leser beständig in der Schwebe gehalten wird zwischen dem provinziellen Alltagsleben und dem titanischen Kampf archaischer Mächte.

Keineswegs also nur ein weiterer Roman zum spanischen Bürgerkrieg: am Ende wird dieses stilistische Meisterwerk vielleicht *der* Roman des spanischen Bürgerkriegs gewesen sein.

Bernard Shaw/
Alfred Douglas
»Seien Sie nicht so undankbar, mir zu antworten...«

Briefwechsel
Herausgegeben von Mary Hyde
Aus dem Englischen von
Ursula Michels-Wenz
Etwa 350 Seiten. Geb. ca. DM 48,– (Sept. 86)

Im Jahre 1895 war Oscar Wildes Beziehung zu dem jungen Lord Douglas bei einem Sittenprozeß aufgedeckt worden, was zu Wildes Verurteilung wegen homosexueller Vergehen führte. Literarisch und öffentlich waren dabei beide, Wilde und Douglas, ruiniert. Anders als Wilde, der sich später halbwegs rehabilitieren konnte, versuchte Douglas vergebens, seinen Ruf als Dichter einst vielgelobter Sonette wiederherzustellen. Im Lauf dieses Kampfes um Rehabilitierung wendet sich Douglas 1931 an den inzwischen weltweit erfolgreichsten Bühnenautor aller Zeiten, Bernard Shaw. Damit beginnt das über dreizehn Jahre dauernde Wortgefecht zwischen den beiden ungleichen Briefpartnern, die man sich antagonistischer gar nicht vorstellen könnte, eine Tragikomödie mit boshaften Höhepunkten und endlich, nach allmählicher Annäherung, auch gegenseitigem Verständnis.

Juan Benet

Paul Celan

Hans Mayer

Gerhart Baumann
Erinnerungen an Paul Celan

Etwa 140 Seiten. Leinen.
ca. DM 32,– (Okt. 86)

Über Paul Celans Biographie seit Dezember 1947, seit seiner Flucht aus Rumänien, ist wenig bekannt. Israel Chalfens Biographie der Jugend Celans (1979; st 913) bricht zu diesem Zeitpunkt ab und hat bis heute keine Fortsetzung gefunden. Um so interessanter und wichtiger sind Erinnerungen noch lebender Freunde und Bekannter.

Gerhart Baumann, Germanistikprofessor aus Freiburg, hat sich als erster in größerem Stil der Aufgabe gestellt, in Erinnerung an Paul Celan das Kernproblem einer Biographie des Dichters aufscheinen zu lassen – unter völligem Verzicht auf jede Deutung und in weiser Beschränkung auf die beschreibende Vergegenwärtigung einiger offenbarer Charakterzüge und Verhaltensweisen. Jenseits der positiven ›Daten‹ entsteht dabei ein vorläufiges und gewiß sehr perspektivisches *Bild* der Person Paul Celans.

Hans Mayer
Das unglückliche Bewußtsein

Zur deutschen Literaturgeschichte von Lessing bis Heine
Etwa 700 Seiten. Leinen.
ca. DM 68,– (Sept. 86)

Neben Hans Mayers großes Werk über *Außenseiter* – »ein Meisterstück deutscher Essayistik« – ist nun ein zweites Opus magnum zu stellen: *Das unglückliche Bewußtsein*. Es versteht sich als Darstellung sehr spezifischer literarischer und kulturpolitischer »Konstellationen«. Einzelne Autoren und Werke und deren Analyse dienen dazu, den Übergang von der feudalen zur bürgerlichen Gesellschaft und von dort zur antibürgerlichen Kulturkritik bei Büchner und Immermann, Heine und Börne herauszuarbeiten.

Nicht nur als Gegenstück, auch als Ergänzung zu den *Außenseitern* ist dieses Buch zu sehen: Die *Außenseiter*, in dieser Tragödie der bürgerlichen Gesellschaft im neunzehnten und zwanzigsten Jahrhundert, sind die existentiellen Außenseiter; hier nun sind es die intentionellen Außenseiter der deutschen Misere.

Hans Mayers hundertjährige Geschichte des unglücklichen Bewußtseins ist ein unausweichliches Werk für die deutsche Literaturgeschichte.

Peter Handke

Jürg Laederach

Friederike Mayröcker

Jürg Laederach
Flugelmeyers Wahn

Die letzten sieben Tage

Etwa 400 Seiten. Kart. ca. DM 36,– (Aug. 86)

Beinahe hätte sich der unaufhaltsame Aufstieg des Georg Flugelmeyer weit von den Zentren der Öffentlichkeit entfernt abgespielt – wäre da nicht einer Zeitschrift mit dem Titel »Mäkler und Makler« der Gedanke gekommen, sich einige Sinnsprüche des in Stille berüchtigten Welt-, Lebens-, Kultur- und Todesdebatters zu sichern.

Flugelmeyer weiß, sein Tod steht bevor, es verbleiben ihm wenige Tage, kundzugeben, was er erfahren hat, was er sich im Wahn angeeignet hat.

Laederachs großer Assoziationsroman dauert genau eine Woche und beschreibt als große und bei allem Eilschritt des Erzählens rhapsodische Phantasie die letzten Tage dieses »informierten« Zeitgenossen. Flugelmeyers Sprechen ist Laederachs Buch, Laederachs Buch ist Auskunftgeben über die conditio humana. Georg Flugelmeyer, entschlossen zu mildem Spott, ist den ernsten Tatbeständen seiner so zuverlässigen wie hinfälligen Sicht der Dinge ausgesetzt.

Friederike Mayröcker
Winterglück

Gedichte

144 Seiten. Leinen. ca. DM 26,– (Aug. 86)

Die neuen Gedichte aus den Jahren 1981–1985. Von fernher nähern sich Traum und Nichttraum, Dinge, Orte, Kindheit, Liebe. »Das schöne Sehen« beginnt, das sinnenhafte Wahrnehmen, das deutliche, immer deutlicher werdende Hören, Empfinden, bis ins Schmerzhafte hinein. Zum Beispiel im *Winterglück*. Erlösung, aufblühende Paradiese scheinen sich anzukündigen mit der Stimme eines Vogels, mit einem Gezwitscher. Doch nein: Was eben noch verheißungsvoll das Wort *Glück* beschwor, wird sekundenschnell entzaubert. Solche Dimensionen durchmessen die Gedichte, die belegen: *die Dichter tun nur so als wären sie tot*.

»Von einer Rettung wissen die Gedichte nichts. Auch nichts von der Rettung der Poesie selber. Nur deren Unvereinbarkeit postulieren sie; sie sind nicht trost-, aber trotzspendend«, schrieb Heinz F. Schafroth in der *Frankfurter Rundschau* über Friederike Mayröckers zuletzt erschienenen Gedichtband *Gute Nacht, guten Morgen*.

Hans Georg Bulla
Kindheit und Kreide

Gedichte
88 Seiten. Engl. Broschur.
ca. DM 19,80 (Aug. 86)

Kindheit und Kreide enthält Gedichte voller wachsam gesehener, treffend und eindringlich gezeichneter Bilder. Ob hier von heimatlicher oder fremder Landschaft, von Mutters Krankheit, von Enttäuschung und schmerzlichem Abschied oder den neuen Wünschen und Möglichkeiten die Rede ist – immer wieder ist es die leise, aber intensive Sprache, die eine Brücke zwischen Gedicht und Leser schlägt. Bei aller lakonischen Verknappung geben diese Gedichte so ihren beredten Kern preis, in Poesie aufgehobene Erfahrungen, Erinnerungen und Geschichten.

Bernd Cailloux
Intime Paraden

Erzählungen
Etwa 150 Seiten. Engl. Broschur.
ca. DM 20,– (Aug. 86)

Intime Paraden sind Erzählungen über Männer in ihren Selbstinszenierungen. Die Rede ist hier vom Mann, dem ewig verborgen bleibt, daß die Welt als Wille und Vorstellung immer nur in seiner Vorstellung existiert, im gut trainierten Repertoire seiner Gedanken – Kollisionen, versteht sich, bleiben nicht aus. Bei allem gibt er sich stets absichtsvoll zurückhaltend, mal angekratzt, mal aufgekratzt, mit der reizenden Logik seiner Pläne kämpfend: der heftige, der gebremste Mann?
Mit seinem ersten Buch legt Bernd Cailloux Erzählungen vor, die auch als Reflexionen jüngster Mythen der Kunst- und Mediengeschichte zu lesen sind. Mit seinen eigenwillig verschlungenen und humorvollen Erzählungen gelangt der Autor zu einer überraschenden Variante deutschsprachiger Gegenwartsliteratur.

Tankred Dorst
Ich, Feuerbach

Mitarbeit Ursula Ehler
Etwa 72 Seiten. Engl. Broschur.
ca. DM 17,80 (Aug. 86)

Der Schauplatz des Stückes: ein Theater nach der Probe. Ein Schauspieler betritt die Bühne. Er ist zu einem Vorsprechen bestellt, will sich um eine Rolle bewerben. Aber es geht um mehr als ein Vorsprechen: Feuerbach, einst berühmt, hat die vergangenen sieben Jahre in der Psychiatrie verbracht und setzt alle Hoffnungen auf den Regisseur, mit dem er seine früheren Erfolge errungen hat. »Er kämpft nicht um eine Rolle, er kämpft um sein Leben«, schreibt Dorst über seine Figur.

Peter Handke
Die Wiederholung

Etwa 335 Seiten. Leinen.
ca. DM 34,– (Aug. 86)

Peter Handkes neues episches großes Werk ist Erzählung und gleichzeitig Erforschung der Erzählung, deren Entstehung und Bedeutung. Peter Handkes erzählerisches Prinzip, die Wiederholung, ist kein Sichwiederholen, sondern ein Sich-wieder-Holen, einen neuen Anfang machen; wiederholen heißt nicht, es war einmal, sondern ›fang an‹.
Im Karst, jener Hochfläche über dem Golf von Triest mit den großen Wannen und Schüsseln bildenden Dolinen, ist Filip Kobal, der Erzähler, am Ziel seiner den Bruder suchenden Reise. Kobal lernt hier sehen, lernt jede einzelne Form zu unterscheiden und deren Ineinandergreifen zu erkennen. Eine große Doline wird zu einem Modell einer möglichen Zukunft, zu einer Wieder-Holung, zu einem neuen ›Fang an‹, zu einem Ort, von dem er sich vorstellen kann, daß er einen Atombombenabwurf überdauern wird und der überlebenden Menschheit als Stätte des Neubeginns dienen kann.

James K. Lyon
Bertolt Brechts Gedichte

Eine Chronologie
Etwa 200 Seiten. Kart. ca. DM 38,– (Okt. 86)

Im vorliegenden Band unternimmt James K. Lyon erstmals den Versuch, sämtliche rund zweitausend Gedichte Brechts insgesamt in eine chronologische Reihenfolge zu bringen, angefangen bei den ersten, wohl noch vor den frühen Gedichtdrukken in der Schülerzeitung *Die Ernte* (1913) entstandenen, bis hin zu den letzten des Jahres 1956.

Wolfgang Hildesheimer
In Erwartung der Nacht

Collagen
Mit einem Vorwort des Künstlers
Etwa 80 Seiten. Leinen.
ca. DM 178,– (Okt. 86)
Die Ausgabe ist signiert und numeriert von 1–1000

1984 erschien unter dem Titel *Endlich allein* Wolfgang Hildesheimers erster Collagen-Band. Der zweite folgt nun zu Ehren seines siebzigsten Geburtstags.
Über *Endlich allein* schrieb Martin Stingelin im *Basler Volksblatt*: »Ein bestechend schön gemachtes Buch. ... Ein Buch, zu dem man oft zurückkehrt; zärtlich zuweilen.«

Nagelprobe 2

Texte des Jungen Literaturforums Hessen
Mit einem Vorwort von Martin Lüdke
Etwa 80 Seiten. Kart. ca. DM 10,– (Sept. 86)

Zum zweiten Mal hat das Hessische Kultusministerium einen Literaturwettbewerb für Sechzehn- bis Fünfundzwanzigjährige durchgeführt, und zum zweiten Mal liegt das Ergebnis dieses Wettbewerbs als Buch vor: *Nagelprobe 2*.

Spectaculum

Fünf moderne Theaterstücke und Materialien
Etwa 300 Seiten. Geb. ca. DM 24,–
im Abonnement: DM 20,– (Okt. 86)

Edward Bond:
Rot, schwarz und ignorant

Elfriede Jelinek: Burgtheater

Harald Mueller: Totenfloß

Heiner Müller: Quartett

Lars Norén: Dämonen

Polnische Bibliothek

Im September 1986 erscheinen die Bände:

Józef Wittlin
Die Geschichte vom geduldigen Infanteristen

Übertragen von I. Bermann und M. Seeger, Karl Dedecius, Friedrich Griese
Vorwort von Peter Härtling
Etwa 400 Seiten. Leinen. ca. DM 36,–

Henryk Rzewuski
Denkwürdigkeiten des Herrn Soplica

Aus der polnischen Adelsrepublik
Übertragen von Philipp Löbenstein
Nachwort von Andrzej de Vincenz
Illustrationen von Elviro Andriolli und Bronisław Zaleski
336 Seiten. Leinen. ca. DM 32,–

Wisława Szymborska
Hundert Freuden

Gedichte
Herausgegeben und übertragen von Karl Dedecius
Vorwort von Elisabeth Borchers
Nachwort von Jerzy Kwiatkowski
250 Seiten. Leinen. ca. DM 28,–

Gerlind Reinshagen
Gesammelte Stücke

Doppelkopf · Leben und Tod der Marilyn Monroe · Kann das Theater noch aus der Rolle fallen? oder Die halbwegs emanzipierte Mariann · Himmel und Erde · Sonntagskinder · Frühlingsfest · Eisenherz · Die Clownin · Die Auswanderer
Etwa 650 Seiten. Leinen.
ca. DM 68,– (Okt. 86)

Momente extremer Situationen, extremen Unglücks, aber auch der Entwurf von Utopie, von neuen möglichen Offensiven, diese umfassend menschlichen Charakteristika sind die entscheidenden Merkmale des hier vollständig versammelten dramatischen Werkes von Gerlind Reinshagen.

Peter Weiss
»In Gegensätzen denken«

Ein Lesebuch
Herausgegeben von Rainer Gerlach und Matthias Richter
275 Seiten. Kart. ca. DM 24,– (Sept. 86)

Am 8. November 1986 würde Peter Weiss, der am 10. Mai 1982 in Stockholm starb, 70 Jahre alt. Dieses Datum ist der Anlaß, eine Gesamtschau seines weitreichenden, vielgestaltigen Werkes zu versuchen. Um die Entfaltung dieses Werkes nachzuvollziehen, wurden in das vorliegende Lesebuch, wo immer möglich, in sich abgeschlossene Texte aufgenommen. Dort, wo eine Auswahl aus einem Prosatext oder Theaterstück getroffen werden mußte, wurden die Auszüge, die Peter Weiss selbst zur Veröffentlichung bestimmt hatte, übernommen. Die Anordnung der Texte erfolgt chronologisch und erlaubt es somit, den Weg von Peter Weiss von den auf schwedisch geschriebenen Texten aus den Jahren 1946/47 bis zur dreibändigen *Ästhetik des Widerstands*, die zwischen 1975 und 1980 erschien, zu verfolgen.

100. Geburtstag am 1. November 1986

Hermann Broch
Briefe über Deutschland 1945–1949

Die Korrespondenz mit Volkmar von Zühlsdorff
Herausgegeben und eingeleitet von Paul Michael Lützeler
Etwa 160 Seiten. Leinen.
ca. DM 20,– (Sept. 86)

Gleichzeitig mit der Ausgabe als suhrkamp taschenbuch erscheint jetzt, in gebundener Form, die Korrespondenz zwischen Hermann Broch und Volkmar von Zühlsdorff. Broch war nicht nur ein großer Schriftsteller, auch einer der letzten bedeutenden Briefschreiber unseres Jahrhunderts. Von jeher hatte sich Broch in seinen Briefen mit politischen Ereignissen auseinandergesetzt. Keine dieser politischen Korrespondenzen aber wurde so ausführlich und so kontrovers geführt wie jene über Deutschland mit Volkmar von Zühlsdorff unmittelbar nach dem Krieg, in der Zeit zwischen militärischer Niederlage des Dritten Reichs und der Etablierung der beiden deutschen Nachfolgestaaten.
Der Leser wird hineingezogen in all jene damals aktuellen und heute noch nachwirkenden Probleme: deutsche Nachkriegsgeschichte in einem literarischen Briefwechsel.

Neuauflage

Hermann Broch
Kommentierte Werkausgabe

in 13 Bänden
Herausgegeben von Paul Michael Lützeler
Leinen. ca. DM 580,–
und in den suhrkamp taschenbüchern
DM 175,–

Isabel Allende

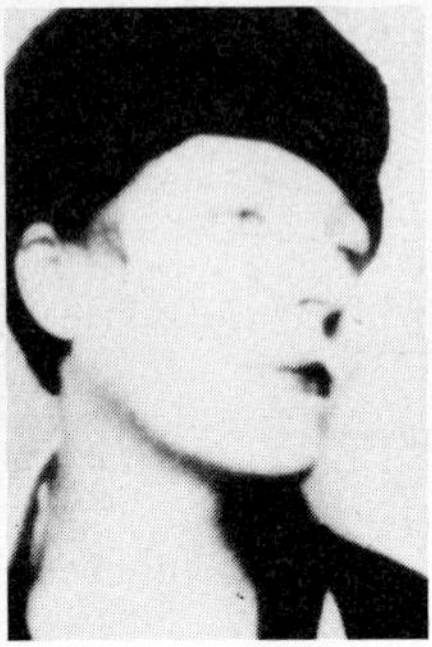

Djuna Barnes

Marguerite Duras

Isabel Allende
Von Liebe und Schatten

Roman
Aus dem Spanischen von Dagmar Ploetz
428 Seiten. Geb. DM 38,– (Juni 86)

»Dem Roman *Von Liebe und Schatten* wird gewiß ein großer Erfolg beschieden sein. Dafür sprechen nicht nur sein Inhalt und das solide sprachliche Können der Autorin … sondern auch die nachhaltige Präsenz der beiden Hauptpersonen, Francisco und Irene (der Alba in *Das Geisterhaus* entspricht; beide weisen autobiographische Züge auf). Isabel Allende hat sich mit ihrem Roman von literarischen Vorbildern lösen können. Es ist ihr ein lyrisches und nüchternes Werk gelungen, dessen Originalität und Ausgewogenheit einen Markstein in der lateinamerikanischen Literatur setzen wird.«

Neue Zürcher Zeitung

So und ähnlich begeistert äußerte sich die internationale Presse bei Erscheinen der spanischen Ausgabe. Der zweite Roman Isabel Allendes offenbart wie der vorangegangene, *Das Geisterhaus*, ein außergewöhnliches Leseerlebnis: *Von Liebe und Schatten* ist die Geschichte einer engagierten Frau, einer »Liebe über die Grenzen des Körpers hinaus«, die Geschichte auch von widrigen äußeren Verhältnissen.

Djuna Barnes
Ryder

Roman
Mit elf Zeichnungen der Autorin
Aus dem Amerikanischen von Henriette Beese
Etwa 380 Seiten. Leinen.
ca. DM 38,– (Sept. 86)

Ryder, Djuna Barnes' erster Roman, erschien 1928 in New York und wurde ein literarisches *skándalon*, dem kurze Bestseller-Weihen und aufgeregte, teils hymnische, teils erzürnte Kritiken beschieden waren. Die *Saturday Review* nannte es »das erstaunlichste, je von einer Frau geschriebene Buch«.

Tochter eines verkrachten amerikanischen Künstlers, der sie mit Hilfe einer Großmutter, Shakespeare, der Bibel und moderner Poesie selber erzogen hatte, verfügte Djuna Barnes jenseits der geistreichen Journalistendiktion über eine schier unerschöpfliche Sprachgestik. *Ryder* – nun also erstmals auf deutsch – legt Zeugnis ab von dieser hoch- und höchstsprachlichen Erziehung, entzündet ein Feuerwerk heiliger und profaner Rede. Ein Gesellschaftsroman zwischen Himmel und Hölle; ein Familienroman, besser: ein spöttisch erzählter Stammbaum, der gerade deswegen keiner wird, weil er vor Lust (weniger aus »Liebe«) wächst.

Jürgen Becker

Jurek Becker

Thomas Bernhard

Jürgen Becker
Odenthals Küste

Gedichte

151 Seiten. Leinen. ca. DM 26,– (Aug. 86)

93 fortlaufende Gedichte – eine lyrische Erzählung. Diese Gedichte sind von Widersprüchen bestimmt. Es sind Widersprüche, die in den Gegensätzen der Erfahrungen und Erinnerungen, der Beobachtungen und Imaginationen, die das Entstehen der Gedichte begleitet haben, begründet sind. Verstörungen werden erkennbar; eine stille und traurige Wut spricht sich aus, wo der tägliche Lebensbereich von Menschen, die Landschaft, zwischen »Gläsernen Gebäuden« und einer abgelegenen »Scheune« planmäßig, gesetzmäßig zum ökologisch zerstörten und ökonomisch forcierten Ballungsraum verkommen ist. Indessen lassen die neuen Gedichte Jürgen Beckers alle ökologischen Klagen wiederum hinter sich. Offensiv wird die Tendenz zu einer sprachlichen Sur-Realisierung der wahrgenommenen Geschehnisse und Erscheinungen. Es ist ein deutlicher Veränderungs-Impuls, der hier die Wörter in den Bereich der Imagination steuert, und dabei werden Ressourcen von Bildern und Metaphern entdeckt, die die Möglichkeiten der Poesie zu erneuern verstehen.

Jurek Becker
Bronsteins Kinder

Roman

302 Seiten. Leinen. ca. DM 34,– (Aug. 86)

Bronsteins Kinder ist ein *›deutscher‹* Roman: Ost-Berlin zu Beginn der 70er Jahre. Hier die Welt der Täter und Opfer, dort die der jungen Leute, die nicht immer und immer wieder die alten Geschichten hören wollen.

Jurek Beckers neuer Roman ist ein Generationsroman: hier die Welt des Sohnes, zu Anfang leicht und unbeschwert, dort die des Vaters, mit einer Vergangenheit belastet, die nicht zu wirken aufhört.

Es ist ein Buch der Gegensätze: Hier die Welt der angeblich *Normalen*, dort das Heim für Nervenkranke, dort Elle, die sich weigert, alle Verpflichtungen des Normalseins zu erfüllen. Und hier, nicht zuletzt, die Zeit einer jungen Liebe, dort, das, was folgt, wenn diese Zeit zu Ende ist. Der souveräne Erzähler Jurek Becker ergreift das Wort, auch als einer, der in die Konflikte einbezogen ist. Nur durch genaue und einfühlsame Beschreibung der gegensätzlichen Standpunkte, aber auch der Abgründe und Leidenschaften, kann ein Begreifen zustande kommen: Dieser Überzeugung folgt er.

Suhrkamp Literatur

Isabel Allende · Djuna Barnes
Gerhart Baumann · Juan Benet · Jürgen Becker
Jurek Becker · Thomas Bernhard · Silvio Blatter
Hermann Broch · Hans Georg Bulla · Bernd Cailloux
Tankred Dorst · Marguerite Duras · Peter Handke
Wolfgang Hildesheimer · Jürg Laederach
James K. Lyon · Hans Mayer · Friederike Mayröcker
Anita Pichler · Ilma Rakusa · Gerlind Reinshagen
Bernard Shaw/Alfred Douglas · Peter Weiss
Spectaculum
Polnische Bibliothek · Bibliothek Suhrkamp

Leute. Natürlich wurde es als man dort kämpfte Wildnis genannt, der Feldzug in der Wildnis aber ich hatte keine Vorstellung daß fast ganz Virginia so war, schließlich lassen alle Romane es bewohnt erscheinen, die Geschichten darüber lassen es bewohnt erscheinen aber es gab ja die tagelangen Kämpfe in der Wildnis und ich hatte das nie bedacht. Und dann fragte man mich was ich von Virginia hielte und ich sagte ich halte es für unbewohnt, und dann schrieben alle darüber ob ich damit wohl die Geister anderer oder sonst etwas meinte und ich meinte nichts anderes als daß es unbewohnt war.

Das übrige Amerika war sehr viel stärker bewohnt als ich erwartet hatte, Straßen und Landschaft waren bewohnt die Landschaft sah bewohnt aus und war bewohnt aber nicht in Virginia nein nicht in Virginia. Später als wir von einer Universität zur andern fuhren und durch all die Meilen des unbewohnten Virginia kamen sagte Mrs. Muncie zu mir als ich ihr das sagte, oh ja sagte sie mein Vater sagt in Virginia sei er ein interessanter Mann mein Vater und er sagt er sitze nur da und lasse die Kiefern wachsen.

In Richmond waren wir nicht so südlich wie ich erwartet hatte und nicht so virginisch, die Häuser waren so wie in den Orten des Mittelwestens mit Bäumen und Höfen aber nicht wie in Richmond was ich erwartet hatte. Da war das Gelände des Libby-Gefängnisses das Gebäude selbst ist im Museum von Chicago und da war Poe's Elternhaus und es gab viel offenes Land aber es war nicht so südlich und es sah nicht so aus wie ein alter Ort was ich zu sehen erwartet hatte, es war nicht wirklich so südlich wie Baltimore ja nicht einmal wie Philadelphia natürlich war es das aber nicht auf die Art wie ich es erwartet hatte und es schien nicht so viele alte Häuser zu geben wie in den Orten von Neuengland nun jedenfalls war ich nicht enttäuscht es war ein netter Ort zum Spazierengehen und im Hotel gab es Baby-Alligatoren und uns gefiel alles.

In Richmond ging ich viel herum, während ich spazierenging kamen alle im Automobil auf mich zu irgendwelche Leute und fragten mich ob sie mich irgendwohin bringen könnten und ich sagte ich gehe gern zu Fuß und ich ging weiter und überall gab es sehr große Statuen und natürlich schaute ich sie mir alle an. Eine die ich in der Ferne sah schaute nicht aus wie ein Bürgerkrieger aber als ich näher kam war es doch einer. Und dann ging ich ins Hotel zurück. Ich fand immer ins Hotel zurück obgleich ich manchmal Angst hatte es nicht wiederzufinden aber es hätte immer irgend jemanden gegeben der wußte welches Hotel es war es war immer das beste und jeder hätte mir geholfen zurückzukommen. Das war eines der Dinge die anders waren als anderswo. Ich hatte es für selbstverständlich gehalten in jedem Zimmer aller Hotels ein Radio vorzufinden und daß das Radio unaufhörlich laufen würde und daß selbst wenn es in unseren Zimmern nicht liefe wir trotzdem alle andern hören würden. Ganz und gar nicht meistens gab es im Zimmer gar kein Radio und wünschte man eines so mußte man darum bitten natürlich wollten wir keines und in den Hotels in denen es eines gab war es eines das nur die Schlager aus dem Speisesaal übertrug wohl das einzige was je daraus herauskam. Natürlich haben wir auch selbst nie eines besessen und praktisch habe ich nie Radio gehört, nicht weil es in Frankreich nicht Unmengen davon gegeben hätte natürlich gibt es welche aber wenn man tut was ich tue will man es natürlich ruhig im Haus haben und nichts Modernes, jeder versteht das. Ich ging also weiter durch Richmond und sah die Statuen es gibt dort sehr viele, und ich dachte wie ich das immer tue über den Bürgerkrieg nach. Er gehört zu den interessantesten Kriegen in dieser Welt, der Bürgerkrieg, die französischen Revolutionskämpfe ehe Napoleon die Sache in die Hand nahm waren die ersten gewesen in denen eine Volksschicht gegen eine andere kämpfte und der Bürgerkrieg war genau so. Der 1914-1918-Krieg war größer und hatte andere Waffen aber hatte schließlich nichts hinzugefügt zu dem was man sich schon im Bürgerkrieg vorgestellt hatte und natürlich dachte ich immer darüber nach. Und nun war ich in Richmond und ich hatte immer über

General Lee nachgedacht und ich dachte jetzt darüber nach. Ich hatte immer gedacht nicht gedacht sondern gefühlt daß Lee ein Mann war der wußte daß der Süden nicht gewinnen konnte natürlich wußte er es wie konnte ein Mann der von General Scott dazu bestimmt worden war als Kommandant der amerikanischen Armeen sein Nachfolger zu sein der wußte daß dieser Krieg von Waffen und Nachschub abhing der all das wußte wie konnte der nicht wissen daß der Süden nicht gewinnen konnte und er wußte es auch dessen bin ich absolut sicher, er wußte es bestimmt und er handelte er handelte immer wie einer der ein geschlagenes Land anführte, er hatte es immer gewußt aber und das ist es warum ich ihn für einen schwachen Mann halte er hatte nicht den Mut gehabt es zu sagen, hätte er diesen Mut gehabt und vielleicht hätte es nicht dann und wahrscheinlich auch nicht später diesen Bürgerkrieg gegeben aber wenn es ihn nicht gegeben hätte wäre dann Amerika auch so interessant. Sehr wahrscheinlich nicht sehr wahrscheinlich nicht. Aber der Mann der es hätte wissen können führte sein Volk zur Niederlage nun jedenfalls hatte ich immer das Gefühl niemand könne aus ihm einen Helden machen. Ich könnte es nicht. Ich sagte das eines Tages in Charleston, ich sprach mit einem Mann dessen Frau aus dem Süden war wie auch sein Schwiegervater, er war ein wichtiger Herausgeber einer Südstaaten-Zeitung und er sagte das ist interessant weil mein Schwiegervater eines Tages sagte es war ein regnerischer Sonntag und jemand sagte etwas über Lee und mein Schwiegervater sagte ja er war ein großer Mann ein großer großer Mann und wir lieben ihn alle und ich denke manchmal daß ich wenn er an einem regnerischen Sonntag hier gewesen wäre nun ja ich hätte ihn nicht gerne den ganzen Tag hier gehabt an einem so regnerischen Sonntag.

Nein, seine Mitbürger in die Niederlage führen das regte ihn nicht auf begeisterte ihn nicht und deprimierte ihn nicht, er tat es weil er nicht nein sagen konnte und das machte ihn den ganzen Tag über an einem regnerischen Sonntag nicht interessant.

Deshalb interessierte es mich in Richmond und in Virginia zu

sein und es interessierte mich zu hören was sie alle sagten und es interessierte mich denn schließlich wird es in Amerika nie etwas Interessanteres geben als den Bürgerkrieg nie.
Und wir gingen also zur Universität von Virginia, Charlottes-Ville und es gefiel mir dort, Jefferson hat einen Ort daraus gemacht der ein Vergnügen ist, wenn es genug und überall Säulen gibt ist ein Ort interessant, Washington war immer so, Säulen sind immer interessant und es gab nirgends sonst so viele wie auf der Universität von Virginia, so viele und wo man sie alle sehen konnte. Man führte uns überall herum damit wir alles sehen konnten und es gab überall und im Hotel gut zu essen und genau gegenüber lag das Gerichtsgebäude und da standen auch welche und stützten natürlich waren alle da, und sie waren da. Und natürlich war Poe auf der Universität gewesen und ich sprach vor der Raben-Gesellschaft und natürlich hatte ich immer Poe geliebt ich liebte seine Erklärung des Raben und ich liebte Keiner kann singen so wild und wirr und am meisten liebe ich weil es Bilignin darstellt Im grünsten unserer von guten Engeln be-gehüteten Tälern wenigstens sage ich es immer so, ich werde nie korrigiert wenn ich es falsch sage wenigstens sage ich es nie anders, und dann gab mir grade am Abschiedsmorgen der Präsident der Raben-Gesellschaft seinen Schlüssel zu Poes Raum in der Universität wo ihre Versammlungen stattfinden, es ist ein Yale-Schlüssel mit dem Raben auf der einen und Virginia auf der anderen Seite, und natürlich ist es nur ein Yale-Schlüssel und vielleicht gibt er ihn jedem aber ich glaube es doch nicht, ich glaube er gab ihn nur mir und ich trage ihn immer in meiner Brieftasche die ich in der Fifth Avenue gekauft habe und mit dem Führerschein, den ich in Kalifornien bekommen habe. Das war sehr komisch. Man sagte ich müsse einen haben also ging ich mit jemand hin um ihn zu bekommen und man stellte mir etwa zwanzig Fragen und keine davon hatte etwas damit zu tun wie man fährt und mit welchem Wagen, alles drehte sich um Gesundheit und um die Gesundheit von Vater und Mutter und darum was man tun

würde falls etwas passiert und wie die Verkehrsregeln lauteten, nun ich gab meine Antworten und sie waren meistens richtig schließlich ging es um Dinge des gesunden Menschenverstandes und ich sagte später Alice Toklas die überhaupt nicht Auto fahren kann hätte alle diese Fragen aber genauso gut beantworten können ich nehme an man hält es für so selbstverständlich daß jeder fahren kann daß man nicht daran denken würde einen zu fragen wie der Wagen tatsächlich funktioniert so wie man auch nicht daran denken würde jemanden zu fragen was man mit den Beinen macht wenn man geht. Daß man einen Wagen zum Fahren bringen kann hält man für selbstverständlich, daß man ihn zum Fahren und Anhalten und Wenden bringt hält man auch für selbstverständlich. Dies also sind die Dinge die ich in der Tasche trage, den Raben-Schlüssel und den kalifornischen Fahrausweis.

Wir gingen zu »William und Mary« und dort war es wo ich zu ihnen zu sprechen begann über alles zu sprechen begann. Ich sagte ihnen wozu sie eigentlich jung seien wenn sie doch die gleichen Meinungen hätten wie alle die achtzig und hundert sind wozu dann jung. Irgend jemand mußte ja ein individuelles Empfinden haben vielleicht ein Kalifornier oder ein Virginier. Es war eine Kalifornierin, ich kann mich selbst eine Kalifornierin nennen weil ich von sechs bis siebzehn dort war und eine Virginierin könnte auch ein individuelles Empfinden haben, Kalifornier und Virginier hatten einst das Empfinden nicht nur zum Teil amerikanisch zu sein, und wenn Alice Toklas als Kalifornierin und Pat Bruce als Virginierin oft darüber sprachen was amerikanisch sei sagte ich immer an Richmond und an San Francisco könne niemand erkennen was amerikanisch sei, sondern nur an Virginia und Kalifornien und ist Kalifornien jetzt auch so nein nicht jetzt und Virginia nun ich sagte ihnen wozu sie eigentlich jung seien wenn sie doch die gleiche Denkart hätten so als ob sie auch der Meinung seien und sie waren der Meinung und hatten den gleichen Standpunkt und sie haben ihn noch zu den Dingen die Virginia einmal waren.

Wozu eigentlich. Und das ist alles was es darüber zu sagen gibt, es sieht aus als finge es an aber es beginnt nie und sie führen sich wie General Lee selbst zu einer vorbestimmten Niederlage und wissen es, wüßten sie es nicht dann wäre es eine verlorene Hoffnung aber sie wissen es und wozu also sind sie eigentlich jung, zu gar nichts.

Es war hübsch in »William und Mary« selbst in den umgestalteten Teilen, natürlich waren die von Rockefeller umgestalteten Teile umgestaltet, aber wenn etwas nicht da ist und man möchte es haben muß etwas umgestaltet werden, und irgendwer sehr viele möchten es da haben. Man setzt Neues hin wo das Alte war und Altes wo das Neue war und das ist Umgestaltung und vielleicht wird es einmal kaum jemand unterscheiden können aber nicht gerade jetzt keineswegs jetzt aber uns gefiel alles. Dann fuhr man uns nach Yorktown und das war nicht so aufregend wie Richmond, es war eine liebliche hügelige Landschaft und es war noch ein wenig Winter aber es war fast Frühling. Dann fuhren wir wieder nach Richmond zurück.

Dann hörten wir wieder von Sweet Briar.

Als wir nach Richmond fuhren sahen wir auf einem Bahnhof eine Menge sehr gutaussehender Mädchen und ebensolcher junger Männer die jungen Männer waren von der Virginia Universität die wir kannten aber wir wußten daß es dort keine Frauen gab und dann hörten wir von Sweet Briar. Später kamen zwei Professoren und eine ihrer Frauen nach Richmond um uns nach Sweet Briar zu bringen, eines ihrer Autos funktionierte nicht gut es war so gut hergerichtet worden daß es nicht funktionierte, er war ein Spanier und das konnte sogar stimmen, aber immerhin kamen wir hin und später brachten uns nicht diese aber andere bis nach Chapel Hill.

Sweet Briar war entzückend, es hatte Buchshecken und es war entzückend. Wir blieben eine Nacht und einen Tag lang dort. Natürlich kamen die Mädchen aus dem Norden in den Süden aber einmal da hätten sie genauso gut von da stammen können, es war entzückend und ich sprach lange mit einer und wir

waren mit allen zusammen und uns gefiel alles, es war schon fast Frühling.
Die eine mit der ich sprach war weder vom Norden noch vom Süden, ihre Leute waren immer beim Militär und daher konnte jeder sich mit jedem verheiraten ob er nun von dort war oder von irgend einem andern Ort. Auch sie war Virginierin das heißt sie glaubte was man geglaubt hatte als Virginier Virginier waren. Die glaubten einen Baum zu sehen wenn an der Stelle des Baumes mittlerweile ein Gebäude stand, den Baum zu sehen mochte interessant sein, wenn man es interessant machen konnte aber etwas als einen Baum anzusehen wenn an dessen Stelle mittlerweile ein Gebäude dastand und das Gebäude nicht mal aus Holz war das kann für diese Generation nicht interessant sein und ist es nicht. Nun es macht nicht viel aus, in jeder Generation muß etwas geschaffen werden, und da es nicht von einem Virginier gemacht worden ist ist es nicht von Virginia gemacht worden aber auch wenn etwas nicht da ist kann es erfreulich sein und Virginia war so es war sehr erfreulich.
Schließlich muß jedes Jahrhundert von jemandem der etwas ist gemacht werden und es ist schwer etwas zu wiederholen jedenfalls ist es wenn es einmal getan ist getan und da es einmal getan ist kann keine Zeit es wieder beginnen lassen. Als ich zu schreiben begann schrieb ich immer über das Immer-Wieder-Beginnen. In The Making of Americans ließ ich eine kontinuierliche Gegenwart entstehen ein kontinuierliches Immer-Wieder-Beginnen so wie man Automobile oder sonst etwas macht, jedes Einzelne mußte begonnen werden, aber dann als alles begonnen war mußte nichts noch einmal begonnen werden.
Jetzt schreibe ich über das was ist was existiert. Es interessiert mich nicht wie es weitergeht jedenfalls wurden wir von Virginia nach North Carolina gefahren. Jeder Staat ist aufregend. Der Teil von Virginia der North Carolina am nächsten liegt war bevölkerter als North Carolina, es gab Bauernhöfe und

Leute darauf und es gab keine Hügel und Wälder mehr dort. Man sagte mir North Carolina sei nicht wie Virginia und South Carolina und das stimmte.
Dort sahen wir zum ersten Mal Baumwolle wachsen das heißt wir sahen die Halme wo sie im letzten Sommer gewachsen war, es war die erste Landwirtschaft die wir sahen seit wir im Süden waren, die Felder waren klein und die Landschaft war einfach und freundlich und dann kamen wir nach Chapel Hill. Ich hatte nie von Chapel Hill gehört aber es ist bedeutend, es gab viele Orte deren Namen nicht bekannt waren jedenfalls nicht mir, und hier hatte man die beste Sammlung der Welt von spanischen Büchern und eine Menge Studenten von überall in der Welt und eine nette Stadt und einen angenehmen Frühling. Es war gerade Frühling. Natürlich habe ich oft von etwas nichts gehört auch wenn es wohlbekannt ist aber es gibt eine Menge Orte in Amerika die riesige Sammlungen von irgend etwas haben sehr oft die besten überhaupt und dennoch sind sie nicht wohlbekannt zum mindesten nun ja nicht wohlbekannt und übrigens war Chapel Hill die erste staatliche Universität in Amerika und ich hatte nie davon gehört und wußte nicht daß es so etwas in North Carolina gab. Jedenfalls war es so und uns gefiel es. Duke's College war auch in der Nähe und es war durch Tabak entstanden, Lucky Strikes und Camels, die bessere Zigarette die wir kennenlernten als die Landser zuerst herüberkamen und dadurch war das Duke Vermögen entstanden und man baute diese Universität und jetzt war die Wirtschaftskrise und man hatte nicht sehr viel Geld und deshalb war Chapel Hill die bessere. So sagte man und wir glaubten es.
Uns gefiel Chapel Hill uns gefiel das Hotel, man aß gut uns gefielen die Professoren und die Menschen und ich ging gern spazieren und da war eine Stelle eine Art Turm und man hatte neuerdings Buchshecken rundherum angepflanzt und es sah aus wie ein Wasserturm aber es war kein Wasserturm und als ich hineinging um zu lesen was da eingeritzt stand las ich daß er von einer Familie errichtet worden war deren Name genannt

wurde und das war alles was es damit auf sich hatte. Kein Krieg kein Frieden gar nichts, es gab eine Familie die einen Namen hatte und es gab einen Turm und es gab ringsherum Mengen von Buchshecken und sie waren jetzt klein und irgendwann werden sie größer sein. Das war in Chapel Hill.

Dann mußten wir nach Charleston fahren einer der Professoren sagte man würde uns nach Cheraw bringen und jemand von Charleston sagte man würde uns in Cheraw abholen und wir wußten nicht wo Cheraw war aber wir mochten es und es regnete. Wir fuhren nach Cheraw es regnete auf dem ganzen Weg durch North Carolina und dann aßen wir in Cheraw zu Mittag. Cheraw sah aus wie es aussehen sollte es war ein Pflanzerhotel, es regnete aber es sah aus wie es aussehen sollte und wir aßen sehr gut. Dort holte man uns ab und es regnete und wir fuhren weiter nach Charleston, und das war ein sehr anderer Staat als der Staat North Carolina. Es war South Carolina.

Es regnete den ganzen Tag und auf der ganzen Fahrt und die Häuser auf beiden Seiten des Weges waren interessant, es gab Schulhäuser mit weißen Kindern und Schulhäuser mit Negerkindern, es gab kleine und es gab eine Menge erstaunlich große aber das war natürlich in South Carolina, in den Häusern in denen Neger wohnten brannte ein Feuer was aussah als brenne das Haus es war auf dem Fußboden aber wir dachten es sei wahrscheinlich in einer Art von Vertiefung da die Häuser auf kleinen Pfählen standen um sie vom Boden abzuheben und damit Hühner und anderes darunter leben konnten und später vergaßen wir jemanden zu fragen wo das Feuer das aussah wie ein Freudenfeuer innerhalb des Gebäudes eingebaut worden war es konnte nicht auf dem Fußboden eingebaut sein weil die Erde nicht der Fußboden war, nun jedenfalls wußte dort jeder Bescheid über die Feuer und wir vergaßen zu fragen und wir dachten nicht wieder daran. Und dann fuhren wir über den Weg der durch die Sümpfe führt und wir sahen zum ersten Mal Moos von den Bäumen herabhängen, das Moos ist nicht wirklich Moos sondern etwas Bandartiges das in der Hand sehr hübsch aussieht aber schmutzig auf den Bäumen, und es ist weit verbreitet, es zieht sich über den ganzen Weg nach Kalifornien hin und mit ihm reist die Spottdrossel. Schließlich müssen Ranken alles ergreifen das dorthin will wo es für das Wachsen bequem ist, nichts kann sie aufhalten. Das hängende Moos sieht schmutzig aus, wir hier in Frankreich sind an Misteln gewöhnt die überall fast in jedem Baum einen Ball bilden, aber dort ist es streifig und es sieht aus als sei es von einer Überschwemmung die über alles hinweggegangen ist zurückgelassen worden und später in Charleston erfuhren wir daß eine solche Überschwemmung durchaus keine Erfindung ist.

Endlich waren wir in Charleston und das Hotel hatte das beste Essen von allen Essen die wir bis jetzt gegessen hatten und dann wurden wir eingeladen die Moorgärten anzuschauen und vorher gab man uns ein Mittagessen und das war das beste Mittagessen von allen Mittagessen die wir je gegessen hatten, noch heute können wir alles aufzählen was wir aßen und was es war das es besser machte als alles andere was wir je gegessen hatten.

Der Moorgarten war feucht und wir waren in einem Boot und es regnete, es war eine ruhige Flut und die Bäume waren daran gewöhnt aber da wir es nicht waren war es feucht und wir mußten es nicht im Gedächtnis behalten. Es gibt in Amerika Dinge wie Illustrationen zu Dante, es gibt Schlafwandler im Chicagoer Marathonlauf und es gibt die Bäume im Moorgarten von Charleston. Vielleicht wird Amerika dieses Etwas haben das weder Erde noch Hölle noch Himmel hat, ich würde alles lieben was sie tun würden um daraus sie selbst zu werden. Vielen Dank für alles und natürlich ist jeder sehr willkommen.

Wir trafen DuBois Heyward dort in Charleston und wir hatten ihn gern. Porgy ist eine gute Geschichte später in Texas war es amüsant, er ist ein sanfter Mensch DuBois Heyward wie sein

Porgy. Wir verließen Charleston und flogen nach Atlanta in Georgia und nahmen dort einen Zug nach Birmingham in Alabama. Ich mag alle diese Namen, Birmingham in England und Birmingham in Alabama, Birmingham in Alabama war eine Fabrikstadt eine sehr ausgesprochene ein Name hat eine Wirkung wenn überhaupt etwas.

Beim Flug von Charleston nach Atlanta wußten wir daß es dort sehr viel Wasser gab und die Felder an das Wasser grenzten und das ließ sie aussehen wie die Malerei die man abstrakte Malerei nennt aber es gibt keine Abstraktion es ist genau wie bei Feldern deren Pflugfurchen nicht auf die natürliche Art so wie das Land liegt verlaufen weshalb sich die Furchen nicht mit all dem Wasser füllen das da ist um sie zu füllen. Es gefiel mir auf sie hinunterzuschauen ja es gefiel mir wirklich es gefiel mir hinunterzuschauen auf alles oder hinaus auf alles es gefiel mir alles anzuschauen und es war alles da und es war wirklich da aber es war schwer zu glauben daß alles wirklich da war. Jeder dort Geborene kann das nur von einem Teil wissen aber nicht von dem Ganzen aber auch wenn einer fortgewesen ist ist alles nicht wirklich wirklich. Wir landeten in Atlanta in Georgia und wurden zur Bahnstation gefahren, ich war nie zuvor in Georgia gewesen und wir fuhren durch Georgia. Dort auf der Strecke las ich Kauft Mehlspeisen und Fleisch in Georgia. Und ich wußte daß das interessant war. War es Prosa oder war es Poesie ich wußte nur daß es interessant war, Kauft Mehlspeisen und Fleisch in Georgia.

Was nützt einem ein Land wenn man einen Staat hat, nach und nach verliert man es und bekommt ihn. Ich wurde im Vertrauen auf den Norden erzogen.

Während des 1914-1918-Krieges haben wir mit so vielen Amerikanern gesprochen, aber hier in Amerika trafen wir keinen, keinen von denen die wir während des Krieges getroffen hatten schließlich ist es ein großes Land und selbst wenn irgendeiner einen kennt gibt es viele die nicht mit einem sprechen, viele schreiben einem aber es gibt viele die es nicht mehr tun es scheint unwahr aber es ist wahr. Da war der Kiddie natürlich war er wieder gekommen und da war Duncan gewesen. Duncan hatte uns so viel bedeutet in Nîmes. Alice Toklas versuchte als wir nach Alabama gingen wieder von ihm zu hören, er war in Alabama gewesen das war das letzte was wir von ihm gehört hatten und er war in Alabama er war in Birmingham. Man machte ihn ausfindig, er hatte nicht gewußt daß er in der Autobiographie vorkam als man ihn ausfindig machte. Es hätte aufregend sein können. Es war seltsam wir wußten alles über sie aber wir wußten nicht was aus ihnen werden würde, wir glaubten es zu wissen aber wir wußten es nicht, wir glaubten nicht daß der Kiddie Schullehrer und dann Redakteur werden würde wir glaubten er würde ein würdiger Geschäftsmann werden, und wir glaubten Duncan würde ein energischer Jemand werden aber nein, er wurde ein Versager als Dekorateur, nun daran hätten wir nie gedacht da er für die Offiziere und für seine Kompanie der geborene Organisator für alles war und das einzige Mal da er etwas erwähnte war als er auf die Fahne blickend sagte das ist die rosa Farbe mit der meine Mutter mein Zimmer schmückt wenn ich von irgendwo nach Hause komme. Wir hätten daran denken können aber wir taten es nicht, Amerikaner sind immer Organisatoren wenn sie einundzwanzig sind ich nehme an diejenigen die später wirklich organisieren organisieren nicht vorher, sonst verbrauchen sie ihre Organisationsenergie und dann nun dann dann werden sie Versager, schließlich heißt älter sein älter sein, wir trafen Duncan und seine Mutter und seine Schwestern und seine Frau und seine Kinder. Einer der Buben las sehr viel, kleine amerikanische Buben lesen tatsächlich sehr viel sie lesen alles Gedruckte das sie bekommen können, Mengen kleiner amerikanischer Buben sind so sie waren so als ich ein kleines Mädchen war und es ist überraschend daß sie trotz Radio und allem andern immer noch so sind, nicht überraschend weil in Wahrheit Alleinsein mit Lesen intensiver wirkt als etwas hören, wirklich jeder kann das wissen und jeder der sehr jung ist kann es auch wirklich wissen, Duncans kleiner Junge wußte es und es gefiel mir daß er es wußte, es gefällt mir immer daß nichts so intensiv wirkt wie das Alleinsein mit einem Buch.

Wir fuhren also von Birmingham ab, man kam scharenweise von der nahen Universität um mir zuzuhören und wenn wir Zeit gehabt hätten wären wir hingegangen aber wir hatten keine Zeit, erst kürzlich fragte mich einer von ihnen der über Südstaaten-Autoren schreibt ob ich gesagt hätte was einer von ihnen gesagt hat daß ich es gesagt hätte, ich sagte natürlich könne ich mich nicht erinnern aber wenn einer sagt ich hätte gesagt was er sagt daß ich es gesagt hätte dann sagte ich sei es sehr wahrscheinlich daß ich es gesagt hätte da Amerikaner im allgemeinen akkurat sind wenn sie sagen man habe etwas gesagt was man gesagt hat, Franzosen sind viel weniger akkurat in bezug auf das was man gesagt hat. Wir fuhren dann per Flugzeug von Birmingham nach New Orleans und diesmal fuhren wir über Wasser nicht Landwasser sondern Meerwasser und kamen zu dem großen Hotel in New Orleans, es wirkte sehr politisch ich nehme nicht an daß es das war aber es wirkte so. Sherwood Anderson war in New Orleans und das war ein Vergnügen und er brachte uns für fünfundzwanzig Cent fünfundzwanzig Orangen ins Hotel und es waren sehr süße Orangen und wir aßen sie alle gemeinsam auf und es war ein Vergnügen.

Es war ein Vergnügen es war warm wie im Sommer und Sherwood war da und er hatte seinen Wagen und wir fuhren zusammen herum und wir aßen zusammen in Restaurants und wir trafen den Mann der Green Pastures geschrieben hat, in New York kam der der es auf die Bühne gebracht hat und sprach eines Tages mit uns im Restaurant vom Algonquin und wir wanderten mit Miss Henderson umher die wir in Paris kennengelernt hatten, sie und ihre Familie hatten immer in New Orleans gelebt und sie nahm uns mit in die alten Häuser zu ihren Freunden wo alle ihre Portraits von den gleichen Malern gemalt worden waren wie die der zeitgenössischen Franzosen

und der einzige der ein Gefühl von New Orleans vermittelte wie New Orleans damals war ist Thornton Wilder mit seinem kleinen Stück namens The French Queens, uns gefiel es in New Orleans, schließlich hatten wir dreißig Jahre lang in Frankreich gelebt und schließlich sagt Alice Toklas stimmt gar nicht aber trotzdem stimmt es schließlich.
Es war wie eine Provinzstadt in Südfrankreich nicht das Hotel und natürlich gab es überall sehr viel mehr Neger aber die Neger waren wie französische Neger und nicht wie amerikanische, sie hatten es nicht im Bewußtsein Neger zu sein, sie lebten von Natur aus in New Orleans und das war für keinen von Bedeutung, französische Neger nehmen das Französischsein als etwas Natürliches hin, die Franzosen vertrauen auf Familie und Beruf was den Stand bestimmt aber das Franzosesein schließt alles mit ein und ein französischer Neger fühlt das gleiche, uns schienen die New Orleans-Neger mehr französisch als amerikanisch zu sein. Ich las an der Tulane Universität und der Dekan der Abteilung für Englisch fuhr uns herum und uns gefiel alles was er von seinem Schwiegervater erzählte der die Gesellschaft der Jahrhundertealten Eichen gegründet hatte, es sind die Eichen selbst die die Gesellschaft sind nicht die Leute denen sie gehören und das regte Alice Toklas sehr auf weil sie sicher war daß es in Kalifornien Unmengen davon gebe und er sagte vielleicht aber die Eichen müssen wie alles Auserwählte ihre Papiere haben die Geburt und Alter bestätigen und alles müsse in Ordnung sein. Uns gefiel alles was wir über Louisiana hörten und wir wollten zurückkommen und überall dort herumwandern und es war ein bißchen spät für die Azaleen und Kamelien aber wir sahen einige und wir sahen den kleinen Hügel den man im Park errichtet hatte um zu beweisen daß es einen gab und damit die Kinder von New Orleans einen Hügel erkennen wenn sie einen sehen und Sherwood war empört als ich mich über den Mississippi beklagte und daß ich ihn gesehen hatte als er nicht sehr breit war und er fuhr uns alle am Fluß entlang und sagte er ist enorm und ich sagte nun und er

sagte nun können Sie nicht sehen daß er sowohl eine Meile tief wie eine Meile breit ist und ich sagte Mark Twains Life On The Mississippi hatte mir das so klar gemacht und der St. Nikolaus als ich ein kleines Mädchen war und es gab eine Geschichte von einer Überschwemmung und die hatte mir gefallen und nun war es eben etwas anders und ich konnte mich nicht daran gewöhnen daß er nicht ganz so enorm aussah wie ich ihn immer gesehen hatte wenn ich über ihn las und Sherwood sagte kommen Sie wieder und schauen Sie ihn an und manchmal ist es so daß man wenn man wiederkommt und ihn anschaut ganz erstaunt ist daß man nicht wußte wie breit und tief er war und aussah und jedenfalls waren wir gerne in New Orleans.

Das Hotel sah wirklich aus wie ein politisches Hotel es sah aus als ob jeder darin etwas mit Politik zu tun hätte, das einzige andere Hotel das wir gesehen hatten und das auch so aussah war in Lansing der Hauptstadt von Michigan wo das große Hotel gegenüber gerade abgebrannt war, es sah aus wie eines dieser politischen Hotels wie das in dem wir hier waren und sehr gut aßen und jeder darin sah aus wie die Fotografien in jedem amerikanischen Buch das das Leben eines in der Politik wichtigen Mannes beschreibt. Es war seltsam als ich neulich zum ersten Mal zur französischen Abgeordnetenkammer ging. Man muß immer etwas zum ersten Mal tun und nach all diesen Jahren ging ich in die Abgeordnetenkammer wir kennen jetzt den Bibliothekar, er lebt auf dem Land in der Nähe von Bilignin und deshalb gab er uns Karten zum Hingehen und deshalb gingen wir hin. Herriot war hoch da oben und er saß da und sah aus wie ein amerikanischer Staatsmann zwischen 1870 und 1880 und es war seltsam und er hatte die Größe und die Kleidung und das wache und eingeschlafene Wesen und die Manschetten und die Männer die hingingen und mit ihm sprachen und daß er Präsident der Kammer der Republik war nun das macht sie alle gleich Franzosen oder Amerikaner, sie sind einfach so.

Es war dort im Hotel daß der Pressefotograf mir alles über sein

Leben als Huey Longs Fotograph erzählte, natürlich sahen wir ihn nicht, er hätte da sein können aber er war nicht da und jetzt ist er tot und das ist alles was es über ihn zu sagen gibt.
Wir verließen New Orleans in einem Flugzeug es war kein sehr großes und wir sollten nach St. Louis fliegen aber das Flugzeug starb ab zum mindesten kam es nur bis nach Memphis in Tennessee und wir wissen jetzt daß wenn man nicht weiterfliegt es nichts ausmacht es gab einen Grund dafür und warum sich aufregen. Wir wollten immer den Grund wissen aber jetzt stiegen wir einfach aus und reisten auf irgendeine andere Art weiter. Memphis in Tennessee war aufregend. Überall wo wir anhielten war es aufregend wir gingen zu dem Hotel dort.
Ich hatte viel über Memphis in Tennessee gehört und es sah aus wie Memphis in Tennessee, es sah genau so aus wie es aussehen sollte, Memphis in Tennessee, alles abgesehen vom Hotel, das Hotel war ein gutes Hotel wir aßen sehr gut. Und es schien so viel gesellschaftliches Leben dort zu geben, sehr viele Mädchen und sehr viele Männer und alle waren anscheinend dort als gäbe es keinen andern Ort alles Leben das sie lebten lebten sie dort.
Wir verließen den Ort und nahmen den Zug nach St. Louis. Mir gefiel die Zugfahrt, der Schaffner erzählte mir alles über das Wesen der Leute die dort lebten. Tennessee und Arkansas natürlich ich schaute gerne hinaus auf Tennessee und auf Arkansas, es gab Farmen kleine Farmen den ganzen Weg entlang. Er sagte Fremde die sich dort niederließen verdienten mehr als die von dort und dann erreichten wir St. Louis. Wir aßen sehr gut dort. Ich hatte Interesse an St. Louis und es war enorm die Häuser und die Gärten und wie alles ausschaute, alles schaute in St. Louis enorm aus. Es gefiel uns dort. Vielleicht hatte Sherwood recht und es war der Mississippi aber der Mississippi hatte es nicht getan an einem andern Ort. Immerhin tat man was wir wünschten. Man fragte uns was wir gerne täten und ich sagte ich würde gerne alle Orte sehen die Winston Churchill in The Crisis erwähnt hat. Man verhielt sich sehr nett nur war es schwer das auszuführen weil man obwohl man es

hätte wissen müssen nicht sehr viel wußte von dem was Churchill in The Crisis erwähnt hat. The Crisis war ein Bestseller als ich das Buch las und natürlich erinnerte ich mich daran, es ist komisch ich bin nie darüber hinweggekommen darüber zu staunen. Bestseller sind gut geschrieben und sie sind eindringlich und natürlich waren im neunzehnten Jahrhundert Bestseller etwas das anhielt aber der Unterschied zwischen einem Geschriebenen das gelesen wird und einem das nicht mehr gelesen wird den kennt man diesen Unterschied das heißt ich kenne den Unterschied wenn ich es lesen oder nicht lesen kann nicht daß das eine etwas mit dem anderen zu tun hätte, ich kann etwas lesen und davon eingenommen sein und es ist nichts das weiterhin gelesen wird und ich kenne natürlich den Unterschied ich kenne diesen Unterschied aber den Unterschied beschreiben, das ist nicht möglich diesen Unterschied zu beschreiben, ich habe es in der Vorlesung versucht die ich letzten Winter in Oxford und Cambridge gehalten habe Was Sind Meisterwerke Und Warum Gibt Es So Wenige, es ist das gleiche wie innerlich zu wissen daß man ein Genie ist denn was für einen Unterschied gibt es zwischen dem eigenen inneren Wissen und dem inneren Wissen derjenigen die keines sind, was ist der Unterschied, es gibt einen Unterschied aber was ist der Unterschied, oh ja es scheint ganz einfach ihn festzustellen auch wenn man ihn kennt obwohl man ihn innerlich nicht kennt aber es gibt einen wenn es ihn gibt. Anthony Trollope und Dickens und Thackeray waren im neunzehnten Jahrhundert Bestseller im zwanzigsten Jahrhundert sind Bestseller meist nicht von dieser Art, The Crisis war nicht von dieser Art obwohl ich es immer wieder lesen kann, oh ja es hat etwas damit zu tun daß man innerlich vom Zusammenhang abgetrennt ist und gleichzeitig nicht darüber nachdenkt, nun jedenfalls beschrieb ich es irgendwie in Was Sind Meisterwerke Und Warum Gibt Es So Wenige.

Als ich nach St. Louis kam wollte ich alle Stellen sehen die Winston Churchill in The Crisis erwähnt aber meistens konnte

man sie nicht finden, wir fanden den Mississippi und fast die Stelle an der sie waren und einige der Häuser und dann gaben wir es auf und besuchten etwas das sich finden ließ und von dem ich nicht genau gewußt hatte daß es da war und das war das Haus von Ulysses Grant.
Es war eine Hütte und einmal bewohnt gewesen, wenn man Grants Erinnerungen liest so hat man nicht den Eindruck daß er an einem solchen Ort gelebt hat. Ich habe sie gerade gelesen und es scheint keinen Zweifel darüber zu geben daß es das Haus ist in dem er gelebt hat. Und dann fuhren wir wieder zurück und ich fragte wie können Leute wenn sie jetzt nicht mehr so viel Personal haben wie können sie in diesen großen Häusern leben wie es sie überall in St. Louis gibt, in London hat es jetzt fast jeder aufgegeben in diesen großen Häusern zu leben aber man sagte mir ja in St. Louis ja man lebt noch in diesen Häusern in St. Louis, nur einige Familien nicht, gewiß die Familien sind große Familien in St. Louis, sie lebten viele lebten noch in diesen großen Häusern. Und wir aßen sehr gut in St. Louis und dann flogen wir nach Chicago weil ich zum ersten Mal in Chicago unterrichten sollte das heißt nicht unterrichten aber regelmäßig mit Studenten zusammensein. Natürlich spreche ich sehr viel und natürlich wenn man gut spricht gibt es immer einige die da sind wenn ich spreche und ich war ein wenig nervös über dieses Unterrichten aber es kam genau so heraus wie es immer gewesen war, ich sagte sehr viel und sie sagten einiges und es war eigentlich nicht anders als ob ich hier zuhause gewesen wäre. Einige waren da sogar einige mehr waren da aber ich hatte den Unterschied zwischen drei und zwanzig oder fünf und vierzig herausgefunden und wenn es einmal diesen Unterschied gibt scheint es nicht viel auszumachen. Das ist es was Regierungen zu dem macht was sie sind.
Thornton Wilder gab uns seine Wohnung sie hatte zwei Schlafzimmer und einen Wohnraum Eßzimmer mit einer kleinen Küche und sie hatte einen hübschen Ausblick auf den Midway der beschneit war und ich schaute ihn mir gerne an und ich

mietete einen Selbstfahrerwagen einen Ford was erstaunlich billig war und ich mußte vier Vorlesungen schreiben und Alice Toklas mußte den Haushalt in Chicago führen und alles sollte sehr angenehm sein und war es auch.
Das Alleraufregendste war der Selbstfahrerwagen.
Ich bin sehr viel gefahren worden seit ich in Amerika war und jetzt mußte ich selbst fahren. In Illinois gab es keine Prüfung man mußte nur die Stelle finden die Wagen vermietete und wir fanden sie. In Amerika gibt es so viele Wagen also konnten sie mir natürlich einen vermieten. Die Stelle wo wir ihn fanden lag ein wenig entfernt unter der Hochbahn und dann in einer Straße die ein bißchen düster war und ich sagte zu dem Mann aber diese Garage ist zu weit weg wenn ich abends heimkomme möchte ich nicht den ganzen Weg machen um den Wagen wegzustellen. Nun sagte der Mann wo wohnen Sie denn, in einer kleinen Straße seitlich vom Midway sagte ich, na schön sagte er, na schön sagte ich, na schön er, hat die Straße irgend etwas an sich, nein nichts sagte ich es ist eine nette ruhige Straße, ein Freund hat uns eine Wohnung geliehen, na schön sagte er, was also wollen Sie, nun sagte ich, ja sagte er, und ich sagte Sie meinen ich kann den Wagen die ganze Nacht über dort stehen lassen sagte ich und er sagte warum nicht und ich sagte aber muß ich dann das Licht anlassen, warum, ist die Straße nicht beleuchtet sagte er oh ja sehr gut beleuchtet und er sagte gut und ich sagte fein. Und wir ließen ihn tatsächlich jede Nacht dort. Eines Morgens als ich aufwachte ich schaute immer hinaus um zu sehen ob der Wagen noch da war da hatte es die ganze Nacht geschneit aber der Wagen war da und er war ganz mit Schnee bedeckt, ich sagte zu Alice Toklas was sollen wir tun und sie sagte sie wolle die Garage anrufen. Sie tat es. Man sagte was ist los, und wir sagten der Wagen ist eingeschneit, nun sagten sie springt er nicht an und wir sagten wie können wir das wissen wenn der Wagen eingeschneit ist und sie sagten gibt es denn keinen Hausmeister dort und wir sagten doch ja, nun sagten sie der könnte ihn abbürsten und wir riefen

ihn und er tat es und wir fuhren weg. Alles in Amerika ist so einfach wie dies.
Es sei ein Rätsel all die gestohlenen Wagen so sagte man und doch schien niemand darüber nachzudenken man ließ sie einfach auf der Straße stehen. Das gefiel uns.
Eines Tages als ich dabei war zum Vorlesungssaal zu fahren waren die Wagenpneus platt, einer von den Jungens sagte wenn Sie wollen geben Sie mir Ihre Schlüssel und sagen Sie mir den Namen Ihrer Garage ich mache das schon für Sie und als ich herauskam war natürlich alles bereit für mich, einmal als wir nach Chicago hineingefahren waren ich nannte es immer nach Chicago hineinfahren von der Universität aus, einmal als wir hineingefahren waren um Einkäufe zu machen und zu lunchen, war ein Pneu platt deshalb gab ich meinen Schlüssel dem Portier und bat ihn der Garage zu sagen diesmal solle man den Pneu auswechseln und als wir herauskamen stand da ein neuer Wagen mit noch neueren Pneus und ich sagte aber das ist nicht der meine oh nein sagte der Portier man hat den andern abgeholt und Ihnen diesen dagelassen und ich habe den andern nie wieder gesehen natürlich nicht ich hatte ja diesen. Das alles gefiel mir.
Wir verirrten uns im Park und hatten uns vorher in den Verkehrszeichen geirrt. Das gehört zu den sehr interessanten Dingen die verschiedenen Arten wie verschiedene Länder einem sagen wie man wohin kommt. In Frankreich geschieht das durch Zeichen in Amerika meistens durch Wörter von denen die meisten einsilbig sind. Keine Linkskehren, das hätte mir einige Zeit genommen und zwar so viel daß ich eine machte. Der Polizist sagte wohin glauben Sie daß Sie fahren, ich sagte ich bin umgekehrt, wahrscheinlich sind Sie fremd hier sagte er und ich sagte das stimmt und er sagt nun fahren Sie weiter aber höchstwahrscheinlich werden sie tot sein ehe Sie die Stadt verlassen.
Thornton hatte alles arrangiert, diejenigen ausgewählt die immer kommen sollten und diejenigen die zeitweise kommen

sollten, und alles war interessant. Ich hielt vier Vorlesungen die ich gerade geschrieben hatte es ging um Organisation und Innen und Außen weil es natürlich schwierig ist, wir alle leben hier und wir müssen etwas zum Gernhaben haben zum Sogernhaben daß es etwas ist und deshalb schrieb ich über die langweilig zu lesenden Zeitungen weil sie jeden Tag die Neuigkeiten dieses Tages wiederholen und sie so drucken müssen als wären sie gerade geschehen und sie hatten sich doch vor einiger Zeit oder mindestens vor einigen Stunden zugetragen und schließlich ist etwas interessant das man geschehen sieht oder das schon so lange vorher geschehen ist daß es eine Existenz hat die Romantik ist, da es schon so lange vorher geschehen ist so lange vorher daß es obgleich es da ist nicht wirklich hier geschehen ist. Nun jedenfalls ist es die Hauptsache daß es Aufmerksamkeit erregt. Das tägliche Leben tut das aber nicht genug um jemanden jetzt zu befriedigen weil jeder weiß daß das tägliche Leben nicht mehr die Zukunft hat die es früher im Gefühlsleben jedes einzelnen hatte. Wenn man wüßte daß man jeden Tag lebt würde man mit dem Leben fortfahren denn jeden Tag zu leben wäre eine Vollbeschäftigung, aber kaum einer ist jetzt wirklich überzeugt daß man wenn man täglich lebt auch weiterhin leben wird, etwas wird sehr wahrscheinlich geschehen, es traf natürlich immer zu daß etwas geschehen würde das alles änderte nur wissen jetzt alle alles über alles und so ist das tägliche Leben keine Beschäftigung, das ist der Grund warum man Briggs' Mr. und Mrs. liebt weil das fast so aussieht wie tägliches Leben. Ich habe so viel über alles gesagt ich habe eine große Menge über alles gesagt vor allem die tausend Seiten von The Making of Americans die ich geschrieben habe als ich zu schreiben begann. Ich war damals und immer seitdem erfüllt von der Tatsache daß es immer so viele Millionen Lebende gibt und jeder einzelne sein eigenes Ich in sich selbst ist.

Fast jeden Nachmittag besprach ich mit allen die Dinge über die ich natürlich schrieb. Da gibt es eine Schwierigkeit man wird vertrauter mit etwas wenn man es ausspricht als wenn man es schreibt, wenn man es ausspricht wiederholt man es wenn man es schreibt tut man es nie denn wenn man es schreibt ist es in einem und wenn man es ausspricht hört man es. Nach zwei Wochen fragte ich mich ob ich auch hörte was ich sagte oder ob ich nur hörte daß die anderen hörten was ich sagte. Wenn ich schreibe schreibe ich und wenn ich rede rede ich und das ist nicht ein und dasselbe, nein für keinen und wenn es beinahe ein und dasselbe ist dann ist das Innere nicht innen und das Äußere nicht außen und ich möchte das Innere innen haben und das Äußere außen, dadurch wird es notwendiger ein und dasselbe zu sein.

Es war das erste Mal seit ich Radcliffe verlassen habe daß ich mit einer Anzahl Studenten zusammen war und Experimente mit automatischem Schreiben machte und etwa zwanzig Radcliffe- und zwanzig Harvard-Studenten zum Experimentieren hatte. Dann kam ich zu dem Schluß daß es bei Menschen üblicherweise nicht so etwas wie automatisches Schreiben gibt. Es ist sehr viel über diese Experimente mit automatischem Schreiben gesagt worden und trotzdem möchte ich es noch einmal wiederholen.

Beginnen wir.

Als ich in Radcliffe war hatte ich natürlich großes Interesse für Psychologie. Ich hatte Interesse für Biologie und ich hatte Interesse für Psychologie und Philosophie und Geschichte, das war alles ganz natürlich, wenn man aus dem neunzehnten Jahrhundert stammte mußte man Interesse haben an Evolution und Biologie, ich dachte gerne nach deshalb mußte ich Interesse haben an Philosophie und ich liebte es mir jeden anzuschauen und zu sprechen und zuzuhören deshalb mußte ich Interesse haben an Geschichte und Psychologie, ich liebte nichts Abnormes oder Furchterregendes deshalb hing ich nicht an Histologie oder an Medizin und ich liebe nicht was nichts mit dem zu tun hat was Menschen tun deshalb zogen mich Chemie und Physiologie nicht an und Astronomie und Mathematik waren zu weit weg und doch zu furchterregend, ich las

alles das war ganz natürlich und nichts das studiert werden mußte, ich wußte was Schreiben ist und wenn jemand es liest und lesen konnte wußte er es und es hatte keinen Sinn ihn weiter darüber zu belehren, ich glaube in bezug auf all diese Dinge habe ich mich nicht sehr verändert.
James und Münsterberg hatten Interesse an mir und deshalb sagten sie obgleich ich Studentin war sogar eine die noch nicht einmal die Aufnahmeprüfung hinter sich hatte ich dürfe das Psychologie-Seminar besuchen und das gefiel mir.
Wir waren eine recht komische Gruppe, Sidis war dabei der später einen Sohn hatte der als kleiner Junge alles bestand und dann nichts tat, McDougall ein später wohlbekannter Mann der sich mit Bekehrung befaßte, William James interessierte sich dafür und zwar in Verbindung mit seinem Varieties of Religious Experience und Thorndyke der daran arbeitete Küken auszubrüten und sie danach zu beobachten und ein Mann namens Leon Solomons der von Kalifornien kam und ein vertrauter Freund von mir war, es gab noch einige mehr aber an die genannten erinnere ich mich. Münsterberg war gerade aus Berlin angekommen und interessierte sich für experimentelle Psychologie und William James dachte und sprach gern und machte sich Gedanken über das was jeder tat und wir alle arbeiteten mit beiden. Sidis interessierte sich für das Studium unbewußter Reaktionen aber als Russe erwartete er von uns natürlich allerhand und wir taten es nicht. Zum Beispiel hatte er einen mit einem Tuch bedeckten Tisch und einer von uns saß davor und als er das Tuch wegzog lag eine Pistole darunter, ich tat wie ich mich erinnere natürlich nichts warum sollte man schließlich etwas tun wenn man eine Pistole herumliegen sieht und keiner Gefahr läuft daß jemand schießt. Wir alle waren irgendwie entmutigend für uns alle. Ich erinnere mich daß sich ein Mann beschwerte als er keine gute Note in dem Kurs bekam er sagte schließlich sei er ein so gutes Objekt gewesen wie er nur konnte er habe alles getan was man von ihm erwartet hätte was könne er denn sonst noch tun. Leon Solomons und ich mußten

zusammen arbeiten, er war Student im Begriff seinen Doktor in Psychologie zu machen, zuerst sollten wir etwas mit einer Stimmgabel machen aber da keiner von uns ein gutes Ohr für Musik das heißt für Noten hatte wurde dies aufgegeben, und dann wurde vorgeschlagen wir sollten Experimente mit Ermüdung machen, und William James fügte eine Planchette hinzu er liebte Planchetten, wir machten eine aus einem Stück Holz und Saiten und dann machten wir Versuche miteinander, ich glaube ich war es die vorzog es mit jemand anderem zu versuchen, nach den Monaten im Laboratorium hatte ich das Vertrauen in uns als Experimentations-Objekte verloren, aber Solomons machte Versuche mit mir und ich mit ihm einer saß da die Hand auf der Planchette und der andere führte sie nicht gerade aber er bewegte sie, jedenfalls brachte er uns zum Schreiben und dann mußte ich mit Studenten experimentieren die nichts mit dem Psychologiestudium zu tun hatten, jeder konnte kommen und es mußten dieselben sein erst vor und dann nach ihrem Examen, dieses Stück Arbeit tat ich allein. Hier hatte ich keine Resultate es kam zu keinem automatischen Schreiben, es gab ein paar Kreise und manchmal einen undeutlichen Buchstaben aber niemals ein Wort oder etwas das man hätte Schreiben nennen können, etwa vierzig aufs gratewohl Gewählte kamen und keiner von ihnen schrieb etwas. Das interessierte mich sehr da ich allmählich herausfand was das ist was ich in The Making of Americans die Grundnatur eines Jeden genannt habe und ich interessierte mich sehr für die Art wie sie ihre Natur in sich hatten und wie sie dasassen einen Arm in der Planchette und kaum sprachen, es interessierte mich zu erkennen wie ich langsam dazu kam zu spüren daß ich einmal fähig sein würde jede bestehende Art von Männern und Frauen und ihre Grundnatur zu beschreiben und wie sie vermischt ist mit den andern Naturen in ihnen, ich machte mir Notizen über jeden von ihnen und beobachtete den Unterschied zwischen Aktivsein und Müdesein, wie das einige schneller und einige langsamer zu gehen veranlaßte und ich spürte schließlich und damit hatte ich schon in The Making of Americans begonnen daß man Diagramme machen und jeden einzelnen Menschen beschreiben könne der jemals gelebt hat lebt oder leben wird und nachdem ich schon so viele in The Making of Americans gemacht hatte kam ich zu dem Schluß was hatte es da man so etwas machen konnte eigentlich für einen Sinn es zu machen und ohnehin muß man immer aufhören etwas zu machen.

Dies also war mein Teil der Experimente über die in der Psychological Review berichtet wurde, Solomons berichtete über sein und mein automatisches Schreiben wie er es nannte aber ich fand daß keiner von uns automatisch geschrieben hatte, wir wußten immer was wir taten wie auch nicht wo wir jede Minute im Laboratorium das taten was wir bei anderen beobachteten, das war unser Training, aber als er diesen Artikel schrieb war ich schließlich eine Studentin und nicht vom Fach und da ich immer sehr fügsam bin und alle diese Ideen die seine waren das einzige von mir waren die Charakterbestimmungen der Menschen die ich gesehen hatte sah es natürlich so aus als hätte ich so geschrieben als hätte ich automatisch geschrieben. Ich fand es nicht automatisch und finde es auch jetzt nicht, ich glaube kein Universitätsstudent schon gar nicht unter Beobachtung ist fähig echtes automatisches Schreiben zustandezubringen, ich glaube es nicht, das heißt unter normalen Bedingungen nämlich ohne Hypnose und dergleichen.

Dies also ist die Geschichte des Artikels über das automatische Schreiben auf den sich sehr viel Theorie über mein Schreiben gestützt hat. Nein, Schreiben sollte sehr exakt sein und man muß verwirklichen was innen in einem ist und das formt sich irgendwie zu Wörtern und je genauer die Wörter die Gefühlsbewegung ausdrücken desto schöner die Wörter das heißt das was geschieht und jeder der irgend etwas weiß weiß das.

Eines Nachmittags fragten mich die Studenten hier in Chicago über automatisches Schreiben aus und ich erzählte ihnen davon.

Ich hatte alle gern, Thornton hatte sie ausgewählt nicht nur

solche die sich für Literatur interessierten sondern auch die die sich für Philosophie und Geschichte und alles interessierten, wodurch es viel abwechslungsreicher und interessanter wurde. Der Vorstand der Englischen Fakultät in Princeton fragte als er die Leute auswählte die kommen und mich nach der Vorlesung sprechen wollten jeden einzelnen ob er schon vor meiner Ankunft in Amerika mein Werk gelesen habe, natürlich sagte er werden es jetzt alle lesen aber Sie möchten sicher gerne diejenigen treffen die schon vorher ehe Sie herüberkamen interessiert waren, und es ergab sich wieder die gleiche Mischung, die am Schreiben Interessierten waren nicht in der Überzahl.
Ich genoß also alles, es gab drei die immer auf proletarischer Literatur bestanden und ich neckte sie oft deswegen und eines Tages kamen alle drei mit geschorenem Kopf und ich fragte sie warum und sie sagten sie hätten gerade ihr Haar abrasiert und ich sagte noch ist es nicht Sommer und sie sagten sie hätten etwas vorweggenommen, es gab drei andere die zusammen Gedichte machten, der eine hatte einen reizenden Kaninchen-Ausdruck und er schrieb lange Gedichte und sie gefielen mir, er und die beiden anderen erfanden Schallmesser aber ich habe seitdem nie mehr etwas von ihnen gehört, ein an Geschichte Interessierter hatte eine sehr gute Art Dinge aus sich heraussprudeln zu lassen, auch von ihm weiß ich nicht was aus ihm geworden ist, der einzige von allen von dem ich weiterhin gehört habe ist Wendell Wilcox. Er gehört zu den vier jungen Männern deren Schreiben gerade damals interessant war und alle vier waren nicht sehr jung sie alle waren näher an dreißig als an zwanzig. Das Alter das jung ist wechselt, in Paris war es einst sechsundzwanzig, dann war es zweiundzwanzig, dann war es neunzehn und jetzt ist es zwischen dreißig und vierzig. Es wird von einem neuen jungen Mann gesprochen, wie alt ist er sagt man und man sagt er ist dreißig. Auch in Amerika waren die meisten interessanten jungen Menschen gerade damals näher an den Dreißigern, Wendell Wilcox, Max White, Sam Steward und Paul Drus.

Max White war der erste von ihnen der mir etwa ein Jahr bevor ich nach Amerika ging einige Kurzgeschichten über Spanien geschickt hatte, er hatte eine Einleitung geschrieben ich las diese Einleitung und machte mir nichts aus der Einleitung, dann holte ich sie eines Tages wieder hervor und las die Geschichten eine nach der andern und sie gefielen mir und ich schrieb ihm und sagte ihm das und er schrieb mir und er fuhr fort mit Schreiben und ich fuhr fort mit Antworten und dann als wir vor unserer Amerikareise standen sagte er wir würden ihn zwar nicht kennen aber er würde da sein um uns ankommen zu sehen. Wir begegneten ihm oft in New York und er schrieb Romane und ich bekam einige um sie anzuschauen aber nicht um sie zu behalten und dann wollte er den Guggenheim-Preis gewinnen und wollte daß ich mich durch ein Schreiben für ihn einsetzte und ich sagte er habe wahrscheinlich wenig Chancen und meine Sympathie werde bestimmt nicht helfen und er sagte reizenderweise er wolle ihn gestützt von mir lieber nicht bekommen als ihn von jemand anderem gestützt bekommen und das war sehr nett von ihm und natürlich bekam er ihn nicht. Jetzt ist sein erster Roman veröffentlicht worden und er ist interessant und ihn selbst haben wir gern, er macht etwas was seine jüngeren Anhänger auch machen er läßt eine sehr klare Linie aus seinem Schreiben hervortreten, nicht breit wie es die letzte Generation gemacht hat, aber klar und so als ob es das auch gebe nicht in der Schwebe sondern etwas das in aller Klarheit lebe. Das war Max White und er war der eine und dann gab es noch Paul Drus. Paul Drus ist Pole und ist in Los Angeles und er verkauft Foto-Gravuren und er schreibt eine einfache romantische Geschichte in der keine Romantik ist weil sie als etwas Einfaches gemeint ist wie er es sieht und er druckt jede einzelne auf einer kleinen Handpresse und schickt sie mir und ich lese sie gern, seit einiger Zeit hat er keine mehr geschrieben, ich habe ihn nie gesehen ich wußte nichts von ihm als ich drüben war, er schreibt mir und ich schreibe ihm, vielleicht wird er gar keine kleinen Geschichten mehr schreiben was schade wäre weil ich sie gern hatte. Dann gibt es noch Sam Steward, Sam Steward habe ich auch nie gesehen, er hatte mir ein kleines Buch geschickt es war nicht gerade das was mir gefällt es hatte mehr Fantasie als Vorstellung und ich sagte ihm das und jetzt hat er ein anderes geschrieben Angels On The Bough und das ist ein gutes, auch dies ist klar und hat in sich mehr als Klarheit, ihm und Max White gelingt es mehr zu sagen als sie sagen, ihre klare Linie bringt etwas hervor, das machte mir Freude, man hat ihm dieses Buches wegen seine Stelle an der Universität im Staat Washington genommen aber jetzt hat er eine andere an der Loyola Universität von Chicago. Wir erwarten ihn diesen Sommer ich glaube er ist interessant. Wendell Wilcox bewegt sich nicht in ihrer Tradition, er hat ein Gefühl für Bedeutung die nicht über das hinausgeht was die Wörter sagen und natürlich entsteht dadurch ein brillanteres Schreiben und das eben tut er.

Das waren also die jungen Männer dreißig Jahre alt die jungen Männer die interessant waren und dann natürlich Lloyd Lewis der beste von allen und Amerikaner. Er hat das Buch geschrieben das wie er sagt die Geschichte eines toten Mannes ist und schließlich sollte ein Amerikaner das auch tun, seit Mark Twain ist der amerikanische Schriftsteller der einzige der imstande ist über einen toten Mann zu schreiben als wäre er der tote Mann. Zwar macht der Kriminalroman das jetzt auch aber dann hat man ihn sich als Leichnam vorzustellen aber der Amerikaner kann sich einen toten Mann vorstellen als völlig Toten und kann ihn existieren lassen als einen wirklich Toten. Das gab es natürlich im Alten Testament aber seitdem war es nie wieder gemacht worden bis der Amerikaner es schrieb. Lloyd Lewis brachte das in seinem Myths After Lincoln zustande, Lincoln war tot und ein toter Mann zu sein darauf kommt es eben an und Lloyd Lewis kann so schreiben. Mark Twain war der erste dem es gelang. Vielleicht kommt das daher weil Amerika so wenig bewohnbar ist daß es dort so viele Tiere eben tote gegeben hat natürlich umgebracht aber eben tote.

In den zwei Wochen in Chicago haben wir Lloyd Lewis sehr oft gesehen und es war Amerika das er wirklich sah was immer er auch sah. Als wir nach Pinafore fuhren, beugte er sich vor als der kleine Leutnant zur See daherkam und flüsterte mir zu und es war aufregend, das sei die Kleidung die Farragut als junger Mann getragen hätte. Pinafore war nett aber Farragut war aufregender.
Ich möchte immer mit jemandem zusammenarbeiten ich wollte mit Sherwood Anderson zusammen an einer Geschichte von Grant arbeiten ich wollte mit Louis Bromfield zusammen an einem Kriminalroman arbeiten und jetzt möchte ich mit Lloyd Lewis zusammen an einer Geschichte von Grant arbeiten. Sie sind immer sehr höflich und begeistert davon aber die Zusammenarbeit findet nie statt. Ich nehme an mir gefällt das Wort Zusammenarbeit und ich habe eine Art von Vorstellung wie sie stattfinden könnte. Nun ja.
Die ganze Zeit über wohnten wir an der Drexel Avenue in der Wohnung die Thornton uns überlassen hatte und Alice Toklas war begeistert daß die Milch jeden Morgen da war und sie hatte den Milchmann nie Milch bringen sehen, eines Morgens erwischte sie ihn aber doch als er sie in das Mauerloch das dazu eine Möglichkeit bot hineinstellte und er schaute ein bißchen dümmlich drein so etwas sollte nicht gesehen werden, nicht wie in Frankreich wo nichts herauskommt ohne etwas damit zu tun zu haben wie es hereingekommen ist. Es gefiel ihr all die Sachen in allem zu braten was von selbst ging, das vorzügliche Fleisch das sich ganz vorzüglich braten ließ, die Gemüse die frisch waren und die Kochbücher die alles erklärten. Sie hat fünfzehn, Mrs. Hahner aus Marshall Fields schenkte ihr immer wieder eines und auch in diesem Jahr hat Mrs. Hahner nicht vergessen ihr eines zu schicken The Country Kitchen und dieses interessierte mich ebenso wie Alice Toklas, wir denken gerne über die amerikanische Küche nach. Im großen und ganzen aßen wir gut, manchmal besser als anderswo aber im großen und ganzen aßen wir gut und gut.

Uns gefiel also alles und natürlich sahen wir alle und unter anderen kam auch Mary Garden. Es war ein Vergnügen ihr zu begegnen, Virgil Thomson wollte sie als Heilige Theresa haben und wir hatten darüber und über sie gesprochen aber niemand von uns kannte sie und überhaupt ist niemand von uns wirklich unternehmend und deshalb geschah damals nichts, es war einige Jahre bevor es aufgeführt wurde.
Es war erfreulich ihr zu begegnen wir mochten sie und sie mochte uns und wir trafen uns wieder in Kalifornien und verbrachten eine erfreuliche Zeit zusammen.
Und nun war Chicago fast vorüber und dieses Mal fuhren wir weiter nach Texas wo wir noch nie gewesen waren natürlich nicht aber jetzt waren wir da. Sherwood hatte uns vieles was uns gefiel darüber erzählt. Dort gab es das Tal und seine Beschreibung davon war köstlich. Er sagte das Tal des Rio Grande das alle Texaner das Tal nennen sei völlig flach Meilen von flachem Land gleich flach auf beiden Seiten und doch beginne plötzlich das Tal, das spüre nur ein Texaner er wisse wann es nur gewöhnliches Flachland ist und wann es ein Tal ist, es ist nicht wie eine Trennung zwischen den Staaten denn das wären gerade Linien auf einer Landkarte nein es war viel heikler man spürte es einfach jeder Texaner konnte es spüren aber sonst keiner. Das gefiel uns und ach wir sahen es nie wir hatten nie die Gelegenheit in das Tal zu kommen wir aßen das Obst das es hervorbringt es gibt so viel Wegrand-Obst in Amerika so viel Wegrand so viel Wegrand und uns gefiel all dieser Wegrand aber das Tal sahen wir nicht. Und dann erzählte uns Sherwood von den Middlewest-Farmern die in den Süden von Texas herunterkamen für einen kleinen Winter-Fischfang und wie sie einander nach ihren Staaten nannten, Sherwood hieß Virginia und er erzählte uns wie sie redeten und was sie sagten und wir verlangten einen Ford um überall herumzufahren, wir werden überall herumfahren.
Aber zuerst machten wir uns nach Texas auf. Wir flogen von Chicago nach Dallas, Texas, wir wohnten bei Miss Ela Hocka-

day in der Hockaday Schule dieser Name gefällt mir. Dort aßen wir zu gut fast zu gut die corn meal sticks waren sehr sättigend wie alles übrige und die Köchin war aus Louisiana und die Louisiana-Küche in Texas ist fast die beste.
Wir verbrachten eine gute Zeit in Dallas ich fing fast an Texas am liebsten zu haben aber wir hatten ja so viele Orte am liebsten. Dallas ist eine hübsche Stadt mit ganz andern Häusern als sonstwo und wir interessierten uns für alles, natürlich war es früh und es gab überall Blumen aber man erzählte uns im Sommer sei das Gärtnern nicht leicht eine Frau erzählte uns sie hätte schließlich beschlossen kein Krankenhaus für Blumen mehr zu unterhalten, an manchen Orten muß man die Dahlien im Ofen halten an einigen Orten muß man sie im Eisschrank halten und in Texas im Sommer scheint man wirklich nichts mit ihnen anfangen zu können. Wir verstanden das sehr gut in Bilignin hatten wir versucht Blumen anzupflanzen die dort natürlicherweise nicht wachsen, ich vermute es ist ganz natürlich Blumen dort anpflanzen zu wollen wo sie natürlicherweise nicht wachsen.
Die Mädchen in Miss Hockadays Schule waren sehr interessant und da wir dort wohnten konnten wir sie kennenlernen. Sie verstanden was ich schrieb und das war ein Vergnügen für mich und ein sehr großes Vergnügen für sie. Es gab eine nette Geschichte über Dann und Wann.
Eines Nachmittags waren sie alle beisammen und ich bat sie Fragen zu stellen, ihre Lehrerin sagte sie hätten ihr erzählt sie hätten sich den Kopf zerbrochen über das Porträt von Wann und daß eines der Mädchen sie gebeten habe mich zu veranlassen es ihr zu erklären. Das Porträt von Wann steht in Fourteen Anonymous Portraits in Portraits and Prayers und ich sagte zu der Lehrerin wenn sie es finden könne würde ich es lesen, und ich las es ihnen laut vor und ich sagte aber ich verstehe nicht ganz warum Ihr Schwierigkeiten habt das zu verstehen und ich wandte mich dem Mädchen zu und sie schien sehr verwirrt und das war alles. Am nächsten Tag kam sie zu mir und sie sagte

natürlich könne jeder das Porträt von Wann verstehen nein es sei doch das Porträt von Dann sie habe es nicht sagen wollen weil alle anderen natürlich den Unterschied zwischen Wann und Dann kannten. Ach sagte ich das Porträt von Dann ist schwieriger aber immerhin ist es ein Porträt von Dann. Es gefiel mir daß sie so darüber dachten, denn es gibt ein Porträt von Wann und es gibt ein Porträt von Dann. Ich hatte die Mädchen gern.

Seit unserer Abreise von Amerika hatten wir von keinem der Hockadays etwas gesehen oder gehört, sie hatten uns reizende Dinge zum Schiff geschickt als wir fortfuhren aber seitdem kein Wort mehr von auch nur einem von ihnen, und dann gerade vor ein paar Monaten kam gleich ein Dutzend und wir waren entzückt daß sie da waren, the Geographical History of America war gerade herausgekommen und ich las es ihnen vor für Hockaday-Mädchen lese ich immer gerne. Es ist komisch mit dem Lesen, ich hatte niemals etwas laut vorgelesen abgesehen von den Briefen der Königin Victoria die ich Alice Toklas vorlas als wir zu Anfang des Krieges in Mallorca waren und ich hatte mich niemals als jemanden gesehen der Vorlesungen hält und ich hatte niemals etwas vorgelesen was ich geschrieben hatte und als man mich darum bat kam mir das sehr seltsam vor doch nach und nach gefiel es mir es klingt sehr interessant wenn ich es vorlese, auch für mich.

Und es gefiel uns also in Dallas, Texas.

Einmal beim Spazierengehen sah ich einen Wagen mit Hockaday Mädchen und einem jungen Mann sie baten mich einzusteigen ich tat es und setzte mich neben den jungen Mann ich sitze natürlich immer gern neben dem Chauffeur da ich immer gefahren hatte und selten gefahren worden bin ist es nur natürlich lieber vorne zu sein abgesehen davon ist es vorne immer vergnüglicher. Mich interessierte sein Wagen er hatte automatische Schaltung er war ein Vertreter davon und wir sprachen darüber nach Austin Texas zu fahren zur Universität und er sagte ob wir wollten daß er uns hinfahre es wäre ein Vergnügen

für ihn und ich sagte es wäre ein Vergnügen für uns. Also verließen wir schließlich Dallas und er und ein junges Hockaday-Mädchen und eine Lehrerin und Alice Toklas und ich fuhren hinunter nach Austin, Texas. Es war eine angenehme Fahrt und ich interessierte mich immer noch für seinen Wagen da es vorne nichts gab was einen störte wie in jedem andern Wagen und ich überlegte sollte ich einen nach Paris mitnehmen und später probierte ich es in San Francisco aus und auf den Hügeln muß man sich mit dem Schalten in acht nehmen, es verlangsamt, und ich fand nicht daß das gut wäre für Ain wo wir im Sommer sind und wo es Hügel und Berge gibt. Aber nach Austin zu fahren war jedenfalls ausgezeichnet, Texas ist eine ebene Fläche und mir gefiel die Art wie man pflügte immer gegen die natürliche Lage des Bodens und es war erst nach Austin daß wir anfingen die wilden Blumen und die Texas-Rinder zu sehen. Natürlich weiß jeder der viele Wildwest-Geschichten gelesen hat und ich habe sehr viele gelesen alles über Texas-Rinder es war sehr aufregend. Aber zuerst kam Austin. Als wir dorthin kamen aßen wir alle gemeinsam zu Abend und das junge Hockaday-Mädchen sagte sie hätte mit einem Mädchen telefoniert um es zum Abendessen herzubitten, sie hätte gesagt komm, ich bin hier mit Gertrude Stein und ihre Freundin hätte ins Telefon gerufen Donnerwetter.
Nach Austin fuhren wir weiter, jemand aus Houston schickte seinen Wagen um uns aus Austin abzuholen und nach Houston zu bringen mit einem Neger-Chauffeur und da ich immer vorne sitze sprachen wir viel miteinander. Wir sprachen über die Neger die in Texas leben. Er sagte außer vor dem Gericht könnten sie sich über gar nichts beklagen. Ich sagte was meinen Sie damit. Nun sagte er jeder Neger hat ebenso die Möglichkeit wie jeder Weiße Bildung zu erlangen einen Beruf zu ergreifen seinen Lebensunterhalt zu verdienen versorgt zu werden zu tun was jeder Mensch tun möchte im üblichen Verlauf des Lebens, aber wenn er zufällig mal etwas tut und der Weiße ist gegen ihn und es kommt vor Gericht nun dann ist es natürlich

etwas anderes dann wird ihm nicht die gleiche Gerechtigkeit zuteil wie einem Weißen. Was meinen Sie damit genau sagte ich zu ihm erklären Sie es mir. Nun sagte er wenn ein Weißer sich betrinkt oder so oder in das Negerviertel geht und etwas tut und ein Neger ihn schlägt oder so nun dann kann der Neger nicht zu seinem Recht kommen wenn es dazu kommt daß sie vor Gericht gehen müssen. Aber sagte ich wenn Neger doch ihren Beruf ergreifen können. Ja sagte er aber gerade da fangen die Schwierigkeiten an, wenn ein Neger einen Beruf hat ist er nicht so gewissenhaft wie ein Weißer. Was meinen Sie damit fragte ich ihn. Nun sagte er nehmen Sie zum Beispiel einen Arzt. Ein Neger kann ebenso gut Arzt werden wie ein Weißer und dann beginnt er zu praktizieren, wer krank wird ruft ihn, nun manchmal kommt er und manchmal kommt er nicht man kann einfach nicht mit ihm rechnen, aber bei einem weißen Arzt jedem weißen Arzt ist es immer gleich egal ob man arm ist oder so und ob man ein Farbiger oder ein Weißer ist, vielleicht würde er lieber nicht kommen aber wenn man ihn ruft und ihn bittet zu kommen wird er immer kommen. Wir alle haben zu Anfang den farbigen Doktor genommen als er gerade anfing und dann fanden wir heraus daß er nicht kam wenn es ihm nicht paßte nicht alle tun das aber viele und deshalb gingen wir wieder zum weißen Arzt. Glauben Sie daß sie sich in dieser Beziehung später ändern werden fragte ich ihn, ich weiß nicht sagte er ich sehe nicht wie das möglich wäre sie können es sich nicht wirklich klarmachen daß es wirklich notwendig ist immer zu kommen wenn jemand einen ruft und ein Weißer selbst wenn er sehr reich oder sehr wichtig ist wird wenn er Arzt ist immer kommen sobald man ihn zu kommen bittet sobald man denkt man braucht ihn.

Es gefiel mir mit ihm zu sprechen und ihm zuzuhören er war ein sehr netter Mann und er brachte uns heil nach Houston und wir sahen viele wilde Blumen meist blaue und wir sahen das flache Land und wir sahen von den Rindern nicht allzuviel es war ein schlechtes Jahr für Rinder gewesen da zu viel kaltes und zu viel trockenes Wetter gewesen war und da man sie in keiner Weise davor schützt kamen alle um nicht alle aber sehr viele trotzdem war es ein Vergnügen sie zu sehen und sogar Cowboys und auch ein Cowgirl auf sie zureiten zu sehen. Es war ein hübscher Tag und wir kamen nach Houston und gingen in ein Hotel wo sie uns so viele Zimmer gaben daß wir in jede Richtung hinausschauen konnten und es lag in der Nähe eines Parks und es war ein lieblicher Frühling.

Mir gefielen die Frauen die an diesem Abend kamen, eine war achtzig Jahre alt und war den ganzen Weg von Galveston hergefahren und wollte auch wieder zurück und sie sagte sie habe meine Sachen schon vor vielen Jahren gelesen und sagte es falle ihr nicht schwerer sie zu verstehen als den Jungen, sie sagte wissen Sie es sind die Leute mittleren Alters die keine Einfühlung haben, sie sind nicht jung genug und nicht alt genug irgend etwas zu verstehen. Sie war charmant und sie machte mir viel Freude.

Später als wir wieder hier zurück waren schrieb mir jemand, im Süden kritisiere man einen Autor aus Texas weil er die Farmersfrauen Gertrude Steins Schriften zitieren ließ, und man sagte das sei albern und die Farmersfrauen aus Texas sagten durchaus nicht, sie seien meilenweit hergekommen und sie läsen es mit Vergnügen, ich hatte wirklich dieses Gefühl bei ihnen sie waren was der Mittelwesten einst gewesen war und Neuengland vorher und das woran Virginia erinnerte einmal gewesen zu sein aber nicht mehr als solches erinnerte, Virginia war in den Männern und Frauen von Texas sie waren aktiv und das Land war aktiv und sie alle hatten das was der amerikanische Bürgerkrieg war, mir gefielen sie.

Dann flogen wir nach Oklahoma, natürlich kamen wir auch über die Badlands die Wüsten die reichlich in jeder Wildwestgeschichte vorkommen und ich hätte nie gedacht sie je zu sehen geschweige denn über sie hinwegzufliegen, sie waren genau so wüst wie ihr Name ohne Vegetation und von sehr seltsamer Farbe und weder hügelig noch flach es waren wirklich wüste

schlechte Landstücke und durch sie wurden die Geschichten beim Lesen lebendiger denn je. Mir gefallen die Wildwestgeschichten über das Wüstenland von Texas.
Als ich früher von Oklahoma hörte glaubte ich immer es sei im Nordwesten, bis ich es wirklich sah und noch dazu so nah bei Texas und erst da glaubte ich wirklich daß es dort liegt wo es liegt. Oklahoma City mit seinen Türmen das heißt mit seinen Wolkenkratzern die direkt aus dem flachen Ölland aufragen war ebenso aufregend wie der erste Anblick des Straßburger Münsters als wir gleich nach dem Waffenstillstand das Elsaß besuchten. Sie ragen wundervoll aus dem flachen Land auf und der Anblick der Ölquellen und der seltsamen Formen die sie machten die runden Dinger so gut wie die am Eiffelturm das gab mir ein Gefühl wie ich es habe wenn ich nach Marseilles gehe und die Kamine aus der Erde aufragen sehe ohne Häuser oder irgend etwas in der Nähe, es ist immer ein seltsam aussehendes Land das so etwas hervorbringt, natürlich hatte Alice Toklas' Vater einmal fast eine Ölquelle man grub und grub aber natürlich quoll kein Öl hervor, natürlich nicht, so etwas passiert nie einem den man kennt, wenn es einmal passiert dann ist es höchstwahrscheinlich jemand den man nicht kennt. In Kalifornien sahen wir später ein paar kleine Ölfelder und die langsame Bewegung der Ölquellen machte es vollkommen deutlich daß sich die prähistorischen Tiere in Amerika langsam bewegten. Amerika ist seltsam in dieser Hinsicht alles geht schnell aber in Wirklichkeit bewegt sich jeder einzelne langsam, und die Bewegung der Ölquelle diese langsame Bewegung nun ja diese langsame Bewegung ist das Land und sie macht es prähistorisch und auch die großen Formen und die langsame sehr sehr langsame Bewegung so langsam daß sie fast stillsteht. Ich glaube wirklich Amerikaner sind langsame Denker, scheinbar schnell aber sie sind langsame Denker ja das sind sie.
Die Stadt Oklahoma gefiel mir, ich mochte die Läden es gab sehr gute Läden dort am Ort und gute Kleider darin und die Männer waren sehr große Männer und alle unterschieden sich

stark von den Texanern sie waren kein bißchen wie die Texaner, kein bißchen. Und dann verließen wir Oklahoma in einem Sandsturm, einem wirklichen. Das Flugzeug stieg direkt durch einen hindurch hoch und kam oben heraus, es war als wären wir über den Wolken nur über sehr schmutzigen und der Sonnenuntergang oben über diesem dunklen Sandsturm unter uns war nicht aufregend sondern entmutigend, und dann landeten wir in Fort Worth.

In Fort Worth fanden wir ein schlechtes Hotel vor nun ja in Fort Worth war es kein gutes Hotel. Es gab vielleicht noch ein anderes jedenfalls sagte man ja es hätte eigentlich das andere sein sollen und es waren Blumen für uns da in dem anderen aber wir waren zu diesem gebracht worden und das war kein gutes, wir konnten die Hammelkoteletts nicht essen und es gab nichts anderes was wir hätten essen können und man versuchte es nochmals und wir konnten es nicht essen. Am nächsten Tag fanden wir ein nettes Restaurant wo wir alles essen konnten und auch aßen aber da kam Miss Hockaday herbei und zeigte uns alles aber noch ehe das vorbei war waren wir schon gegangen um Porgy zu hören. Hier die Geschichte davon.

Man lud uns zum Abendessen ein um später das von einem kleinen Theater aufgeführte Stück Porgy zu hören, es gab ein kleines weißes Theater und jetzt war ein Princeton-Mann gekommen und hatte mit etwas über Neger begonnen und man lud uns ein, die Schauspieler waren Amateure aber man sagte es sei interessant, es wure in dem kleinen Theater gegeben das Weiße eröffnet hatten und jetzt sagten alle es sei sehr interessant. Wir gingen zum Abendessen. Auf der einen Seite von mir saß dieser junge Bursche und auf der anderen Seite ein großer Blonder, von beiden kannte ich den Namen nicht.

Wir sprachen zusammen der junge Mann leitete das Theater, und wir sprachen über die Vier Heiligen und Pinafore und von Neger-Schauspielern, und wir mochten einander und dann sprachen wir von Flugzeugen, dann beteiligte sich der junge Mann auf der anderen Seite auch an dem Gespräch er verbrachte seine ganze Zeit in Flugzeugen also begannen wir über Flugzeuge zu sprechen und dann sagte er meine Mutter schrieb mir sie hätte Sie kennengelernt ich glaube in New York. Wer ist Ihre Mutter und er sagte sie ist Mrs. Franklin Roosevelt, oh sagte ich in diesem Fall sind wir uns in Washington nicht in New York begegnet. Ich wollte Sie fragen sagte er ich habe Sie fragen wollen was würden Sie einem Mann in meiner Situation raten, ich habe sagte er immer die Publicity gehabt der Sohn meines Vaters zu sein und das ist sehr störend, aber noch nicht so lange sagte ich schließlich sind Sie gut über zwanzig wie ich mir vorstelle und Ihr Vater ist erst seit zwei Jahren Präsident also ist ein beträchtlicher Teil Ihres Lebens im normalen Zustand des Nicht-Allzu-Bekanntseins verlaufen, nein sagte er Sie verstehen nicht, es ist immer so gewesen, was kann ich also dagegen tun, vergessen Sie es sagte ich, schließlich war hier eine gute Möglichkeit es zu vergessen wenn es ihn wirklich beunruhigte denn ich hatte es ja nicht gewußt, aber das schien nicht genau das zu sein was er wollte, übrigens sagte ich können Sie gar nichts dagegen tun warum also sich aufregen, ja ich weiß sagte er und in kaum einem Jahr wird mein Vater der unpopulärste Mann von Amerika sein, nun sagte ich dann ist Vergessen um so leichter, durchaus nicht sagte er es wird um so schlimmer sein man wird daran denken und ich werde das nicht mögen. Es schien nichts dagegen getan werden zu können und dann war das Essen vorbei.

Man bat uns dann ins Theater zu gehen. Der junge Mann der das Theater leitete bat mich mit ihm zu gehen und die Schauspieler zu besuchen während sie sich zurechtmachten. Ich ging mit ihm es war ein kleiner Raum und alle waren da und wir begrüßten einander und ich erzählte ihnen daß ich gerade bei ihrem Autor in Charleston gewesen war und was für ein netter Mann er sei und ich wollte ihm schreiben und ihm erzählen daß ich sie habe Porgy spielen sehen. Der Mann der als Weißer geschminkt war sagte zu mir die Hammelkoteletts heute waren ziemlich zäh nicht wahr, und ich sagte ja das waren sie aller-

dings aber woher wissen Sie das und er sagte weil ich der war der Sie bedient hat. Wir gingen dann zu dem Stück, der Mann der Porgy spielte machte das so gut alle Neger-Schauspieler spielen alles so natürlich daß es natürlich ist daß es sehr gut herauskam und warum nicht sie könnten jeder sein da sie niemals jemand anderer sind das ist bei Negern ganz natürlich, bei vielen von ihnen bei den meisten von ihnen, die Öffentlichkeit macht ihnen nichts aus weil sie das sein können wozu man sie macht und das macht sie nicht zu etwas anderem weil sie jeweils das sind was sie sind. Also ist es nicht Schauspielern sondern Sein für sie, und kein Zeitgefühl stört sie.
Und dann brachen wir sehr früh morgens auf nach Kalifornien. Es war seltsam nach Kalifornien zu reisen von wo wir beide herstammen. Aber wir brachen tatsächlich früh in einem Flugzeug nach Kalifornien auf. Gerade jetzt kommen sehr viele in Flugzeugen um aber als wir dort waren sagte man uns schwere Unfälle passieren nie und tatsächlich passierte uns nichts, uns gefiel überall wohin wir im Flugzeug reisten. Wir verließen Fort Worth ziemlich früh am Morgen und überflogen noch mehr ebenes Texas und dann das Wüstenland dann über einen Einschnitt in den Bergen hinunter nach Los Angeles. Dann waren wir in Kalifornien von wo wir beide herstammen. Ich bin nicht geboren dort aber ich bin dort aufgewachsen, aber Alice Toklas ist sowohl dort geboren wie auch aufgewachsen und ihre Mutter ist nur durch Zufall nicht dort geboren aber hat immer dort gelebt und wir waren also wieder zurück in Kalifornien und wir sollten in Pasadena beginnen. Als wir in Los Angeles landeten war natürlich eine Menge da zu unserer Begrüßung darunter ein Repräsentant von Warner Brothers und ob wir sie in ihrem Filmbüro besuchen wollten. Sie luden uns später zum Lunch ein aber wir gingen nie hin weder zu ihnen noch zu andern. Zuerst als wir in New York ankamen habe ich Pigeons On The Grass vorgelesen und während ich das tat meine Brille abgenommen und wieder aufgesetzt, und das wurde überall in den Lichtspieltheatern gezeigt und jeder

sagte jedem habe es gefallen aber wir sind nicht hingegangen. Deshalb bat Pathé uns schließlich als sie hörten daß wir nicht gegangen waren doch zu kommen und es allein anzuschauen. Wir gingen hin und das war's und als ich mich selbst fast in Lebensgröße bewegen und sprechen sah gefiel mir das Sprechen nicht besonders, ich hatte ein sehr komisches Gefühl und dieses komische Gefühl gefiel mir nicht. Ich nehme an wenn ich es oft gesehen hätte wäre es mir gleichgültig gewesen man kann sich an alles gewöhnen wenn es oft passiert aber damals gefiel es mir ganz und gar nicht und deshalb gingen wir als die Warners uns zum Lunch baten nicht hin.

Wir gingen nach Pasadena und das war sehr gemütlich und wir waren in Kalifornien. Zu allererst mieteten wir einen Selbstfahrer-Wagen und das war ein Vergnügen, einen nagelneuen Ford gaben sie mir einen viel besseren als man mir in Chicago gegeben hatte, dies war wirklich ein neuer und wir fuhren ihn den ganzen Weg nach San Francisco und dann übernahmen sie ihn wieder und es gab wie mit allem anderen dort keine Schwierigkeiten. Hier nimmt einen das Leben viel mehr in Anspruch wenn man alles stündlich und gründlich tut nimmt einen das sehr in Anspruch weil man sich um so viel kümmern muß damit es weitergeht aber da drüben war nichts schwierig, das kommt durch das was man Tüchtigkeit nennt, es hat nur einen Haken es läßt jedem so viel Zeit und wenn man so viel Zeit hat muß man sie ausfüllen und so viel Zeit auszufüllen ist schwierig. Hier muß man keine Zeit ausfüllen alles was man tut ist schwierig. Nun ob es einem gefällt oder nicht jeder muß etwas tun um die Zeit auszufüllen. Schließlich müssen alle Menschen leben Hunde auch um nicht zu merken daß die Zeit vergeht, das ist die ganze Lebensleistung weiterzumachen damit man nicht merkt daß die Zeit vergeht, deshalb betrinkt man sich deshalb zieht man gerne in den Krieg, in einem Krieg erfährt man den vollkommenen Mangel an Gefühl für das Vergehen von Zeit ein Kriegsjahr dauert viel länger als jedes andere Jahr. Schließlich macht das das Leben aus und das ist der Grund warum es keine Utopie gibt, klein oder groß jung oder alt Hund oder Mensch jeder will jede Minute so ausfüllen daß ihm diese schwindende Minute nicht bewußt wird. Es bleibt sich gleich man denkt nicht darüber nach man muß ein Genie sein um etwas auszuleben und zu wissen daß man darin existiert und es ausdrücken um es zu akzeptieren und es leugnen indem man schöpferisch ist, nun wir waren jedenfalls hier in Kalifornien. Wir waren hier in Pasadena und das trockene Flußbett lag unter uns, wir hatten es seit Jahren nicht gesehen und es war eine Freude es zu sehen es war sehr erfreulich und wir genossen es. Nun waren wir wieder da woher wir stammten zwar nicht aus Pasadena Los Angeles aber aus Kalifornien.

Nach der Lesung in Pasadena kam Saroyan uns zu begrüßen. Als ich erstmals nach New York gekommen war hatte er mir geschrieben und als ich das erste und einzige Mal im Radio gesprochen hatte fand ich als ich ins Hotel zurückkam ein reizendes Telegramm von Saroyan das sagte er habe mich gerade gehört. Das war eine Freude. Es war sehr nett von ihm. Dann war ich enttäuscht als ich herausfand daß der Titel A Daring Young Man On The Flying Trapeze nicht von ihm stammte, ich hätte es wissen können jeder sonst wußte es aber so ist es nun mal. Als mein Bruder und ich klein waren machten wir gerne Definitionen und eine davon war was ist ein Gebiet und wir beschlossen ein Gebiet ist ein von einer Umzäunung umgebenes Stück Land. Ich nehme an es gibt Gebiete die nicht umzäunt sind aber jedenfalls ist damit dieser Begriff definiert, nur fanden wir dann manches von einer Umzäunung Umgebenes das kein Gebiet war. Wir sagten oft ist China eigentlich ein Gebiet denn China ist von einer Einfriedung umzäunt. Nun jedenfalls ist ein Gebiet ein von einer Einfriedung umzäuntes oder nicht umzäuntes Land oder nicht und ich weiß auf vielen Gebieten Bescheid aber ich wußte nicht daß Saroyan das nicht erfunden hatte. Jedenfalls hatte ich als ich etwa sechzehn war beschlossen und das war sehr aufregend daß nicht alle Wissensgebiete mein Gebiet waren und all das war kalifornisch, dieser ganze Beschluß das heißt er wurde gefaßt als ich Kalifornierin war und jedenfalls habe ich nicht gewußt daß Saroyan den Titel nicht erfunden hatte und als ich es herausfand war es enttäuschend.

Als ich damals in Radcliffe meine erste Geschichte schrieb nannte ich sie Red Deeps nach George Eliot, man tut so etwas, und seitdem nun nicht seitdem erst ist es eine schlechte Gewohnheit die amerikanische Schriftsteller an sich haben, es sei denn sie machen den gewählten Titel zum Schallbrett das den Schall den sie innerlich machen müssen zurückwirft, dann wäre es nicht allzu schlecht, nicht daß es etwas ausmachte alles ist etwas und alles was etwas ist ist diese Genugtuung. Wollen wir freundlich sein.

Nun ja ich mochte Saroyan nicht sehr aber ich mochte ihn und dann später trafen wir uns wieder trafen uns aber nicht wirklich wieder. Nach der Lesung nach der Rückkehr ins Hotel kamen zwei junge Männer und wir gingen auf und ab und dann schickten sie mir ohne einen Namen zu nennen zwei rote Rosen und dann als wir wieder nach Paris zurückkamen schrieb der eine und ich antwortete und dann schrieb er wieder.

Wir sollten zum Abendessen nach Beverly Hills gehen was das gleiche ist wie Hollywood das habe ich schon gesagt wir sollten Dashiell Hammett treffen und Charlie Chaplin und Anita Loos mit Mann und Mamoulian der alles unter seiner Regie hatte und wir gingen hin. Natürlich mochte ich Charlie Chaplin der ein sanfter Mensch ist wie jeder spanische Zigeuner-Stierkämpfer er gleicht sehr meinem Liebling Gallo der keinen Stier töten konnte ihn aber dazu bringen konnte sich besser zu bewegen als irgendein anderer es je gekonnt hätte und er selbst der persönlich gar keine Grazie hatte konnte einen anderen bewegen wie kein anderer es je getan hat und Charlie Chaplin war wie Gallo. Zigeuner sind intelligent ich glaube nicht daß Charlie Chaplin einer ist vielleicht nicht aber er könnte einer sein natürlich haben wir uns über den Film unterhalten und er erklärte etwas. Er sagte natürlich sei es enttäuschend, er habe den Stummfilm gekannt und da konnte man etwas tun was das Theater nicht getan hat man konnte den Rhythmus ändern aber wenn man eine begleitende Stimme hat kann man natürlich den Rhythmus nie ändern man ist immer an den Rhythmus gebunden den die Stimme angibt. Wir sprachen ein wenig über die Vier Heiligen und was ich mir dabei vorgestellt hatte, ich sagte am aufregendsten sei es wenn nichts geschieht, ich sagte die Heiligen sollten natürlich nichts tun ein Heiliger zu sein das sei genug und ein lebendiger Heiliger sei alles, wenn man sie etwas tun läßt dann sei nichts dran sie seien genau wie jedermann also hätte ich ein Drama schreiben wollen wo keiner etwas tut wo es keine Handlung gibt und ich hätte es getan und es seien die Vier Heiligen und das sei aufregend, er sagte ja das könne er verstehen, ich sagte die Filme würden wie die Zeitungen einfach eine tägliche Gewohnheit werden weder aufregend noch interessant, schließlich ist es Aufgabe des Künstlers wirklich aufregend zu sein und aufregend ist einer nur wenn nichts geschieht, geschieht etwas dann ist er wie jeder andere, schließlich geschieht in Hamlet in Shakespeares interessantestem Stück wirklich nichts außer daß man lebt und stirbt aber nicht das ist interessant und ich sagte ich sei sicher daß es sicher so sei daß das Interessanteste dann geschieht wenn nichts geschieht, ich sagte der Mond macht Hunde aufgeregt weil er nichts tut, kommende und gehende Lichter regen sie nicht auf und jetzt wo sie schon so viele gesehen haben können die armen Dinger den Mond nicht mehr sehen und daher kann kein Licht mehr sie aufregen, nun wir sagten nicht all das aber das ist es was wir meinten, er brauchte das von ihm selbst erfundene Gefühl von Bewegung und ich brauchte das von mir selbst erfundene Gefühl von Nichtstun, nun jedenfalls redeten wir beide gerne aber jeder mußte um höflich zu sein auch mal anhalten und den andern etwas sagen lassen. Nach dem Essen versammelten sich alle rings um mich und fragten mich was ich vom Kino hielte, ich sagte ihnen was ich Charlie Chaplin gesagt hatte, es schien sie zu beunruhigen aber fast alles konnte sie beunruhigen und schließlich fand ich heraus was sie plagte sie wollten wissen wodurch es mir gelungen sei so viel Publicity zu erlangen, ich sagte dadurch daß ich ein kleines Publikum habe, ich sagte wenn man ein großes hat dann hat man keine Publicity, dies schien sie zu beunruhigen und natürlich mußte es sie beunruhigen sie wünschten die Publicity und noch das große Publikum und in Wirklichkeit muß man um die größte Publicity zu haben ein kleines haben, ja ganz richtig die größte Publicity kommt von der realsten Dichtung und die realste Dichtung hat ein kleines Publikum kein großes, aber sie ist wirklich aufregend und hat deshalb das größte Publikum, gut so und soviel dazu. Nun nach einer kleinen Weile gingen wir fort, es war ein amüsanter Abend gewesen.

Und dann brachen wir in unserem Ford auf nach unserem Kalifornien, dies war natürlich auch Kalifornien gewesen aber nicht unser Kalifornien das Kalifornien aus dem wir stammten und wir fuhren am nächsten Morgen ab um zehn Tage lang zu reisen und nicht zu lesen nur zu reisen, das gefiel uns.

Wir fuhren zuerst nach San Joaquin Valley was natürlich interessant war weil Alice Toklas' Pionier-Großvater seinen ganzen Besitz dort gehabt hatte und nach Fresno und alles war aufregend, schließlich ist es aufregend wenn man da ist wo man war und die Namen noch so sind. Wir fuhren zickzack kreuz und quer und hin und her durch das Tal und uns gefiel alles was wir sahen uns gefiel der Duft der Orangen und die Art von Nüssen und Früchten die es dort nicht gegeben hatte ich war nie zuvor da gewesen aber sie war ja da gewesen und die Art wie man die Baumkronen schneidet um eine so gerade Linie zu bekommen als wären sie mit einem Rasiermesser geschnitten und die Feigenbäume duften am schönsten und wir fuhren her und hin bis wir etwas höher kamen und den kalifornischen Mohn wachsen sahen den wir nicht wild wachsen gesehen hatten seit wir in Kalifornien gewesen waren, er war wie er gewesen war und es gab mir einen Schock ihn dort zu sehen, mir wurde seltsam und ungemütlich zumute. Dann fuhren wir etwas höher hinauf und dann fanden wir wir sollten zum Yosemite fahren obwohl es noch winterlich war, wir beide waren nie da gewesen, daß ich nie dagewesen war war nicht erstaunlich wir sind als wir Kinder waren von Oakland aus lieber nach Norden nicht nach Süden gefahren aber daß Alice Toklas nie da gewesen war war überraschender, ihre Vettern die damals in San Joaquin Valley gelebt hatten fuhren jedes Jahr in das Tal wie sie den Yosemite nannten die anderen waren Flüsse aber keine Täler, und deshalb entschlossen wir uns in das Tal zu fahren, ich wollte die großen Bäume sehen ich hatte sie nie gesehen und wir beschlossen also in das Tal zu fahren, es war Frühling aber es war ein sehr kalter, es gab Regen und es gab noch und wieder Mengen von Schnee.

Wir versuchten es mit einer Straße die zu großen Bäumen führte und es regnete und schneite und die Straße sah nicht gut aus und außerdem abschüssig vielleicht auch nicht aber ich empfand es so und deshalb fuhren wir wieder zurück und kamen schließlich nach Merced, dort schien die Sonne es war schmutzig aber die Sonne schien und die Stadt Merced schaute aus wie das Kalifornien das ich kannte eben ein Landstädtchen und wir aßen dort etwas und beschlossen weiterzufahren. Ich fürchte mich immer vor Abgründen und ich konnte nicht glauben daß es auf dem Weg nach Yosemite nicht viele gab wie man uns sagte aber natürlich glaubte ich es nicht man sagte die Straße sei ungefährlich natürlich ist die Straße nicht gefährlich Straßen sind es selten aber gefährlich ist was man sieht wenn man gar nichts sieht außer dem Himmel das gibt einem ein seltsames Gefühl und erzeugt wie ich es nenne Abgründiges. Ganz gleich wie breit die Straße und wie weit die Kurve ist für mich kann es abgründig sein. Wir wollten also von Merced aus weiterfahren aber ich glaubte mich besser zu fühlen wenn noch jemand anderer dabei war und fahren würde, also fragten wir gibt es jemanden hier, in Frankreich hätte es natürlich niemanden gegeben aber in Merced gab es einen Schuljungen der früher oder später heimfahren wollte und sein Heim lag in dem Tal also sagte er er hätte nichts dagegen an diesem Nachmittag die Schule zu versäumen wenn wir ihm einen Dollar gäben und natürlich hatten wir nichts dagegen und obgleich er sehr jung war konnte er fahren das kann in Amerika jeder überall. Sehr viele können es hier in Frankreich aber nicht so junge wie in Amerika, in Frankreich können alle radfahren jeder kann es auch auf jeden Hügel hinauf ohne jemals abzusteigen jeder hat seine Spezialität.

Wir wurden also in das Tal gefahren und es gab keinen Abgrund, daß man die Straße so wie sie ist machen konnte und daß man beim immer Höherkommen in keinem Augenblick an keiner Stelle das Gefühl hat abzustürzen und niemals den Gang zu wechseln braucht das ist ein Wunder. Später erzählte man uns und vielleicht ist es so daß man den ganzen Weg von Kalifornien nach New York fahren könne und die ganze Zeit über keine Steigung hätte die einen Gangwechsel nötig macht, die Straße sei so angelegt und natürlich gibt es doch ein paar abschüssige Stellen aber man sagte nein bestimmt nicht und nach der Yosemite Valley-Straße war ich fast geneigt das zu glauben.

Die Straßen in Amerika sind schön, sie ziehen sich, aber nur die großen, so hin wie die Eisenbahngeleise sich immer hinziehen ohne jede wirkliche Verbindung mit dem Land. Selbstredend ist das auf eine Art ganz natürlich so erkläre ich es immer gern einem Franzosen und er hört es sich an glaubt aber nicht daß die Eisenbahn sich nicht nach den durch die Straße entstandenen Häusern gerichtet hat, sondern daß eine Straße entstand nach der sich die Orte und das Land gerichtet haben, es gab keine Orte und keine Straßen daher kein Land ehe die Eisenbahn kam und die großen neuen Straßen in Amerika vermitteln einem immer noch dieses Gefühl, einige werden Luftlinien genannt und das sind sie auch und mit den Orten und dem Land haben sie wirklich nichts zu tun. Das einzige was mich beunruhigte nicht so sehr in Kalifornien aber auch dort ist der weiche

Straßenrand die weiche Schulter wie man es nennt, nämlich daß die Zementstraße nicht bis an den Rand geht wodurch wie in Frankreich eine Gefahr vermieden würde, ich nehme an die Länge der Straßen macht das unmöglich trotzdem ist es schade, die kleineren Straßen sind zu schmal da sie einen weichen Rand haben, eines Tages wird man sie ein wenig breiter machen und ihren Rand mit einem kleinen Rand daran abschließen, das wird das Fahren angenehmer machen allemal im Regen und auf jeden Fall. Trotzdem gefiel uns das Fahren auf den amerikanischen Straßen und der Bursche brachte uns heil nach Yosemite.

Es war hoch dort und kalt und wir kamen ein wenig spät an aber der Direktor des Tals erbot sich uns zu den großen Bäumen zu bringen und wir fuhren hin. Mir gefiel das. Das was am aufregendsten daran war, war daß sie keine Wurzeln hatten, kann man sich etwas Interessanteres wünschen als dies daß der älteste und der stärkste und der größte Baum der je gewachsen war kein Fundament hatte, da saß er und der Wind warf ihn nicht um so fest saß er. Es war sehr aufregend. Sehr schön und sehr aufregend.

Wir verbrachten die Nacht im Hotel, es war ein sehr komfortables Hotel und wir aßen sehr gut und schnell niemand war da und das war angenehm, uns gefiel alles, am Abend gingen wir spazieren und sahen die wilden Tiere die nicht wild waren weil kein Mensch und kein Tier sie tötet ein Tier ist selbst wenn es sich wild verhält nicht wild wenn es einen natürlichen Tod sterben kann, wir sahen sie aus der Entfernung nicht sehr nah, die Luft war gut und uns gefiel alles und es gab natürlich Indianer dort und man war stolz auf sie aber es war nicht sehr interessant, schließlich wissen Indianer mehr über Nicht-wild-Sein wenn sie nicht wild sind als Tiere es wissen.

Am nächsten Morgen hatte ich keine Angst und fuhr uns selbst hinaus aus dem Tal und wir fuhren und wir sahen noch einmal alle die wilden Blumen und die Bäume noch einmal und dann fuhren wir nach Monterey. Auch dort war Alice Toklas immer

in den Ferien gewesen aber ich nicht aber ich wußte trotzdem alles darüber. Es gab mehr Leute dort. Der Hoteldirektor gab uns ein gutes Mittagessen nicht dort sondern im Nebengebäude und die Küste schaute aus wie die übliche Neunzehntes-Jahrhundert-Schule der kalifornischen Malerei, genau so, es hatte keinen Sinn sie anzuschauen sie war genau so, genau wie das Loire-Ufer ausschaut genau wie all die französische Malerei die mittelmäßige Malerei des neunzehnten Jahrhunderts in Frankreich, aber im Nebengebäude gab man uns eine Schellfisch-Suppe und die war ausgezeichnet, besser als alles andere. Dann wollte er wissen welche Berühmtheiten ich zu treffen wünschte, jede Berühmtheit kann wählen wen sie zu treffen wünscht und das ist ein Vergnügen und er nannte einige und ich sagte nein, nein, aber ich hatte gehört daß hier eine sei die zu treffen mir ein Vergnügen wäre und das war der Autor von Merton of The Movies vielleicht die beste Beschreibung von Amerika, die je gemacht worden ist. Leon Wilson hatte in der Nähe ein Haus und der Direktor rief ihn an und fragte ihn ob er mich zu sehen wünschte wie ich ihn zu sehen wünschte. Er sagte ja mit Vergnügen. Also gingen wir hin und es war ein Vergnügen. Merton of The Movies ist das beste Buch über die amerikanische Jugend des zwanzigsten Jahrhunderts das bis jetzt geschrieben worden ist. Ich gebe es immer jedem zu lesen der englisch liest und habe es immer wieder selbst gelesen seit ich es zum ersten Mal las als es zum ersten Mal erschien.
Wilson war genau die Art von Mensch die die beste amerikanische Geschichte über einen jungen Amerikaner schreiben konnte, er ist sanft und amerikanisch und geheimnisvoll ohne Geheimnis und müde ohne Mattigkeit und alles war ein Vergnügen, er gab mir alle Bücher die er geschrieben hatte und ich freute mich ihm begegnet zu sein.
Er hatte sein erstes Buch namens The Professor geschrieben, über die Straße und Wohnwagen und wo man zusammen kampierte und es hatte mir gefallen aber das bedeutende ist Merton of The Movies es wird nie ein besseres geben. Wir aßen also hier

und am Strand und überall und dann brachen wir auf nach San Francisco und Oakland dort sollte ich endlich sein wo ich herstamme, wir gingen über die grünen abgerundeten im Sommer braunen Hügel die gelegentlich eine noch lebende Eiche aufweisen und sonst kahl sind und einen Zaun der sie nicht trennt sondern sich dort hinzieht wo der Hügel sich senkt, alles in allem waren es geographisch gesehen noch die Hügel die sie vorher gewesen waren und wir gingen viele hinauf und hinunter und sie verursachten mir ein seltsames Gefühl, ja so waren sie das heißt das waren sie und sie beunruhigten mich und verursachten mir Unbehagen ich weiß nicht warum aber sie taten es, alles verursachte mir Unbehagen einfach so.

Da kamen wir langsam nach San Francisco es war beängstigend dort und auf die Höhe von Nob Hill zu fahren wo wir wohnen sollten, natürlich war es nicht so gewesen und doch war es so, Alice Toklas fand es natürlich aber für mich war es eine Last, es verursachte mir Unbehagen ja so war es.

Es war San Francisco und es war später und wir fühlten uns sehr behaglich und man gab uns so viele Zimmer daß wir etwas von der Bucht und von jedem aus auf San Francisco sehen konnten und da waren so viele Blumen wir hatten immer und überall viele aber hier waren mehr als sonstwo. In der Mitte standen mehr als wir je gesehen hatten und die waren von Mary Garden. Gertrude Atherton sollte alles für uns tun und sie tat es und wir hatten einen angenehmen Aufenthalt, die Chinesenstadt nun die jungen Chinesen glichen mehr Indo-Chinesen als den Chinesen die einmal dagewesen die Straßen waren so steil wie sie gewesen waren aber die Automobile konnten auf- und abfahren und taten es auch und konnten rasch an einer Ecke parken, wo es aussah als würden sie runterfallen, sie fielen nicht aber sie hätten fallen können, Alice Toklas sah so viele die mit ihr zur Schule gegangen waren und sie erkannte alle wenn sie sie sah, aber es war ja auch eine Privatschule gewesen, ich war in einer staatlichen Schule in Oakland gewesen und wenn man in eine staatliche Schule gegangen ist hat man offenbar kein so

gutes Gedächtnis jedenfalls die anderen nicht und ich nicht. Wir unternahmen allmählich alles Gertrude Atherton führte uns aus um die kleinsten Austern zu essen die es gibt und mengenweise sind es die besten die es gibt. Sie brachte uns zu ihrer Enkelin die im Dominikanerkloster von San Raphael lehrte, wir überquerten die Bai auf einer Fähre, das hatte sich nicht geändert aber Goat Island hätte gerade so gut nicht dagewesen sein können, überhaupt was hat meine Herkunft aus Oakland für einen Sinn es war nicht natürlich von dort zu stammen, darüber zu schreiben ja wenn es mir gefällt oder sonst irgend etwas wenn es mir gefällt ja aber nicht da, da ist kein Da.
Wir gingen gerne mit Gertrude Atherton nach San Raphael. Sie sagte sie habe vor einem Jahr mit den Mädchen gesprochen und sie gefragt worüber sie reden sollte und sie hätten gesagt über Gertrude Stein sie sei überrascht gewesen daß sie für mein Schreiben Interesse hatten aber sie hatten es. Es regnete aber abgesehen davon war der Aufenthalt reizend. Ich sagte zu der Mutter Oberin als sie sagte sie könne es nicht verstehen was es für eine Rolle spielte ob die Kleinen es könnten und sie sagte aber die Kleinen schauen immer aus als verstünden sie und ich sagte ja aber wenn sie so ausschauen ist das ebenso erfreulich wie wenn sie es täten und abgesehen davon ist es wenn jemand zuhört schon so viel Verstehen wie Verstehen ist und auch sie hörte mir zu so daß sie wahrscheinlich ebensoviel Verstehen aufbrachte wie jedes Verstehen das ausreichen kann.

stand take to taking
(stehe) (nimm) (zu) (nehmend)
I you throw my
(ich) (du) (werfen) (meines)

Nun da sind wir wieder zurück das ist das einzige Kryptogramm das ich je verfassen konnte.
Die Sache mit dem Verstehen ist schrecklich quälend für jeden Amerikaner. Andere Leute sagen sie verstehen etwas oder sie verstehen etwas nicht aber Amerikaner quälen sich mit dem Etwas-Verstehen oder Etwas-Nicht-Verstehen. Schließlich ist

man mehr oder weniger in Verbindung und wenn man etwas ändert so sagt man das jedenfalls, und schließlich ist Mechanik die eine Sache eine Sache die etwas anderes in Bewegung setzt aber wenn es dazu kommt beisammen zu sein ohne etwas in Bewegung zu setzen das heißt einfach beisammen zu sein ohne etwas zu sagen so hat das natürlich nichts mit Verstehen zu tun. Das einzige was jeder verstehen kann ist Mechanik und das ist es was jedem das Gefühl gibt etwas zu sein wenn man darüber spricht. Über alles andere ist keiner der gleichen Meinung niemand meint das gleiche mit dem was er sagt was der andere meint und nur der der spricht denkt er meine was der andere sagt obgleich er sehr gut weiß daß es nicht das ist was er sagt. Deshalb glaubt jeder Maschinen seien so wundervoll sie sind nur wundervoll weil sie das einzige sind was allen und jedem das gleiche sagt und deshalb kann man ohne sie auskommen, warum nicht, schließlich kann man nicht existieren ohne zu leben und leben ist etwas das niemand fähig ist zu verstehen während man ohne Maschinen existieren kann man hat es ja auch schon getan aber Maschinen können nicht ohne einen auskommen Maschinen scheinen nur zu tun was sie tun. Nun jedenfalls kann jeder der von allem und jedem zu viel gehabt hat ohne all das auskommen. Klöster und Abteien machen Menschen fröhlich und es war ein angenehmer Nachmittag. Eines Tages werden Amerikaner etwas über Nicht-Verstehen herausfinden aber ich frage mich ob ihnen das gefallen wird. Wir gingen also nach San Raphael und wir gingen nach Oakland und wir gingen zum Mills College in San Leandro und ich bat mit gemischten Gefühlen zur Swett School gehen zu dürfen wo ich zur Schule gegangen bin und zur dreizehnten Avenue und fünfundzwanzigsten Straße wo wir einst wohnten was ich in The Making of Americans beschrieben habe. Ach die dreizehnte Avenue war die gleiche geblieben sie war schäbig und überwachsen die Häuser waren die gleichen wie damals wenigstens einige von ihnen und es gab keine größeren Gebäude und sie waren vernachlässigt und viel Gras und Büsche wucherten dort ja es hätte die dreizehnte Avenue sein können in der ich gelebt hatte. Natürlich nicht das Haus, das große Haus und der große Garten und die Eukalyptusbäume und die Rosenhecke existierten natürlich nicht mehr, was nützt es, wenn ich ich gewesen wäre hätte mein kleiner Hund mich erkannt aber wenn ich nicht ich gewesen wäre dann wäre die Stelle nicht die Stelle gewesen die ich sehen konnte, ich mochte dieses Gefühl nicht, wer muß innerlich der gleiche sein, niemand und was für einen Sinn hat es gewesen zu sein wenn man zu sein fortfährt und wenn nicht warum ist es anders und wenn es anders ist warum nicht. Nichts gefiel mir da von dem was geschah. Später viel später wurde aus alledem das Buch The Geographical History Of America das ich schrieb. Was hat es für einen Sinn ein kleiner Junge zu sein wenn man doch zu einem Mann aufwächst. Nun manche tun es und manche tun es nicht.

Wenn ich mich daran erinnere woran ich mich erinnere warum erinnere ich mich daran. Ich erinnerte mich an etwas aber es sah so und so aus und deshalb erinnerte ich mich nicht daran und wenn es nicht so aussähe dann würde ich mich nicht gerade daran erinnern. Was hatte das für einen Sinn.

Nun wir gingen hinaus nach San Leandro wo wir früher immer im Staub auf dem Tandem fuhren. Natürlich gab es jetzt keinen Staub. Aber Mills College wirkte so staubig daß es die Erinnerung an Staub weckte nicht daß es jetzt wirklich staubig gewesen wäre aber im Sommer mochte es da wohl Staub geben. Jedes Jahr stellt man dort einen Dichter vor und dieses Jahr war ich diejenige wir hatten einen netten Abend und wir gingen mit der Fähre an diesem Abend heim nun jedenfalls war ich wieder in Oakland gewesen.

Wir gingen nach Berkeley und man hatte mich ich glaube es war Phi Beta Kappa zum Lunch eingeladen und beim Lunch waren sehr viele da, jeder stellte eine Frage nicht jeder aber ziemlich viele, sie fanden ich hätte sie sehr gut beantwortet die einzige Frage an die ich mich erinnere war warum ich nicht schreibe wie ich spreche und ich sagte wenn sie Keats zum Lunch eingeladen und ihm eine gewöhnliche Frage gestellt hätten hätten sie von ihm erwartet mit der Ode an die Nachtigall zu antworten. Es ist merkwürdig jeder weiß aber natürlich weiß jeder daß Gedichteschreiben daß irgend etwas schreiben eine private Angelegenheit ist und wenn man es privat tut dann ist es natürlich nicht was man in der Öffentlichkeit tut. Als Kinder sagten wir immer wenn man etwas privat tut wird man es auch öffentlich tun aber wir sagten damals nicht wenn man etwas öffentlich tut wird man es auch privat tun. Nun ja wenn man etwas sagt was man sagt sagt man es öffentlich aber wenn man schreibt was man schreibt schreibt man es privat wenn nicht schreibt man es nicht, das eben ist Schreiben, und privat ist man man selbst und in der Öffentlichkeit ist man in der Öffenlichkeit und jedermann weiß das, man muß nur Briggs' Mr. and Mrs. lesen jedermann weiß das aber wenn man Fragen stellt nun dann sind sie weder öffentlich noch privat sie sind einfach schafsköpfig ja ja. Das ist es was Virgil Thomson sagt ja ja. Was hat es für einen Sinn Fragen zu stellen, entweder weiß man die Antwort oder man weiß sie nicht, meistens weiß man die Antwort und ganz gewiß hat keine Frage eine Antwort also warum die Antwort befragen oder die Frage beantworten. Selbstredend muß man es tun weil das natürlich ist beim Fechten ist es das was man eine Riposte nennt und wenn man stärker ist dann bleibt der andere tot zurück aber schließlich kann er gerade so gut auch nicht tot sein. Gerade heute ist es zufällig dem jungen, nicht so jungen Chester Arthur passiert, zufällig hat mein Onkel das Grabmal für das Grab seines Großvaters gemacht aber das hat nichts mit der Sache zu tun wir sprachen über Amerikas Zukunft, und jedenfalls macht es Freude gut auf Fragen zu antworten, natürlich antworte ich gut weil ich schließlich wenn ich nicht zuviel oder zu lang spreche das sage was hier zu sehen ist aber selbstredend kommt es wenn ich zu viel und zu lang spreche zum Argumentieren und das ist nicht interessant, weil schließlich das was beim Argumentieren gesagt wird nicht gemeint ist und was gemeint ist nicht gesagt wird, alles was gelesen wird wird verstanden das heißt es wird gefühlt sonst würde man mit Lesen nicht fortfahren aber alles Gehörte wird nicht gefühlt weil niemand natürlich kein Mensch selbst aufhören kann beim Zuhören und deshalb ist Schreiben das einzig richtige. Nun ja wir sind in Berkeley gewesen. Und jetzt schreibt mir ein junger Bursche von Berkeley Bobby Haas und teilt mir mit er hätte alles Gedruckte das ich geschrieben habe gesammelt und er will es der Universität übergeben und ohnehin habe ich es wie jedermann gern wenn man mir alles erzählt, aber am liebsten habe ich es wenn man mir so etwas erzählt.

Wir gingen dann mit Mary Garden um die Crocker-Familie und den Crocker-Garten zu sehen. Eines der ersten Bilder das ich je gesehen habe ist der Mann mit der Hacke von Millet und mein Bruder und ich hatten es gesehen und eine Fotografie davon gekauft und wir brachten sie nach Hause und mein ältester Bruder sagte nachdem er sie ehrfürchtig betrachtet hatte, das ist ja eine höllische Hacke und das Bild gehörte der Crocker-Familie und sie hat es noch immer und wir sahen es, wir gingen hin und natürlich sind wir zwischendurch viele Male an den Pazifischen Ozean gefahren um ihn zu sehen, es war noch der Pazifische Ozean und er machte das gleiche Geräusch das der Pazifische Ozean gemacht hatte zweifellos war es der Pazifische Ozean, über das Cliff House gab es verschiedene Meinungen ich sagte da sei eine Brücke gewesen eine kleine schwache Brücke hinaus zu den Seehund-Felsen sicher zu einem hinaus und sicher dann zu einem andern und Alice Toklas sagte es habe niemals eine gegeben. Wie dem auch sei als wir zurückkamen vom Betrachten des Bildes Der Mann mit der Hacke von Millet sahen wir zufällig da wir zufällig da waren wie das erste große Flugzeug nach Honolulu abflog, eine Menge kleiner Flugzeuge umringten es und wir waren sehr froh es gesehen zu haben. Ich würde gerne eine Reise um die Welt in einem Flugzeug machen, ich wollte nie irgend etwas machen und jetzt möchte ich gerade das machen.

In Menlo Park trafen wir jemanden und er sagte er habe ein Haus im Napa Valley. In Saint Helena da hatten wir immer die Postkutsche genommen haben um in die Berge zu fahren zu den Etna-Quellen wo wir immer im Heilwasser schwammen und wo wir hinunter gingen zu den Quecksilberminen und wo die Chinesen arbeiteten und wo der Aufseher ohne sich zu wiederholen fünfzehn Minuten lang fluchen konnte und wo wir den Erdbeerbaum und die Bärentraube kannten und wo mein Bruder und ich wanderten wo wir wenigstens vorhatten zu wandern aber jeder wollte uns von Saint Helena nach Etna im Wagen mitnehmen wo tatsächlich sehr viel an das ich mich erinnern konnte geschah und jeder fragte ob wir hinfahren wollten und wir sagten ja. Wir taten es aber daran erinnerte ich mich nicht ich konnte mich einfach nicht erinnern wie auch ich konnte mich an gar nichts erinnern. Aber immerhin hatten wir in San Francisco frische Krabben gekauft und wir aßen sie und dann fuhren wir wieder zurück. Und wir nahmen das Flugzeug um nach Chicago zurückzukommen wir hielten uns in Omaha auf und wir blieben nur für eine Nacht in Chicago und flogen dann zurück nach New York.
Beim Abflug war im Flugzeug ein junger Mann er war von der Stanford Universität und ich hatte dort zweimal gesprochen, und er schrieb Fragen auf ein Stück Papier und ich schrieb ihm die Antworten zurück, er war im College gewesen er war jetzt mit Will Rogers' Sohn im College und er wollte wissen warum Will Rogers keine Literatur sei und dann wollte er wissen was Literatur sei und dann wollte er wissen was ich mit dem Unterschied zwischen Schreiben und Sprechen meine und wir verbrachten die ganze Zeit damit Zettel hin- und herzugeben, vielleicht hat er sie aufgehoben und weiß folglich was ich ihm geantwortet habe, ich natürlich nicht, aber es war interessant es ist immer interessant etwas zu beantworten.
Am meisten gefiel es mir durch die Salt Lake-Gegend zu gehen, es war wie Gehen über den Meeresboden ohne Wasser und es befriedigte mich sehr schließlich ist es nett den Unterschied

zwischen dem Meer mit Wasser und dem Meer ohne Wasser zu kennen. Schließlich ist es eine Befriedigung zu wissen daß ein Meer interessant ist selbst wenn kein Wasser darin ist. Das ist es was mir an Amerika gefällt es ist interessant selbst wenn kein Wasser in seinem Meer ist, wie jemand den Alice Toklas kannte immer sagte Lizzie du weißt ja Lizzie was ich meine.

Aber es war das was mir gefiel und dann die Abschrankung am Ende und dann der Bereich der riesige Bereich für das Vieh, immer wird in den Cowboy-Geschichten davon gesprochen und dann das allmähliche Tieferwerden, es gab nicht viel Gras dort aber schließlich ist Amerika genau so interessant mit keinem Wasser oder zu viel Wasser oder ohne Meer oder ohne Gras das ist es was mir an Amerika gefällt, und dann hielten wir in Omaha an, ich ging in Omaha spazieren es war spät in der Nacht aber es war ein Vergnügen es gefiel mir in Omaha zu sein aber mir gefällt es überall zu sein überall wo ich war hatte ich niemals den Wunsch woanders zu sein als da, und dann die Nacht in Chicago und dann New York. Das Rockefeller Center-Gebäude war fertiggestellt alles war eine Freude und das war eine Freude und alle schienen so erfreut wie vorher mich zu sehen, Alice Toklas sagte sie sagen jetzt dort geht Miss Stein vorher hatten sie gesagt dort geht Gertrude Stein nun jedenfalls war es noch ein Vergnügen daß sie es sagten und dann war alles vorüber und wir bestiegen die »Champlain« um wieder nach Paris zurückzufahren.

Bevor wir auf die »Champlain« gingen wollte ich von Bennett Cerf etwas über mein Schreiben wissen, ich möchte immer, daß das was ich schreibe gedruckt wird und das ist nicht immer geschehen nein meistens nicht geschehen und jetzt sagte ich schüchtern etwas zu ihm, er sagte das ist sehr einfach Sie sagen mir jedes Jahr was Sie gedruckt haben wollen und ich werde es veröffentlichen einfach so sagte ich, einfach so sagte er Sie entscheiden das, und so gingen wir glücklich sehr glücklich auf die »Champlain«.

V. KAPITEL

Wieder zurück

Alles war vorüber und wir fuhren wieder zurück, natürlich war alles auch weiterhin da wo wir gewesen waren selbst wenn wir nicht da waren und es war als wären wir nie da gewesen. Aber wir waren doch da gewesen. Auf der »Champlain« war es nicht aufregend, natürlich wurden wir noch gefeiert aber wir hatten bald den Ozean überquert und waren wieder zurück, da war ein netter Amerikaner der Alice Toklas erzählte sie sei dabei Karriere zu machen es werde bald beginnen, und daß ich weiterhin erfolgreich sein würde, wir fragten uns was Alice Toklas' Karriere sein sollte und wann sie beginnen würde und dann begann sie schon fast sie beschloß ein Kochbuch zu schreiben und falls sie das tut wird die Karriere beginnen und sie wird es tun aber sie hat noch keine Zeit gehabt, ganz natürlich wer kann das schon und selbstverständlich würde sie das nicht mich für sie tun lassen und das mit gutem Grund. Georges Maratier hat einige Kochbücher aus dem I. und II. Kaiserreich für sie gefunden und dort auf dem Land hat Madame Giraud ihr die handgeschriebenen Rezepte ihrer Mutter und ihrer Großmutter gegeben und sie sagt sie müsse auch in der Bibliothèque Nationale einige Arbeit tun und außerdem gibt es dort ein Buch von Monsieur Tendret der davon spricht wie man den Extrakt macht der die Saucen zum Wichtigsten macht und das ist das Wichtigste vom Wichtigen, der Scheunenhof und die Molkerei, und es ist alles sehr aufregend und wenn sie dazu kommt es zu schreiben wird ihre Karriere beginnen wie der Amerikaner auf der »Champlain« es voraussagte. Nun wir waren also auf der »Champlain« und wir kamen wieder zurück, gerade als wir in die Nähe von Le Havre kamen lief die »Normandie« auf ihrer Probefahrt aus und umkreiste uns mehrmals, sie konnte schnell fahren weil wir die Strecke fuhren die die »Champlain« gewöhnlich macht und die »Normandie« umkreiste uns mehrmals ohne die geringste Schwierigkeit. Sie war eine Freude und es war ein hübscher Tag als wir näherkamen und dann waren wir wieder in Frankreich zurück. Natürlich aber das hatten wir erwartet sah alles klein aus und noch kleiner als es ausgesehen hatte. Irgend wohin zurückzukommen ist immer schwierig man muß sich wieder daran gewöhnen es zu sehen wie es aussieht bis es so aussieht wie vorher was es schließlich auch tut.

Und dann kamen wir an Land dann in den Zug und dann in einem Rutsch nach Paris. Die Städte die wir sahen beunruhigten mich, schließlich sind die europäischen Städte, die alten Teile architektonisch schön aber die neuen Teile seit fast hundert Jahren nicht und da die europäischen Städte einen immer größer und größer werdenden neuen Teil haben und da die neuen Teile in Amerika schöner sind als die neuen Teile in Europa sind die amerikanischen Städte vielleicht schöner als die europäischen. Interessant wenn wahr.

Wir fuhren in Paris ein und da war es und da waren sie und Trac war da und es war gewiß eine Freude ihn zu sehen freilich sollte er natürlich nicht lange bei uns bleiben aber er war da und es war eine Freude.

Und dann mußten wir das Haus sehen rue de Fleurus 27 das wir immer als Heim gehabt hatten und dann mußten wir Basket und Pépé zurückholen und dann fuhren wir nach Bilignin, und wir mußten beginnen wieder zu sein wie wir immer gewesen waren obgleich das natürlich nicht das gleiche war.

Wieder eingelebt in Bilignin machte ich mir Gedanken über Identität und erinnerte mich an Mother Goose, ich bin ich weil mein kleiner Hund mich kennt und ich war mir nicht sicher außer darin daß das nur bewies daß der Hund eben der Hund ist aber nicht daß ich auch ich bin. Um diese Last loszuwerden fing ich an The Geographical History of America or The Relation Of The Human Nature To The Human Mind zu schreiben und ich grübelte wie ich es seit sehr langer Zeit nicht mehr getan hatte nicht mehr seit ich klein war ich grübelte über den Widerspruch auf dieser Erde nach in einem begrenzten Raum zu sein und von den Sternen im unbegrenzten Raum zu wissen das heißt daß niemand herausfinden konnte ob er begrenzend oder begrenzt ist, und jetzt erschreckten mich diese Grübeleien nicht wie damals als ich jung war, also war doch etwas geschehen.

Ich dachte lange darüber nach daß man für sich selbst in jedem Augenblick man selbst ist daß man für sich selbst innerlich immer da ist aber daß man in jedem vergangenen Augenblick sich nur an sich erinnern nicht aber sich fühlen kann und deshalb begann ich zu denken daß man insofern man für sich selbst man selbst ist es kein Zeitgefühl in einem gibt und daß man nur Zeitgefühl hat wenn man sich an sich erinnert und deshalb sagte ich warum eigentlich ein kleiner Junge sein wenn man doch ein Mann werden muß warum eigentlich. Selbstverständlich habe ich das schon in The Making Of Americans wenn ich sagte daß jeder für sich selbst ein junger erwachsener Mensch sei man ist niemals innerlich für sich selbst ein sehr junger oder ein sehr alter. Und deshalb hat mich die Frage nach dem inneren Gefühl von Vergangenheit Gegenwart und Zukunft immer mehr in Anspruch genommen und natürlich führte mich das später dazu sogar mehr als ich es in den für Chicago geschriebenen Vorlesungen getan hatte über das Thema Geschichte Zeitungen und Politik nachzudenken.

Gerade jetzt habe ich mit Chester Arthur viel darüber gesprochen was die politische Geschichte von Amerika ist, es gibt keinen Grund warum ich ihm das alles hätte erzählen sollen nicht einmal die Tatsache daß mein Onkel das Grabmal seines Großvaters machte es ist wahrscheinlicher daß er wie Seabrook einen dazu bringt darüber zu sprechen warum man ist was man ist und ich tat es ich erzählte es ihm, man erzählt es andern das heißt wenn man von Natur aus einer ist der spricht aber man erzählt es dem andern wie man es Seabrook erzählt weil sie einen dazu bringen innerlich ganz erfüllt zu sein von dem warum man ist was man ist und deshalb erzählt man ihnen alles was es darüber zu erzählen gibt.

Es war ein konfuser Sommer wir begannen mit etwas anderem und endeten wie gewöhnlich mit einem Indochinesen. Dann hatten wir die französische Armee, Franzosen leisten ihren Militärdienst und nach fünf Jahren oder so müssen sie für zwei Monate oder so noch einmal hin und zehn Jahre danach wieder für zwanzig Tage und natürlich müssen sie irgendwo untergebracht werden und jemand beschloß sie diesen Sommer in Belley und Umgebung unterzubringen deswegen hatten wir fünfhundert Leute in Bilignin mit seinen achtundzwanzig Familien. Franzosen werden niemals in Zelten untergebracht das heißt nur dann wenn es gar nichts anderes gibt sie müssen immer ein Dach über dem Kopf haben, jede Art von Dach ist besser als gar keines und deshalb hatten wir etwa fünfundzwanzig in der Scheune und sie störten natürlich Basket und Pépé und sie störten uns einige nicht so sehr aber doch einige. Schließlich waren sie sehr oft betrunken schließlich kann man Reservisten nicht disziplinieren man kann sie nur zum Herumgehen bringen aber wenn sie noch so viel herumgehen irgendwann müssen sie anhalten und wenn sie anhalten müssen sie die Zeit totschlagen und die einzige Art die Zeit totzuschlagen ist Trinken das ist ganz natürlich und da sie einander für eine Anzahl von Jahren nicht gesehen hatten und wenn nicht gerade Krieg sein sollte würden sie einander wahrscheinlich nie mehr wieder sehen so mußten sie natürlich die ganze Zeit über miteinander trinken und nicht herumgehen, Franzosen sind wie Amerikaner auch dann niemals frech oder unhöflich deshalb war es eine Störung aber nicht wirklich störend und dann sangen sie Lieder und einer von ihnen hatte eine Ziehharmonika und eine Ziehharmonika ist immer ein Vergnügen. Als sie abzogen kamen die Abdys.

In englischen Romanen ist ein Baronet immer schurkisch oder absonderlich oder beides, ich habe in meinem Leben zwei Baronets gekannt und sie sind ganz und gar nicht schurkisch, sie sind sanft und freundlich aber sie sind absonderlich, Bertie Abdy ist der eine und Francis Rose der andere, ich lernte sie ungefähr zur gleichen Zeit kennen aber nicht zusammen nein natürlich nicht zusammen. Jeder von ihnen ist absonderlich und deshalb lernte ich sie natürlich nicht zusammen kennen. Francis Rose ist Maler er befaßt sich mit sehr vielen Dingen und er hat sehr viele Möglichkeiten sich mit sehr vielen Dingen zu befassen aber er ist Maler und von frühester Kindheit an hat er nicht wie ein Kind gemalt sondern wie ein Maler und seitdem hat er immer wie ein Maler gemalt. Bertie Abdy ist kein Maler ich habe ihn in meinem Stück Listen To Me dargestellt, er ist der Sweet William der seinen eigenen Charakter hat und der seine Lillian sucht. Er hat seinen eigenen Charakter, sein Charakter besteht eben darin seinen eigenen Charakter zu haben und seine Lillian zu suchen, er lehnt mit bestürzender Heftigkeit alle moderne Kunst ab und auch alle Amerikaner, und um zu bestätigen daß die Ausnahme die Regel bestätigt mag er mich sehr gern und wird für mich die zweihundert Stanzas of Meditation die ich geschrieben habe drucken und er hat schon vier verschiedene Drucker ausprobiert aber Drucken ist wie alles andere etwas wovon es mehr Schlechtes als Gutes gibt davon ist er vollkommen überzeugt. Als wir später zusammen in Cornwall waren kniete seine Frau Diana auf dem Auge des großen Kalkpferdes dort nieder um zu wünschen was es zu wünschen gibt und das habe ich in dem Stück Listen To Me erzählt, ich schrieb es nachdem wir in Cornwall gewesen waren aber zuerst kamen sie nach Bilignin, wir haben sie in Saint-Germain gut gekannt, genaugenommen war es damals als ich Bertie Abdy als Antwort auf seine Fragen alles erzählte was es von Paris zu erzählen gab daß ich zuerst alles so zusammenstellte wie es später in The Autobiography of Alice B. Toklas niedergeschrieben wurde, er ist auch einer dem man erzählt was man jedem erzählt aber wenn man es ihm erzählt ist es etwas das wieder lebendig wird. Sie waren also bei uns in Bilignin und wir waren sehr glücklich miteinander. Sie schlu-

gen vor ich sollte im nächsten Winter wieder in Cambridge und Oxford Vorlesungen halten und sie organisierten das und wir gingen im Winter hinüber.
Nach ihrer Abfahrt kamen Thornton Wilder und Bob Davis und The Geographical History die ich gerade schrieb ging weiter. Bob Davis war Philosoph mit Hauptquartier in Wien, Wien ist ein netter Ort ich war dort von meinem neunten Monat bis zu meinem dritten Jahr und wir alle spazierten und diskutierten miteinander. Ich hatte immer eine Vorliebe für das Wort Kommentare, in Caesars Kommentaren machte ich mir nicht so viel aus dem Caesar-Teil wie aus dem Teil der Kommentare und ich wünschte daß Thornton die Kommentare machen würde, er machte sie auch er schrieb sie sogar nieder aber als es zum Druck von The Geographical History of America Or The Relation Of Human Nature To The Human Mind kam wollte er nur eine Einleitung drucken, das war eine Enttäuschung und ich sagte es ihm. Wir gingen also wieder die Hügel hinauf und herunter es gibt eine Menge Hügel rings um Bilignin und wir sprachen über die Beziehung der menschlichen Natur zum menschlichen Geist und Thornton sagte alles angenehm und lebhaft, er hat etwas von der Art wie Lewis Carroll seine Briefe schrieb er schreibt den gleichen Stil und er hat den gleichen ernsten Glauben und die gleiche Genauigkeit. Woolcott dürfte keine Schwierigkeit haben den Autor von Alice im Wunderland zu verstehen schließlich gibt es seinen und unseren Thornton Wilder. Über Thornton mache ich mir Sorgen ich habe ihn zu meinem literarischen Bevollmächtigten bestimmt wird er schwach werden und es irgendeinen den er bewundert und an den er glaubt machen lassen, er glaubt an mich aber das ist nicht das gleiche natürlich nicht, nun jedenfalls hier und jetzt sei es gesagt er darf seine linke Hand nicht wissen lassen was seine rechte Hand tut und seine linke Hand führt ihn dorthin wohin er geführt wird. Ich führe ihn nicht ich vertraue ihm und das ist es was wir beim Hinauf- und Hinabsteigen des Hügels bei Bilignin taten und er liebte Pépé weil wie

er sagte Pépé von einer Liebkosung zur andern lief und davon existierte.
Wir sprachen über Zeit und die Vergänglichkeit von Zeit über Hunde und was sie tun und ob es das gleiche ist was wir tun, und natürlich bin ich deutlich sagt Alice Toklas und sehr oft im Irrtum aber jedenfalls bin ich deutlich klar ich bin eine gute Amerikanerin, ich bin langsam im Denken und rasch deutlich im Ausdruck, ich bin sicher daß ich alles sehe was zu sehen ist und dazwischen stehe ich herum aber ich warte nicht, kein Amerikaner kann warten er kann herumstehen und nichts tun aber warten kann er nicht, aus diesem Grunde ist er nicht wie Milton der diente durch Stehen und Warten, Amerikaner können weder dienen noch warten, sie können stehen und sitzen und sich erheben und herumgehen aber sie können weder dienen noch warten. Das war es worüber wir beim Hinauf- und Heruntergehen sprachen und Bob Davis sagte manchmal etwas, er konnte sich natürlich nicht so artikulieren wie Thornton nicht so artikulieren wie ich aber doch hin und wieder und wir hörten ihm zu natürlich hörten wir ihm zu wir hörten ihm immer zu wenn er etwas sagte. Und somit war es eine erfreuliche Zeit dort in Bilignin eine sehr erfreuliche Zeit.
Und dann machten sie sich auf in Richtung Wien und ich schrieb weiter an der Geographical History. Es war ein erfreulicher Sommer alle unsere Nachbarn wollten alles wissen was wir getan hatten und wie wir es getan hatten und wir erfuhren mehr und mehr über sie, die jüngere Generation machte gerne Surprise-Parties, ich weiß nicht ob die Franzosen das schon immer taten doch ist es unwahrscheinlich daß sie es in Amerika lernten, in Frankreich weiß jeder, jeder im Haus und außerhalb weiß es wenn eine Surprise-Party gegeben wird, in Amerika weiß es soviel ich mich erinnere jemand aber nicht die Person die überrascht werden soll, nun ich nehme jedenfalls an man kann herausfinden wer zuerst Surprise-Parties machte Frankreich oder Amerika aber jedenfalls war es amüsant alle zu treffen und Alice Toklas machte amerikanische Kuchen und

Gebäck und das gefiel natürlich allen. Wir hatten also einen erfreulichen Sommer, schließlich hatten wir einen Chinesen als Koch und dann als wir nach Paris zurückkamen hatten wir einen Österreicher. Ich nehme an es war natürlich daß es gerade damals ein Österreicher war und Thornton war da und las seine Referenzen die auf deutsch geschrieben waren und er kochte herrlich österreichisch und es war ganz natürlich daß wir es mochten.

Thornton mag Paris nicht. Er sagt er mag es nicht und er hat recht er mag es auch nicht. Es ist seltsam mit Paris ich liebe es. Man nimmt an daß jeder es liebt aber es gibt sehr viele die es nicht lieben.

Aber Thornton und ich gingen trotzdem gern dort spazieren wir spazierten am letzten Abend, er fuhr am nächsten Tag nach Amerika und ich begleitete ihn nach Hause und er begleitete mich nach Hause und wir sprachen über Schreiben und alles Erzählen und ich sagte ich hätte allerlei getan ich hätte tatsächlich Lyrik geschrieben und ich hätte tatsächlich Stücke geschrieben und ich hätte tatsächlich Denken geschrieben und ich hätte tatsächlich Sätze und Paragraphen geschrieben aber sagte ich ich hätte nicht einfach etwas erzählt und das wollte ich tun mußte ich tun. Ich würde einfach sagen was geschieht das ist es ja was erzählen ist, und ich müßte das tun da ich wüßte daß ich es tun müßte. Ja sagte Thornton.

Und jetzt glaube ich fast ich habe es getan die erste Autobiographie war nicht so, sie war eine Beschreibung und ein Erzeugnis von etwas das sich da es sich einmal ereignet hat irgendwie nicht wieder ereignet aber gewesen ist was Geschichte ist was Zeitung ist was Schilderung ist aber nicht eine einfache Erzählung von dem was geschieht nicht als ob es geschehen wäre nicht als ob es gerade geschieht sondern als ob es gerade so existiert. Und jetzt in diesem Buch ist es mir gelungen wenn es mir gelungen ist. Nun Othmar kochte uns österreichische Küche und er gefiel uns wenn er uns österreichische Geschichten erzählte und davon wie österreichisch er selbst war und daß

Hitler aus dem gleichen Landesteil kam wie er und daß Hitler genau so war wie Othmar selbst er war ein verrückter Österreicher und wir hätten auch weiterhin österreichische Küche gegessen aber Othmar war verlobt mit einer kleinen Österreicherin die oft herkam und bei ihm saß und ihm half und Othmar sagte sie sei ein Engel und er stellte ihr Bild neben das der Heiligen Jungfrau und dann dann begann er zu weinen es gäbe eine andere Frau mit der er nicht verlobt sei die aber die Absicht hätte ihn zu heiraten und sie setzte eine Anzeige für ihn in die Zeitung und er hatte Angst daß sie wenn er täte was sie ihm sagte ihn heiraten würde und wenn er nicht tat was sie ihm sagte dann hatte er auch Angst und deshalb tat er dann was sie ihm sagte und deshalb begann er etwas mehr zu trinken so daß er mal das Haus verlassen konnte ohne sie zu sehen und dann weinte er noch sehr viel mehr und was mit der netten Österreicherin geschehen ist die oft bei ihm saß wissen wir nicht und Othmar haben wir nie wiedergesehen.

Und so verbrachten wir einen erfreulichen Winter und ich schrieb vielerlei über die Leute in Bilignin, eine kleine Erzählung über jeden von ihnen und Schulzeitungen druckten sie und dann druckte schließlich der Atlantic Monthly eine, das war wieder eine Freude.

Und so verbrachten wir eine erfreuliche Zeit und dann schrieb Diana Abdy wir sollten nach England kommen und bei Lord Berners in der Nähe von Oxford wohnen und dann später zu ihnen nach Cornwall kommen. Daisy Fellowes sagte wohnen Sie ja bei Gerald Berners Sie werden sehen daß das sehr komfortabel ist das einzige Haus in England wo die Gänge wo die Dielen warm sind. Natürlich gingen wir wir gehen immer gerne fort. Ich schrieb zwei Vorlesungen, eine für Oxford und Cambridge und eine zweite für Oxford die im französischen Club gehalten werden sollte. Ein stattlicher Graf kam eines Abends zu uns und fragte mich ob ich wollte. Natürlich sagte ich ja, er war sehr erfreut darüber. Später lud er uns zum Abendessen ein und danach zu sich in seine Räume und ich sagte ich könne keine Verabredungen treffen er solle Lord Berners fragen und Lord Berners schrieb mir und sagte wir sind zu siebt aber das scheint nicht zu viel zu sein für den gastfreundlichen Grafen, also war alles verabredet und wir flogen nach England unser erster Flug in Europa und alles ist neu ob man es zum ersten Mal macht oder sehr oft macht nun jedenfalls machten wir dies zum ersten Mal. Es war ein zartgrünes Land Frankreich, und dann kam der Kanal er war neblig aber wir sahen ihn gern und dann kam England es war nicht zartgrün sondern sehr dunkel und massiv, ich kann mich nicht genug darüber freuen daß alles obwohl das gleiche doch völlig unterschiedlich ist, es ist eine Freude es könnte ein Schmerz sein aber es ist eine Freude. Wir waren gerne wieder in London. Als wir mit Lord Berners nach Oxford fuhren schien es nicht ganz dasselbe Oxford zu sein das es gewesen war, natürlich hat es dort immer sehr viele Hindus gegeben und sehr viele hellblonde Männer und viele kleine Männer nehme ich an hat es auch immer dort gegeben aber jetzt schienen es ziemlich viel mehr zu sein. Das war in der ersten Zuhörerschaft in der vom Englischen Club und dann aßen wir mit dem Grafen zu Abend, wir waren viel mehr als sieben und es war ein sehr gutes Abendessen und ich trinke keinen Wein aber alle sagten es sei ein sehr guter Wein und wir hofften daß das französische Auswärtige Amt das bezahlte denn der gastfreundliche Graf schien kein sehr reicher zu sein. An diesem Abend war die Zuhörerschaft ziemlich viel dunkler und größer und ich sprach über Frankreich und England und Amerika und wie sie sich voneinander unterscheiden. Danach stellte man Fragen und argumentierte sehr viel und dann gingen wir endlich alle fort, als ich hinausging standen da etwa sieben sehr stattliche mindestens schienen sie sehr groß zu sein und als ich vorüberging sagte der erste ich bin Amerikaner vielen Dank und der zweite sagte vielen Dank ich bin Amerikaner und der dritte sagte Sie haben alle für sich eingenommen vielen Dank ich bin Amerikaner, und zwei sagten zugleich uns hat Ihre Ansprache gefallen wir sind Kanadier vielen Dank und ich gab ihnen die Hand und alle sagten es ist ein Vergnügen gewesen und so war es. Später in Cambridge war es eine sehr interessante Zuhörerschaft, vor Jahren hatte mir die Oxforder besser gefallen als die von Cambridge aber dieses Jahr war die von Cambridge interessanter als die Oxforder, vielleicht hat sich das wieder geändert, alle zwei Jahre kann eine Generation entstehen. Als ich in Cambridge war baten mich die Studenten mit ihnen Tee zu trinken nur mit ihnen und das tat ich. Ein Engländer war da und ich fragte mich warum er da war da die Unterhaltung ausschließlich amerikanisch war. Ich fragte ihn aus welchem Teil von England er komme, aus Southampton sagte er, oh sagte ich deshalb und alle brachen in Gelächter aus.

Wir fuhren nach Cornwall wo wir nie zuvor gewesen waren und kamen am Dartmoor-Gefängnis vorbei das in allen Kriminalromanen von Edgar Wallace vorkommt. Wir verbrachten also eine gute Zeit in England und dann kamen wir wieder nach Paris zurück, einen Monat bevor wir nach Bilignin fuhren, und ich fing an dieses Buch zu schreiben aber ich war im Zweifel ob es die Erzählung war über die ich mit Thornton gesprochen hatte.

Ich hatte mit Schreiben angefangen und wir waren zurück in Paris und Paris fing an kompliziert zu werden nicht für uns aber für sich selbst, jeder sprach wieder einmal von Revolution, wenn Franzosen unglücklich sind das heißt wenn sie nicht beschäftigt nicht vollauf beschäftigt sind mit dem Geschäft des Lebens was ihre normale Beschäftigung ihre enorm beschäftigende Beschäftigung ist und wenn aus diesem oder jenem Grund sie dies nicht beschäftigt dann sprechen sie natürlich sofort von Revolution. Was sollen wir tun fragten wir Georges Maratier, nichts sagte Georges, Georges weiß immer alles was vorgeht er weiß es wirklich regt euch nicht auf sagte Georges falls ich euch eines Tages telefonisch anrufe und euch sage auf geht's dann geht und hebt genug Geld ab damit es für einige Wochen reicht das ist alles, nur tut es auch, vielleicht und sehr wahrscheinlich werde ich euch gar nichts sagen aber falls ich telefoniere dann tut ganz einfach das. Sonst nichts sagten wir keine Vorräte kein Weggehen, nein sagte Georges tut nur das. Dann telefonierte er eines Tages wirklich und wir taten genau das aber nichts passierte, später fanden wir heraus daß er recht gehabt hatte es war sehr nahe daran gewesen zu passieren was genau weiß ich nicht aber es war sehr nahe daran zu passieren.

Natürlich weiß man in Frankreich nie so genau es könnte alles sein es könnte eine andere Republik sein oder die Sowjets wahrscheinlich nicht so rot nicht sehr rot aber eher rosa oft ganz rosa, ein König nicht sehr wahrscheinlich aber vielleicht doch ein König nur nicht sehr wahrscheinlich ein Bourbonen- oder Orleans-König aber das ist kaum möglich, gerade jetzt wahrscheinlich nur ein Prinz irgendein Prinz an den keiner denkt, ein Bonaparte vielleicht, Georges ist Bonapartist aber er hält es nicht wirklich für wahrscheinlich daß es ein Bonaparte sein wird nein, er hofft es aber er warnt einen niemals davor daß es auch so sein wird, wahrscheinlich nicht Faschismus, den mag das Croix de Feu im Grunde nicht, es besteht hauptsächlich aus Veteranen und Veteranen sind in Frankreich meist Republikaner ordentliche Republikaner, aber wie Georges sagt vielleicht wenn auch nicht sehr wahrscheinlich am wahrscheinlichsten ein leidlich rotes Rot und auch ein rosa Rot das aussehen wird wie ein rotes Rot und dann eine kleine Reaktion die bewirkt daß es aussehen wird als hätte jeder Angst aber keiner hat Angst keine Angst davor, nein sagte Georges nachdenklich wovor Franzosen Angst haben das ist daß der Franc zu oft zusammenbricht aber französische Politiker haben niemals wirklich Angst davor.

Nun als wir in diesem Frühling nach Bilignin fuhren hatte man ein ungutes Gefühl aber da Georges mit Überzeugung behauptet die Franzosen haben keine Angst vor Politik schließlich hatten sie die eine wirkliche und echte Revolution die man die französische nennt und seitdem ist alles andere gar nichts und

gerade jetzt besteht ihrem Gefühl nach keine Gefahr eines Auslandskrieges und deshalb reden sie eine Menge über alles aber sie fangen an mehr mit dem täglichen Leben beschäftigt zu sein vollkommen damit beschäftigt zu sein und das ist ihre normale Art des Daseins.
Aber gerade damals war es nicht so, die Frauen in Bilignin waren beunruhigt, Französinnen sind nicht oft beunruhigt, sie sind beschäftigt sehr beschäftigt aber sie sind nicht beunruhigt. Und im letzten Frühling waren die Frauen von Bilignin beunruhigt. Glauben Sie fragten sie uns als wüßte ich es da ich frisch aus Paris gekommen war, glauben Sie sagte eine nach der andern glauben Sie daß es einen Bürgerkrieg geben wird, sie waren beunruhigt. Die Männer waren verwirrt und die Frauen waren beunruhigt. Die Männer mußten abstimmen deswegen waren sie verwirrt die Frauen waren beunruhigt. Die Männer gaben zu daß es in einem Ort wie Bilignin drei Junge und Stämmige gebe, die Kommunisten waren das heißt was sie Kommunisten nannten das heißt die Volksfront, es waren aber zwei, Vater und Sohn sehr überzeugte die croix de feu waren und es gab noch etwa zehn das waren alle übrigen die zugegebenermaßen verwirrt waren und nur in Ruhe gelassen werden wollten und für sie siegreiche Seite stimmen wollten nicht weil sie opportunistisch sind sondern weil es sie ermüdet darüber nachzudenken wer regiert und sie hoffen daß falls es eine Mehrheit gibt alles in Ordnung kommen wird und deshalb wollen sie dazu beitragen daß es eine Mehrheit gibt damit alles in Ordnung kommt. Ich kam mehr oder weniger zu dem Schluß daß auf diese Art eine Stimmenmehrheit zustandekommt, ich interessierte mich für alles und gerade da begann der Spanische Bürgerkrieg und das erschreckte alle erschreckte sie wirklich, erschreckte sie weil es so nah war und so beängstigend und weil auch alles Fremde fremdes Kämpfen verursachen konnte und Franzosen kämpfen gerne aber sie wollen nicht wieder einen Krieg haben nicht jetzt nein Krieg kennen sie, das kennen sie alle und deshalb erschreckte sie der Spani-

sche Bürgerkrieg. Die Frauen fühlten sich besser als sie sich vorher gefühlt hatten, sie fühlten daß die Männer die sahen was über der Grenze geschah und die begriffen was Bürgerkrieg wirklich war sich beruhigen und einfach wieder Franzosen sein wollten. Nun jedenfalls war es das was sich im letzten Frühling ereignet hat.
Allmählich begann ich kleine Dinge zu schreiben darüber ob Geld Geld ist oder Geld nicht Geld ist. Ich war irgendwie beunruhigt über die Tatsache daß Geld immer in großen Zahlen genannt wird so viele Millionen Billionen und wenn es durch Steuern zusammenkommt kommen immer kleine Summen heraus oder große Summen aber immer runde Summen, mein ältester Bruder hat das alles immer für mich gemacht und jetzt zahle ich es selbst da er nach Kalifornien gezogen ist und ich fand es überraschend wie konnten so viele exakte Summen eine runde ergeben und wie konnte diese runde Summe wieder ausgezahlt werden in nichtrunden Summen und dann nichts übrig lassen was der Rede wert wäre. Zweifellos bleibt etwas was der Rede wert ist also begann ich nachzudenken ob Geld Geld ist oder Geld nicht Geld ist. Wenn das Geld das jeder verdient und ausgibt ein anderes Geld ist als das Geld das man bewilligt kann es dann je dazu kommen ein und dasselbe zu sein was es zweifellos ist, und doch wenn man das alles nicht organisiert gäbe es vielleicht keine Automobile und ich liebe Automobile, wenn man aber zu viel organisiert wird es allen langweilig, hat man trübes Licht und fügt noch eins hinzu so empfindet man es vielleicht als weniger Licht als wenn man nur ein trübes hat, hat man genug trübe dann ist man in totaler Finsternis jedenfalls für das eigene Gefühl, und deshalb machte ich mir darüber Gedanken und schrieb einiges mehr darüber, schließlich ist Geld Geld wenn man zusammenlebt und da die Welt jetzt ganz bevölkert ist muß jeder zusammenleben und wenn man zusammenlebt nennt es wie ihr wollt muß es Geld sein, und so ist es denn auch. Man lebt auf dieser Erde und kann davon nicht loskommen und doch gibt es einen Raum wo die

Sterne sind der unbegrenzt ist und dieser Widerspruch ist in jedem Menschen und daher kann nie etwas festgelegt werden. Hat man Krieg so wünscht man Frieden und hat man Frieden so wünscht man Krieg. Amerika ist seltsam es meint immer es wünsche was Europa nicht haben kann und doch kommt es immer gerne und schaut was Europa hat, nun ja auf beiden Seiten gibt es wie mein Großvater immer bemerkte sehr viel zu sagen. Eines Tages ging ich in Bilignin spazieren und jemand blieb oben auf dem Hügel stehen und ich blieb stehen und wir unterhielten uns. Es ist komisch sagte ich man lenkt alles nur nicht das Wetter es ist komisch daß man nie etwas erfunden hat das über das Wetter entscheidet. Oh sagte er wissen Sie darüber denke ich oft nach, ich schaue hinunter auf das Dorf da unten und ich denke mir angenommen wir könnten jeden Tag wählen was für Wetter wir morgen haben wollten. Was für Kämpfe würde das geben was für Morde unter Nachbarn, wir alle tun unsere Arbeit auf unsere Weise und wir brauchen nicht das gleiche Wetter, das meiste worüber wir abstimmen ist nicht wirklich von Wichtigkeit, es ist einem etwas mehr oder etwas weniger unbehaglich wenn die Regierung dies oder jenes tut aber das Wetter oh je sagte er das wäre ein Unglück.
Natürlich könnte man organisiert sein und dann wäre selbst das Wetter nicht von Wichtigkeit aber würde einem das denn gefallen. Man ist ja organisiert und das macht einen trauriger, nun ich vermute man könnte ebensogut trauriger sein wie nicht. Wenn alle traurig genug werden dann werden sie etwas anderes versuchen, und ohnehin kann man nicht einfach immer weiter noch trauriger sein sonst gäbe es keinen Lebenswillen mehr.
Ich wanderte also mit Basket und Pépé und ich freute mich und ich machte mich ans Gärtnern und es war ein großes Vergnügen und ich beschnitt alle Buchshecken und wir haben sehr viele und ich säuberte die Pfade mehr oder weniger gut, die Buchshecken beschnitt ich sehr gut und dann wuchs das Unkraut im Garten und wir hatten Maiskorn der Kiddie der es uns schickt sagt wir sollten es ja keinem Faschisten geben aber warum nicht

wenn die Faschisten es mögen und wir mögen die Faschisten, deshalb sagten wir bitte sende uns unpolitischen Mais, und Bennett Cerf und Jo Davidson besuchten uns und wir suchten sie in Genf auf und wir verirrten uns beim Verlassen der Schweiz wie wir es immer tun. Es gibt einige Stellen wo man sich immer verirren und verlorengehen kann, wir haben ein paar der besten gefunden aber wir können jetzt nach Senlis kommen wir haben uns immer im Bois de Vincennes verirrt aber auf dem Weg zu Mildred Aldrich verirrten wir uns nie wir waren sicher uns nicht zu verirren, wir verirrten uns immer im Park in Chicago aber dort sagt man es einem nicht sehr gut man erwartet daß jeder es weiß und außerdem verirrten wir uns immer wenn wir durch Beaune gingen das tun wir nicht mehr aber ich muß doch sagen Bennett war äußerst erstaunt daß wir uns in einem so kleinen Land wie die Schweiz verirren konnten. Die Schweiz war für mich eine Enttäuschung. Wir sind seit Jahren jeden Sommer in Belley gewesen und wir sind nie nach Genf gefahren weil ich Angst hatte über die Berge zu fahren und dann mußten wir, warum das weiß ich nicht mehr genau aber wir mußten hinfahren und zu meinem Erstaunen gab es gar keine Berge zu überqueren man fuhr einfach dahin zwischen welligen Hügeln und schon war man in Genf und dann mußten wir nach Ferney fahren wo Voltaire gelebt hat und dann über ein Stück Schweiz und dann nach Vevey und Lausanne an all die Orte die man in den englischen Romanen so bergig schildert und alles war flach, es ist mir ein Rätsel nichts ist so wie man es einem schildert, nun jedenfalls kamen Bennett Cerf und Jo Davidson und wir verbrachten eine nette Zeit und Bennett mochte diese Autobiographie und ich mache ja auch immer weiter aber es ist aufregend wenn jemand sagt er sei ganz verrückt danach was er tatsächlich sagte. Später kam dann Gerald Berners und er spielte die Musik für das Ballett in dem Pépé vorkommt und zu dem wir nächsten Freitag nach London fahren und es war ein netter Sommer und dann war er vorüber und dann kamen wir wieder zurück nach Paris. Hier gab es

Meraude Guevara und eine neue Schar junger Maler und dann waren alle froh weil es natürlich Mrs. Simpson gab. Jeden mußte die Geschichte von Mrs. Simpson aufregen wenigstens einmal im Jahr, es heiterte die Düsternis der Planmäßigkeit auf, und den Unterschied zwischen Sowjetismus und Faschismus und New Deal und Sitzstreik. Shorty Lazar ein komischer Amerikaner der schon lange vor dem Krieg in Paris gelebt hatte und der sagte man nenne ihn Shorty wegen seiner Proportionen und der sehr viele Leute das Malen lehrte, Shorty sagte immer jeder Raum hat gewiß seine Düsternis und das Große was es zu tun gilt ist eine Farbe zu finden die diese Düsternis durchbricht. Nun jede Organisation hat ihre Düsternis und das einzige was für lange Zeit diese Düsternis wirklich durchbrochen hat war Mrs. Simpson und König Edward und die Abdankung.
Natürlich habe ich in der Zwischenzeit selbstverständlich das Schreiben fortgesetzt, ich wollte immer daß alles was ich schreibe alltäglich und einfach sei und dann sorge ich mich ob es mir mißlungen ist und ob es zu alltäglich und zu simpel ist so sehr daß es nichts ist, jeder sagt es sei nicht so, es sei nicht zu alltäglich und nicht zu simpel aber weiß man es ich habe immer die ganze Zeit über gedacht es sei recht so und gehofft es sei so und mich dann gesorgt daß es nicht so sei. Jetzt sorge ich mich wieder daß es nicht so sei.
Immerhin druckte die Saturday Evening Post dann meine kleinen Artikel über Geld die ich geschrieben hatte und die jungen Leute sagten ich sei reaktionär und wie konnte ich das sein ich die anderen immer so weit voraus gewesen war. Und ich selbst war und bin nicht sicher daß ich nicht wieder weit voraus bin so weit voraus wie ich immer gewesen bin. Natürlich habe ich mir diese ganze Zeit über immer Bilder angeschaut, warum nicht mit Ausnahme von Spazieren und Autofahren ist es das was mir am liebsten ist gleich nach meiner wirklichen Tätigkeit die natürlich das Schreiben ist. Ich liebe das Schreiben, es ist so angenehm wie die Tinte etwas auf das Papier niederschreibt während es immer so weitergeht. Harlan Miller dachte ich ließe einen so großen

Zwischenraum damit ich dazwischen korrigieren könnte aber ich korrigiere nicht, manchmal lasse ich etwas weg nicht sehr oft und nicht sehr viel nur eben korrigierend denn was in deinem Kopf ist kommt herunter in deine Hand und wenn es heruntergekommen ist kann es nie wieder kommen nein nie wieder.

Ich schaute mir also die ganze Zeit über weiter Bilder an und es gehörte zu den hübschen Dingen in Paris daß es eine solche Menge von Bildern zu sehen gibt ganz zufällig irgendwo in irgend einer Straße, es ist nicht wie in Amerika wo man nach ihnen ausschauen muß, hier kann man einfach nicht anders als sie sehen und ich liebe es sie zu sehen. Gerade jetzt tut sich sehr viel in der Malerei, sehr viel hat sich entschieden und wurde abgelegt und etwas hat angefangen etwas was man in den letzten zwanzig Jahren schon undeutlich gespürt hat und was jeder von denen die versucht haben es zu tun erstickt hat indem er es tat. Dies ist die Geschichte der Malerei.

Immer seit Cézanne hat jeder der gemalt hat gewünscht ein Gefühl von Bewegung innerhalb des Bildes zu haben nicht ein Bild von einem sich bewegenden Ding sondern das gemalte Ding sollte in sich das Vorhandensein der Bewegung haben. Jeder seit Cézanne hat sich daran versucht. Das machte die Matisse-Schule so ungestüm und dann führte das Ungestüm wie es Ungestüm eben tut zu nichts, wie Schlagzeilen die gar keine Schlager sind, sie sind nur Ersatz für etwas anderes aber sie machen nichts selbst, dann gab es die Kubisten, die Kubisten entschieden sich für das Mittel der Komposition, das heißt mittels Zerstörung der Zentralisation wollten sie erreichen die Bewegung existent zu machen, dann gab es die Surrealisten die glaubten sie könnten es mittels Erfindung schaffen, und dann gab es die russische Schule die es durch einen mit Nichts erfüllten Raum machen wollte, auch Bernard gehörte zu dieser Schule, sie leitet sich von den Spaniern ab die natürlich immer an den gefüllten Raum denken wohl gefüllt mit Leere und Argwohn.

Seit kurzem gibt es eine junge Gruppe die es noch einmal versucht hat sie versucht das Raumproblem durch Klassizismus zu lösen und es gibt einen Südamerikaner der sagt das könne durch Farbe erreicht werden und Francis Rose der erreicht es durch Fantasie, und jetzt sagt Picabia wieder er habe eine neue Technik mit der es geht, Technik kann das sagt er und ich bin nicht sicher daß er nicht recht hat, gerade jetzt hat er ein Bild gemalt in dem etwas davon erreicht ist, ein kleines Stück aber es ist erreicht, die andern ersticken es wenn sie es lebendig machen wollen, auch Miró versucht es wieder, alle wissen daß sie einen Weg finden müssen es zu erreichen, bis jetzt sind alle die es versucht haben tot und gestorben weil sie nichts Lebendiges auf die Welt bringen konnten, ich hoffe immer noch zu erleben daß das Bild in sich selbst lebendig ist, in dem Sinne daß es nicht in seinem Rahmen lebt, Bilder sind in Rahmen gefangen gewesen, ganz natürlich und jetzt da das ganze Volk da alle Völker danach verlangen in Organisationen gefangen zu sein ist es ganz natürlich daß Bilder versuchen dem Gefängnis diesem Rahmengefängnis zu entfliehen. Jahrelang habe ich alle Bilder aus ihren Rahmen genommen, ich lasse sie nie darin, und jetzt da ich sie seit so vielen Jahren rausgelassen habe wollen sie auf einmal selbst heraus, das ist sehr interessant. Picabia glaube ich wird es erreichen, ich glaube wirklich er wird es erreichen. Natürlich hatte ich immer engen Kontakt mit Bildern und seit kurzem bin ich sehr interessiert mehr darüber zu wissen was andere die Bilder haben über Bilder denken.
In diesem Jahr dem Jahr der Pariser Ausstellung hat man überall Bilder und man bat mich ins Komitee des Petit Palais um zu entscheiden welche Bilder dort gezeigt werden sollten. Ich sage immer ja, und wenn ich schon einmal ja gesagt habe dann muß ich es auch tun, sagt Alice Toklas, manchmal tue ich es nicht aber dieses Mal tat ich es. Alles war sehr komisch.
Es gab sehr viele im Komitee, Sammler und Kritiker und so gut wie keine Maler natürlich nicht und Museumsdirektoren und Stadträte da das Petit Palais der Stadt gehörte, ich war nie zuvor

mit solchen Leuten zusammen gewesen und wir begannen darüber abzustimmen was sie haben wollten. Natürlich regte ich mich auf so vieles überraschte mich, daß sie Bonnard und Segonzac mochten das war natürlich Bonnard ist ein guter Maler und Segonzac ein schlechter aber sie beide gehören zu dem was man Tradition nennt und es ist natürlich sehr leicht die Tradition zu mögen so daß es zum Mögen keiner Anstrengung bedarf, das war in Ordnung aber was mich wunderte war daß sie zwar Picasso und Braque und Derain aufnehmen mußten wenn auch ohne Einverständnis daß sie aber alle ohne Schwierigkeiten Modigliani aufnahmen warum eigentlich fragte ich jeden, das war mir ein Rätsel, schließlich antwortete mir ein Museums-Unterdirektor, ganz einfach, Modigliani vereint die italienische Kunst mit der Negerkunst und diese beiden Künste werden von jedem anerkannt und da es nichts anderes bei Modigliani gibt nimmt natürlich niemand irgend welchen Anstoß daran. Ich selbst wäre nie auf diese Erklärung gekommen aber es ist zweifellos die richtige. Dann versuchte ich selbstverständlich Picabia einzuführen aber da gab es nicht einmal einen Anstoß er wurde mit einem universalen Nein begrüßt, warum nicht fragte ich sie weil er nicht malen kann, sagten sie, aber bei Cézanne hat auch jeder gesagt er könne nicht malen, oh sagten sie das ist etwas anderes. Außerdem ist er zu intellektuell sagten sie, oh ja sagte ich aber abstrakte Malerei ist in Ordnung, oh ja sagten sie aber intellektuell sein und nicht abstrakt das ist falsch sagte ich oh ja sagten sie, ich fand es alles sehr interessant. Und dann war die Abstimmung sehr interessant, sie erinnerte mich an Matisses Beschreibung vor langer Zeit wie sie abstimmten als er das erste Mal für den Salon d'Automne in der Jury war. Sie begannen mit den A's und jedermann schaute sehr gründlich hin und sie wiesen einige zurück aber sie nahmen sehr viele an und dann sagte der Präsident aber meine Herren denken Sie daran daß der Raum begrenzt ist Sie müssen kritischer sein und dann schauten sie ein wenig weniger lang hin und wiesen viele zurück und das

ging so weiter und dann sagte der Präsident aber meine Herren schließlich müssen wir das Grand Palais füllen und Sie weisen so viele zurück und dann schauten sie alle gar nicht mehr lange an und akzeptierten die meisten. Abstimmen ist interessant. Nun immerhin begannen sie abzustimmen wenigstens sagten sie sie täten es aber in Wirklichkeit taten sie es nicht und natürlich verlangte ich einen Raum für Juan Gris und sie sagten ja ja und ich sagte aber Sie haben nicht darüber abgestimmt und sie sagten doch doch und ich sagte wann oh gerade jetzt sagten sie und jemand anderer sagte oh nein und sie sagten oh ja nun alles was ich will ist daß man ihm einen gibt sagte ich sind Sie sicher daß man es tun wird und der Museumsdirektor sagte oh ja und das ist es was man einstimmige Wahl nannte, nun jedenfalls begann ich schließlich den Museumsdirektor zu mögen, das ist wirklich nett in Frankreich er war lange chef du cabinet bei Briand und er schreibt ein Buch über Matisse und Victor Hugo und weiß sehr viel über alles und er machte wirklich aus dem Petit Palais ein sehr interessantes Museum und nun na gut Wahl ist eben Wahl aber jetzt bin ich dabei ihm zwei Picabia-Bilder zum Ausstellen zu leihen ich leihe natürlich viele Picassos aus aber er wird zwei Picabia-Bilder ausstellen, man kann über alles abstimmen aber man kann immer noch etwas hinzufügen was sehr angenehm ist, aus diesem Grund hat Stalin soeben angekündigt daß man das Sowjetregime wieder demokratisieren müsse, das ist ganz natürlich daß es so bald wieder notwendig ist.
Bilder sind interessant und es gibt sehr viele Bilder in Frankreich.
Und so verlief unser Winter und jetzt ist es Frühling, und am nächsten Freitag gehen wir nach London um die Aufführung von The Wedding Bouquet zu sehen. Picabia und ich werden vielleicht eines für die Ausstellung machen das Stück namens Listen To Me, vielleicht wird Renoirs Sohn es für uns aufführen und es handelt davon daß die Welt ganz von Menschen übersät ist und daher niemand mehr verloren gehen kann und

die Hunde den Mond nicht mehr anbellen weil es überall so viele Lichter gibt daß sie den Mond nicht mehr wahrnehmen.
Aber zuerst gehen wir nach London um The Wedding Bouquet zu sehen und dann wird es heute sein.
Wir verließen Paris per Flugzeug nachdem wir uns erst einen tunesischen Jungen der nett zu sein scheint für Bilignin besorgt hatten und es war ein schöner Tag und es ist hübsch im Frühling hinunterzuschauen auf die Erde, wir sind an diese Erde gebunden aber schließlich ist das gar nicht so schlimm.
Ich liebe Flugzeuge ich habe sie sogar lieber als Automobile ich habe das friedliche Summen gern und das ungleiche Rütteln und wie alles von oben ausschaut und wenn man schließlich alles en miniature gern hat und ich habe es gern aus Holz oder aus Metall für Kinder angefertigte Dinge Straßen oder Häuser oder Bäume oder Laubwerk dann hat man natürlich auch das Fliegen gern, es ist vollkommen und genau das, es ist das an sich und noch was man sieht wenn man schaut.
Und wir waren wieder in London und das ist fröhlich, sogar die Zerlumpten und die abgetragenen Kleider sind fröhlich und die neuen Kleider sind sehr fröhlich, Paris ist zum ersten Mal in all den Jahren deprimierend gewesen, wenn man hat was man wollte und es ist nicht mehr das was man will ist es natürlich nicht ermutigend, und genau das meinten sie wenn sie sagten daß alles nach Staub und Asche schmeckt, und Franzosen sind immer so beschäftigt gewesen und jetzt haben sie keine Beschäftigung, nun jedenfalls werden sie oder sie werden nicht, und wie Jean Saint-Pierre sagt alle zwei Jahre gibt es eine Generation warum nicht alle zwei Monate oder zwei Minuten warum nicht. Nun jedenfalls gefällt es uns hier und jeder den wir kennen ist begeistert vom Ballett und wir trafen Fred Ashton der die Vier Heiligen als Schauspiel aufführte und der es jetzt wieder tut, alle sagen wir haben es nicht gesehen, alle sagen das ist sehr traurig und jeder muß lachen und das ist sehr nett.
Wir trafen Fred Ashton. Ich frage Alice Toklas immer glaubst

du er ist ein Genie, etwas ginge in ihr vor wenn er ein Genie wäre deshalb frage ich sie immer ist er ein Genie, da ich eines bin ist es natürlich daß ich bei jedem andern sehr viel davon halte.
Er und ich sprachen über sehr vieles beim Zusammensein, und ich glaube er ist eines. Viel eher als irgend einer den wir seit langer Zeit gesehen haben. Er ist in Peru geboren und war als Knabe drei Jahre lang in einem Kloster und seine Eltern sind Engländer aber er weiß was es heißt Peruaner zu sein und das ermöglicht ihm zu tun was er mit den Vier Heiligen getan hat nämlich eine religiöse Prozession vorübergleiten und langsam verschwinden zu lassen ohne Bewegung, vielleicht wird ihm sein Peruaner-Sein beim Wedding Bouquet helfen.
Und Constant Lambert war der Dirigent der ganzen dazugehörigen Musik, er hatte die Idee gehabt die Beschreibung der Charaktere wie ich sie im Schauspiel gemacht hatte ins Programm zu setzen, wie man es immer bei Melodramen macht, das erste Stück das ich je geschrieben habe war eines, Snatched From Death or The Sundered Sisters und es war nett daß er ohne davon zu wissen dieses Gefühl hatte.
Alice Toklas ist augenblicklich höchst interessiert an den Vorhängen in allen englischen Häusern, wenn wir nach England kommen ist es das was sie höchst faszinierend findet das und alles andere was Frauenarbeit ist.
Wir gingen für einen Tag und eine Nacht aufs Land bevor wir uns die Probe anschauten, ich habe nie zuvor eine Probe gesehen und es wird sehr aufregend sein. Auf dem Land ging ich in ein Dorf mit Namen Littleworth und kam an einem Feld voller Kälber vorbei, als englische Kälber sind sie daran gewöhnt unter sich zu sein abgesondert von Kühen und Stieren, in Frankreich sind die Kälber immer bei den Kühen nicht oft bei Stieren aber oft bei Ochsen. Tiere in verschiedenen Ländern zeigen verschiedenen Ausdruck genau wie Menschen in verschiedenen Ländern verschieden im Ausdruck sind.
Und dann gingen wir zur Probe ins Sadlers Wells Theatre ich

hatte noch nie eine Probe gesehen eine Hauptprobe, und da waren so viele da, nicht nur auf der Bühne sondern überall und man läßt sie es wiederholen und es gefiel mir meine Worte zu hören und es gefällt mir daß es ein Theaterstück ist und es gefiel mir daß es etwas zum Anschauen ist und es gefiel mir daß sie es wiederholten und mir gefällt die Musik dazu. Daisy Fellowes sagte alle arbeiten und ich sei die einzige die nicht arbeite. Das ist durchaus wahr, was man unter Arbeit versteht ist etwas was ich nicht tun kann es macht mich nervös, ich kann lesen und schreiben und ich kann herumwandern und ich kann ein Automobil fahren und ich kann reden und das ist fast alles, etwas anderes tun macht mich nervös.

Das Ballett gefiel mir sehr. Es hatte ein Handlung und eine gut aufgebaute und der Vorhang hatte ein Bouquet das lebendigste Bouquet das ich je gemalt gesehen hatte und der Hund Pépé war reizend und sie alle waren lieblich und nett und englisch, und die Personen waren echt obgleich sie französisch waren und die Musik und alles paßte zusammen und wirklich es hat keinen Sinn sich etwas anzuschauen wenn man es nicht geschrieben hat überhaupt keinen Sinn, jedenfalls empfinde ich das so. Und morgen wird also der Tag sein und da sie alle ihre Arbeit getan haben bin ich überhaupt nicht nervös überhaupt nicht und wir werden ein englisches Publikum sehen. England hat sich verändert es ist noch das gleiche aber es ist nicht mehr neunzehntes Jahrhundert, Belgrave Square existiert noch sehr ich gehe gern umher am Belgrave Square, das monarchische Prinzip herrscht vor, und ein anderes gibt es nirgends mehr also lebt man hier nicht sorgenschwer, alles Einmalige was man tut genießt man, wenn jeder es tut ist es eine Verantwortung aber wenn man der einzige ist der es tut gibt es keine natürlich gibt es keine. Und daher verbringen die Engländer wirklich ihre Zeit sehr angenehm. Morgen ist ein neuer Tag und wir werden wieder ins Theater gehen und sehen wie es geht wenn Publikum da ist. Auf morgen also.

Es war morgen was gestern war und es war aufregend, es war

das erste Mal daß ich je anwesend war wenn etwas von mir zum ersten Mal gespielt wurde und ich war nicht nervös aber es war aufregend, es ging so sehr gut. Englische Tänzer tanzen wenn sie tanzen mit Frische und Wendigkeit und sie wissen was Schauspielkunst ist, sie tanzen gern und sie wissen was Schauspielkunst ist, alles ging sehr gut, jedes Mal wenn ein Musiker etwas zusammen mit Wörtern tut geschieht etwas was sie niemals vorher getan haben, diesmal brachte es sie dazu zu tun als ob das letzte Wort das nächste Wort gehört hätte und als ob das nächste Wort nicht etwa das letzte Wort sondern schon das nächste Wort gehört hätte.

Nun schließlich warum nicht.

Ich liebe alles was ein Wort tun kann. Und Wörter tun tunlichst alles was sie tun und dann wieder können sie auch tun was sie tunlichst nie tun.

Das machte das Zuhören bei dem von mir Gemachten und von den andern soeben Getanen höchst aufregend.

Und dann ging es allmählich zu Ende und wir gingen hinaus und weiter auf die Bühne und dorthin wo ich nie gewesen war und wo alles vor einem dunkel ist und wir mußten uns verneigen und alle kamen um sich zu zeigen und zu verneigen und nicht nur um sich zu verneigen sondern um sich wieder zu zeigen und dann als wäre das alles, war alles vorbei und wir gingen zurück und setzten uns nieder.

Ich vermute es war ein großer Erfolg.

Ich hoffe eines Tages werden sie auch mal das Theaterstück machen. Und ich überlege bringen sie das zuwege.

Und dann gingen wir irgendwohin und wir trafen alle und ich liebe es immer die Löwin zu sein, ich liebe es immer wieder, es ist beruhigend und fein eine Erfolgreiche zu sein.

Ich bin gern in London und ich habe gern ein Ballett in London und ich habe alles gern was man für das Ballett in London getan hat und ich habe die Art gern wie man das Ballett in London gern gehabt hat und dann gingen wir nach Paris zurück und bei der Rückreise sah ich zum ersten Mal von einem Flugzeug aus etwas das beängstigend war, eine breite Nebelschicht dicht über dem Wasser die sich bis zur Mitte des Kanals hinunterzog, aber der große Teil nahe der Küste war klar ich weiß nicht warum aber es war beängstigend und dann packten wir dort alles zusammen und fuhren nach Bilignin. Das ist etwas Natürliches, vielleicht bin ich nicht ich auch wenn mein kleiner Hund mich kennt aber jedenfalls habe ich gern was ich habe und jetzt ist heute.

Inhalt

Bibliothek Suhrkamp

Alphabetisches Verzeichnis